Identität und Erziehung

Europäische Hochschulschriften
Publications Universitaires Européennes
European University Studies

Reihe XI
Pädagogik
Série XI   Series XI
Pédagogie
Education

Bd./Vol. 263

PETER LANG
Frankfurt am Main · Bern · New York

Wolfgang Krieger

Identität und Erziehung

Die Bedeutung von Identitätstheorien für die Pädagogik

PETER LANG
Frankfurt am Main · Bern · New York

CIP-Kurztitelaufnahme der Deutschen Bibliothek

Krieger, Wolfgang:

Identität und Erziehung : d. Bedeutung von
Identitätstheorien für d. Pädagogik / Wolfgang
Krieger. / Frankfurt am Main ; Bern ; New York :
Lang, 1985.
  (Europäische Hochschulschriften : Reihe 11,
  Pädagogik ; Bd. 263)
  ISBN 3-8204-8354-3
NE: Europäische Hochschulschriften / 11

ISSN 0531-7398
ISBN 3-8204-8354-3

© Verlag Peter Lang GmbH, Frankfurt am Main 1985

Alle Rechte vorbehalten.

Nachdruck oder Vervielfältigung, auch auszugsweise, in allen Formen
wie Mikrofilm, Xerographie, Mikrofiche, Mikrocard, Offset verboten.

Druck und Bindung: Weihert-Druck GmbH, Darmstadt

VORWORT

Wenn der Begriff "Identität" und der eifrige Versuch einer
Theorie oder theoretischen Einordnung auch relativ neu ist,
so heißt das nicht, daß das Thema, der funktionale Ort, an
dem dieser Begriff heute eingesetzt wird, ebenso neu sei;
jedes Problem hat darin Geschichte, daß es aus der Vermitt=
lung von Beständen gewachsen ist, und es zeigt sich heute,
daß der Begriff "Identität" mehr und mehr als Ersatzbegriff
für überkommene Wesensbegriffe Verwendung findet. Das neue
Bild vom Menschen, das in der Zuschreibung von "Identität"
seinen Niederschlag findet, kann allerdings in Anbetracht
der unterscniedlichen wissenschaftsdisziplinären Provenienzen
des Begriffs kaum als einheitlich erkannt werden.

Die Vergleichbarkeit theoretischer Entwürfe zur Identitätspro=
blematik wird erschwert durch einen gegenwärtig geradezu in=
flationären Gebrauch des Begriffes selbst wie auch zahlreicher
im Umfeld von "Identität" liegender Begriffe. In den Fachspra=
chen sind die begriffliche Vielfalt und die ungeklärte Frage
der Ersetzbarkeit durch einen Zentralbegriff, häufiger Verzicht
auf oder unzureichende Differenziertheit von Definitionen und
theoretischen Standortbestimmungen und die mangelnde Reflexion
impliziter Apriori s einer klaren Verständigung abträglich;
hinzu kommt, daß bei dieser Thematik Perspektiven und Voran=
nahmen verschiedener Disziplinen einander gegenüberstehen,
ohne daß der Versuch einer Synopse, geschweigedenn einer Syn=
these mit Ernst betrieben würde. Die Vielfalt der Fachsprachen,
ja sogar innerfachlich theoriespezifischen Kreationen spiegelt
sich sodann wider im Pluralismus des alltagspsychologischen
Identitätsbegriffs. Populärwissenschaftliche Darstellungen
schneiden Theorien praktisch zu; praktisch heißt dabei: unter
Ausklammerung lästiger Gültigkeitsvoraussetzungen und mit Über=
tragungen theoriebelasteter Begriffe in Formulierungen der er=
fahrungsreicheren Alltagssprache. Plausibilität nährt sich hier
weniger aus der Wurzel logisch durchgehaltener Systematik als
vielmehr aus übergestülpter Lebensnähe und der Beipflichtung

umgangssprachlicher Allgemeinplätze. Daß Identitätstheorien sich zu solcher Transformation und Deformation eignen, hat sicherlich zum einen seinen unabänderlichen Grund in der Tatsache, daß von ihnen in aller Regel normative Aussagen erwartet werden, zum andern aber seinen verzichtbaren Grund in der Lässigkeit der Terminologie und dem Zustimmung heischenden Rückgriff auf ideologisch verbrämte Begriffe, die dann quasi als Versprechungen für theoriebezogene Glaubenstreue dienen; Ansprüche von "Eigentlichkeit", "Selbstverwirklichung" und spontaner Ursprünglichkeit, aber auch manche Auszeichnungen des "richtigen Bewußtseins" stehen hin und wieder in diesem Dienste. Solche normativen Vorgaben sind verantwortlich für den legitimativen Gebrauch von Begriffen, sie führen bei entsprechender Popularität und nach einer gewissen Phase der Gewöhnung im Sog von praktikablen Generalisierungen zur Vernachlässigung des Bewußtseins ihrer kontextuellen Gebundenheit und lassen den Begriff der Identität schließlich zu einem modernen Wesensbegriff gerinnen.

Angesichts dieser Gefahren scheint es unerläßlich, bevor die Relevanz von Identitätstheorien für pädagogische Fragestellungen, das ausgezeichnete Anliegen dieser Arbeit, dargestellt werden kann, den Begriff selbst und seinen unterschiedlichen theoretischen Kontexte zu erörtern und ferner den Stellenwert von Identitätstheorien für die moderne Persönlichkeitspsychologie und Selbstkonzeptforschung auszumachen. Erst auf dem Hintergrund zumindest ansatzweise abgeklärter Begrifflichkeit kann es dann als sinnvoll gelten, die Fruchtbarkeit von Identitätstheorien für erziehungsphilosophische und insbesondere pädagogisch-anthropologische Überlegungen herauszustellen bzw. identitätstheoretische Implikate in vorliegender pädagogischer Theoriebildung aufzuspüren.

Es handelt sich bei der hiesigen Arbeit um eine teilweise gekürzte und überarbeitete Fassung meiner Diplom-Arbeit, die ich im Herbst 1983 am Lehrstuhl für Allgemeine Erziehungswissenschaft der EWH Rheinland-Pfalz, Landau vorgelegt habe. Für konstruktive Kritik und ergänzende Vorschläge bei der Erstellung des Manuskripts danke ich Herrn Prof.Dr.N.Kluge und Herrn Prof.Dr. H.Jansohn.

Mannheim, im Februar 1985   Wolfgang Krieger

INHALTSVERZEICHNIS

Seite

VORWORT
EINLEITUNG 11

I BEITRÄGE ZUR IDENTITÄTSTHEORIE

1.1 IDENTITÄT - NATUR ODER DEFINITION? 17
1.2 "IDENTITÄT" ALS BESTIMMUNGSBEGRIFF 21
1.3 KAUSAL- UND FINALIDENTITÄT: ZUR NORMATIVITÄT VON
    MENSCHENBILDERN 27

1.4 ERKENNTNISTHEORETISCHE DIMENSIONEN VON IDENTITÄT 33
1.4.1 Selbstbewußtsein: Reflexion oder Konstruktion? 35
1.4.2 Identität als "hypothetisches Konstrukt": Ideelle
      Fiktion oder pragmatische Reifikation? 43

1.5 SOZIOLOGISCHE DIMENSIONEN DER IDENTITÄT 56
1.5.1 Verhandelte Identität: Interaktionistische Rollentheorie 58

1.6 PSYCHOLOGISCHE DIMENSIONEN DER IDENTITÄT 67
1.6.1 Zur Phänomenologie des Identitätsbewußtseins:
      Selbstkonzeptforschung 67
1.6.2 Abwehrmechanismen: Grenzen des Identitätsbewußtseins 73
      Anmerkungen (Kapitel 1) 85

II VORÜBERLEGUNGEN ZU EINER THEORIE VON IDENTITÄT ALS KONSTRUKT

2.1 EINLEITENDE BEMERKUNGEN ZU EINER THEORIE VON IDENTITÄT
    ALS KONSTRUKT 93
2.2 SYSTEMTHEORETISCHE BEITRÄGE ZU EINER INTEGRATIVEN PERSÖN-
    LICHKEITSTHEORIE: 1) KYBERNETISCHE MODELLE 96
2.3 SYSTEMTHEORETISCHE BEITRÄGE ZU EINER INTEGRATIVEN PERSÖN-
    LICHKEITSTHEORIE: 2) ENTWICKLUNG EINES FUNKTIONAL-STRUK-
    TURELLEN MODELLES IN ANLEHNUNG AN N. LUHMANN 109
2.4 IDENTITÄT ALS AUTOSTEREOTYP UND DIE PRÄTENSION DES
    "OPEN MIND" 118
2.5 REFLEXION ALS KONSTRUKTION: DIE EXTENSIVE VERMITTLUNG VON
    DASEINSTHEMATIK UND DASEINSTECHNIK ALS HORIZONTALE UND
    VERTIKALE DIMENSIONEN SITUATIVER IDENTITÄT 135
    Anmerkungen (Kapitel 2) 148

Seite

III DIE RELEVANZ VON IDENTÄTSTHEORIEN FÜR DIE PÄDAGOGIK

3.1 IDENTITÄT ALS KATEGORIE DER ERZIEHUNGSZIELPROBLEMATIK 155
3.1.1 Der legitimative Gehalt von Menschenbildern als Basis für Erziehungsziele 161
3.1.2 Final- und Kausalidentität als anthropologische Sinn= konstrukte: Zur These der reziproken Ableitbarkeit von Sein und Sollen 172
3.1.3 Personale Erziehung bei LITT: Verzicht auf einen normativen Maßstab? 182
3.1.4 Erziehung zur Selbsterziehung: Bei-sich-Sein und Außer-sich-sein als Perspektiven der Selbstverwirklichung 194
3.1.5 Strategien der Selbstpräsentation: Der normative Gehalt von Ich-Identität und Rollenkompetenz 211

3.2 IDENTITÄT ALS KATEGORIE DES PÄDAGOGISCHEN VERHÄLTNISSES 222
3.2.1 Identität in der Begegnung bei BUBER und BOLLNOW 225
3.2.2 Identität als Widerstand bei ADORNO 237
3.2.3 Identität als Gegenstand kommunikativer Verhandlung bei SCHALLER 245

Anmerkungen (Kapitel 3) 256

IV ZUR REVISION VON "IDENTITÄT" ALS LEITBEGRIFF EMANZIPATORISCHER PÄDAGOGIK

4.1 VON DER HETERONOMIE ZUR AUTONOMIE: ZUR LOGIK DER EMANZIPATION 267
4.2 EMANZIPATORISCHE ANTIZIPATIONEN: PÄDAGOGISCHE KONSEQUENZEN EINES SELBSTGEREGELTEN UMGANGS MIT IDENTITÄT 274
4.2.1 Die Dialektik von Positionalität und Dispositionalität: Der erzieherische Umgang mit Identität und die "herme= neutische Hoffnung" 281
4.2.2 Die Befähigung des Subjekts zu einer sinnbezogenen Integration seiner Identität durch Erziehung 290

Anmerkungen (Kapitel 4) 298

SCHLUßBEMERKUNG 300
LITERATURVERZEICHNIS 305

"Der denkende Mensch zermartert ächzend sein
Gehirn, er weiß, daß seine Erwägungen immer
nur Möglichkeiten und keine Gewißheiten er=
geben werden, daß andere Betrachtungen alles
wieder in Frage stellen werden, er weiß nie,
wohin er geht, er ist allem "geöffnet", und
die Welt hält ihn für einen Zauderer. Aber
manche Menschen werden von der ewigen Starre
der Steine angezogen. Sie wollen wie Fels=
blöcke unerschütterlich und undurchdringlich
sein und scheuen jeden Wechsel: denn wohin
könnte der Wechsel sie führen?"

Sartre, Betrachtungen zur Judenfrage

EINLEITUNG

Wer bislang glaubte, die Pädagogische Anthropologie erfülle ihren Anspruch zur Genüge damit, daß sie aus den multidisziplinären Antworten auf die KANTische Grundfrage der Philosophie "Was ist der Mensch?" eine Synopse erstelle und in Anlegung ihrer Fragestellungen den pädagogischen "Ertrag" ableite oder gar herausdestilliere, sieht sich heute von zwei Seiten skeptischen Einwänden ausgesetzt.

Zum einen kann die allgemeine Frage nach dem Wesen des Menschen, so sehr sie auch die Möglichkeit oder gerade Wesensmäßigkeit von Individualität thematisch berühren mag, die Formen und Strukturen dieser Individualität aus prinzipiellen Gründen nicht als ihren Gegenstand erfassen; sie kann die Bedingungen von Individualität mit aufgreifen, aber sie kann nicht mehr als dieser Problematik den Stellenwert eines zwar Bedenkenswerten, aber doch Unverfügbaren zuweisen. Sofern es Pädagogik jedoch mit dem konkreten Menschen zu tun hat, muß ihr die Stellungnahme zur Möglichkeit von Individualität zu einer Aufgabe werden, die mehr verlangt als nur Toleranz gegenüber dem Anspruch eines Unverfügbaren. Sie muß erkennen lassen, was als Anspruch von Individualität zu werten sei, d.h.: "Die individuelle Seite der Erziehungserscheinungen setzt eine Anthropologie der Individualität voraus." (LOCHNER 1971,54).

Zum andern melden sich von personalistischer Seite Zweifel an, ob die Frage nach dem Wesen des Menschen überhaupt legitimerweise definitive Antworten erreichen dürfe. Die Wandlung der anthropologischen Frage in eine "offene Frage" (PLESSNER) hat zwar für die Beachtung des Menschen als eines sich selbst gestaltenden Wesens Freiräume geschaffen, die Frage verliert aber dadurch ihre unmittelbare Fruchtbarkeit für die Pädagogik, indem sie ihr Programm in den Status einer Meta-Anthropologie erhebt.

Die Zweifel, wie die Pädagogische Anthropologie als Teildisziplin der Erziehungsphilosohpie überhaupt die Kompetenz zur Klärung der Individualitätsfrage rechtfertigen soll, wenn ihr zum einen der Anspruch einer "additiven" Wissenschaft (LÖWISCH 1982,18) nicht genügen kann, zum andern das erforderliche Mehr des homo educandus sich nicht einfach von selbst aus pädagogischem Blickwinkel entwickelt, werden besonders brisant, wo die erziehungsphilosophische Fragestellung aus dem konkret erzieherischen und erziehungswissenschaftlichen Themenfeld ausgeklammert werden soll (BREZINKA 1972, 193f). Gerade indem erziehungswissenschaftlich die Tragweite empirisch fundierter Aussagen an den Möglichkeiten reflexiver Subjektivität relativiert wird, muß auch Erziehungsphilosophie Praxis reflektieren und selber praktisch werden. Sie verhilft so in einem praktisch dialektisch fortschreitenden Prozeß, erkenntnistheoretisch ganz im Sinne einer "hermeneutischen Spirale" (LORENZEN 1974,20), ihrem Gegenstand in doppeltem Sinne zur Konstitution: in einer Weise der Rekonstruktion und einer Weise des diskursiven Thematisierens. Diese Doppeldeutigkeit scheint nun legitim, wo ein Gegenstand als begriffliches Konstrukt verhandelt und in diesem Verstande transparent gemacht wird. Die Perspektive des epistemologischen Paradigmas vermag das Individuum als ein wissendes und in diesem Wissen handelndes aufzufassen; das Wissen selbst ist Objektivität. Indem sich das Individuum selbst als ein wissendes verhandelt, muß es auch wissenschaftlich als ein solches behandelt werden. Nach dieser Verfahrensregel konstituiert sich der Umgang mit Individualität aus dem Bewußtsein individueller Wissenschaftlichkeit:

> "Wenn und soweit das Wissen um ihn (den Menschen,A.d.A.) sich als ein in den Schranken der Individualität verharrendes Wissen herausgestellt hat, ist auch er selbst als ein der Individualität nicht enthobener erwiesen." (LITT 1948,80)

Individualität bleibt aber eine dynamische, insofern das Individuum sein Wissen in geistigen Akten nicht nur aktualisiert, sondern auch erweitert, überformt, umstrukturiert und revidiert; diese Sichtweise des Individuums als eines sich selbst gestaltenden Wesens verpflichtet die Erziehungsphilosophie auf eine "noologische" Methode (LITT 1952,14), die auch die empiristische Selbstsicherheit einer Pädagogischen Anthropologie durch den Aufweis der Unberechenbarkeit ihres Gegenstandes in ihre Schranken weist. Die Praxis von Erziehungsphilosophie wäre vielmehr

eine Konfrontation der pädagogisch-anthropologischen Konzepte
mit den Bekenntnissen des Selbstbewußtseins von Individuen aus
noologischer Sicht, d.h. mit der Vorausnahme der Unterstellung,
daß diese Individuen kraft ihrer Geistigkeit in dieser Praxis
ihre Individualität im Widerstand argumentativer Selbstverhand=
lung zu vermitteln im Stande sind. An dieser Stelle kommt also
dem Selbstbewußtsein des Individuums - zumal in Ermangelung
anderer Quellen des Individualitätsanspruchs - eine so gewichti=
ge Positition zu, daß Pädagogische Anthropologie in der metho=
dischen Berücksichtigung dieses Selbstbewußtseins ein adäquates
Konzept finden könnte, dem Anspruch der Person gerecht zu wer=
den.

Als einen Begriff, der "realanthropologische" und "sinnanthropo=
logische" Perspektiven (HAMMER 1979,11) umfassen und zugleich
die Möglichkeit von Individualität mitberücksichtigen kann,
erachten wir den Identitätsbegriff für geeignet. ZDARZIL hat
diesen Begriff in seiner den Horizont verschiedenster Anschau=
ungen durchspannenden Bedeutung als Zielbegriff der Bildungs=
theorie eingeführt und damit zugleich einer noologischen Sicht
Rechnung getragen:

> "So wird uns zunächst die Einsicht vermittelt, was das Ziel
> der Bildung sei: nämlich Mitwirkung am Identitätsaufbau, an
> der Identitätsfindung und zugleich Befähigung des Menschen,
> die einmal erlangte Identität zu leben." (ZDARZIL 1972,292)

Auch LÖWISCH hat den Identitätsbegriff in einem ähnlich weiten
Verständnis immer wieder aufgegriffen (LÖWISCH 1982,37f), so daß
der Einzug dieses Begriffes in die Terminologie der Erziehungs=
philosophie bereits stattgefunden hat.

Explizit unter dem Begriff "Identitätstheorie" sind freilich nur
wenige Ansätze in Erscheinung getreten, so daß der Zweck einer
solchen Begriffsverwendung nur ein arbeitstechnischer sein kann:
"Identitätstheorie" gilt dann einmal als ein Sammelbegriff für
alle anthropologischen Konzepte gleich welcher disziplinären
Provenienz, die aus einem systematischen Anspruch Thesen über
Voraussetzungen, Gesetzmäßigkeiten, Erscheinungsformen und
Sinnzusammenhänge menschlichen Seins beinhalten oder aus denen
sich stringent ein System solcher (implizit bereits vorliegender)

Aussagen herleiten ließe. In diesem Verstande wären soviele
Identitätstheorien zu erkennen, als solche Konzepte entwickelt
wurden oder noch zu entwickeln sind. Andererseits wäre als
Identitätstheorie jedoch nicht ein anthropologisches Konzept
im ganzen Umfang all seiner Aspekte zu bezeichnen, insofern
nämlich in besonderer Hinsicht auf die Möglichkeit von Indivi=
dualität und ihrer theoretischen Berücksichtigung Akzente gesetzt
werden müssen, sondern nur jener Beitrag, dessen Annahmen und
Begriffssysteme über die konkrete Identität einzelner Subjekte
Aussagen zu machen zulassen. Dies schließt Aussagen über das
Verhältnis von Individualität zur allgemeinen Natur des Menschen
mit ein.

I

BEITRÄGE ZUR IDENTITÄTSTHEORIE

1.1 IDENTITÄT - NATUR ODER DEFINITION?

Die Rede von der Natur des Menschen ist nicht erst fraglich geworden, als die Idee des Hiatus in der philosophischen Anthropologie ihre Verbreitung fand, nach der sich der Mensch im Zustand der natürlichen Unnatürlichkeit befindet. Vielmehr gründet die Fraglichkeit dieser Rede bereits im Zerfall eines entelechischen Naturbegriffs. In einer "teleologischen Bestimmung von 'Natur'" (UNGER 1978,21) ist Natur "nicht das, was ein Gegenstand objektiv real ist, sondern vielmehr seine ideelle Form, also die vollkommene Gestaltung, zu der er seinem Wesen nach hinstrebt" (ibid.). Natur und Wesen sind zwar aufeinander bezogen, sie sind aber nicht dasselbe, die Besonderheit des Wesens kann nicht in der Allgemeinheit von Natur aufgehen. Mit dem Verlust des teleologischen Anspruchs schwindet aber auch der Allgemeinheitsbegriff. "Natur" und "Wesen" werden gleichbedeutend und austauschbar (STAUDINGER/SCHLÜTER 1981,227), der teleologische Gehalt wird ein besonderer und dadurch fraglich: es läßt sich seinem Seinsollen ein anderes gegenüberstellen - Humanität. Die Bestimmung des einzelnen nicht *auf* etwas *hin*, sondern *als* etwas, hat die Natur des Menschen festgeschrieben. Die Identität des einzelnen rechtfertigt sich als Natur; in den Naturtheorien von CONDILLAC, HOLBACH und de SADE ist das Ethische im Wahn einer unmittelbaren Natürlichkeit das Faktische von Bedürfnissen:

> "Ich habe kein Bedürfnis, meine Gelüste zu bekämpfen, um dem Schöpfer zu gefallen; es ist die Natur, von der ich meine Neigungen empfangen habe, und ich werde sie nicht verwirren, indem ich ihr widerstrebe, wenn sie mir schlechte Neigungen gegeben hat, die so geworden sind, weil es für ihre Absichten nötig war. Ich bin in ihrer Hand nur eine Maschine, die sie nach ihrem Belieben bewegt, und jedes meiner Verbrechen dient ihr;" (de SADE nach: ANACKER 1974,63)

Natur wird hier mit den Bedürfnissen identifiziert, sie gilt als "individuelle Vermögensausstattung und Bedürfnisstruktur, die hervortritt, wenn der Mensch die Überformung durch die traditionelle Geschichtswelt abstreift." (SPAEMANN 1973,963). Es ist also vorausgesetzt, daß der Mensch überhaupt dazu befähigt sei, auf der Suche nach seiner Natur die historische Überformung unschädlich zu machen und innerer Natur in statu nascendi angesichtig zu

werden. Denkbar wäre dieses Absehen entweder durch ein reflexives
Aufholen der "Verunstaltungen" von Natur oder durch ein Sich-Im=
munisieren gegen Überformung, das - beispielsweise in "ungebro=
chener" Sinnlichkeit - das Paradoxwerden von Natürlichkeit verhin=
dert. Daß an solcher Natur noch etwas Heiliges sei, das Seinsollen
beansprucht werden kann, kann nur der Spruch der Natur selber sein,
außerhalb ihrer heiligt sie nichts. Die Gerechtfertigtheit von
Naturanlagen als einem Potential natürlicher Absichten scheint ein
unzulässiges Relikt eines entelechialen Naturbegriffs.

Solchermaßen "naive" Naturvorstellungen finden in Identitätstheo=
rien nicht selten ihren Niederschlag, wo es um Selbstverwirkli=
chung geht, also gerade dort, wo "Natur als Legitimationskatego=
rie" (UNGER 1978,18) auftritt.

> "Im ersten Grenzzustand, dem Zustand des unentfalteten Selbst,
> ließe sich dieses definieren als 'Insgesamt der Anlagen'. Und
> diese Anlagen wären das Eigenständige, das noch nicht den Um=
> welteinwirkungen, damit auch den sozialen Wirkungen, ausge=
> setzte Selbst." (MÜLLER 1961,296).

Auch diejenigen, die in ihrer Rede von der "inneren Natur" Ent=
fremdungsdiagnosen - "die Auflösung der Verknüpfung sinnlicher
Praxis und Bewußtsein" (LORENZER 1981,98) - stellen, müssen sich
fragen lassen, wie sich die Formen einer "unbeschädigten Subjek=
tivität" denn denken ließen.[1)]

Die Frage, ob nach dem Absehen von den Überformungen überhaupt
noch Natur als Form übrigbleibe, ist von der modernen philoso=
phischen Anthropologie weitgehend negativ beantwortet worden. Die
Idee des Hiatus hat sich in den Begriffen der "exzentrischen Po=
sitionalität" (PLESSNER), der "ontologischen Differenz" (HEI=
DEGGER) und im Antrieb-Handlungszusammenhang bei GEHLEN [2)] for=
miert. Ihr gilt der Mensch nicht einfach als Kulturwesen, als das
"verwaiste Kind der Natur" (HERDER), vielmehr bezeichnen "Welt=
offenheit" und "Instinktentbundenheit" gerade den Zustand seiner
Natürlichkeit, der ihn von allen anderen Wesen scheidet. Kultür=
lichkeit ist keine aufgesetzte luxuriöse Möglichkeit, sie ist die
Natur des Menschen, sie ist Notwendigkeit, die nicht zur Wahl
steht.

"Die Natur aber wäre keine Natur, wenn sie sich hintergehen
ließe, und kein vernünftiger Mensch kann bestreiten, daß er
als Lebe-wesen zur Welt kommt, das sich von Natur aus bewegt,
nach Nahrung verlangt, heranwächst, altert, erkrankt und
schließlich stirbt." (LÖWITH 1957,77).

Die Modalität dieses "von Natur aus" ist die Kultürlichkeit, und
das Paradox, daß sich der Mensch von Natur aus außerhalb der Na=
tur befindet [3], läßt sich - wenn man den Menschen nicht als den
"Entlassenen" der Natur mit SARTRE ins Nichts der Freiheit ge=
rückt sehen will - nur lösen, wenn man in Kultur auch eine Form
der Angewiesenheit auf Bestimmung sieht, die andere Formen von
Natürlichkeit anders gefaßt haben. Indem der Mensch mit seiner Be=
stimmung einen anderen Umgang hat als mit den Bestimmungen des
Nichtmenschlichen, das er als Natur außer sich setzt, in *diesem*
Sinne kann er Natur nicht *sein* sondern *haben*.

"Er *ist* eine Natur, aber er *hat* sie als Mensch, und *seine Natur
ist darum von Anfang an menschlich.*" (LÖWITH 1957,77).

Im Haben von Natur ist Kultur die "zweite Natur", in "Kultur" hat
er ihren Begriff, der damit geschieden ist von *der* "Natur", die
ihm entgegensteht, zu der er die Beziehung einer "Abständigkeit"
hat und die er in seiner Sprache auf Distanz und in Verfügbarkeit
hält.

"In dieser alles menschliche Verhalten kennzeichnenden Abständig=
keit liegt die Möglichkeit der *Vergegenständlichung* dessen, wo=
zu man sich verhält. Wer sich aber der Welt und sich selbst
kraft eines solchen entfernenden Abstandnehmens vergegenständ=
lichend gegenüberstellt, der hat sich damit der Welt und sich
selbst entfremdet. Als ein Fremdling kann und muß sich der
Mensch in der Welt wie in etwas Anderes und Fremdes einhausen,
um im Anderssein bei sich selbst sein zu können." (LÖWITH
1957,80).

In der sprachlichen Distanz, in der die Welt konstruierbar, in
der sie zur "Lebenswelt" eines einzelnen wird, geschieht die Ver=
mittlung zwischen dem einzelnen und dem andern. In dieser Ver=
mittlung erfährt und entwirft der einzelne dialektisch seine Stel=
lung zu sich und der Welt, er definiert sich aus seiner Beziehung
zum anderen. Seine Bedürfnisse, Interessen und den Begriff seiner
Triebe entwickelt er am "Gegenstand". Es ist kein "Bei-sich-sein",
sich in seinen Bedürfnissen als einen unvermittelten zu denken,
vielmehr bedarf alles "Haben von Welt" des Mediums der Sprache

und ihrer Bedingungen, der Intersubjektivität und Historizität, nicht weniger als alles Haben des Sich als dem Aufholen der "Jemeinigkeit".

"Selbstdeutung und Selbsterfahrung gehen über andere und anderes. Der Weg nach innen bedarf des Außen." (PLESSNER 1982,70).

Im anderen setzt sich der einzelne sein Telos, in seinem Bezug zum Telos gewinnt er Sinn und definiert sich als den, der diesen Sinn beansprucht. Seine Selbstdefinition ist das Korrelat der spezifischen Ansicht, mit der er seine Lebenswelt und die Aufgegebenheit von Sinn zusammen denkt.

In dieser "Aufgegebenheit" von Sinn hat er aber Wesen und, um die Aufgabe zu lösen, bedarf er nicht nur der äußeren Welt, er bedarf auch einer inneren Natur, ja er bedarf allein zur Erkenntnis dieser Aufgabe einer Gerüstetheit mit Mitteln, die ihn allererst aufnehmen, entwerfen und entscheiden lassen. An dieser Stelle bricht das Paradox in einem dritten Naturverständnis wieder auf, und die Notwendigkeit dieses Aufbrechens dokumentiert, wie der Naturbegriff in jedem Außer-sich-Setzen der Reflexion wieder neu die Bedingung der Möglichkeit eines Setzenden konstituiert.

1.2 "IDENTITÄT" ALS BESTIMMUNGSBEGRIFF

Instinktentbundenheit, Unspezialisiertheit, Unfestgestelltheit, Mängelwesen, Weltoffenheit - die negativen Bestimmungen des Menschen sind in der Anthropologie Legion; sie sind aber zugleich erst die Ausgangsbasis für positive Aussagen über den Menschen. Wiewohl aber aus dem Negativen allein nichts Positives zu gewinnen ist, bedarf die Anthropologie immer eines "sinnergreifenden" Aktes, der die Negativität positiv zu wenden und die Idee vom menschlichen "Wesen" zu füllen versteht. Handlung, Geist, Vernunft, geschichtlicher Sinn, Naturentelechie [4] bezeichnen das Absolute, auf das menschliches Wesen hingeordnet zu denken ist. Fraglich bleibt, an welchem Ort der Gegenwart des Absoluten sich solche Ordnung konstituiert - in den Köpfen von Anthropologen, in einer allgemein-menschlichen Natur oder in den Entscheidungen und Selbstdefinitionen des einzelnen Subjekts. Es wurde im vorigen Kapitel die Vielschichtigkeit des Naturbegriffs dargestellt und ein universal-ontologischer, ein negativer und ein erkenntnistheoretischer Naturbegriff unterschieden; diese Unterscheidung ist auf die Problematik von "Identität" als Bestimmungsbegriff [5] voll übertragbar. Auf der ersten Ebene entspricht "Bestimmung" dem Begriff von "Bestimmtheit"; der einzelne erscheint als in einer spezifischen Konstellation von Trieben oder gar Instinkten festgelegtes Wesen. Triebpsychologische und ethologische Ansätze haben durch die Annahme einer festen Motivausstattung und angeborener Reaktionsmechanismen - gewollt oder ungewollt - ein solches Menschenbild immer wieder untermauert. Die Entwicklung in der Persönlichkeitspsychologie ging allerdings dahin, in zunehmendem Maße die Struktur der "psychischen Kräfte" als plastisch anzunehmen, wie die Schichtentheorie und ALLPORTs "Prinzip von der funktionalen Autonomie der Motive" belegen. Auf der zweiten Ebene wird diese Plastizität dann radikal behauptet, sie wird zum Universal-Prinzip der conditio humana, der Mensch ist zur "Bestimmung" bestimmt.

"Die Menschlichkeit des Menschen scheint keine natürliche Bestimmung zu sein, sondern seine 'Bestimmung', deren Herkunft, Tragweite und Ausdeutung ihm nicht von Natur aus gegeben, sondern Aufgabe und Problem ist." (LÖWITH 1957,67).

SACHER beschreibt diesen Bestimmungsprozeß als Urteil, das das Individuum als Stellungnahme der Welt gegenüber vollzieht und so seine eigene Rolle in dieser konzipierten Welt "feststellt".

"Die skizzierte Verfaßtheit des Menschen bedeutet nichts anderes, als daß der Mensch sich selbst und seine Welt in einem Prozeß unablässiger Stellungnahme bestimmen muß, in dem Ich und Welt erst ihre konkrete Form gewinnen. Präziser formuliert: Das Ich und seine Welt sowie ihre Relation werden in diesem Prozeß, sie gehen beide gleichermaßen erst aus ihm hervor. Eben diesen Prozeß möchten wir als das Ur-teil bezeichnen, da er offenkundig das ursprüngliche Auseinandertreten von Ich und Welt meint. Das Urteil ist damit ausdrücklich nicht als lediglich kognitiver Akt bestimmt, sondern als ein alle Dimensionen, Schichten und Lebensbezüge des Menschen umgreifendes." (SACHER 1976a,102).

Nun geschieht dieses Urteil nicht aus dem Nichts und in blanker Willkür, es hat vielmehr seine "Gründe", es findet seinen Anlaß und seine Mittel in einer vorgeformten Welt. Von daher ist die Weltoffenheit hinsichtlich des konkreten Menschen historisch beschränkt, er findet sich in einer Welt entlastender Möglichkeiten bereits vor und sein Handeln zielt weniger auf die Umgestaltung von Natur ins "Lebensdienliche" (GEHLEN 1978,37) als auf die Reproduktion und Revision einer lebensweltlich erschlossenen Kultur.

"Insofern ist über jeden Menschen in vieler Hinsicht schon vorgeurteilt, wenn er ins Leben tritt, und die anfängliche scharfe Gegenüberstellung von menschlicher Weltoffenheit und tierischer Umweltgebundenheit wird bis zu einem gewissen Grade relativiert, sobald wir uns mit dem Individuum befassen ..." (SACHER 1976a,102f).

"Offenbar muß die Rede von der Weltoffenheit differenziert werden, nämlich insofern, als der Mensch diese Weltoffenheit gewissermaßen nur 'in statu nascendi' hat, um sie mit dem ersten Tage, an welchem er ins Leben tritt, sogleich wieder zu verlieren, und dies - damit er überhaupt am Leben bleiben kann!" (SACHER 1976b,29).

Handlungsfähigkeit erwächst erst aus den Ansprüchen einer bereits durchstrukturierten Welt, erst, nachdem die Bedeutung der Dinge einmal kulturell konstruiert worden ist, um diese Konstruktion immer wieder im Subjekt aufzuholen und zu überarbeiten; im Handeln

aber bedarf das Subjekt des gesetzten Urteils, um es auf Zwecke
auszurichten, Bestimmung muß für den Augenblick zur Bestimmtheit
gerinnen. Handlung verlangt die Entschiedenheit "eines Wesens,
das mit der Entdeckung der Dinge einmal zu Ende kommen muß, um
zu ihrer Verwendung überzugehen." (GEHLEN 1981,36).

Es stellt sich aber die Frage, ob dieses Feststellen der Stellung=
nahme zur Welt im Dienste der Verfügbarkeit von Welt notwendiger=
weise den Verlust der Weltoffenheit für den einzelnen bedeuten
muß [6]), oder ob denn nicht gerade durch das unaufhebbare Zur-Dis=
position-Stehen dieser Stellungnahmen Weltoffenheit eine prin=
zipielle Dauerhaftigkeit besitzt. Insofern Urteil und Erfahrung
aufeinander angewiesen sind und aneinander wachsen, hat der Pro=
zeß des Stellungnehmens zwar darin Gewohnheit, daß er stets auf
voriges Urteil zurückgreift, er geht aber nicht in der Iteration
von Vergangenem auf, vielmehr strukturieren das Hier-und-Jetzt der
Urteilsbedingungen und die Folgen der Urteilshandlung die Gründe
des je nächsten Urteils wieder in einer neuen Weise vor.

> "Weiterhin ist der Prozeß des Urteilens, wie er oben gekenn=
> zeichnet wurde, selbst so beschaffen, daß er sich stets über=
> holt und nur im dialektischen Gegenspiel von vorläufigem Ur=
> teil und anschließender Korrektur vorankommt." (SACHER 1976a,
> 103).

Gegen GEHLENs Verdacht des "Luxurierens" kann man in diesem ewig
revisionistischen Prozeß nicht prinzipiell vom Antriebsüberschuß
gespeiste Aberrationen, sondern gerade die Möglichkeit eines Zu-
Sich-Selber-Kommens im anderen sehen, indem dieses andere durch
seine Dispositionalität zu mir in einer wechselseitigen Beziehung
von Konstitutivität verbleibt und mir nicht als unbefragtes Gegen=
über entfremdet. Die Gefahr der Aushöhlung dieser Beziehung be=
steht wohl weniger im Fragwürdigwerden von Konventionen als im
Vergessen der Notwendigkeit von Konventionalität überhaupt. [7)]
Wenn man die These von der Weltoffenheit gegen die skeptischen
Einwände, die sich aus der Betrachtung des Menschen als eines Gewohn=
heits- und auf Institutionen angewiesenen Wesens ergeben, durch=
halten will, so kann man sie aus der Reversibilität menschlichen
Stellungnehmens zu sich und der Welt begründen. Es wurde aller=
dings bereits herausgestellt, daß zwischen den Stellungnahmen
durchaus eine gewisse Kontinuität besteht, die für die Plausi=

bilität von Annahmen über die vermeintliche ontologische Be=
stimmtheit des Menschen verantwortlich ist. Wenn diese Bestimmt=
heit nicht von der Sache her zu begründen ist, so muß gefragt
werden, worin die Ursache besteht, daß der Mensch wider sein Frei=
heitsbedürfnis sich immer wieder geneigt zeigt, sich als ein so
bestimmter zu deuten. Mit dieser Frage befinden wir uns auf der
dritten Ebene des Naturproblems, auf der der Bestimmungsbegriff
die Bedingungen der Möglichkeit ontologisch reifizierenden Denkens
bezeichnet, also gewissermaßen den erkenntnistheoretischen Hinter=
grund, die geistigen Mittel der Selbstobjektivation. Die Aufge=
gebenheit von Sinn, von Selbst- und Weltdeutung wäre Aporie, wäre
dem Menschen nicht das Rüstzeug gegeben, Struktur in die Fülle der
Eindrücke hineinzulegen, die Dinge zu konzipieren, Welt zu kom=
ponieren und sich selbst darauf hinzuordnen. Insofern der Mensch
über die Mittel der begrifflichen Vermittlung mit der Welt verfügt,
hat er in der Vorgegebenheit dieser Mittel Bestimmung - eine Be=
stimmung, die den Schluß auf sein Ich miteinschließt. Die Erörte=
rung der erkenntnisermöglichenden "Hintergrundsbestimmung" birgt
allerdings die Gefahr in sich, auf eine metaphysische Geiststruk=
tur zu rekurrieren oder ahistorische Grunddarstellungen, proto=
typische Urbilder anzunehmen, die sich in konkreten Erfahrungen
mehr oder minder deutlich reproduzieren. C.G. JUNGs Begriff der
Archetypen, LEVI-STRAUSS' Strukturen des "wilden Denkens", HUS=
SERLs "vorprädikative Erfahrungen" können ebenso als theoretische
Versuche einer solchen Hintergrundsbestimmung verstanden werden
wie die Annahme von "Wohlgestalten" in der Gestaltpsychologie, von
"nicht bewußten kulturanthropologischen Kategorien" bei GEHLEN (1949)
und von universellen Symbolen des Unbewußten in der Psychoanalyse.
Nun besteht eine grundsätzliche Fragwürdigkeit, ob es überhaupt
legitim ist, über die Hintergrundsbestimmung Aussagen zu wagen,
oder ob nicht durch die erkenntnistheoretische Hintertür hier eine
neue Reifikation eingebracht werde; SONNEMANNs Bedenken: "Die Be=
dingung aller Objekterfahrung kann sich nicht selbst zum Objekt
werden;" (SONNEMANN 1969,331) legen es nahe, die Bedingtheit von
Erkenntnis nicht zum wissenschaftlichen Gegenstand zu erklären.
Möglicherweise sind diese Bedingungen völlig anderer Art als es
das Kausalitätsdenken impliziert, sodaß sie beispielsweise als
spontane Definitionen des Subjekts unvermittelbar blieben. Die

Alternative "Natur" vs. "Definition" hat auf dieser Ebene ihren
Niederschlag gefunden in der Differenzierung des Bestimmungsbe=
griffs bei SONNEMANN. In seiner "Negativen Anthropologie" unter=
scheidet SONNEMANN einen determinativen vs. dezisiven und einen
destinativen vs. definitiven Bestimmungsbegriff.

> "Es gibt, wie kein Weltverständnis eines Menschen unabhängig
> von den Bedingungen seiner Naturwüchsigkeit, keine Bestimmung
> seiner Natur, deren Determinatives nicht ein versteckt De=
> zisives wäre und deren Definitives also nicht destinativ wer=
> den müßte, wenn man in diese Verstecktheit nicht einbricht
> und das die Dezision treffende Weltverhältnis dann schon dort
> entdeckt, wo nach der Bestimmung Natur herrscht." (SONNEMANN
> 1969,16).

SONNEMANN spricht sich für einen dezisiven Bestimmungsbegriff aus,
den allein er für einen der menschlichen Autonomie entsprechenden
Begriff hält.
Der theoretische Umgang mit Bestimmungsbegriffen muß sich selbst
auch als ein dezisives Gehabe relativieren, um die Unhintergeh=
barkeit von Relativität und den determinations- und destinations=
leugnenden Absolutheitsverzicht zu dokumentieren - wie es der nega=
tiven Dialektik entspricht, ihr Prinzip auf sich selber anzuwenden.

> "Nicht nur historisch ist die dezisive die früheste, ihr Ge=
> halt hat auch assoziativ an der Erfahrung der drei andern noch
> teil. Was daraus erhellt, ist das Willensmoment am Fall des
> definitiven Gebrauches, das auf den Status von Erkenntnis als
> orientierend-ordnende Praxis verweist, und die Projektion die=
> ses Momentes in supernaturale Macht und in naturale in den bei=
> den andern Gebrauchsfällen, wo das Wort Destination und Deter=
> mination meint. Da in den letzteren beiden Fällen der Gebrauch
> von *Bestimmung* theoretisch gegen menschliche Autonomie steht:
> nicht das Maß ihrer Verwirklichung im Einzelfall, aber ihr
> Prinzipielles, stellt eine Reflexion auf die Abhängigkeit sol=
> chen Begriffsgebrauchs von der semantischen Dokumentierung
> gerade der Selbsterfahrung von Autonomie den Gebrauch auch in
> Frage; beantwortbar aber ist diese nur, wenn Theorie, wie es
> die erstberührte Verweisung will, sich selbst schon als Praxis,
> tätige Orientierung begreift, Teilnahme am Geschehen, die *er=
> kennt, um das Erkannte zu ändern*: so daß sie des Destinativen
> Herr würde durch ein solches besseres (also *theoretisches*) Ver=
> ständnis gerade der Angewiesenheit determinierender Konditionen
> auf den Glauben an ihre Unwandelbarkeit, daß ihr Absolutheits=
> anspruch sich erledigte, selbst als unerfüllbares Postulat einer
> sich nicht ahnenden Metaphysik jeden Reiz verlöre." (SONNEMANN
> 1969,17f).

Leider wird die Unterscheidung nicht hinreichend expliziert, aber
es läßt sich an anderer Stelle erkennen, wie SONNEMANN sich die

Radikalität des Dezisiven denkt: nämlich als nicht-reflexive
Spontaneität eines Selbst, das sich der Definition entzieht, die
es in Subjekt und Objekt spaltet. Dieser Argumentationsgang sei
kurz nachgezeichnet:

> "Was heißt aber spontan? Was sich *sponte* begibt, begibt sich von
> selbst, also frei: ohne dieses *von selbst* glückt keine Wesens=
> bestimmung der Freiheit, die aus ihrem Wesen verstanden nicht
> die *libertas* von Rechten und Einrichtungen, sondern etwas Ur=
> sprünglicheres ist. Definiert das nun das Spontane? Halten wir
> uns mit solchen Sorgen nicht auf. Zur Definition der sich von
> selbst ereignenden Urerscheinung der Freiheit wird hier kein
> Finger gerührt. Daß solcher Ablehnung der Definition die De=
> finition unterläuft, braucht dagegen nicht verhindert zu werden:
> wie beim definitorischen Fingern mit gutem Grund nichts heraus=
> kommt, so beim Spontansein *alles*." (SONNEMANN 1969,330).

> "Die Bedingung der inneren Einheit und Identität, des sich selbst
> erfahrenden Ichselbstseins, ist die Begegnung mit dem Nicht-
> Selbst, die *volle Weltaufmerksamkeit*; ohne diese äußere Span=
> nung des Selbst auf seine Welt kann weder in seiner Welt etwas
> ganz, noch das Selbst ganz es selbst sein. Indem aber die Selbst=
> objektivierung, die ja Selbstbeobachtung ist, die Person in
> einen Subjekt-, einen Objektpol spaltet, vernichtet sie diese
> Einheit;" (ibid. 332).

> "Dennoch wird schnell klar, daß das Selbst als introspizierendes
> Ich, da die Introspektion es auf die schon besagte Weise spal=
> tet und gegen sich setzt, nicht das Selbst in seiner Sponta=
> neität sein kann, dem die Mühe der Introspektion gilt; der
> Erkenntnisakt mißglückt also." (ibid. 334).

1.3 Kausal- und Finalidentität: Zur Normativität von Menschenbildern

Die dargestellte Doppeldeutigkeit des Bestimmungsbegriffes ein= mal als "Bestimmtheit als etwas", zum andern als "Bestimmung zu etwas" kann für die Strukturierung des Identitätsproblems fruchtbar gemacht werden, indem sie zwei mögliche Antworten auf die Frage: Was bin ich? begründet: 1. Ich bin ein in Natur be= gründetes Wesen, erklärbar ein Bewirktes festgestellter Ursachen. 2. Ich bin, wozu ich mich mache, woraufhin ich mich entwerfe, Prometheus meiner Selbstkreation. Im ersten Falle führe ich meine Identität zurück auf die Bedingungen einer mir "wesent= lichen" Natur, ich konstruiere sie als *"Kausalidentität"*. Im zweiten Falle bringe ich meine Identität hervor, indem ich sie auf ein anderes ausrichte, von dem her ich die Bedingungen meiner Form - Identitätsformation - zu erhalten hoffe, ich konstruiere sie als *"Finalidentität"*. Final- und Kausalidentität rekurrieren also auf zwei unterschiedliche Begründungsformen, sie bezeichnen damit grundlegend verschiedene Verfahrensmöglichkeiten, Legi= timationskriterien konkreter Identität zu bestimmen. Der Recht= fertigungsgehalt des Identitätsbegriffs gründet einmal in der Behauptung von Notwendigkeit, das andermal im Anspruch der "Wertverwirklichung". Die anthropologisch konstatierte Univer= salität einer solchen "Identitätsbasis" impliziert zwar nicht den Schluß von Sein auf Sollen, Final- und Kausalidentität sind als Begründungsbegriffe nicht per se auch Idealbegriffe, es bedarf aber nur eines kleinen argumentativen Schrittes, sie als ideal= typische Grenzbegriffe zum heuristischen Kriterium zu erheben. Ein solcher Schritt ist allemal ein ethisches Argument, das in quasi naturrechtlicher Manier das Sollen dem Sein immanent denkt, indem es dieses Sollen als Notwendigkeit, aber als heimliche und darum verfehlbare Notwendigkeit ausweist. Notwendigkeit wäre nicht vollkommen, wenn sie verfehlbar wäre: ein Paradox, das die Be= hauptung von Notwendigkeit ad absurdum führen würde, wollte man nicht gerade die Differenz von Sein und Sollen darin erblicken. Verdächtig muß aber bleiben, daß der Sinn - das Wozu und Wodurch

der Identität - in beiden Fällen als ein vorgesetzter, ein immer=
schon vor der menschlichen Entscheidung beschlossener gilt. Die=
se Vor-Entschiedenheit müßte möglicher Erkenntnis oder gar Er=
fahrung aber "gelichtet" sein, nicht nur in ihrem Daß sondern auch
in ihrem Wozu, sollte sie behauptet werden können. An dieser Stel=
le berührt die ethische Argumentation das Problem der Evidenz der
"Hintergrundsbestimmung" von Identität. -

Nun hat die Idee der Final- und Kausalbestimmung des Menschen eine
Tradition, die weit hinter die Geschichte des Begriffes "Iden=
tität" zurückreicht und die in einer Geschichte von Entwürfen des
"sinnvollen Lebens" nachzuzeichnen wäre. Dabei zeigt sich bei
Aristoteles bereits eine Verschränkung von Finalität und Kausali=
tät, die prototypisch die abendländische Sinngeschichte vorzeich=
nen sollte.

> "Indem Aristoteles die Natur als Gefüge und Zusammenhang denkt,
> gewinnt innerhalb der vier Ursachen sowohl die Form als auch
> das Woraufhin (Telos, finis) einen besonderen Vorrang. Eine
> ungeformte Welt ist für Aristoteles undenkbar, ebenso unmög=
> lich ist, aus der Welt 'Bewegung' (d.h. Veränderung) hinweg=
> zunehmen: darum teleologische Ordnung der Natur, das aber
> heißt: die Ganzheit des Seienden ist teleologisch durchwaltet,
> insofern sie ist." (MÖLLER 1979,297f).

Fortgesetzt im LEIBNIZschen Entelechiebegriff [8], wieder aufge=
nommen bei HUMBOLDT als die Anlage des Menschen,"der ohne alle,
auf irgendetwas Einzelnes gerichtete Absicht, nur die Kräfte sei=
ner Natur stärken und erhöhen, seinem Wesen Wert und Dauer ver=
schaffen will" (HUMBOLDT 1960,234) bis hin zu C.G. JUNGs "Selbst=
verwirklichung" und PFÄNDERs "Urtrieb zur Selbstauszeugung" ("Ich
will auszeugen was ich im Keime schon bin."(MÜLLER, H.A. 1961,
299) hält sich das Konzept vom "Angelegtsein auf" (THIENEN 1979,
182), von der verborgenen Natürlichkeit von Sinn durch, demnach
der Lebenssinn auch waltet, wo (noch) kein Bewußtsein von ihm
ist. In einem solchen Konzept sind Kausal- und Finalidentität
aufeinander verwiesen:
(-) Kausalidentität beinhaltet die Möglichkeit oder Notwendigkeit
    von Finalidentität, sie ist auf Finalität gerichtet durch ihre
    Dynamik, sie löst sich erst in faktischer Finalität auf.
(-) Finalidentität bedarf eines Grundes ihrer Möglichkeit, d.h.
    sie impliziert Gewordenheit und ein zeitlich Vorausgesetztes
    als sie vorwegnehmende Bedingung.

Finalidentität ist hier nur denkbar als auf ein "Ende" gerichtete
Natur, also als aufgelöste Kausalität (Ananke). Teleologie ist
Gehalt, Veränderung greift das Wesen nicht an, sondern bringt es
hervor.

Indem der Entelechiegedanke über das einzelne hinaus greift und
die Geschichte erfaßt, gewinnt das einzelne einen neuen Begriff
aus seiner Eingebundenheit in Geschichte. Als "ideologische Recht=
fertigung" vermittelt sich die Finalität der Geschichte mit der
Kausalidentität des einzelnen, die sich nach "außen" in den uto=
pisch unterlegten Sinn von Geschichte relativiert:

> "... denn dieses 'Letzte' ist jeweils ein utopisch Entworfenes,
> Konstruiertes, 'Vorgesetztes', niemals aber ein gegenwärtig
> Erlebtes oder Erlebbares (Beispiele: das absolute Wissen Hegels,
> die restlos Glück garantierende klassenlose Gesellschaft von
> Marx, das geglaubte 'Reich Gottes auf Erden' oder 'in den
> Himmeln' oder schließlich die durch Orthogenese erreichte voll=
> kommene Sozialisation, der in der Christifikation die fehlende
> Mitte geschenkt wird, bei Teilhard: alles keine Erfahrungen,
> sondern spekulative Entwürfe, die erst den Sinn der Welt und
> des Lebens 'beibringen')." (MÜLLER,M. 1980,67).

Der einzelne wird zunehmend eine äußerlich bedingte Einheit durch
Geschichtlichkeit, die Sinnerfülltheit aus dem Imperativ des "Stel=
le dich in die Entwicklungsrichtung der Evolution!" (GROM/SCHMIDT
1978,83) spendet. KOLAKOWSKI beschreibt Sinnerfülltheit als die
Identifikation von Selbstverwirklichung mit dem Bewußtsein der im
einzelnen wirklich werdenden Geschichte.

> "Es ist das Gefühl der frei gewählten und frei realisierten
> Solidarität mit dem Rhythmus des Werdens der menschlichen Ge=
> schichte, in deren verschiedenen Prozessen man verwirklicht würde."
> (KOLAKOWSKI 1960,191).

Der Historismus treibt das Konzept des Geschichtlichen ins Extrem,
Veränderung wird "wesentlich", zugleich aber tritt ihr Telos aus
dem Leben des einzelnen heraus, der einzelne ist nurmehr Instru=
ment der Evolution, hingegeben an das Ganze; nicht zuerst der
Lebensvollzug des einzelnen, sondern Geschichte ist "werdende
Identität" (MARQUARD 1979b,360).

> "Die sogenannte 'transzendentale Begründung' im Rückgang auf
> abstrakte, zeitlose Prinzipien oder Wesensprinzipien von
> 'Mensch überhaupt', von 'Welt überhaupt' oder 'Bewußtsein
> überhaupt' oder gar 'Geist' trägt nicht mehr, seit wir den
> eigentlichen geschichtlichen Wandel als Wesens- und Weltwandel
> von den akzidentiellen Bestimmungen weg in den substantiellen

> Kern verlegt haben. (...) Unsere jeweilige Welt schreibt uns
> vor, wie man in ihr sich zu verhalten hat." (MÜLLER,M. 1980,
> 145).

Identität wird zur Anpassungsleistung an die funktionalen Er=
fordernisse der Gegenwart, sie vertraut auf den Sinn des Vorge=
fundenen, besser: sie kann ihn vergessen, die Frage danach hat
sich erledigt, sobald Sinn zur "reduzierten Komplexität" (LUH=
MANN) kristallisiert, die nicht Hinterfragen, sondern Kompetenzen
fordert. MARQUARD spricht von der "sterbende(n) Identität" (1979b,
361), doch nichtsdestotrotz ist der Augenblick des Zusammenbruchs
der transzendentalen Begründung gerade die Sternstunde der "Iden=
tität". Der Begriff verbindet die Not des existentialistisch in
die Verborgenheit entrückten Sinnes mit dem Mut zur Dezision, das
dezidierende Subjekt erklärt sich selbst zum Grund der Dezision,
in seiner Geschichtlichkeit ist es vorweg gerechtfertigt.

> "... der Identitätsbegriff macht modern seine Karriere als Er=
> satzbegriff für essentia und als Begriff des Ersatzpensums
> für Teleologie. Anders gesagt: der neuzeitliche Verlust des
> Wesens verlangt als sein Minimalsurrogat die Identität, und
> der neuzeitliche 'Telosschwund' etabliert als Schwundtelos die
> Identität." (MARQUARD 1979b,358).

Sinn, so er überhaupt beansprucht wird, hat in der "Existenz"
keinen essentiellen Grund (da die Existenz bekanntlich der Es=
senz vorausgeht) mehr, er ist auf dem Wege nach "innen" nicht zu
finden; Sinnerwartung [9] hat nur zwei Möglichkeiten: den Weg nach
außen, indem sie heroisch das Geschäft der Fiktion betreibt, Sinn
anlegt und auf ein Echo wartet; oder die Beschwörung der Evidenz,
indem sie Sinn behauptet, weil sie ihn vorfindet - als reduzierte
Komplexität. Der erste Weg, der konsequent von der humanistischen
Psychologie beschritten wurde[10], nahm seinen Anfang im Programm
des Im-andern-bei-sich-Seins, das die Orientierung des Subjekts
weg vom Selbst zur Wertverwirklichung fordert.

> "Im Verhältnis des Wertenden zu sich selbst ist ein Gesetz fest=
> stellbar derart, daß die Geltung das Selbst umgekehrt propor=
> tional ist der Geltung des Wertes ..., d.h. je größer die Be=
> deutung eines Wertes für den Wertenden, desto weniger gilt ihm
> demgegenüber das eigene Selbst." (BETTERMANN 1949,12).

Wo jedoch das Selbst zum Wert aufsteigt, ist das Gesetz dahin. Der
Individualismus schlingt den Humanismus auf. Die zunehmende
"Selbst"-Verliebtheit der humanistischen Psychologie und ihre

populärwissenschaftliche Gefälligkeit, die übersah, daß das
Selbst nur in der Selbstvergessenheit zu sich kommt, haben das
Konzept zu einem Ende geführt, an dem FRANKL die Rettung des
Ganzen nur noch in der Chance sieht, das Karzinom der "Selbst=
verwirklichung" zu entfernen.

> "Eines aber läßt sich sehr wohl sagen: Worin der Sinn eines
> Daseins auf keinen Fall gelegen sein kann. Nicht liegt er
> nämlich in jener Selbsterfüllung und Selbstverwirklichung, von
> der neuerdings so schlagwortmäßig die Rede ist - im Gegenteil:
> Der Mensch ist nicht dazu da, um sich selbst zu erfüllen und
> zu verwirklichen; sofern es überhaupt im menschlichen Dasein
> auf Selbsterfüllung und Selbstverwirklichung ankommt, lassen
> sie sich nur per effectum erreichen, aber nicht per inten=
> tionem. Nur in dem Maße, indem wir uns preisgeben an die Welt
> und an die Aufgaben und Forderungen, die von ihr her einstrah=
> len in unser Leben, nur in dem Maße, in dem es uns um die Welt
> da draußen und die Gegenstände geht, nicht aber um uns selbst
> oder um unsere eigenen Bedürfnisse, nur in dem Maße, indem wir
> Aufgaben und Forderungen erfüllen, Sinn erfüllen und Werte ver=
> wirklichen, erfüllen und verwirklichen wir uns auch selbst."
> (FRANKL 1972,75).

Der andere Weg, die Proklamation der Evidenz, hat sich, wenn man
so will, in zwei Richtungen geteilt - die im brüderlichen Haß
zwar vordergründig wenig zu einen scheint -, eine eher auf Kau=
salidentität gerichtete und eine eher zur Finalidentität ver=
pflichtende. Die funktionalistische Richtung behauptet Evidenz
von Sinn durch die erledigte Sinnfrage, also geglückte Antwort -
an diesem Glück kann man nur partizipieren, Identität ist als
Partizipation an Kultur immer schon gelungen, das "ideative Be=
wußtsein" entlastet. Die andere Richtung, im wesentlichen die
eines um eine psychologische Entfremdungstheorie bereicherten
Marxismus, behauptet Evidenz in einer besonderen Form der Spon=
taneität, die sich auf den MARXschen Ausspruch berufen kann:
"Die Antwort auf die Sinnfrage liegt in der Erfüllung der Sinn=
lichkeit." (MARX nach ROLFES 1971,165).

Vom Ziel der Geschichte gerechtfertigt, vom Gesetz der Geschichte
erklärt, gilt dem angesichts des Nihilismus Erschrockenen ein
letzter vermeintlicher Rest der Natur, der der Entfremdung nicht
anheim gefallen ist, als das "Prinzip Hoffnung": Sinnlichkeit -
oder was er dafür hält; denn nachdem dem Neomarxismus auch die
"Manipulation von Bedürfnissen" nicht verborgen geblieben ist,
hat sich auch diese Evidenzthese ad absurdum geführt und mit

MARCUSE in die Künste geflüchtet.

Wenn die Evidenz nicht ist, für das Bei-sich-Sein-im-andern aber kein anderes empfohlen werden kann, weil der Sinn auch dort (im andern) nicht sitzt, ist der einzelne auf sich selbst gestellt und Sinn nicht vermittelbar. Er ist nicht erklärbar, weil es keine Rückführbarkeit gibt, und nicht mitteilbar, weil an ihm kein Anteil zu nehmen ist. Als Vollzug kann er nur versucht werden, mitteilbar ist nur die Angewiesenheit.

> "Sinn ist nur dann dasjenige, was dieser Name besagen will, wenn er ganz und gar in sich selber ruht, aus sich selber lebt, durch sich selbst aussagt, was er ist und bedeutet - wenn er also jeder Zurückführung auf ein noch nicht Sinnhaftes spottet." (LITT nach DERBOLAV 1980,69).

Sinn kann nur auf ein anderes gesetzt werden - darin hat das Subjekt Finalidentität. In seinem Setzen hat es "gute Gründe" und die Not seiner Angewiesenheit, erlebte Kausalidentität. In Gestalten und Erleben spannt sich das dialektische Verhältnis, indem Identität Sinn als Synthese versucht, die die Ganzheit des Lebens organisiert. Dieser - hier in der Spanne von Final- und Kausalidentität - aufgewiesene Sinnanspruch von Identität findet seinen Niederschlag in einer Identitätsdefinition von HAEBERLIN/NIKLAUS, die abschließend als eine Rarität unter den Definitionen zitiert sei - in anderen Definitionen ist die Sinnvergessenheit schon voll zu Buche geschlagen.

> "Unter der Identität eines Menschen verstehen wir dessen Möglichkeiten, das eigene Leben als zusammenhängendes Ganzes zu gestalten und die eigenen Verhaltensweisen als sinnvoll zusammenhängend zu erfahren." (HAEBERLIN/NIKLAUS 1978,9).

1.4 ERKENNTNISTHEORETISCHE DIMENSIONEN VON IDENTITÄT

Die erkenntniskritische Frage zum Identitätsproblem, wie Identität als Gegenstand der Erkenntnis gedacht werden kann, läßt sich in zwei Teilfragen gliedern:
1. Wie ist es möglich, daß Subjekte über sich selbst Erkenntnis haben können; was sind die Voraussetzungen dieser Möglichkeit, was ist der Gegenstand der Erkenntnis und wie vollzieht sich der Prozeß der Erkenntnis?
2. Wenn Subjekte über sich Erkenntnis haben können, zu welchen Ergebnissen vermag diese Erkenntnis dann zu kommen, wie stellt sie sich dar, wie ist sie strukturiert?

In die erste Frage gehen die Überlegungen zur Bedingung der Möglichkeit von Selbstbewußtsein mit ein; insofern es um die vom Subjekt selbst vollzogene Erkenntnis seiner Identität, um den Akt seiner Identifikationen geht, ist der phänomenale Ort subjektiver Identität der von Selbstbewußtsein. Daher rankt sich die erste Frage um die Probleme des Selbstbewußtseinsbegriffs. Eines dieser Probleme ist das Verhältnis von Bewußtsein überhaupt und Selbstbewußtsein; in der Tradition des deutschen Idealismus hat Selbstbewußtsein als die Voraussetzung von Bewußtsein gegolten. Die alternative These setzt Selbstbewußtsein als einen Fall von Bewußtsein, d.h.: Bewußtsein ist der übergeordnete Begriff, Selbstbewußtsein ein Beispiel mit der ausgezeichneten differentia specifica der Selbstbezogenheit. Selbstbezogenheit heißt dabei der Sachverhalt, daß das Subjekt einige bewußte Gegenstände in besonderer Weise als die seinen erkennt. Ob dieses Erkennen, besser Anerkennen, als Akt eines Wiedererkennens vorzustellen sei, also als reflexiver Akt, bei dem der Gegenstand für das Subjekt schon apriori eine gewisse Vertrautheit aufweist, oder als ein konstruktiver Akt, in dem der Gegenstand vom Subjekt als der *seine* erst gesetzt wird, diese Frage kann nur beantwortet werden, indem das Verhältnis von Subjekt und Bewußtsein überhaupt - Differenz vs. Koinzidenz - erörtert wird. Aus der Bestimmung dieses

Verhältnisses leitet sich ab, ob Selbstbewußtsein sich von Bewußtsein nur durch die Spezifität seines Gegenstandes in dessen Attributen unterscheidet oder als eine eigenständige Erkenntnisform vorzustellen ist.

Der Sachverhalt, daß der Gegenstand von Selbstbewußtsein die Doppelprädikation aufweist, sowohl Attribut des Erkannten als auch des Erkennenden zu sein, ohne deshalb numerisch als doppelt zu gelten, bezeichnet "Identität". Subjekte identifizieren sich als Erkennende durch Prädikation bis hin zum reflexiven Anspruch, in dem sie sich als Erkennende zu erkennen behaupten. In der Zuschreibung eines Merkmals behandeln sie sich als einen Gegenstand, der sich als Gegenstand durch diesen attributiven Akt erst konstituiert. So gewinnen Subjekte den Begriff des Ich, der doch allemal im Augenblick des Bewußtseins zum "Unbegriff" wird, indem er als der Schatten des erkennenden Ich mit diesem nie auf gleiche Höhe kommt, vielmehr immer den aufholenden Schritt in die Gegenwart schuldig bleibt. Obwohl damit die Identität von Subjekt und Objekt im Ich-Begriff nicht nur um eben ein Moment (das des aufholenden Schrittes) verkürzt, vielmehr angesichts der "Flüchtigkeit" des Erkennens möglicherweise zur Gänze überholt und damit hinfällig ist, scheint es schwerlich bezweifelbar, daß der Begriff des Ich, der die Allmacht der Selbsterkenntnis leugnet, indem er mehr und ein anderes als das Erkennen selber bezeichnen soll, seine wertvollen Dienste tut. So stellt sich die Frage, worin die unverzichtbare Leistung des ewig antiquierten Ich-Begriffs für den ewig jungen Erkenntnisprozeß bestehen mag. Ferner ist die darin schon vorausgesetzte Annahme, daß das Denken selbst die Bedingungen seines in die Selbstvergessenheit Geratens hervorbringt, auf ihre Haltbarkeit zu prüfen. Hier müssen die Bedingungen des Denkens selber erörtert werden, die für die "ichliche Fehlkonstruktion" verantwortlich sind.

1.4.1 Selbstbewußtsein: Reflexion oder Konstruktion?

Die Problematik einer Theorie über Selbstbewußtsein wird schwer=
lich in der Anfechtbarkeit des Phänomens gründen, das sie sich
zum Gegenstand gewählt hat, denn dieses ist wie kaum ein ande=
res von schlagender Evidenz, sodaß KANT das Phänomen gar zum
Fundament seines Philosophierens nehmen konnte. So gewiß die
Existenz der Sache aber, so aporetisch scheint ihre Struktur
und so undurchsichtig scheinen die Bedingungen ihrer Möglich=
keit. Umso sonderlicher mutet es an, daß der "gesunde Menschen=
vestand" so wenig Zweifel am unbegründbaren Phänomen hegt, und
jenen, die ihn hegen, so sie es nicht in philosophierender Mis=
sion tun, mancherorts ein kranker Geist bescheinigt wird. Prak=
tisch scheint man sich damit begnügen zu können, daß einem
Sachverhalt, der *gewußt* wird, somit eben auch *Gewißheit* zukommt,
jedenfalls soweit nichts mehr als nur seine Faktizität behaup=
tet wird. Die Tatsache, daß Selbstbewußtsein intersubjektiv als
Wissen und nicht etwa nur als Meinen behandelt wird, entspricht
wohl einer Maßnahme, zu der die Unteilbarkeit von Selbstbewußt=
sein nötigt, einer allseits fürs erste vorteilhaften Überein=
kunft, einander mangels besserer Kontrolle vertrauensvoll ernst
zu nehmen - ein Kredit, der selbst dem Hysteriker nicht verwehrt
wird.

Im folgenden soll der Frage nachgegangen werden, wie die Struk=
tur von Selbstbewußtsein gedacht werden kann. Dazu bedarf es
eines Minimalbegriffs von Selbstbewußtsein, der seinerseits auf
Konsens nur *hoffen* kann, da seinen Momenten jene Evidenz versagt
bleibt, die der Sache zukommt, und ein logischer Ansatzpunkt
erst gesetzt werden muß. Zur Bestimmung dieses Minimalbegriffes
seien drei Theoreme formuliert:

(1) Selbstbewußtsein ist der Prozeß oder das Produkt einer Vor=
 stellung, also ein kognitiver Akt bzw. eine (komplexe) Kog=
 nition.
(2) Selbstbewußtsein ist ein einheitliches Bewußtsein, in dem
 Wissender und Gewußtes nur analytisch, nicht aber im kogni=
 tiven Akt getrennt werden können.

(3) Selbstbewußtsein ist eine Form von Bewußtsein, die sich durch einen spezifischen Bereich von Kognitionen auszeichnet, nämlich von solchen, mit denen sich das Subjekt identifiziert.

Als DESCARTES seinen Weg des Zweifels mit der Feststellung "cogito, ergo sum" beendete, glaubte er in einem die Seinsgewißheit des Ich und des Denkens selber erwiesen zu haben. Wenn auch kein Zweifel bestehen mag, daß einem Denkenden, indem es denkt, Sein zugesprochen werden muß [11], so scheint damit doch nur behauptet, daß *etwas* denkt; daß dieses Etwas *ich* sei, diese Behauptung bedürfte eines weiteren schlußfolgernden Schrittes, den DESCARTES nicht aufgezeigt hat. LICHTENBERGs Revision des Cogito verweist auf den *praktischen* Grund, den DESCARTES gehabt haben mag, die Evidenz des Selbstbewußtseins an die des Denkens anzukoppeln.

> "Es denkt, sollte man sagen, so wie man sagt: es blitzt. Zu sagen cogito ist schon zuviel, wenn man es mit 'ich denke' übersetzt. Ich anzunehmen, zu postulieren, ist praktisches Bedürfnis." (LICHTENBERG nach FUNKE 1960 ,169).

Der kritische Einwand stellt nun nicht etwa die Evidenz von Selbstbewußtsein in Frage, er kann vielmehr lediglich die theoretische Schlußfolgerung des 'ergo' auf ein seiendes Ich nicht als Erkenntnisgewinn nachvollziehen; in DESCARTES' Cogito ist bereits die Synthese von Ich und Denken vollzogen, die sich im Sum nur wiederholt. Nimmt man das Ich aus der DESCARTESschen Formulierung heraus, so bleibt lediglich die Gewißheit des Denkens selber.

> "Das wirklich Anzusetzende ist das cogitari. Das heißt: Mit Bezug auf die evidente Unbezweifelbarkeit besitzt das gleich wie immer qualifizierte Ich vor irgendeinem sachhaltigen Etwas keinen Vorzug. Das bei cogitativen Vollzügen sich meldende Bewußtsein sagt über ein Ich nichts Gewisseres aus als über die gedachten Gegenstände. Nur das 'Daß' bleibt evident. Deshalb darf man sagen, nicht Selbstbewußtsein, sondern Bewußtsein ist zuerst gegeben." (FUNKE 1960 ,169).

Setzt man Bewußtsein dem Selbstbewußtsein voraus, so liegt es nahe, Fälle von Bewußtsein für möglich zu halten, in denen Selbstbewußtsein nicht nur keinen konstitutiven Anteil, sondern überhaupt keine Aktualität hat. Die Okkasionalität von Selbstbewußtsein läßt dann eine über seine Aktualisierung hinausgehen=

de Existenz des Ich in Zweifel ziehen. Von da ist es dann nur ein kleiner Schritt zu POTHASTs "Konsequenz: Es gibt nicht zusätzlich zum Bewußtsein noch ein Subjekt seiner." (POTHAST 1971, 56).

Die so vollzogene Identifikation von wissendem Subjekt und Bewußtsein, dernach ein wissendes Subjekt nicht Bewußtsein *hat*, sondern *ist*, bestimmt auch den Begriff von Selbstbewußtsein als einer Form von Bewußtsein im Rahmen dieser Bedingung. Von daher relativiert sich der Begriff der "Vorstellung", durch die oder als die Selbstbewußtsein hervorgebracht oder besser: in Erscheinung gebracht wird, zu einem Gegenbegriff von "Widerspiegelung" eines realen Subjekts, nichts desto weniger zum Begriff einer realen Vorstellung, deren Subjekt erst dadurch Realität gewinnt. Die hier gemeinte Vorstellung ist insofern immer eine reale, als sie einem realen Akt entspringt bzw. diesen Akt bedeutet. Die Vorstellungsbeziehung bezeichnet eine Relation zwischen einem Vorstellenden (beispielsweise einem "Ich") und einem Vorgestellten, dem Gegenstand. Diese Relata müssen nach KRINGS selbst real sein, um eine reale Relation zu bilden, sie müssen ferner teils verschiedene, teils gleiche Momente aufweisen; dies bezeichnet die in der Vorstellungsbeziehung mögliche Form der Identität.

> "Das Sein der Relation beruht in den Relaten. Darum setzt die reale Relation voraus, daß die Relate real, d.h. aktuell selbst seiend sind. Ferner erfordert sie eine gewisse Verschiedenheit der Relate, doch dürfen sie nicht absolut verschieden sein, sondern müssen in ihrer Verschiedenheit eine Gemeinsamkeit aufweisen. Sind die Relate nicht verschieden (A=A) oder toto genere verschieden, so ist die Relation nicht real, sondern bloß logisch (relatio rationis)." (KRINGS 1960,194).

Der Ansatzpunkt vom Bewußtsein aus ermöglicht, wie die Heidelberger Schule neuerdings verschiedentlich gezeigt hat, eine Kritik der bisherigen Selbstbewußtseinstheorien, die im folgenden am Beispiel von HENRICHs Argumentation vorgestellt werden soll (HENRICH 1970).

HENRICH zeigt einige mögliche Modelle, wie Bewußtsein ohne Rekurs auf einen Selbstbewußtseinsbegriff vorgestellt werden kann:

(1) BRENTANO und nach ihm SCHMALENBACH haben versucht, "Bewußtsein als eine Relation von jeweils einzelnen Inhalten oder

Daten zu sich selbst zu deuten" (HENRICH 1970,261). Dieses Modell einer Beziehung eines Gegenstandes zu sich selbst übersieht aber, daß die Relata einer Bewußtseinsrelation sich voneinander irgendwie unterscheiden müssen, wie in KRINGS' Vorstellungsmodell deutlich geworden ist. Ferner gerät der Gegenstand selbst in die Rolle eines Bewußtseins=
subjektes, sodaß soviele Bewußtseinssubjekte anzunehmen sind als bewußte Gegenstände, und damit ein einheitlicher Bewußtseinsbegriff hinfällig wird.

(2) Das Modell des 'Neutralen Monismus'', das sich ansatzweise bei JAMES und beim späten RUSSELL findet, betrachtet Be=
wußtsein "als ursprünglich synthetisch und als Relation zwischen einer ... Menge von Gegebenheiten "(ibid. 262), sodaß auch hier Bewußtsein als Relationalität gedacht wird, und zwar unter der Voraussetzung, daß keinem der Relata als solchem Bewußtsein zuzuschreiben wäre und ferner keine Relation zu einem Dritten, etwa in einer Subjektfunktion, angenommen werden darf. Geht man aber davon aus, daß jede Relation zwischen Gegenständen selber dem Bewußtsein thema=
tisch werden kann, so müßte in diesem Thematischwerden eine neue Relation angenommen werden, die Bewußtsein bezeichnet, im vorigen aber noch nicht gegeben war. Auch damit wäre ein einheitlicher Begriff von Bewußtsein nicht mehr möglich.

(3) Ein weiteres Modell bestünde in der Vorstellung einer "mona=
dische(n) Eigenschaft von gewissen Sachverhalten" (ibid.263), die ihr Bewußtsein ausmacht. Damit freilich müßten bestimmte Gegenstände immer als bewußt gelten, anderen wäre Bewußtsein generell verwehrt. Das Modell von Bewußtsein als Relation ist hier außer Betracht. Eine Ausnahme für den Fall des Selbstbewußtseins zu machen, verbietet sich zum einen durch den hier gewählten Ausgangspunkt, zum andern weist das spo=
radische Auftreten von Selbstbewußtsein gerade wieder auf eine relationale Abhängigkeit hin: "... ich werde mir sogar meines eigenen Daseins anscheinend nur bei Gelegenheit des Bewußtseins von etwas, das ich nicht bin, bewußt" (FUNKE 1960 ,169).

(4) HENRICH setzt seine Darstellung mit Modellen, die von einem postulierten Ich ausgehen, mit den "egologischen Theorien des Bewußtseins" (HENRICH 1970,263),fort. Einen ersten Entwurf bietet der Versuch des frühen RUSSELL, "Bewußtsein als die Beziehung eines Ich zu beliebigen Sachverhalten zu verstehen" (ibid), die er als "Bekanntschaft" (acquaintance) bezeichnete. RUSSELL setzte dabei ein anfangs unbewußtes Bekanntschaftsverhältnis zwischen Gegenstand und Subjekt voraus, das dann reflektiert wird und so zu Bewußtsein kommt. [12] Kritisch wendet HENRICH ein, daß "man nicht einsehen kann, wie sich eine Relation überhaupt feststellen läßt, deren relata niemals unmittelbar gegeben sind "(ibid. 264). Die Relationalität "hypothetischer Konstrukte" freilich entspricht vordergründig genau dieser Struktur, sie wird aber nur möglich durch ein vorheriges Bewußtsein durchaus *unmittelbar* gegebener Relata. Diese Erklärung HENRICHs vermag aber nicht zu widerlegen, daß hypothetische Konstrukte in einem bewußten Akt vorgestellt werden können. Im folgenden Kapitel wird dieses Problem eingehender behandelt.

(5) Das letzte Modell, das HENRICH andernorts als "Reflexionstheorie des Ich" (HENRICH 1982,62) bezeichnet, nimmt seinen Anfang in der Umkehrung des bisherigen Postulats: Es setzt Selbstbewußtsein als den ermöglichenden Grund von Bewußtsein überhaupt voraus. Die "Vorstellung" wird hier als Reflexion gefaßt; bei KANT versteht sie sich "als eine Aktivität des Ich" (HENRICH 1970,265), in anderen idealistischen Ansätzen "nur als eine wissende Selbstbeziehung" (ibid.). Die Differenz in der Ausgangsannahme soll hier nicht zu einer Kritik von "außen" verwendet werden, vielmehr sollen sich die Einwände auf den Aufweis von Binnenwidersprüchen beschränken. Diese Kritik äußert sich vorallem in folgenden Punkten:
1. Selbstbewußtsein wird im Reflexionsmodell bereits vorausgesetzt, indem es das aus der Reflexion hervorgehende Ich schon als Akteur des reflexiven Aktes enthält.
2. Dieser muß, um sich in der Reflexion "wiederzuerkennen", bereits einen Begriff von sich haben, d.h. auf Selbstbewußtsein aufbauen. Das Gleiche gilt für die Voraussetzung des reflektierenden Aktes: Als "gezielte Aktivität" (ibid.265) bedarf die Reflexion eines Fixpunktes.

Die Zirkularität der Subjekt-Objekt-Koinzidenz und die
Identifikationsproblematik setzen das egologische Modell
außer Stande, sowohl eine Theorie des Subjekts als auch
eine Theorie des Bewußtseins zu begründen.

> "Denn entweder ist das Ich, das sich als Subjekt zu sich
> verhält, bereits seiner selbst bewußt. Dann ist die Theorie
> als Erklärung des Bewußtseins zirkelhaft, da sie Bewußtsein,
> sogar Selbstbewußtsein bereits voraussetzt. Oder das Ich=
> subjekt ist seiner nicht bewußt und hat keinerlei Vertraut=
> heit mit sich. Dann läßt sich mit Mitteln der Reflexions=
> theorie niemals verstehen, wie es je in die Lage kommen
> soll, irgendeinen Sachverhalt sich selber zuzusprechen oder
> auch nur unter dem Gesichtspunkt der Frage anzusehen, ob er
> ihm zugehört oder nicht." (HENRICH 1970,268).

HENRICHs Diskussion verschiedener Ansätze einer Strukturtheorie
des Selbstbewußtseins zeigt, daß weder die Vorstellung eines den
Relationen immanenten Bewußtseins, noch die eines monadischen
oder egologisch-reflexiven Bewußtseins konsequent aufrecht er=
halten werden kann. Einen Versuch, die bereits aufgezeigte Pro=
blematik zirkulärer Konstruktionen zu umgehen, bildet FICHTEs
Unternehmen, Selbstbewußtsein als "das Bewußtsein der absoluten
Selbsttätigkeit des Ich" (BARTELS 1976,27) zu konzipieren. Die
Evidenz des Selbstbewußtseins als Akt des um sich selber wissen=
den Ich stellt das Phänomen dar, an dem FICHTEs Philosophie an=
knüpft.

> "Das Selbstverständlichste wird mit dem Unmittelbarsten iden=
> tifiziert. Das was jeder in seinem natürlichen Bewußtsein
> immer schon mitführt, glaubt der FICHTEsche Idealismus so
> isoliert zu haben, daß es zum philosophischen Ausgangspunkt
> schlechthin dienen können soll." (JANKOWITZ 1975,102).

Indem Selbstbewußtsein selbstsetzende Tätigkeit ist, bedarf es
nicht einer reflexiven "Objektivation", es gibt kein Aufarbei=
ten einer schon vorher strukturierten Subjektivität, sondern
der selbstsetzende Akt bringt das Subjekt objektiv hervor. Es
hat in diesem Status vollkommene Identität[13], der "'nichts
dazwischen' kommen kann" (JANKOWITZ 1975,92), weil sie nicht
als eine andere (wie im Modell der Subjekt-Objekt-Differenz)
vorstrukturiert ist, weil sie, wie JANKOWITZ sagt, "vorurteils=
los" ist.

"So nimmt Fichte - wenn man so will in einem praktischen
Entschluß - das Ich, das als reines Ich=Ich bestimmt ist,
wie a=a, wie ein mathematisches Grundgesetz also, nicht
bloß als abstrahiertes, sondern schon als abstrahierendes
(konkretes), d.i. philosophierendes, aus aller Vorurteils=
tradition heraus. Die Besonderheit des 'unmittelbaren Selbst=
bewußtseins' zeigt sich nicht darin, daß es bei allen auf=
weisbar wäre - 'dieses Bewußtsein kann keinem nachgewiesen
werden' - sondern in einem 'höchsten Interesse''für uns
selbst'." (JANKOWITZ 1975,94).

Subjekt und Objekt fallen zusammen im Akt der Anschauung und
sind sich der Einheit bewußt als dem Begriff des Ich. Das Pro=
blem des KANTischen Modells, wie ein Subjekt seine Tätigkeit
auf sich richten könne, ohne zuvor einen Begriffs seiner zu
haben, will FICHTE dadurch umgehen, daß er die Wahl der Anschau=
ungsrichtung mit der Konstitution des Ich gleichsetzt. In der
Frage, wie das Subjekt das Angeschaute aber als den Begriff des
Ich identifiziere, wenn es zuvor denselben noch nicht konzipiert
habe, oder wie es die Anschauung als die seine erkenne, setzt
sich das KANTische Problem fort. POTHAST stellt diese Schwie=
rigkeit und die aus ihr folgenden Sekundärprobleme in aller
Deutlichkeit heraus:

"Die Tätigkeit muß sowohl eine sein, die dem Begriff zur Be=
stimmung vorgegeben wird (d.h. selbst nicht Begriff ist),
als auch Begriff. Die Einheit dieser Differenten kann nicht
als Einheit von Momenten beschrieben werden, sondern nur als
Identität, als diese aber ist sie widersprüchlich. Oder die
Tätigkeit muß als die Einheit von Anschauung und Begriff an
zwei differenten Zeitstellen sich ereignen, gemäß der FICHTE=
schen Darlegungen, die beide mit einem 'zuvor' auseinander=
setzen, und darf es doch nicht tun, denn es muß sich um ein
'zugleich' handeln, wie FICHTE oft genug betont. Außerdem
erzeugt sich, wenn die Definition von 'Ich' in ihrem stren=
gen Sinn mittels des Begriffs an der Tätigkeit aufgewiesen
werden soll, jene unendliche Reihe, in der immer ein Wissen
vom Sich-Wissen aufs andere gesetzt wird und in das erste
eingeht, ohne daß man einmal mit gutem Gewissen sagen könnte,
jetzt liegt in der Tat ein Ich vor, weil am Schluß das Ich
sich immer nur wissen kann als 'Ich'-Sagendes, oder als
simple in sich zurückgehende Tätigkeit, ohne daß in dieser
sie selbst schon mit Recht als Ich bestimmt wäre." (POTHAST
1971,43 f). (14)

Die paradoxe Struktur der FICHTEschen Theorie ließe sich nur
auflösen, wenn man den Begriff des Ich als vorausgesetzt anneh=
men könnte, womit aber die Selbstsetzung aufgegeben wäre. Der
logische Ursprung dieses Paradoxons liegt im wesentlichen in
der behaupteten totalen Identität der Relata, die sich letzt=

lich jeder analytischen Vorstellung entgegensetzt. In diesem
Sinne wäre der Gewinn von FICHTEs Konzeption der negative Auf=
weis einer logischen Kondition.

> "Die Leistung der Theorie besteht dann darin, gezeigt zu ha=
> ben, daß man ohne die Annahmen von Paradoxien im Sinn wider=
> sprüchlicher Situationen ein Ich, das der Definition dieses
> Terminus genügte, nicht konstruieren kann." (POTHAST 1971,
> 44).

FICHTE hat im Bewußtsein der Widersprüchlichkeiten seiner Theo=
rie diese immer wieder revidiert, um die reflexiven Struktur=
momente zu eliminieren; vom Ich, das sich selbst setzt, über
das Ich, das sich als Sich-selbst-Setzen setzt, hat er den Re=
greß der Bewußtseinsstufen auf der Suche nach dem einheits=
stiftenden Moment vorangetrieben bis zur Vorstellung des Ich
als eines Auges, dessen Blick auf sich selbst gerichtet ist.
Das Selbstbewußtsein gilt dementsprechend als "eine Aktivität,
der ein Auge eingesetzt ist" (FICHTE nach HENRICH 1982,75).
Die Tätigkeit der Anschauung wird in dieser Metapher deutlich
mit dem Begriff ihrer selbst und dem des Anschauenden identisch.
Als "ein sich abspiegelnder Spiegel" (FICHTE nach POTHAST 1971,
68) wird das Auge seiner selbst und seines Anschauens gewahr.
Hier ist jene erwähnte Auflösung des Paradoxons im vorausge=
setzten Ich vollzogen, abgebildet durch die Vorausgesetztheit
des Auges selber. Die Frage nach der Möglichkeit des Selbst=
bewußtseins setzt sich hier fort in der Frage nach der Bedingt=
heit der Existenz dieses Auges. Der Versuch, diese Frage zu
beantworten, hat FICHTE in seinem Spätwerk zum Schritt ins
Metaphysische genötigt, womit der Anspruch der konstruktiven
Immanenz des Selbstbewußtseins dieses zu einem Grenzbegriff
des Philosophierens geraten ließ, der dem HEGELschen "Weltgeist"
nicht unähnlich ist.

> "An die Stelle des absoluten Ich war nun der Gedanke eines
> unausdenkbaren Ursprungs der ganzen Selbstheit zu setzen -
> in einem Absoluten, welches die Ichheit übersteigt." (HEN=
> RICH 1982,78).

1.4.2 IDENTITÄT ALS "HYPOTHETISCHES KONSTRUKT": IDEELLE
FIKTION ODER PRAGMATISCHE REIFIKATION?

Die aufgewiesene Evidenz des Denkens, die sich als der redu=
zierte Anspruch des cartesischen Cogito darstellen ließ, kann
zum Ausgangspunkt einer strukturalen Analyse des Selbstbewußt=
seinsphänomens gewählt werden. Versteht man Selbstbewußtsein
als formal ausdrückbar in dem Satz "ich weiß: ich φ" (TUGEND=
HATs Formel des "unmittelbaren epistemischen Selbstbewußtseins";
TUGENDHAT 1981,50), wobei "φ" einen Zustand[15] anzeigt, so kön=
nen als Strukturmomente des Selbstbewußtseins hervorgehoben
werden:
1. die Behauptung der Identität zwischen Wissendem und "Träger"
des Prädikates "φ",
2. die Vermitteltheit der identischen Relata durch eine Wissens=
struktur, und zwar
3. am "Beispiel" des Zustandes "φ", der als bewußtseinsfähig
gelten muß.

Die Identitätsthese findet also einmal ihre Anwendung in der
ersten Behauptung, sie führt hier zu dem bekannten erkenntnis=
theoretischen Problem der Subjekt-Objekt-Beziehung, zum andern
in der Identifizierung des gewußten Ich, des Objekts, als einem
Fall des Zutreffens von "φ" - dieses bezeichnet eher den sozial=
wissenschaftlichen Identitätsbegriff. Wenn ich behaupte,"ich
weiß, daß ich φ", dann sind darin die Aussagen eingeschlossen:
"ich weiß, daß ich es bin, der φ" und "es trifft zu, daß φ".
Letztere Behauptung soll - nachdem die Problematik des Selbst=
bewußtseins im vorigen Kapitel bereits im wesentlichen umrissen
worden ist - im folgenden kurz auf dem Hintergrund der Positio=
nen der Marburger Schule[16] und der Philosophie des "Als-ob"
von VAIHINGER erörtert werden.

Der zentrale Ansatzpunkt des "kritischen Idealismus'" COHENs
ist eine Neubestimmung des Verhältnisses von Sein und Denken,
das seit der DESCARTESschen Formel zum Angelpunkt des idealisti=
schen Denkens geworden war. COHEN bricht mit der KANTischen

Zwei-Welten-Lehre, KANTs "sympathische Rücksicht"(COHEN 1914, 264) auf den HUMEschen Empirismus, sein "Opportunismus gegen die englischen Verfechter der Sinnlichkeit"(ibid.12) soll gebrochen und damit das Postulat der "reinen Anschauung" aufgegeben werden.

> "Indem wir uns wieder auf den geschichtlichen Boden der Kritik stellen, lehnen wir es ab, der Logik eine Lehre von der Sinnlichkeit voraufgehen zu lassen. Wir fangen mit dem Denken an. Das Denken darf keinen Ursprung haben außerhalb seiner selbst, wenn anders seine Reinheit uneingeschränkt und ungetrübt sein muß. Das reine Denken in sich selbst und ausschließlich muß ausschließlich die reine Erkenntnis zur Erzeugung bringen." (ibid. 12).

Die Ursprünglichkeit des Denkens darf nicht durch die Annahme einer ihm vorgegebenen Empfindung in Frage gestellt werden, vielmehr ist das, was bei KANT durch Empfindung möglich wurde: Anschauung , schon Denken. Konsequenterweise ist alles Sein vor oder außerhalb des Denkens logisch undenkbar.

> "Das Sein ruht nicht in sich selbst; sondern das Denken erst läßt es entstehen. Nicht was ist, ist das Sein, sondern was war, macht das Sein aus. Nicht auf die Vergangenheit etwa wird dadurch das Sein zurückversetzt; sondern auf einen Ursprung seiner selbst soll es verwiesen werden. Und wo könnte dieser Ursprung, der jenseits des Seins liegen soll, anders liegen als im Denken?" (ibid.31).

COHENs Neubestimmung des Verhältnisses von Sein und Denken entspricht also dem Anspruch der Ursprünglichkeit des Denkens; Sein ist nichts anderes als gedachtes Sein, und indem es sich als solches denken läßt, ist es der Gedanke des Seins.

> "Nur das Denken selbst kann erzeugen, was als Sein gelten darf. (...) Dies muß daher zum ersten Anliegen des Denkens werden: den Ursprung alles Inhalts, den es zu erzeugen vermag, in das Denken selbst zu legen." (ibid.81 f).

Die Welt des Menschen ist so die Welt seines Denkens. Das Denken erzeugt im Fortlauf seiner Gedanken seine Gegenstände, der zu bedenkende Inhalt ist selbst zuvor Gedanke, als zu bedenkender wird ihm Sein zugedacht. Das seiende Ding ist nicht außerhalb des Denkens seiend, sondern es wird dazu, indem das Denken es sich zum Gegenstand setzt.

> "Die Erzeugung selbst ist das Erzeugnis. Es gilt beim Denken nicht sowohl den Gedanken zu schaffen, sofern derselbe als ein fertiges, aus dem Denken herausgesetztes Ding betrach=

tet wird; sondern das Denken selbst ist das Ziel und der
Gegenstand seiner Tätigkeit. Diese Tätigkeit geht nicht in
ein Ding über; sie kommt nicht außerhalb ihrer selbst.
Sofern sie zu Ende kommt, ist sie fertig und hört auf,
Problem zu sein. Sie selbst ist der Gedanke, und der Gedanke
ist nichts außer dem Denken." (ibid.29).

Der Fortgang des Denkens stellt sich bei COHEN in der wechsel=
seitigen Resonanz zwischen Urteilen und Kategorien[17] dar,
durch die Urteil und Kategorie sich gegenseitig problematisch
werden und so in einem Prozeß von "Sonderung und Vereinigung"
(ibid.62) Mehrheit und Einheit zugleich realisieren. In dieser
Bewegung vollzieht sich die Aufgabe des Denkens.

"Die Vereinigung ist nicht als ein Ergebnis zu denken, dessen
Vollzug zum Abschluß gekommen wäre; sondern als eine Aufgabe,
und als das Ideal einer Aufgabe; wie nur die Logik eine sol=
che Aufgabe stellen, ein solches Ideal aufstellen kann. Denn
die Aufgabe, die dem Denken im Urteil gestellt wird, darf nie=
mals als zur Ruhe, zur Vollendung gekommen betrachtet werden.
Ebenso steht es bei der Sonderung. Beide Richtungen heben
sich in die Zukunft hinein. Die Sonderung, die niemals als
abgeschlossen gedacht werden darf, bleibt somit Vereinigung.
Die Vereinigung erhält sich in ihr. Und die Vereinigung, die
nicht als abgeschlossen gedacht werden darf, erhält sich da=
durch als Sonderung. So läßt sich die Durchdringung beider
Richtungen kraft der Erhaltung verstehen. Beide Richtungen
sind Aufgaben, und müssen unaufhörlich Aufgaben bleiben. Aber
nur die Logik kann solche Aufgaben stellen." (ibid 64 f).

Die Schwierigkeit, diesen Gedanken nachzuvollziehen, liegt da=
rin, daß in der Vorstellung des Aktes, in dem Sonderung oder
Vereinigung sich vollzieht, der Inhalt eine Verwandlung erfährt,
und so als solcher zu einem Ende kommt. Dabei läßt sich über=
sehen, daß dieser Inhalt im Urteil in einem durch Sonderung und
Vereinigung wieder neu erzeugt wird - in neuen Kontingenzen,
die mit steigender Zahl der Sonderungen die Einheit des Denkens
bestärken.

Ermöglicht wird der Fortgang des Denkens durch die Denkgesetze;
als solche nennt COHEN die "Kontinuität", den Zusammenhang der
Elemente im erzeugenden Ursprung des Denkens, die "Identität",
die unerschütterliche Einheit des Elementes trotz der Sonderung
in den Vorstellungen, und den "Widerspruch", der zur Sonderung
nötigende Gehalt des Elementes. COHEN behandelt diese Denkge=
setze selbst als Urteile und möchte sie nicht als Kategorien
verstanden wissen; während die Kategorien nämlich Bestandteile

von Urteilen sind, sind die Denkgesetze Urteilsarten, d.h. Modi, wie Kategorien durch Urteile gefunden werden könne.

Nun lag es COHEN fern, einen sozialwissenschaftlichen Begriff von Identität zu begründen, den er gewiß für psychologistisch erachtet hätte, nämlich dem "Grundfehler des Psychologismus" erlegen, " daß er das allgemeine Problem der Erkenntnis vereinzelt" (ibid. 597). Aber es scheint immerhin möglich, ohne COHENs Prämissen mehr Gewalt anzutun als eben in der Einseitigkeit von Beispielen, die man übrigens in seinem Werk kaum finden wird, gelegen ist, die logische Struktur eines solchen Identitätsbegriffs mittels der Denkgesetze zu beschreiben.

Vorauszuschicken ist, daß ein solcher Identitätsbegriff mit der COHENschen Urteilsart "Identität" keinesfalls zur Deckung zu bringen ist. Vielmehr verhält es sich so, daß der sozialwissenschaftliche Identitätsbegriff seine Berechtigung dadurch erschleicht, daß er, was eigentlich nur im Denken eine einheitliche Wurzel der Selbigkeit besitzt, außerhalb des Denkens, nämlich als die Selbigkeit des Seins erscheinen läßt, was dem "selbstvergessenen" Denken dann infolge des Denkgesetzes der Identität plausibel scheint. Der Kurzschluß besteht also in der Verwechslung der Identität des Denkens mit der Identität des Seins, durch die das Denken selbst auf eine ihm äußerliche, also logisch unhaltbare Vereinseitigung verpflichtet würde.

"Die Selbigkeit des Seins ist ein Reflex der Identität des
Denkens. Diese erst vermag ihre Identität auf das Sein zu
erstrecken." (ibid.94).

Die Idee der Selbigkeit des Seins wird zwar vom Denken - woanders sonst - hervorgebracht, und sie ist das unumgängliche Postulat, durch das das Denken sich einen Gegenstand als realen setzt, aber es begibt sich dadurch in die Gefahr, seinen Gegenstand zu substantialisieren und damit die Rückbindung an seine Ursprünglichkeit vor sich aufzulösen. In dieser Gefahr sieht COHEN die psychologische Version des Identitätsgedankens, die Rede von Selbstbewußtsein als Reflexion der Psyche.

> "Die neue Zeit hebt überall das Bewußtsein, das Selbst=
> bewußtsein, das Individuum, das Subjekt hervor. Demgemäß
> muß das Denken zur Substanz machen. Die alte Identität von
> Denken und Sein lebt wieder auf. (...) Aber da zeigt sich
> die Gefahr, die in der modernen Verwandlung des Denkens in
> das Bewußtsein gelegen ist. Der antike Idealismus suchte
> das Denken schlechthin im Sein; das moderne Bewußtsein
> sucht sich selbst, sucht das eigene Subjekt im Denken, und
> findet das Sein daher auch, und will es vornehmlich im ei=
> genen Subjekt finden. Das Ich wird zum Schlachtruf ausgege=
> ben. (...) Das Ich bleibt nicht nur der Ausdruck für die
> Souveränität des Denkens und für die Gesetze, die aus ihr
> erfließen; das alte Absolute wirft seinen mittelalterlichen
> Schatten in die neuen Losungen hinein. So wird mittels Ich zur
> Seele; das Denken zur denkenden Substanz. Wiederum ist die
> Substanz das Absolute; das Denken selbst hat es dazu gemacht."
> (ibid.213 f).

Würde die Souveränität des Denkens mit der Souveränität des Ich identifiziert, so wäre dies als die Identifizierung zweier Ur= sprünglicher an sich unproblematisch, solange keines von beiden in irgendeiner Weise als abgeleitet gedacht würde; problema= tisch wird allerdings die Anwendung des einen auf das andere, die in jedem Falle eine Verdoppelung, eine Repräsentation als das sich denkende Ich oder das als Ich sich denkende Denken hervorbringt. Ich und Denken können also nur gleich ursprüng= lich gedacht und, so man sie in Beziehung setzt, nur in der Beziehung totaler Identität gefaßt werden. So schreibt NATORP über das Ich:

> "Stellt man es selbst - ihm selbst- wiederum gegenüber, so
> macht man es wieder zum Objekt, verwandelt also seine Na=
> tur, ja verkehrt es in sein Gegenteil; man stellt es selbst
> auf die Gegenseite, auf die Seite des bewußten Etwas. Das
> ist vielleicht unvermeidlich, wenn man überhaupt von ihm
> reden und es zum Gegenstand (Vorwurf) einer Reflexion
> machen will. (...) ... man hat schon aufgehört es als Ich
> zu denken, indem man es als Gegenstand denkt." (NATORP nach
> WINTERHAGER 1975,131 f).

"Wenn man mit gutem Grunde sagt, das Denken sei das Denken von Gesetzen" (COHEN 1914,270), so muß auch das Denken von Iden= tität diesen Gesetzen unterliegen. Wenn - dieses war das Aus= gangsproblem - ein Subjekt sich (freilich nicht zur Gänze) mit einem Zustand "φ" identifiziert, In COHENs Sprache, wenn ein Denken ein Ich (sich selbst) mit einem Element identifiziert, so vermag es dies, indem es das Ich (das damit selbst fälsch= licherweise als Element behandelt wird) in Kontinuität mit dem

Element "φ" setzt und hinter den Vorstellungen beider ein
Identisches erkennt, indem es mögliche Urteile über sie im
Prozeß der Sonderung und Vereinigung durch die Urteilsart des
Widerspruches vergleicht.[18]

Die Schwachstelle des kritischen Idealismus, den COHEN ja immer=
hin auch den "wahrhaften Realismus" (ibid.600) nennt, da er das
Sein in die Abhängigkeit des Denkens stellt und so in der rei=
nen Erkenntnis jeden Dualismus aufzuheben vermag, liegt in der
mangelnden Berücksichtigung der praktischen Grenze, [19] die
der Logik der reinen Erkenntnis gesetzt ist, wo sie zum Mittel
des Denkens werden soll. Die Frage, wie das Denken überhaupt
sich selbst zum Objekt machen kann, die identisch ist mit der
Selbstbewußtseinsfrage, tangiert das Problem, was man sich als
das dem Denken "Äußerliche" vorzustellen habe. Die Tragik des
Äußerlichen, das bei COHEN durch die mittels des Seinsprädika=
tes ermöglichte Qualifikation eines Elementes zum Gegenstand
gekennzeichnet wurde - WINTERHAGER nennt das Sein daher das
"Urprädikat der Theorie" (WINTERHAGER 1973,29) -, erwächst aus
der Stagnation des Urteilsprozesses. Insofern ist das Äußerli=
che durch ein Beharren im Identitätsurteil beschreibbar, zu=
gleich durch die Immunität gegen jegliches Widerspruchsurteil.
Das Äußerliche ist der dem Widerspruchsurteil verwehrte Fall
eines Identitätsurteils; es gerät zwar nicht eigentlich aus der
Kontinuität der Urteile, aber es ist gewissermaßen der tote
Anhang von Urteilen, ihr tabuisierter Gehalt. In diesem Status
kommt jenes, was sozialwissenschaftlich als Identität bezeich=
net wird, indem es als ein Seiendes gilt, indem es vergegen=
ständlicht wird. Wird es als ein Ich gedacht, so vergißt sich
das Denken im Begriff des Ich als den Ursprung des Ich-Gedan=
kens. Es setzt sein Ich als das Denkende, indem es das Ich dem
Ich-Gedanken voraussetzt. NATORP hat aus der Unumgänglichkeit
dieses Äußerlichkeitsmomentes die Unmöglichkeit von eigentli=
chem Selbstbewußtsein geschlossen.[20] Wenn das Erzeugen und
das Erzeugnis des Denkens zusammenfallen, ist alles Denken
selbst schon Selbstbewußtsein und ein weiteres reflektives
Selbstbewußtsein wäre redundant. Nichts desto trotz ist aber
am Phänomen eines ausgegrenzten Selbstbewußtseins nicht vorbei=
zugehen, sodaß sich die Frage stellt, wodurch das Denken ein

Ich, das ihm im Selbstbewußtsein Gegenstand zu sein scheint, aus der einheitlichen Fülle des Denkens herauszuheben vermag. NATORP gibt die entscheidende Erklärung: "...nur durch eine Fiktion" (NATORP nach WINTERHAGER 1975,133). Das Denken behandelt das Ich, wie es andere Gegenstände auch behandelt, man müßte richtiger sagen: das Denken behandelt sich als einen Gegenstand mittels seiner Denkgesetze. Es konstruiert aus seinen Elementen eine Erklärung seiner selbst, ohne doch den geringsten Anhaltspunkt für einen logischen Anfang, für ein erstes Urteil zu haben.

Die Marburger Schule selbst hat keine Theorie der Fiktionen begründet. Es ist ein anderer Kantianer gewesen, der in einem der "Logik der reinen Erkenntnis" eher entgegengesetzten Versuch "aufgrund eines idealistischen Positivismus"[21] die Fiktion zum Ausgangspunkt seiner "Philosophie des Als ob" wählte, Hans VAIHINGER.

VAIHINGER unterscheidet vier Hauptmerkmale der Fiktion, die zugleich die Differenz zwischen der Position seines "idealistischen Positivismus" und der des "kritischen Idealismus" aufzeigen (VAIHINGER 1927, 171 ff):

(1) Fiktionen enthalten in sich (echte Fiktionen) bzw. gegenüber der Wirklichkeit (Semifiktionen) einen Widerspruch, der im Falle der echten Fiktionen in Antinomien zu Tage tritt.

(2) Fiktionen werden nur "provisorisch" gebraucht, d.h. echte Fiktionen fallen logisch wieder aus, Semifiktionen zeigen sich als von begrenzter historischer Tragweite. "Ebenso folgt der Ausfall der echten Fiktionen im *Laufe der Denkrechnung* notwendig aus dem Merkmal des Widerspruchs ..." (ibid. 173).

(3) Fiktionen sind ferner gekennzeichnet durch "das ausdrücklich ausgesprochene Bewußtsein, daß die Fiktion eben eine Fiktion sei, also (durch) das Bewußtsein der Fiktivität, ohne den Anspruch auf Faktizität." (ibid.173). Wie für den Fall der Ich-Vorstellung, so weist VAIHINGER darauf hin, "daß ... dieser Fall relativ selten ist, so daß bei den ersten Urhebern einer Fiktion immer ein Schwanken zwischen

Fiktion und Hypothese stattfindet; das erklärt sich ein=
fach daraus, daß der natürliche Mensch das Gesagte unmit=
telbar für natürlich und wirklich nimmt." (ibid.) Es geht
also bei diesem Merkmal eher um die "Fiktionen, wie sie
sein sollen" (ibid.).
(4) Schließlich sind Fiktionen durch ihre Zweckmäßigkeit aus=
gezeichnet. Im Unterschied zu HUME sind sie bei VAIHINGER
nicht "bloß subjektive Einbildungen", sondern zudem "zweck=
mäßige Einbildungen" (ibid.174). Diese Interpretation rückt
VAIHINGERs Konzept in die Nähe des Pragmatismus. "Die
Zweckmäßigkeit bildet auch den Übergang von dem reinen Sub=
jektivismus eines Kant zu dem modernen Positivismus."(ibid.).

Diese letzte Position gibt die Grundrichtung der "Philosophie
des Als ob" an, einen psychologischen Funktionalismus, der das
denkende Ich einer äußerlichen Welt gegenübersetzt; "daß näm=
lich die Seele nach Selbsterhaltung strebt in demselben Sinne
wie der Organismus..."(ibid.182).

> "Wir haben aber auch das ganze Denken selbst mit all seinen
> Hilfsapparaten, Instrumenten und Denkmitteln, also das ganze
> theoretische Tun der Menschen für einen bloßen Durchgangs=
> punkt erklärt, desssen endliches Ziel die Praxis ist, sei
> es nun das ordinäre Handeln oder ideal gefaßt die ethische
> Handlungsweise." (ibid.176).

Die Rolle der Fiktionen als "Durchgangspunkte" des Denkens zu
einem praktischen Ziel läßt diese nicht als Aberrationen des
Denkens erscheinen, sondern als Versuche über Analoga einem
unbekannten Gegenstand des Denkens Struktur zu verleihen. Die
den Fiktionen immanente Struktur, ihre Form, ermöglicht die
Verknüpfung mit andern (mutmaßlich) ähnlich strukturierten
Fällen, wodurch die "Denkrechnung" immer komplexer wird und
immer neue Operationen ermöglicht. Allgemein läßt sich fest=
stellen,

> "... daß durch die Fiktion Vorstellungsgebilde und Formen ge=
> schaffen werden, welche verschiedene einzelne Fälle ...
> zu vergleichen ermöglichen oder erleichtern, die ohne sie
> nicht oder nicht so leicht in Beziehung gesetzt werden könn=
> ten, was also die Denkrechnung ermöglicht." (ibid.187 f).

Für VAIHINGER ist das "fiktive" Vorgehen kein Bruch mit der
Logik - "die logische Funktion selbst betrachten wir als Mittel
zu praktischer Tätigkeit"(ibid.179) - sondern es trägt seine

Logik als "heuristische Funktion" (ibid.190) in sich:

> "Das ist aber als die Hauptsache zu betrachten: die formale Identität der logischen Handlung in der Efindung der Kategorien und Begriffe zu erkennen mit jenen Fiktionen, welche spezial-wissenschaftliche sind. Die Fortschritte des Erkennens bestehen immer in der Auffindung von identischen gesetzlichen Vorgängen." (ibid.189).

Der Begriff der Fiktionen als die "Um- und Schleichwege des Denkens", als "legitimierter Irrtum", der "das Recht seines Bestehens durch den Erfolg nachzuweisen hat" (ibid.190), indem er zu praktisch nützlichen Konsequenzen führt, korrespondiert mit einem entsprechend relativen Wahrheitsbegriff.

> "So ist Wahrheit eben auch nur der zweckmäßigste Grad des Irrtums und Irrtum der unzweckmäßigste Grad der Vorstellung, der Fiktion." (ibid.193).

Die Frage, wieso Fiktionen als inadäquate Begriffe der Wirklichkeit dennoch einen praktischen Nutzwert besitzen können, kann nach VAIHINGER nur beantwortet werden, indem man in der "Rechnungsweise des Denkens" (ibid.290) die Lösung sucht, der die Kategorien als "Übertragungsfiktionen" (ibid.299) zugrundeliegen.

Am Beispiel der Kategorie der Substanz zeigt VAIHINGER den "Kunstgriff" des Denkens auf: "... es fingiert ein Ding, schreibt diesem Eigenschaften zu und verbindet beide Momente im Urteil" (ibid.307), d.h. das Denken konstruiert ein "Ding mit Eigenschaften", indem es die Kategorie der Substanz mit einer Anzahl von Empfindungen zusammenführt. Allgemein gelten die Kategorien so "als bequeme Hilfsmittel, um die Empfindungsmassen zu bewältigen" (ibid.310). Kategorien schaffen "Ordnung in der Psyche" (ibid.305), sie dienen als "analogische Fiktionen" (ibid.312), d.h. sie rekurrieren auf eine prototypische Erfahrung, die für die Rubrizierung von Empfindungsdaten gewissermaßen Modell steht. So etwa:

> "Das Ding und seine Eigenschaft - ist der abstrakte Ausdruck des primitivsten Eigentumsverhältnisses; die Seinsverhältnisse werden betrachtet, *als ob* sie Dinge wären, welche als 'Eigentum'diese oder jene 'Eigenschaft' hätten." (ibid. 313 f).

Die wesentliche Differenz zwischen dem "kritischen Idealismus" COHENs und dem "idealistischen Positivismus" VAIHINGERs läßt sich bezüglich der Kategorien in der Form der Ableitungen erkennen. Während sich bei COHEN die Kategorien aus den Denk= gesetzen entwickeln, gelten sie bei VAIHINGER als letztlich in der "eigene(n) innere(n) Erfahrung" (ibid.325) begründet, die gewissermaßen "Urbilder" des kategorialen Denkens konstituiert.

> "Die eigentliche Quelle aller Analogien und Kategorien ist die eigene innere Erfahrung. Das lebhafte Gefühl des Ich und seines Besitztums im weitesten Sinne des Wortes gab zuerst den Anhaltspunkt, um koexistente Erscheinungen nach diesem Bilde zu apperzipieren; die Erfahrung des Willens und der ihm folgenden Wirkung gaben den Anlaß zur Bildung der Apper= zeptionsform der Kausalität. Und man mag die Kategorien noch so verfeinern und abstrakt denken - es bleibt eben schließ= lich doch die sinnliche Analogie bestehen;"(ibid.325 f).

Die Erfahrungsbegründung des Denkens konkurriert letztlich mit COHENs Postulat der Denkgesetze. VAIHINGERs Positivismus hat alle Mühe, die Adäquanz der "Rechnung des Denkens" mit dem "objektive(n) Geschehen" (ibid.290) zu erklären, wo doch die Fiktion eine Fehleinschätzung, oder besser: Fehlbezeichnung des Wirklichen bedeutet. VAIHINGER sucht seine Lösung im Wider= spruchsmoment der Fiktion, er nimmt an, "daß die begangenen Fehler auf irgendeine Weise unschädlich gemacht werden; und bis zu einem gewissen Punkte ist es möglich, die Welt so zu behan= deln, *als ob* es Dinge gäbe, welche Eigenschaften haben." (ibid. 307).

Die von der Sprachpraxis zu belegende Unabsehbarkeit dieses Punktes spricht dafür, daß der "Fehler" der Fiktion nicht ein "vergessenes Stück Wirklichkeit" bezeichnet, sondern vielmehr die Vorläufigkeit der Erzeugnisse des Denkens selbst. Das Fik= tive hat kein "wahres" Ding zum Vergleich, um als verfehlt iden= tifiziert werden zu können; es erscheint dem Denken, das seine Ursprünglichkeit verkennt, nur deshalb als "Fehlkonstruktion", weil es einen Entwurf im Prozeß von Sonderung und Vereinigung revidiert und so *verwirft*.

Kategorien haben ihre Wurzel in der Sprache; ein Begriff gewinnt durch zunehmende "Vergleichspraxis" einen immer höheren Abstrak= tionsgrad, er bewährt sich als Analogon und d.h., die mit ihm assoziierten Strukturmomente werden auf eine wachsende Zahl von Vorstellungen übertragen. Für VAIHINGER lassen sich die Kate=

gorien nicht auf die KANTische Kategorientafel begrenzen, vielmehr bringt die Sprache immer neue Analogismen hervor und bevorzugt so bestimmte Kategorien, von denen ihm die Kategorien der Substanz und vorallem der Kausalität zu seiner Zeit "als besonders prominente Analogien" (ibid. 319) erschienen.

Die Modelle der Persönlichkeitspsychologie bilden ein anschauliches Beispiel für die Alternation des kategorialen Denkens. Die substantialistischen Positionen der Typologien und Charakterologien und der frühen Trait-Ansätze, das kausalistische Denken der faktorenanalytischen und triebdynamischen Persönlichkeitsauffassungen, schließlich das moderne funktionalistische Denken der Systemtheorie zeigen deutlich die Not des Denkens, das von *einer* Kategorie, an die es sich verloren glaubte, zur *nächsten* flüchtet, sodaß nur zu hoffen bleibt, daß im Neuen das Alte auch wirklich im positiven Sinn des Wortes "aufgehoben" sei, d.h. unter den Kategorien selbst eine heimliche inkorporative Hierarchie bestünde.

Was sich hier aber für die Nöte der Theorie sagen läßt, hat gewiß nicht minder Bedeutung für den persönlichen Identitätsentwurf, den Subjekte als ihr "Selbstkonzept" konstruieren und den EPSTEIN ob seiner theoretischen Struktur als "Selbsttheorie" (EPSTEIN 1979,16) bezeichnet hat. Identität und Selbstkonzept lassen sich als fiktive Systeme verstehen, da sie sich aus einer Vielzahl von Fiktionen aufbauen, die hinunterreichen bis zum Fundament des postulierten Ich. Subjekte beobachten ihre Wirkungen und konstruieren einen Wirkenden, Kräfte, die ihn wirken lassen, und Bedingungen, die ihn zum Wirken veranlassen; sie entwerfen ein Verhalten und mutmaßen, daß sie gute Gründe dafür hatten; sie stellen Gewohnheiten in ihrem Verhalten fest und schließen auf die starre Natur ihres Innern, auf Gesetzmäßigkeiten, die an bestimmte Situationen geknüpft sind, und auf deren unvermeidliches Wirken; sie fühlen sich nach einer enttäuschten Erwartung unzufrieden und vermuten in sich einen "Dampfkessel" voll "ungeduldiger" Energie. Allgemein: Sie entwerfen ihr Bild von sich mit den Eigenschaften, die sie an den Gegenständen ihres Denkens erkannt haben, und den Erklärungen,

die sich im Umgang mit den Gegenständen bewährt haben; sie
behandeln sich analog einer Sache, sie reifizieren ihr Denken,
ihr Ich.

Der Bezugspunkt ihrer Attributionen, das Ding, an dem sie die
Eigenschaften "aufhängen" [22], ist die Bedingung der Möglich=
keit aller Erklärungen, in COHENs Sicht die als causa efficiens
verkannte causa sui des Denkens, das substantialisierte Ich.
Ihm kommt die Wahrheit des Erfolgreichen zu, das seinen Wert
aus dem Praktischen zu erkennen gibt; das Ich ist unbezweifel=
bar, weil es sich nicht entbehren läßt - nicht als Bezugspunkt
des Wollens und Erlebens, nicht in der Mitteilung an den An=
dern, nicht als das Subjekt des Denkens und Handelns. Es fun=
giert als Bezugspunkt für eine Reihe von Erklärungen, deren
das seine Ursprünglichkeit verleugnende Denken bedarf. Diese
Erklärungen beziehen sich auf etwas, dessen Existenz nicht be=
obachtbar, dessen Wirken aber vorauszusetzen ist, somit auf
eine aus der Vielzahl der Erzeugungen des Denkens erschlossene
Instanz, eine Entität des Denkens, die selbst nicht Denken ist.
Ein solches aus äußeren Leistungen Erschlossenes, das selbst
keine phänomenale Evidenz aufweist, dessen Existenz aber erklä=
renderweise angenommen werden muß, haben McCORQUODALE & MEEHL
als "hypothetisches Konstrukt" bezeichnet (nach SEEBAß 1981,
89). [23]

Wo Begriffe wie "Ich", "Selbst" oder "Identität" in dieser
Weise als Erklärungen verwendet werden, lassen sie sich als
"hypothetische Konstrukte" verstehen. Geht man mit COHEN davon
aus, daß das "Ich" etc. als substantialisierte Selbstverken=
nungen des Denkens zu deuten seien, so ist der diese Substan=
tialisierung vollziehende Akt der Selbstreflexion als verant=
wortlich für den unendlichen Regreß von Reflexionen zu verste=
hen, in denen das Denken ein immer Neues erzeugt, ohne sich je
wieder in der fortlaufenden Kette von Reflexionsakten selbst
einholen und ohne daher einen Gedanken je in seiner ursprüng=
lichen Form festhalten zu können. Wenn auch für den Ich-Be=
griff anzuerkennen ist, daß das,"was den Begriff überhaupt
allein zu rechtfertigen vermag, ja ihn unerläßlich macht, sei=
ne Funktion, den Gegenstand zu *begreifen*" (WAGNER 1973,209),

ist, so läßt sich solches Begreifen in diesem Falle kaum
durch Nominaldefinitionen, also mittels konstitutiver Begriffe
erreichen, sondern es bleibt nur die *funktionale* Aussage, d.h.
eine Aussage im Bewußtsein der axiomatischen Funktion des De=
finiens. In dieser petitio principi liegt der seit FICHTEs
Idee des sich-selbst-setzenden Ich ausgezeichnete Ort des
Ignorabimus in der Selbstbewußtseinsproblematik.

> "Wenn wir verstehen wollen, wovon all unser Bewußtsein
> herkommt, in dem Maße, in dem wir von uns selbst wissen,
> oder in dem Maße, in dem wir 'Ich' sind, so haben wir
> keine andere Möglichkeit als die, eine Grundlage voraus=
> zusetzen, von der wir kein Wissen haben können." (HENRICH
> 1982,71).

1.5 SOZIOLOGISCHE DIMENSIONEN DER IDENTITÄT

Das soziologische Verhältnis zum Identitätsbegriff ist - man ist versucht zu sagen: naturgemäß - ein zwiespältiges. Soziale Wirklichkeit ist für den Soziologen mehr und eine andere als die des einzelnen, denn er muß vom Einzelfall auf ein Allgemeines abstrahieren. Für den einzelnen ist sie aber vorerst nur die seine, ein Stück des "phänomenalen Feldes", erfahrene Konfrontation mit dem Mitmenschen. Erst die Erkenntnis, daß die Subjektivität des einzelnen vom Sozialen durchdrungen sei, macht ihn zum objektiven Exempel des Gesellschaftlichen, zum Träger einer sozialen Identität. Indem der Soziologe Gesellschaftlichkeit und Kultur aus ihrer subjektiven Fraglosigkeit herausführt, schafft er sich jene Distanz zum subjektiven Bewußtsein, aus der heraus er dieses zum *sozialen* Bewußtsein zu erklären vermag. Zugleich bringen seine Erklärungen den Begriff der sozialen Wirklichkeit hervor, entwickeln die Idee zu einer Gestalt, zum System, das von den Subjekten absieht. In dieser Abstraktion objektiviert stellt sich soziale Wirklichkeit im Begriff dem subjektiven Bewußtsein schließlich gegenüber, fraglose Befindlichkeit, ungewußtes Wissen beginnt sich aus "sozialen Determinanten" zu reflektieren, Subjektives beginnt sich aus Objektivem zu versachlichen. Im Prozeß der Reflexion aber entwickelt sich erneut Distanz, in der Gewalt des Subjektes wird das Objektive veränderlich, der "Nein-sagen-könner" erkennt sich als das Subjekt des Objektivierens und als Prometheus der sozialen Wirklichkeit jenseits der soziologischen Erklärung.

Dieses Modell zeichnet das Schicksal des soziologischen Identitätsbegriffes nach - vom verfügenden Begriff zum Begriff des Unverfügbaren. In der Tradition DURKHEIMs und PARETOs entwarf Talcott PARSONS eine Gesellschaftstheorie, deren erstes Interesse dem Nachweis der Geschlossenheit des sozialen Systems galt. Seine "strukturell-funktionale Systemtheorie" behandelte auch die Persönlichkeit als ein System, eingespannt zwischen den Konditionen des kulturellen und des organismischen Systems,

funktional dem Erhalt des sozialen Systems verschrieben.
Entsprechend der systemtheoretischen Heuristik geht Identität
in den Rollenerwartungen auf, die den spezifischen "Platz" des
Einzelnen in der Gesellschaft beschreiben.[24] Der Versuch,
Gesellschaft als integriertes System zu verstehen, bringt das
Ideal des integrierten Subjekts hervor.

> "Und der Subjektivismus findet durch die Bindung der System=
> forschung an die Imperative der Bestandserhaltung des Be=
> stehenden in der Tat sein Korrektiv." (HABERMAS 1979b,170).

G.H. MEAD begann anknüpfend an JAMES und an phänomenologische
Postulate seine soziologische Analyse unmittelbar beim handeln=
den Subjekt. Subjektivität konstituiert sich bei ihm aus der
Interpretationsfähigkeit der Subjekte, sodaß der Subjekt-Ob=
jekt-Dualismus explizit seinen Eingang in die soziologische
Theorie findet. Das sich dem Objektiven in der interpretati=
ven Distanz entgegensetzende Subjekt, verkörpert im Begriff
des 'I', galt ihm als spontanes. Doch hat die Entwicklung des
Symbolischen Interaktionismus mit GOFFMAN bald auch die Sub=
jektivität wieder in erklärenden Beschlag genommen, und dies
in einer Weise, in der alle Reflexion und Metareflexion und
alle sich übersteigenden Stufen der Antizipation einem prin=
zipiellen Sozialdeterminismus zu unterliegen scheinen.

Demzufolge konnte Subjektivität nicht mehr neben oder hinter
sozialer Identität gerettet werden, schon garnicht mehr in
idealistischer Entgegensetzung zur Gesellschaft. Es blieb ihr
nur das Vertrauen in die Latenz ihrer Substantialität und Be=
stimmung, die der Weg der Geschichte durch subversive Negation
zu Tage fördern müßte. Der progressive Weg zur Finalidentität,
die der entfremdete Mensch als seine ungewisse Bestimmung vor
sich herschiebt, ist damit in einem die reflexive oder sinn=
liche Erschließung jener Kausalidentität, die sich als das
Movens solcher Progression schließlich zu erkennen gibt, nach=
dem sie jeder soziologischen Diagnose verborgen geblieben war.

> "Dieses Theorem, Erbe und Liquidation des deutschen Idealis=
> mus in einem, seine neunte Symphonie, hat damit bis heute
> ein Prinzip virulent gehalten, daß der Mensch mit sich iden=
> tisch werden müsse, weil er es einmal gewesen sei, und an
> dieser Grundfigur der Zurücknahme seiner Taten, in denen er
> sich entäußere, Grund und Gewähr seiner Freiheit besitze."
> (PLESSNER 1966,16 f).

1.5.1 VERHANDELTE IDENTITÄT: INTERAKTIONISTISCHE ROLLEN= THEORIE

Während die traditionelle Rollentheorie die Plastizitätsan= nahme zur Basis ihrer strukturellen Orientierung nahm und damit ein "normatives Paradigma" der Identitätsinterpretation begründete, leitet der Symbolische Interaktionismus im Rahmen eines "interpretativen Paradigmas" aus der gleichen Grundannah= me die Angewiesenheit des Menschen ab auf eine interaktionale Vermittlung der sozialen Realität, seiner selbst und letztlich der "Lebenswelt" im Sinne der Wissenssoziologie überhaupt. In diesem Sinne ist auch die Rolle nicht als ein "Platz" in der Gesellschaft festgestellt, sondern sie wird - zumindest der Möglichkeit nach - immer wieder neu zwischen Interaktions= partnern ausgehandelt.

So wenig der Symbolische Interaktionismus als ein einheitli= ches und geschlossenes Theoriensystem verstanden werden kann, so lassen sich doch einige für den hiesigen Zusammenhang we= sentliche Grundannahmen herausstellen, über die innerhalb die= ses Ansatzes bei den meisten Vertretern des Interaktionismus Übereinstimmung besteht.

(1) Eine erste Grundannahme besagt, "daß für den erfolgreichen Ablauf gemeinsamer geplanter Handlungen Zeichen (Symbole) ver= wendet werden müssen, welche für alle Beteiligten die gleiche Bedeutung haben." (HAEBERLIN/NIKLAUS 1978,16). MEAD spricht hier von "signifikanten Symbolen". Die sprachlich vermittelte Umwelt, nicht die physikalische, ist Grundlage des subjekti= ven Realitätsbegriffs und damit des Handelns. Insofern Personen selbst als sprachliche Gegenstände vermittelt werden, ist schließlich Identität selber nur in Symbolen veräußerlich, auch sich selbst gegenüber.

> "Außer dem sprachlichen kenne ich kein Verhalten, in dem der einzelne sich selbst Objekt wird und soweit ich sehen kann, ist der einzelne solange keine Identität im reflektiven Sinne, als er sich nicht selbst Objekt wird." (MEAD nach BRUMLIK 1973,26).

(2) Aus der pragmatistischen Tradition heraus gilt Identität als eine zwar zur Interaktion nützliche, aber doch keiner essentiellen Einheit korrespondierende Fiktion.[25]

> "Die 'wirkliche' Person besteht aus einer personalen Idee, und die Gesellschaft ist eine Beziehung zwischen personalen Ideen. Die soliden Tatbestände der Gesellschaft sind die Vorstellungen, die die Menschen voneinander haben. Selbst und Gesellschaft sind die zwei Seiten ein und derselben Medaille ..." (STRYKER 1977,258 f).

Die Interpretation von Identitätsbewußtsein als Folge sich im Gedächtnis überlappender Ereignisse im Sinne von JAMES nimmt der Symbolische Interaktionismus auf, verbindet sie aber mit dem Konzept, daß sich Interaktionspartner - dies macht ihre soziale Identität aus - Kontinuität unterstellen und diese damit der "Selbstpräsentation" des Subjekts antragen. Dieser Gedanke wird allerdings erst in HABERMAS' Theorie der Identi=tätsbalance explizit.

(3) Der Symbolische Interaktionismus geht davon aus, daß In=teraktionspartner über die ihnen angesonnenen Erwartungen re=flektieren,"d.h. die Reaktionen der anderen Menschen auf die eigenen Handlungen innerlich vorausplanen, um erst nach sol= chen Überlegungen zu handeln." (HAEBERLIN/NIKLAUS 1978,21). Diese Reflexion geht explizit in den Prozeß der Rollenübernah=me ein, indem Rollenentwürfe und Stereotypen, die Personen positionsspezifisch zu klassifizieren suchen, bewußt mit "Selbstpräsentationen" (GOFFMAN) erwidert werden, sodaß die Reziprozität von Rollenhandlungen regelrecht in einer Folge sich wechselseitig korrigierender Erwartungen und Selbstdefi=nitionen entwickelt wird. Insofern diese Erwartungen wie auch die Selbstdefinitionen oft nicht explizit genannt werden, son=dern aus symbolischen Handlungen erschlossen werden müssen - eine Leistung, die wesentlich die Fähigkeit von "Empathie" kennzeichnet -, wird hier die Rolleninterpretation im Status eines "working consens" (GOFFMAN) verhandelt, der aus der "Wechselwirkung von Definitionen des Selbst und der Reaktio=nen des anderen" (STRYKER 1977,269), aus der Interdependenz von "role-taking" und "role-making" gewonnen wird.[26]

Wesentliches Kriterium für eigenes Rollenhandeln und die
"Selbstpräsentation" ist dabei die Einschätzung und Antizi=
pation des Verhaltens und der Bewertungen des Interaktions=
partners.

> "Die Betonung liegt jetzt nicht mehr auf dem einfachen Pro=
> zeß des Ausführens einer vorgeschriebenen Rolle, sondern
> auf der Art und Weise, wie man das eigene Handeln auf der
> Basis einer unterstellten Rolle des anderen plant und ent=
> wirft." (TURNER 1977,118).

Die Verhandelbarkeit von Identität impliziert ein begrifflich
dualistisches Modell zweier virtuell unterschiedlicher Identi=
täten [27], die hier miteinander verhandelt werden; den Be=
griff einer angesonnenen Identität im Sinne der Rolle und den
einer stellungnehmenden Identität. Von JAMES' und MEADs Unter=
scheidung des 'I' und 'me' über GOFFMANs "social" und "per=
sonal identity" bis hin zu OEVERMANNs Vorstellung einer "ver=
tikalen" und "horizontalen" Zeitdimension [28] ist dieser
Dualismus, wenn auch mit nicht unerheblichen Differenzen in
den Konzeptionen, durchgängig. Dabei bleibt die Frage nach
der Möglichkeit von Kontinuität in der Identität schon des=
halb prekär, weil ihre Beantwortung zwischen der Scylla des
radikalen Sozialdeterminismus und der Charybdis einer ideali=
stischen Vereinzelung des Subjekts hindurchmuß.

MEADs Annahme eines spontanen, unberechenbaren 'I', das auf
ein 'me' als dem "Äquivalent zu den sozialen Rollen, den inter=
nalisierten organisierten Einstellungen der anderen" (STRYKER
1977,260) reagiert, impliziert eine gewisse Autonomie des
Subjekts, die dadurch noch verstärkt behauptet wird, daß MEAD
in seinem Konzept des "generalized other", das als universel=
le Orientierungsbasis von Rollenhandeln gerade kontinuier=
liche Identität zu gewährleisten scheint und damit JAMES' Plu=
ralität der "selves" entgegentritt, die Frage offen läßt, wo=
durch das Individuum denn je zu dieser kontinuitätsspendenden
Generalisierung befähigt sei. [29] MEADs angedeutete Erklärung,
die Generalisierung sei das Spiegelbild der Einheit der ge=
sellschaftlichen Struktur, muß insofern unbefriedigend blei=
ben, als sie die sozialisatorischen Bedingungen der Individua=
tion ignoriert und von daher die postulierte Autonomie des

'I' gerade untergräbt. JAMES' These, die Person "has as many
social selves as there are individuals who recognize him and
carry an image of him in their mind" (JAMES nach PARANJPE
1975,26) und COOLEYs Bezugsgruppentheorie würden Lösungsmög=
lichkeiten darstellen, die aber Kontinuität als Fiktion er=
achten und daher selbst dem sozialen Determinismus unterstel=
len. GOFFMANs Konstrukt der "personal identity" als der "ein=
zigartige(n) Kombination von Daten der Lebensgeschichte"
(GOFFMAN nach RECK 1981,14) vermag hingegen, so sehr diese
Lebensgeschichte sozial determiniert sein mag, eine Erklärung
für Kontinuitätsbewußtsein zu bieten. "Personal identity",
ursprünglich eine soziale Definition der Einzigartigkeit
eines Individuums durch seine Lebensgeschichte und infolge
spezifischer "Identitätsaufhänger", wird als solche vom Indi=
viduum reflektierbar; die von ihm aus Gründen der Berechen=
barkeit als "commitment" geforderte Kontinuität und die Erin=
nerung an jene Fälle, da das Individuum diese Verpflichtung
eingegangen ist, werden zur Grundlage des Bewußtseins einer
kontinuierlichen Identität. Das Bewußtsein dieser biographi=
schen Identität ermöglicht dem Individuum "Rollendistanz":
In der Antizipation der Erwartungen und Reaktionen anderer
gerinnt seine Selbstpräsentation zu einer Taktik trügerischer
Konformität, zur "phantom normalcy", hinter der und gerade
durch die sich etwas durchzuhalten scheint, was die "Ich-Iden=
tität" selber ausmacht [30]: Das Subjekt erschließt sich als
die hinter seinen Strategien "Stellung beziehende Entität"(GOFF=
MAN nach RECK 1981,19) und identifiziert sich so mit *den* Zie=
len seines Handelns, die früheren Rollen inhärent waren. [31]
Was für MEAD das Konzept des "generalized other", das leistet
für GOFFMAN das Konzept der Rollendistanz; problematisch wird
dieses Konzept aber nicht minder, da es nicht zu erklären
weiß, wie das Subjekt aus der Vielzahl möglicher Rollenidenti=
fikationen eine Kontinuität und Einheitlichkeit gewährleisten=
de Synthese gewinnen soll.

HABERMAS interpretiert daher das Verhältnis von "social iden=
tity" und "personal identity" als ein dialektisches, das
situational sich als "Balance" zwischen biographischer und
sozialer Identität niederschlägt und bestimmte Fähigkeiten

fordert.

> "Ich-Identität, die als die Fähigkeit zur Stabilisierung
> und Wiederherstellung eines balancierten Verhältnisses
> zwischen sozialer und persönlicher Identität begriffen
> wird, bewährt sich innerhalb gegebener Rollensysteme daran,
> Rollenkonflikte bewußt zu lösen und Rollenambivalenzen
> als solche zu ertragen (Dimension Repressivität); prinzi=
> piell mehrdeutige Handlungsituationen aufzulösen, Rollen=
> inkonsistenzen auszugleichen und sich selbst indirekt eben=
> so angemessen zu repräsentieren wie den anderen in seiner
> Selbstrepräsentation anzuerkennen (Dimension Rigidität);
> sich reflexiv auf verinnerlichte Normen zu beziehen, Rollen
> flexibel anzuwenden und Rollendistanz zu üben (Dimension
> Verhaltenskontrolle)." (HABERMAS nach FEUERSTEIN 1973,76 f).

Die Handhabe von persönlicher Identität durch das Subjekt
selber, das darin nichts desto weniger auf sozial konstituier=
te Identität zurückgreift, diese aber der aktuell angesonnenen
sozialen Identität dialektisch entgegensetzt, wird zum Garan=
ten einer subjektiven Autonomie, die aber selber - nun im
Gegensatz zu MEAD - sehr wohl sozialen Erwartungen entspricht.
Der Balanceakt ist eine vom Individuum durchaus *geforderte*
Leistung, durch die allein es die Glaubwürdigkeit seiner Nor=
men- und Werteinternalisation vermitteln kann, indem es Kon=
tinuität aus der zuverlässigen Identifikation mit diesen ge=
währleistet. In der Integration von Normen und Werten in sei=
ne persönliche Identität wehrt es einerseits des Verlustes
der persönlichen Identität durch opportunistische Konformi=
tät, indem es die Einzigartigkeit seiner Rolleninterpretation
beweist ("phantom uniqueness"), andererseits zeigt es sich
als sozial integriert, indem es die Verbindlichkeit von Nor=
men anerkennt ("phantom normalcy"). RECKs Einwand:

> "Daß Einzigartigkeit in einer Person deren Entwurf ist und
> sie diesen Entwurf als Schein durchschaut, ohne ihn aufzu=
> geben, kann doch nur heißen, daß Einzigartigkeit nur eine
> Idee, eine Wunschvorstellung ist ..." (RECK 1981,136)

übersieht, daß eben gerade durch die Einzigartigkeitsbelege
sich das Individuum jene Glaubwürdigkeit verschafft, auf deren
Basis ihm überhaupt erst eine gewisse relative Freiheit zu
autonomem Handeln von Interaktionspartnern zugestanden wird.
Die Frage nach dem Subjekt der synthetisierenden Leistung der
Identitätsbalance impliziert in der Suche nach der Identität
des balancierenden Akteurs den Vorwurf, daß HABERMAS letzlich

das Identitätsproblem hinter der Beschreibung der Verhand=
lungsmodalitäten garnicht erreicht habe. Denn "'Identität'
ist uns nicht als 'Balance' gegeben", konstatiert GEULEN
(GEULEN 1977,127).

> "Was in der Balancierung von persönlicher und angesonnener
> sozialer Identität identisch bleibt, ist das Subjekt die=
> ser Balancierung, das Subjekt, das durch seine synthetische
> Leistung erst eine Einheit in der Mannigfaltigkeit des
> sozialen Raumes und der biologischen Zeit ... herstellt und
> dadurch Einheit selbst repräsentiert. Die Balance ist also
> schon die Aktivität eines Subjekts, in der dieses seine
> Identität ausweist." (GEULEN 1977,127).

An dieser Stelle der Kritik interaktionistischer Konzepte
scheint der anfangs bezeichnete Dualismus schließlich wieder
das Problem der Subjekt-Objekt-Differenz zu induzieren. Dies
macht GEULENs Schlußpunkt der Theorienreflexion zum Symboli=
schen Interaktionismus im Aufweis der subjektivistischen Vor=
annahmen dieser Tradition deutlich:

> "... wir sind uns als Identische in der Zeit bewußt durch
> die Reflexion auf das Subjekt dieser Synthese." (GEULEN
> 1977,129).

Der Identitätsbegriff des Symbolischen Interaktionismus,
soweit man von einem einheitlichen überhaupt reden kann, läßt
sich im wesentlichen durch drei Merkmale kennzeichnen:

(1) Identität gilt als dem Menschen nicht von Geburt an mitge=
geben, sondern in sozialen Interaktionen erworben. Sie wird
auch nur innerhalb sozialer Interaktionen relevant, insofern
dort implizit oder explizit im Kontext von Rollenerwartungen
ein "Handel um Identität" (RECK 1981,133) [32] stattfindet;
GEULEN spricht von "Identitätspolitik" (GEULEN 1977,271) [33].
In dieser Hinsicht legt der Identitätsbegriff die Vorstellung
nahe, in Interaktionen würden personale Attribute explizit
offeriert, um von den Interaktionspartnern angenommen oder ab=
gelehnt zu werden.

(2) "Identität" bezeichnet nicht das Wesen einer Person, son=
dern die Definition einer Person. Diese Sichtweise entspringt
der pragmatistischen Tradition, sich nur mit der "Erscheinung"
zu befassen und in der Nachfolge des englischen Empirismus
die identitätstheoretischen "Universalien" als Fiktion zu er=

achten. Das deutlichste Beispiel des Definitionsansatzes
stellt das sogenannte "THOMAS-Theorem" dar, demnach Menschen
die Definition einer Situation, nicht ihre physikalische Ob=
jektivität zur Grundlage ihres Verhaltens nehmen. Gerade die
definitorische Auffassung macht Identität aber im Medium der
Sprache vermittelbar und sozial verhandelbar. Ein zentrales
Problem dieses Ansatzes besteht jedoch darin, daß Identität
im Bewußtsein kaum als Fiktion, vielmehr als eine substantiel=
le Bestimmung aufgefaßt wird. 34)

(3) Die Identitätstheorie des Symbolischen Interaktionismus
ist in jedem Falle eine kognitivistische Theorie, d.h. sie
geht davon aus, daß Individuen ihre Identität *bewußt* verhan=
deln und die prinzipiell unbegrenzten hypothetischen Antizi=
pationen *bewußt* im Modus des "inner speech" vollziehen.

> "Einem strengen theoretischen Standard zufolge involviert
> diese Konzeption einer Selbstdarstellung in Rollen eine
> Verschränkung der Perspektiven, wonach, im einfachsten
> Fall, der Handelnde sich orientiert an den Erwartungen,
> von denen er selbst erwartet, daß andere sie von ihm er=
> warten. Die Zahl der Treppen, die man da reflektierend
> hoch muß, um die breite Vielfalt komplizierter Interak=
> tionsgeflechte handelnd durchlaufen und theoretisch über=
> blicken zu können, ändert kaum etwas daran, daß so die
> Regelung eigenen Handelns an andere delegiert, die Auswahl
> der Richtungen der eigenen Übergänge an andere abgetreten
> wird." (SOMMER 1979,458).

Es ist zwar keine binnensystematische Kritik - wenn man be=
denkt, daß der Symbolische Interaktionismus mit Ausnahme MEADs
sich durchaus zu einem sozialdeterministischen Menschenbild
bekennt -, aber doch eine wesentliche ideologiekritische Beob=
achtung an der kognitivistischen Anthropologie des Interaktio=
nismus, wenn FICHTNER den Verdacht einer "radikalen Entsubjek=
tivierung" (FICHTNER 1979,214) solchen Konzepten gegenüber
äußert:

> "Der Kern dieser Entsubjektivierung liegt eigentlich in der
> Verabsolutierung einer Banalität: Eine bestimmte Form von
> Subjektivität, nämlich der *funktionstüchtige* gesunde Men=
> schenverstand wird hypostasiert. Anstelle eines Subjektbe=
> griffs tritt ein Funktionszusammenhang. Zudem wird diese
> spezifische Subjektivität noch reduziert auf Funktionszu=
> sammenhänge formaler Abläufe, die man auch mit formalen
> Prozessen der Informationsverarbeitung gleichsetzen könnte.
> Dies läßt keinen Begriff des Subjekts mehr zu."(FICHTNER
> 1979,214).

Die Verkürzung des Menschen auf die Funktion eines kognitiv
soziale Informationen verarbeitenden Systems weist dreierlei
kritische Momente auf:

(1) Sie übersieht, daß Menschen Informationen auch unbewußt
aufnehmen und in ihr Handeln integrieren. Vorallem aus ent=
wicklungspsychologischer Perspektive scheint die These von
der universellen Bewußtheit und Reflexivität unhaltbar, be=
denkt man, daß das sprachlich noch kaum entwickelte Kleinkind
überhaupt nicht die Mittel solcher Reflexion besitzt. Hat es
deshalb keine Identität?

(2) Die Erkenntnisfähigkeit des Menschen scheint reduziert
auf die Reaktionen in der sozialen Interaktion. Außerhalb der
Interaktion und darin noch immer an sie gebunden reflektiert
das Subjekt - so scheint es - bestenfalls durch Antizipatio=
nen künftiger Rollenerwartungen. Das für die Selbstpräsenta=
tion notwendige Nachdenken über sich selbst ist im Interaktio=
nismus lediglich angedeutet, theoretisch aber stark vernach=
lässigt. Wo es Erwähnung findet, bleibt es doch im wesentli=
chen wieder vorbereitend für die Interaktion und erweckt den
Eindruck, als ob der Mensch in jeder Situation erst über sei=
ne Erwartungen und Ziele mit sich zu Rate gehen müsse, um
seine Selbstdefinition zu gewinnen:

> "Das erste 'Ding', das in jeder Situation identifiziert
> werden muß, ist die Person selbst. Für jeden Handelnden
> gibt es ein Schlüssel'ding', dessen Identität und Bedeu=
> tung vor allem anderen mit allgemeiner Zustimmung herge=
> stellt werden muß, - und zwar er selbst. 'Wer bin ich in
> dieser Situation? Welche Implikationen habe ich für die
> aktiven und latenten Handlungspläne meiner selbst und der
> anderen?'"(McCALL/SIMMONS 1974,84).

(3) Die Vorstellung des Schritt um Schritt ins Hypothetische
antizipierenden Individuums vorallem bei GOFFMAN propagiert [35)]
unausgesprochen im Namen "erfolgreichen Rollenhandelns" ein
Sozialverhalten, durch das jeder Interaktionspartner den an=
deren um eben mindestens einen antizipatorischen Schritt zu
übertrumpfen und auszustechen, d.h. dessen Anspruch auf per=
sönliche Identität zu schmälern sucht. Indem er das tut, muß
er zugleich vermeiden, sich selbst eine Blöße zu geben, also
seine persönliche Identität explizit zu äußern, da er sonst

für den anderen eher berechenbar würde. Selbstverbergung wird dabei das Ziel täuschender Selbstpräsentation, "commitment" der Versuch, den andern auf seinen selbstentfremdeten Status festzuschreiben. Der heimliche Herrschaftsanspruch eines sol= chen Sozialverhaltens und dadurch bedingte Tenor eines allsei= tigen Mißtrauens hat bei HABERMAS eine konstruktive Kritik in der Weiterentwicklung dieses Ansatzes und in der Theorie der kommunikativen Kompetenz erfahren. [36]

1.6 PSYCHOLOGISCHE DIMENSIONEN DER IDENTITÄT

1.6.1 ZUR PHÄNOMENOLOGIE DES IDENTITÄTSBEWUßTSEINS: SELBSTKONZEPTFORSCHUNG

Ihrer positivistischen Ader entsprechend hat die Phänomenologie keine Probleme [37] mit der Subjekt-Objekt-Differenz: Ausgehend vom cartesischen Cogito gilt ihr gerade das Subjekt als positiv und damit als wissenschaftlicher Gegenstand.

> "Ganz allgemein läßt sich das Forschungsthema einer phänome=
> nologisch orientierten Psychologie als 'die in menschlichen
> Subjekten verankerte Beziehung zu anderen und anderem'
> (Graumann & Metraux 1977) kennzeichnen. Sie teilt dabei mit
> der Umweltpsychologie das Interesse an der alltäglichen Um=
> gebung des Menschen und berücksichtigt wie diese die Räum=
> lichkeit und Dinghaftigkeit der Umwelt sowie die Leiblich=
> keit des auf sie bezogenen Subjekts. Phänomenologisch orien=
> tierte Psychologie geht aber über die meisten Ansätze der
> Umweltpsychologie insofern hinaus, als sie die Sinnhaftig=
> keit, Sozialität und Historizität aller Mensch-Umwelt-Bezie=
> hungen in den Vordergrund ihrer Betrachtungen stellt."
> (FISCHER 1979,49).

Demgemäß hat der Erfahrungsbegriff bezüglich der Selbstbewußt= seinsfrage keine andere Bedeutung als bezüglich der Frage des Umweltbewußtseins: Er wird naiv vorausgesetzt und übergangen; phänomenologische Analyse setzt erst an der Wissensstruktur an.

> "Das Selbst wird bewußt wahrgenommen. Daher sind die vom Indi=
> viduum selbst gemachten Aussagen die einzige Methode, das
> Selbst zu erschließen." (NAUDASCHER 1980,23).

Die Wissensstruktur des Selbstbewußtseins ist wie die jedes beliebigen Objekts ein subjektives Konzept, in das Gesamt der "Lebenswelt" eingeordnet und nur von diesem her verstehbar. Sie bildet die Grundlage der Ansprüche und Folgeerwartungen des eigenen Handelns, indem sie mit dem Wissen über die in den Handlungskontext einbezogenen Objekte (Umwelt) in Beziehung gesetzt wird.

> "Genauso wie Konzepte über Wirklichkeitsausschnitte (Ereig=
> nisse, Objekte, Personen) gebildet werden, bauen Individuen
> ein Konzept der eigenen Person auf: das 'Selbstkonzept'
> oder ein ... 'internes Selbstmodell'. Dieses ermöglicht
> zusammen mit dem 'internen Modell der Außenwelt' ... die
> individuelle Verhaltensplanung und -steuerung, d.h. es er=
> höht den Erklärungs- und Vorhersagewert der naiven Verhal=
> tenstheorie jedes Individuums." (FILIPP 1975,3 f). (38)

Neben der funktionalen Isomorphie zwischen Selbst- und Umwelt=
konzepten wird zudem eine genetische behauptet: Selbstkonzepte
werden nicht nur zum gleichen Zweck wie Umweltkonzepte entwik=
kelt, sondern auch in der gleichen Weise.

> "... denn das Wissen über die eigene Person unterscheidet
> sich nicht prinzipiell von dem Wissen um Gegenstände und
> Personen der Außenwelt. In beiden Fällen ist dieses Wissen
> ein Produkt der Erfahrung, also ein Resultat menschlicher
> Informationsverarbeitung. Theorien der menschlichen Infor=
> mationsverarbeitung stellen somit einen heuristisch wert=
> vollen Bezugsrahmen für die Selbstkonzept-Forschung dar."
> (FILIPP 1979,130).

Als kognitive Theorien bedürfen Selbstkonzept-Theorien geradezu
der Grundlegung in Theorien der Informationsverarbeitung. Die
gemeinsame Basis aller Selbstkonzepttheorien liegt dabei zum
einen in der Definition ihres Gegenstandes als "phänomenales
Selbst" (SNYGG & COMBS), als "Selbst als Objekt" (VERNON) [39]
oder wie es KRECH, CRUTCHFIELD & BALLACHEY ausdrücken: "Das
Selbst ist das Individuum, wie es sich selbst sieht" (nach DIE=
TERICH 1981,203), d.h. in einer Auffassung des Selbst als eines
kognitiv repräsentierten Positiven, zum andern in der Annahme,
daß diesem Selbst eine analytisch zugängliche Struktur zugrunde=
liege, seien es allgemeine Gesetze der Informationsverarbei=
tung [40], seien es jene hintergründig "harmonischen" Muster,
wie sie ROGERS dem "wahren Selbst" unterstellt:

> "Sich-selbst-Sein heißt das Muster, die zugrundeliegende Ord=
> nung, finden, das in dem sich unaufhaltsam ändernden Fluß
> der Erfahrung existiert. Statt den Versuch zu machen, ihre
> (die einer Klientin, A.d.A.) Erfahrung als Maske festzuhal=
> ten oder sie zu einer Form oder Struktur umzugestalten, die
> sie nicht ist, heißt Sich-selbst-Sein die Einheit und Har=
> monie entdecken, die in ihren eigenen realen Empfindungen
> und Reaktionen existiert. Das heißt, daß das wirkliche
> Selbst etwas ist, das sich in den eigenen Erfahrungen bequem
> entdecken läßt; es ist nichts dem Selbst Oktroyiertes."
> (ROGERS 1973,120 f).

Nun hat NAUDASCHER die Ansicht vertreten, daß in der Selbst=
konzept-Forschung "drei Hauptrichtungen" zu erkennen seien:
"Die phänomenologische, die psychoanalytische und die inter=
aktionistische Richtung." (NAUDASCHER 1981,16). Hier soll al=
lerdings davon ausgegangen werden, daß Selbstkonzept-Forschung
(im expliziten Verständnis) stets methodisch phänomenologisch

orientiert ist, wobei andere Strömungen wie die der Psycho=
analyse, des Interaktionismus, schließlich auch der Gestalt-,
Ganzheits- und Humanistischen Psychologie wie auch der Analy=
tischen und der Individual-Psychologie lediglich zu spezifi=
schen Varianten des Selbstkonzeptbegriffes und vorallem der
Annahmen über informationsverarbeitende Mechanismen führen. [41)]
Gerade letzteres scheint eine fruchtbare Quelle für immer wie=
der neu sich entfaltende Kontroversen über das Selbstkonzept=
problem darzustellen, die mittlerweilen sich in zahlreichen
Auflistungen [42)] divergierender Grundanschauungen und zentra=
ler Fragen produktiv niedergeschlagen haben und zweifellos eine
wertvolle Vorleistung zur Hypothesenbildung bedeuten.

(1) Eine erste Kontroverse betrifft die Frage, ob Selbstinforma=
tionen bewußt oder unbewußt aufgenommen und verhaltensrelevant
werden bzw. von unbewußten Prozessen beeinflußt werden. Die
phänomenologische Methodik geht von der bewußten Verfügbarkeit
von Informationen und der Verhaltensrelevanz bewußter Informa=
tionen aus; hingegen werden in der Psychoanalyse gerade unbe=
wußte Impulse und unbewußt kodierte Informationen als verhal=
tenswirksam angesehen (vgl. Kap.1.6.2), sodaß sich die Frage
stellt, ob ein erfaßtes Selbstkonzept schon das ganze Selbst
oder nur dessen bewußte "Oberfläche" spiegelt. Darüber hinaus
ist von Bedeutung, ob und unter welchen Bedingungen bestimmte
Selbstkognitionen überhaupt zu Bewußtsein kommen und aus ihrer
Latenz hervorgehoben werden können. [43)] EPSTEIN betont, "daß
die Theorie eines Individuums nichts ist, dessen sich das Indi=
viduum normalerweise bewußt ist und die zu beschreiben es in
der Lage wäre" (EPSTEIN 1979,16). Vielmehr "treten Selbstkog=
nitionen nur ausnahmsweise und in der Art von Figur-Grund-Ver=
tauschungen auf. Der Wahrnehmende selbst wird zur abgehobenen
Gestalt auf dem Hintergrund bestimmter Situationen." (EWERT
1978,138). Die Aktualisierung von Selbstkognitionen wird nur
wahrscheinlich, "wenn sich gewohnte Handlungsmuster als lösungs=
untauglich herausstellen, wenn unerwartete Widerstände auftre=
ten oder erwartungwidrige Handlungsfolgen zu beobachten sind."
(ibid.).

(2) Ein weiteres Problem stellt die Frage dar, ob eine Person nur *ein* Selbstkonzepte habe oder viele - eine Frage, die wesentlich mit der Auffassung der "Existenzform" von Selbst= konzepten zusammenhängt. Während die humanistische Psychologie, vorallem ROGERS, von einem "innerste(n) Kern" (ROGERS 1975,99) als einer "Gestalt, die dem Bewußtsein zugänglich ist" (ROGERS nach DIETERICH 1981,203) ausgeht und so ein geschlossenes Selbstkonzept impliziert, das als Ziel der zur Einheit streben= den Selbstverwirklichung verstanden wird, konzipiert die inter= aktionistische Tradition auf der Grundlage des JAMESschen Postulats des "as many social selves as there are individuals who recognize him" eine Vielzahl von Selbstkonzepten, die das komplexe Selbstbild flexibel erscheinen lassen.

> "The fact that the significant people who come and go in a child's life, leaving an indelible mark on how he views him= self, are many and varied leads us to believe that the basic factor in the development of self-image is flexibility. This is perhaps the most important point for educational practi= tioner to keep in mind - that the child's self-concept is not unalterably fixed, but is modified by every life expe= rience... " (LABENNE/ GREENE 1970,25).

Die Einflüsse gestaltpsychologischer und denkpsychologischer Richtungen auf die Selbstkonzept-Forschung haben heute zu ei= ner Anschauung geführt, die das Problem der *Einzigkeit* zu ei= nem Problem der *Einheitlichkeit* gewandelt erscheinen läßt. Die Komplexität des Selbstkonzeptes läßt sich so aus der Be= zogenheit einzelner Selbstkonzepte aufeinander verstehen, etwa in dem Sinne, "daß eine Person soviele Selbstschemata gebildet hat, wie sie Invarianzen aus selbstbezogenen Informationen extrahiert hat. Je größer die Redundanz in selbstbezogenen In= formationen ist bzw. je 'redundanter' eine Person selbstbezo= gene Informationen kodiert hat, umso geringer dürfte die Anzahl der gebildeten Selbstschemata sein." (FILIPP 1979,143).

(3) Von daher kann es als die Kernfrage der kognitiven Struk= turiertheit des Selbstkonzeptes gelten, ob und in welcher Weise einzelne Attribute in eine hierarchische Ordnung eingefügt oder durch Situationsabhängigkeit voneinander isoliert sind. EPSTEIN betrachtet das Selbstkonzept als Theorie über sich selbst - "I submit that the self-concept is a self-theory."(EPSTEIN 1973,407) -, die wie wissenschaftliche Theorien u.a. von einem

Postulat der "Sparsamkeit" ausgeht, d.h. versucht, mit mög=
lichst wenig Konzepten möglichst viel zu erklären. Zu diesem
Zweck tritt eine Hierarchisierung von Selbstkonzepten auf, bei
der "Postulate unterster Ordnung" im Sinne von hochgradig
situationsspezifischen Erwartungen "Postulaten höherer Ordnung"
im Sinne von allgemeinen Selbstattributionen subsumiert wer=
den. [44] Die Frage der Situationsabhängigkeit von Selbstkonzep=
ten kann für Postulate unterer Ordnung bejaht werden, ohne die
Annahme relativ stabiler Postulate höherer Ordnung in Zweifel
zu ziehen. Auf diese Weise scheinen sich die Differenzen ge=
staltpsychologischer und interaktionistischer bzw. situationi=
stischer Grundannahmen auflösen zu lassen, indem sich die In=
dikation solcher Ansätze nach dem Abstraktionsgrad der Kogni=
tion bestimmen läßt.

(4) Eine letzte Kontroverse erwächst aus der Frage des motiva=
tionalen Hintergrundes der Verarbeitung selbstbezogener Kogni=
tionen. Eine dissonanztheoretisch fundierte Auffassung behaup=
tet die Notwendigkeit konsistenter Selbstkonzepte als Grund=
lage der Informationsverarbeitung, die somit versucht, durch
Vermeiden dissonanter Erfahrungen, durch selektive Mechanismen
(Abwehrmechanismen) oder Assimilationsprozesse ein invariantes
Selbstbild durchzuhalten. Andere Ansätze sehen die Informa=
tionsverarbeitung im Dienste eines Bedürfnisses nach Selbst=
werterhöhung. [45]

> "Die Konstruktion von Selbsttheorien stellt keinen Zweck an
> sich dar, sondern liefert ein konzeptuelles Gerüst mit den
> Funktionen, Erfahrungsdaten zu assimilieren, die Lust-Unlust-
> Balance über vorhersehbare Zeiträume zu maximieren und das
> Selbstwertgefühl aufrechtzuerhalten." (EPSTEIN 1979,17).

FILIPP weist darauf hin, daß auch diese Kontroverse auflösbar
scheint, da nach einer Studie von REGAN beide Motive unter=
schiedlich zur Geltung kommen, je nachdem ob "die Person in
dem fraglichen Merkmalsbereich bereits über klar artikulierte
Selbstschemata verfügt" (FILIPP 1979,142): ist dies der Fall,
wird sie versuchen, Konsistenz - also auch durch Akzeptation
negativer Attribute - herzustellen, ist es nicht der Fall,
wird sie selbstwerterhöhende Informationen bevorzugen. Beiden
Motivationen übergeordnet dürfte also das Bestreben sein, ein
optimistisches und enttäuschungsresistentes Selbstbild zu per=

severieren. Die Motivation der Selbstwerterhöhung kann ferner nur bei solchen Attributen aktualisiert werden, denen gegen= über von seiten der Person eine gewisse "Nichtgleichgültigkeit" (EWERT 1978,137) besteht[46], die also den Bereich des idealen Selbstbildes (Ich-Ideal) betreffen und von daher affektiv "positiv" oder "negativ" kodiert werden können.[47] Auch hier scheint sich die Differenz der Annahmen durch eine gewisse bereichsspezifische Indikation aufheben zu lassen.

1.6.2 Abwehrmechanismen: Grenzen des Identitätsbewußtseins

Die Betrachtung von Selbstperzeptionen als Ergebnisse informationsverarbeitender Prozesse impliziert die Frage nach den jeweils spezifischen Voraussetzungen, unter denen es einmal zu einem bewußten Ergebnis kommt, ein andermal zu "bewußtlosen" Automatismen. Es liegt, wie gerade dargestellt, die These nahe, daß das Subjekt aus der Situation selbst die "Schlüsselreize" für ein bewußtes oder unbewußtes Resümee seiner Informationsverarbeitung empfängt. Die dazu notwendig vorauszusetzende kognitive Strukturierung der sinnesphysiologisch bereits rezipierten Situation durch das Subjekt, seine Situationsinterpretation, weist ihm aber selbst einen aktiven, konstruktiven Part in der Reizaufnahme zu, der es ihm im Extrem sogar ermöglicht, üblicherweise Unauffälliges vorsätzlich ins Bewußtsein zu rufen. In dieser Interpretationsleistung bedient sich das Subjekt verfügbarer Mechanismen, mittels derer es aufgenommene Information in seinen "lebensweltlichen" Kontext stellt und so "subjektiviert". Was von diesem Prozeß bzw. von den "objektiven" Reizbedingungen dabei abschließend zu Bewußtsein kommt, und mit welcher Rolle in diesem Prozeß das Subjekt sich bewußt identifiziert, scheint insofern auch eine Frage der "inneren" Bedingungen des Subjekts. Von daher wäre auch Selbstwahrnehmung als ein Verhalten anzusehen, das im LEWINschen Sinne eine Funktion situativer *und* personaler Bedingungen darstellt.

Nun hat die psychoanalytische Theorie der Abwehrmechanismen eine Reihe von Konzepten entwickelt, den Zusammenhang zwischen informationsverarbeitenden Prozessen, "Ich-Leistungen", und der Bewußtseinsproblematik zu beschreiben. Ferner sind in konsistenztheoretischen Modellen einige Grundannahmen über solche Prozesse entworfen worden, die schließlich von einigen Ansätzen aus der Soziologie des abweichenden Verhaltens und dem Interaktionismus gestützt wurden. Verschiedentlich wurde darauf hingewiesen, daß diese Theorien verschiedener Disziplinen eine Anzahl struktureller Ähnlichkeiten aufweisen, die einen Vergleich, gegebenenfalls eine Synthese fruchtbar erscheinen ließen; vereinzelt wurde der Versuch unternommen, die Theorien zusammenzuführen.[48] Doch steht ein umfassender Vergleich vorallem zwischen der Konsistenztheorie und der klassischen Abwehrlehre noch immer aus.

Im folgenden sollen daher nach einer kurzen Erläuterung des psychoanalytischen Selbstbewußtseinsbegriffes einige Vergleichspunkte herausgestellt werden.

Die psychoanalytische Vorstellung vom Subjekt als einer Einheit psychischer "Instanzen", denen eine gewisse funktionale Eigenständigkeit innerhalb ihres Zusammenwirkens zugestanden wird, geht nicht von der Plastizität der menschlichen Motivationsgrundlage aus, sondern von einer ursprünglich gerichteten Triebenergie, die sich in den eshaften Impulsen darstellt. In der Vermittlung mit dem Realitätsprinzip kommt es zwar zur Kanalisierung von Triebenergie, wie weit aber dabei die ursprüngliche Gerichtetheit aufgegeben bzw. deformiert wird oder erhalten bleibt, ist eine kontroverse Frage, deren Beantwortung nicht zuletzt durch die Divergenzen, die sich aus den verschiedenen Phasen der FREUDschen Theoriebildung ergeben, schwierig wird.[49] Der Haushalt des Ich mit der Triebenergie ist der entscheidende Faktor bei der Vermittlung der Es-Impulse mit dem Realitätsprinzip. Geglückte Abwehr bedeutet geschickte Umleitung der Triebenergie.

Die Frage des Bewußtseins ist aus psychoanalytischer Sicht nicht ohne Einbeziehung des Triebpotentials zu lösen.

> "Es gibt nicht nur kein substratunabhängiges 'reines Bewußtsein', sondern Bewußtsein, der 'Denkvorgang', ist ein Akt libidinöser Objektbesetzung. Das Denken ist also niemals 'neutral', sondern immer im Zusammenhang mit dem biologisch-konstitutionellen Luststreben. (...) Diese Formulierung impliziert bereits, daß auch das Denken, als eine Form bewußter seelischer Tätigkeit, nichts anderes ist als eine bestimmte Form der Trieborganisation, einer solchen nämlich, die die Zuordnung von mehr oder weniger Triebenergie an die bewußten seelischen Tätigkeiten gestattet." (NYSSEN 1972, 259 f).

Die Möglichkeit von Bewußtsein scheint damit abhängig von dessen libidinöser Funktionalität. Hier zeigt sich eine gewisse Ähnlichkeit zur self-enhancement-theory, die allerdings einen weniger trieborientierten Selbstwertbegriff hat. RAPAPORT [50] geht im Anschluß an HARTMANN davon aus, daß Ich und Es ontogenetisch ursprünglich eine undiffenrenzierte Einheit motorischer, apperzeptiver und memozeptiver Apparate bilden, in der Triebstrukturen mit Hemmstrukturen gekoppelt sind. In der Anpassung an die Realitätsanforderungen spalten sich Ich und Es voneinander ab.

"Das sich entwickelnde Ich integriert dann diese strukturel=
len Apparate und repräsentiert deren Entladung einschränken=
de und regulierende Funktionen in einer Weise, die bekannt=
lich als Abwehr beschrieben wird." (RAPAPORT 1974,223).

In der Abwehr wird nicht nur der unmittelbare Triebimpuls dem Bewußtsein verwehrt, sondern der dazu erforderliche Prozeß der Gegenbesetzung oder Triebumwandlung selbst.

"Bei allen Formen der Abwehr, am auffallendsten in der Ver=
drängung, wird ein psychischer Akt unbewußt." (NUNBERG 1974, 45).

Das Ich verleugnet damit seine eigene synthetisierende Leistung und stabilisiert so die Verdrängung des Triebimpulses. Die zahlreichen Formen dieser Leugnung sind von Anna FREUD in ihrem Buch "Das Ich und die Abwehrmechanismen" eingehend dargestellt worden; sie führt folgende Formen auf: "Verdrängung, Regression, Reaktionsbildung, Isolierung, Ungeschehenmachen, Projektion, Introjektion, Wendung gegen die eigene Person, Verkehrung ins Gegenteil" und schließlich die "Sublimierung" (FREUD 1980,36). Im folgenden sollen nun aus Platzgründen nicht die einzelnen genannten Abwehrmechanismen dargestellt werden, vielmehr soll versucht werden, die Abwehrlehre für einen engeren (phänomeno=
logischen) Begriff des Selbstbewußtseins nutzbar zu machen.

(1) Es muß grundsätzlich darauf hingewiesen werden, daß die psychoanalytische Vorstellung des Selbstbewußtseins keine phä=
nomenologische ist: Sie geht von einem Begriff des Selbst aus, der ungeachtet subjektiver Begriffe theoretisch vorgezeichnet ist, d.h. sie setzt eine Menge Vorannahmen, die keineswegs den Vorstellungen eines Subjekts entsprechen müssen, das sich in=
folge seines Unbewußten ja mehr oder minder selbst verborgen ist. Die phänomenologische Orientierung am Selbstkonzept hin=
gegen nimmt das subjektive Wissen explizit zu ihrem Ausgangs=
punkt; durch die Annahme eines Unbewußten - so BEM - "rückt man in gefährliche Nähe zur Metaphysik" (BEM 1979,121). Nun hatte CONRAD bereits aufgezeigt, daß ein revidierter Begriff des Unbewußten, der etwa am Hervortreten unbewußter "Gestalt=
qualitäten" im "mediativen Bewußtsein" (CONRAD 1967,194) fest=
gemacht werden könnte, durchaus phänomenologisch anzugehen wäre. ZIMBARDO integrierte in der Konsequenz solcher Überle=

gungen unbewußte Kognitionen als Auslöser defensiver Leug=
nungsprozesse (BEM 1979,121) in seinen phänomenologisch orien=
tierten Ansatz. Es muß allerdings eine unverzichtbare Forderung
der phänomenologischen Analyse bleiben, daß solches Unbewußte
an irgendeiner Stelle im Bewußtsein des Subjektes selber, bei=
spielsweise als dessen post-hoc-Erklärungen von Handlungshinter=
gründen, als Kausalattribuierungen, hervortreten. Der so ge=
wonnene Begriff eines Selbstbewußtseins als Bewußtwerden des
Unbewußten wäre vom psychoanalytischen nicht allein durch seine
Subjektivität geschieden, sondern auch dadurch, daß Selbstbe=
wußtsein nicht als das Bewußtwerden objektiver psychischer
Akte, sondern als das Auftreten neuer nützlicher Erklärungen
interpretiert werden müßte.

(2) Die Tatsache, daß Abwehrmechanismen im psychoanalytischen
Sinne durchaus als Bewältigungsversuche der Vermittlung zwischen
Lust- und Realitätsprinzip zu verstehen sind, verweist auf das
Problem, durch welches Kriterium [51] Abwehrmechanismen von Be=
wältigungsmechanismen im besonderen zu scheiden wären. Das Nor=
mativitätsproblem berührt dabei die Feststellung HAANs
"... health in one culture may be sickness in another" (HAAN
1963,1). Die Verwendung von Abwehrmechanismen als "using the
second-best way to handle conflicts" (KROEBER 1963,184) hat
nicht minder Anpassungscharakter [52] als die Verwendung von Be=
wältigungsmechanismen und nicht weniger "soziale Wurzeln". Das
ökonomische Argument Anna FREUDs: "... die Gegenbesetzung, die
zu ihrer Sicherung eingesetzt wird, ist eine ständige Institu=
tion, die einen ständigen Energieaufwand verlangt" (FREUD 1980,
40) [53], der damit der Außenorientierung des Ich zu Lasten geht,
rekurriert auf eine naive Vorstellung von Energie als psychi=
scher Mangelware. Wiederholt ist versucht worden, Abwehr und
Bewältigung (coping and defense) an spezifischen Verhaltens=
modi festzumachen; vorallem die Modelle von "Ego- Functioning"
von HAAN (1963) und KROEBER (1963) stellen Versuche dar,
Coping- und Defense-Mechanismen im Sinne der Psychoanalyse zu
operationalisieren. Mangelnde Trennschärfe der Begriffe und die
ausgesparte Subjektivität lassen jedoch auch diese Versuche
letztlich unbefriedigend erscheinen. Der Verdacht, daß die Ab=
wehrlehre die ideologische Basis einer psychologischen Devianz=

theorie darstelle, indem sie als "Bewältigung" gelten ließe, was den gesellschaftlichen status quo konserviere[54], wurde denn auch von ADORNO geäußert. [55] Er rückt die Abwehrmecha= nismen selbst ins Licht gesellschaftlicher Funktionalität, als hervortretende Widersprüchlichkeit des Systems im Umgang mit Triebstrukturen. LORENZERs Begriff der "Desymbolisierung" ver= sucht diese Widersprüchlichkeit abzubilden, indem er in der sprachlichen Handlungsorganisation die Verinnerlichung gesell= schaftlicher Repressionen und die damit verknüpfte Notwendig= keit von Abwehrmechanismen zu erkennen glaubt, dernach "die individuelle Praxis einem Systematisierungszwang unterworfen (wird), der widerspruchserzeugende Konflikte innerhalb der ein= sozialisierten Erlebnisstruktur aufspürt." (LORENZER 1981,98).[56]

(3) Die Vielzahl der in der Psychoanalyse behaupteten Abwehr= mechanismen wirft die Frage auf, unter welchen situativen und persönlichkeitsspezifischen Bedingungen welcher Mechanismus an= geregt würde.[57] Diese Frage wird innerhalb der Psychoanalyse sehr stiefmütterlich behandelt;[58] vereinzelte Hinweise finden sich in aller Vorsicht bei Anna FREUD:

> "Es bleibt offen, nach welchen Gesichtspunkten das Ich unter den Mechanismen auswählt. Vielleicht bekämpft die Verdrängung vor allem sexuelle Wünsche, und andere Methoden lassen sich besser gegen andere Triebkräfte, besonders gegen die aggres= siven Regungen gebrauchen. Vielleicht haben die anderen Ab= wehrmethoden nur aufzuarbeiten, was die Verdrängung übrig= läßt oder was von verpönten Vorstellungen nach Mißglücken der Verdrängung wiederkehrt." (FREUD 1980, 41).

Angesichts der psychoanalytischen Verlegenheit hat sich die Ein= beziehung anderer Ansätze hier als nützlich erwiesen für die Hypothesenbildung und damit für empirische Untersuchungen. DÖBERT/NUNNER-WINKLER schlagen vor, das HABERMASsche Modell der kommunikativen Kompetenz in dieser Frage fruchtbar zu machen.

> "Man wird vermuten dürfen, daß die einzelnen Individuen auf= grund unterschiedlicher Sozialisationserfahrungen je unter= schiedliche Präferenzen für bestimmte Abwehrstrategien aus= gebildet haben, daß also die einzelnen Mechanismen je unter= schiedlich in der Persönlichkeit verankert sind. Ihre Anwen= dung wird vermutlich ... von der unterschiedlichen Ausprä= gung der *generalisierten Ich-Ressourcen* (Ich-Stärke, Frustra= tions- und Ambiguitätstoleranz, etc.) und den *Formen der in= tersystemischen Kommunikation* zwischen Ich, Es und Über-Ich abhängen." (DÖBERT/NUNNER-WINKLER 1978,119).

MILLER & SWANSON fanden auf lerntheoretischer Grundlage Zusam=
menhänge zwischen elterlichen Sanktionspraktiken (physische vs.
psychologische Bestrafung, Transparenz etc.), schichtspezifi=
schen Lebensbedingungen und der Bevorzugung von Abwehrmecha=
nismen der Verdrängung bzw. Verleugnung (MILLER & SWANSON 1960,
241 ff u. 205). Zusammenhänge zwischen fallenden IQ-Werten und
der Anwendung von Abwehrmechanismen konnte HAAN in einer Longi=
tudinalstudie nachweisen (HAAN 1963,21). WEINSTOCK konnte fest=
stellen, daß die "Wahl" von Abwehrmechanismen mit dem entwick=
lungsmäßigen Zeitpunkt der ersten Konfliktabwehr zusammenhängt,
und zwar derart, daß frühe Konflikterlebnisse eher zu massiven
Abwehrformen wie Verdrängung und Verleugnung, spätere eher zu
den triebumwandelnden Formen führten (WEINSTOCK 1967,71 f). [59]
Die These, die bei WEINSTOCK bereits anklingt, daß bestimmte
Abwehrmechanismen spezifisch in bestimmten Entwicklungsstadien
bevorzugt werden, ja vielleicht überhaupt erst kognitiv möglich
werden, findet auch in HENSELERs Modell narzißtischer Kompen=
sationsversuche und regressiver Mechanismen ihre Bestätigung
(HENSELER 1973, 57-63). [60]

Die in all diesen Untersuchungen veranschlagten Wirkungen der
Lerngeschichte und der Sozialisationsbedingungen geben zwar ein
grobes Bild von äußeren Bedingungen der Entwicklung von Abwehr=
mechanismen wieder, sie alle vermögen aber kaum intrasubjekti=
ve Differenzen in der Wahl der Mechanismen in Abhängigkeit von
situativen Faktoren zu erklären. Eine derartige Variation von
Abwehrmechanismen, wie sie dem Modell situativer Selbstkonzepte
entsprechen würde, hat bislang noch wenig Beachtung erfahren.

(4) Die konsistenztheoretische Auffassung, "daß Informationen
dann als selbstbezogen kodiert und als zutreffend akzeptiert
werden, wenn sie mit bereits gespeicherten selbstbezogenen In=
formationen übereinstimmen" (FILIPP 1979,141), läßt sich als
Grundsatz einer kognitivistischen Abwehrlehre interpretieren.
Über die Speicherung im Gedächtnis wird dabei die bisherige Er=
fahrung, die ja schon durch konsistenzbildende Prozesse organi=
siert wurde, zum Weichensteller der Informationsverarbeitung.
FESTINGER hat als Bedingungen des möglichen Auftretens kogni=
tiver Dissonanz vier Fälle genannt:

"1. Dissonanz nach Entscheidungen('postdecisional dissonance'),
2. Forcierte Einwilligung ('forced compliance') [61],
3. Selektive Auswahl von neuen Informationen ('selective exposure'),
4. Attitüdenänderung und soziale Unterstützung ('social support')."
(nach FREY,D. 1980,245f).

Zwar entwickelt sich die Darstellung FESTINGERs vorwiegend am Beispiel postdezisionaler Dissonanz, doch weist die "selektive Inforamtionsauswahl" darauf hin, daß dissonanzreduzierende Mechanismen bereits zu Beginn des Wahrnehmungsprozesses zum Tragen kommen. In Konsequenz des DEWEYschen Bewußtseinstheorems müßte das Auftreten unerwarteter Informationen, die FESTINGER für dissonanzverursachend hält, soweit sie für das Individuum eine gewisse Relevanz besitzen, zu einer bewußten Informationsverarbeitung führen. Damit würden dissonanzreduzierende Prinzipien gewissermaßen die (heimliche) Grammatik bewußter Informationsverarbeitung darstellen. Wenn FESTINGER drei Arten der Dissonanzreduktion anführt, nämlich "1. Adaption neuer konsonanter Kognitionen, 2. Subtraktion von dissonanten Kognitionen (Ignorieren, Vergessen,Verdrängen), 3. Substitution von Kognitionen: Subtraktion dissonanter bei gleichzeitiger Addition konsonanter Kognitionen" (nach FREY,D.1980,245)so heißt das allerdings nicht, daß diese Verfahren selbst bewußt im Sinne von "willentlich" wären (s."Vergessen"), sondern vielmehr, daß die den Verfahren unterliegenden Inhalte vom Bewußtsein erfaßt werden. Die Grenze des Selbstbewußtseins wäre also hier in der Unverfügbarkeit des Verfahrens seitens des Bewußtseins zu erkennen.

Als wesentliches Moment für das Auftreten von Abwehr gilt auch in der Dissonanztheorie die Ich-Beteiligung, d.h. die Wichtigkeit und Affektverbundenheit kognitiver Elemente. OPP weist darauf hin, daß dieses affektive Moment nicht aus einer logischen Unvereinbarlichkeit der kognitiven Elemente entspringe, sondern von der subjektiven Bewertung abhängig sei, d.h.

> "... daß für die Frage, ob Elemente in konsonanter, dissonan=
> ter oder irrelevanter Beziehung zueinander stehen, nicht der
> logische Zusammenhang zwischen zwei Elementen entscheidend
> ist, sondern der Tatbestand, ob ein Akteur das Vorliegen von
> zwei Elementen als angenehm oder unangenehm perzipiert oder
> überhaupt keinen Zusammenhang zwischen diesen Elementen
> wahrnimmt." (OPP 1968,192).

Die Frage, welches von zwei kognitiven Elementen im Prozeß der
Dissonanzreduktion verändert bzw. abgedrängt werde, wird eher
kontrovers behandelt. FESTINGERs These, die "Resistenz" von
Kognitionen sei davon abhängig, wieviele und wie wichtige ande=
re Kognitionen konsistent an diese gekoppelt seien, wird von
den Anhängern der self-enhancement-theory (HAKMILLER, LECKY,
ROGERS, EPSTEIN usw.) entgegengehalten, daß wesentlich das Be=
streben nach Selbstwerterhöhung verantwortlich für die "Filter=
verluste" (GÖTH 1978,86) bei der Informationsverarbeitung sei.
Dies setzt nach BRAMEL voraus, daß nicht das Übersteigen der
bewerteten Selbsteinschätzung, sondern nur das Darunterbleiben
Dissonanz hervorruft.[62]

> "Ein Übertreffen von Selbstwerten, das heißt kompetenter und
> moralischer zu sein als erwartet, erzeugt keine kognitive
> Dissonanz, also keinen Zustand hoher Spannung, der durch
> kognitive Änderungen wieder abgebaut wird." (IRLE/KROLAGE
> 1973,38).

Resistenz gegen Änderung wäre demgemäß auch nur Selbstwerter=
höhenden Informationen zuzusprechen.

Ferner wird von FRIES et al. angenommen, daß die Resistenz auch
von der antizipatorischen Einschätzung der Folgen einer Kogni=
tionsänderung im Sinne der "Angst vor der Angst" abhängig sei.

> "Der Änderungswiderstand einer Kognition wird umso höher sein,
> je höher die antizipierte Dissonanz aufgrund der Änderung
> der betreffenden Kognition ist." (FRIES/FREY/PONGRATZ 1977,
> 85).

Allgemeine Kritik an konsistenztheoretischen Konzepten läßt
sich vorallem darauf gründen, daß Individuen gelegentlich be=
wußt dissonante Informationen suchen, was Neugierverhalten [63]
und exploratives "Experimentieren mit neuen Selbsten" (MURPHY
nach NEUBAUER 1976,85) [64] und nicht zuletzt die vielzitierte
regelbestätigende Ausnahme exzessiver (und kompensativer)
Triebbefriedigungen ja belegen, denen gewiß Ich-Beteiligung

nicht abzusprechen ist. Von daher verstärkt sich der Eindruck,

> "...daß die Theorie der kognitiven Dissonanz ebenfalls eine relativ spezielle Theorie zu sein scheint, die nur unter bestimmten Bedingungen gilt, die wiederum aus einer generelleren Theorie ableitbar sind." (OPP 1968,202)

(5) SANDLER entwickelt auf psychoanalytischer Grundlage eine Theorie des "Sicherheitsgefühls", die eine Reihe konsistenz= theoretischer Annahmen enthält und von daher den Vergleich beider Ansätze nahelegt. SANDLER geht von der Wahrnehmung einer als bedrohlich empfundenen Situation aus, die im Subjekt Angst auslöst. Er nimmt ferner an, daß das Ich in einem solchen Falle bemüht ist, "der Angst sozusagen das Gleichgewicht zu halten, indem es den Sicherheitspegel auf irgendeine ihm zur Verfügung stehende Weise erhöht" (SANDLER 1961,128). Er unterscheidet dabei zwei Methoden, diesen Sicherheitspegel wieder zu errei= chen:

> "... Methoden, die eine Abwandlung des Wahrnehmungsaktes *innerhalb* des Ich mit sich bringen (das heißt: die Modifi= zierung einer Erregung, welche die äußere Schutzbarriere passiert hat) und ... solche, die durch absichtliches und zweckentsprechendes Verhalten eine Manipulation der *Außen= welt* zur Folge haben, so daß die Sinnesorgane einem abge= schwächten oder andersartigen Reiz ausgesetzt sind." (ibid. 129).

Diese Methoden entsprechen der Unterscheidung von Abwehrmecha= nismen und Bewältigungsstrategien bei DÖBERT/NUNNER-WINKLER:

> "Die nach innen gerichteten Strategien werden - soweit sie *unbewußt* eingesetzt werden - *Abwehrmechanismen*, die nach außen auf die Realität zielenden Bewältigungsmechanismen genannt." (DÖBERT/NUNNER-WINKLER 1975,32).

SANDLERs These, "daß in diesem Sinne die Wahrnehmung im Dienste des Sicherheitsprinzips steht" (SANDLER 1961,131), ist in Über= einstimmung mit der Grundthese der Konsistenztheorie. Bereits NUNBERG hatte u.a. mit dem Postulat "Das Ich verträgt keine Widersprüche " (NUNBERG 1974,31) die synthetisierende Leistung des Ich begründet. Bei Anna FREUD war allerdings dieses Postu= lat nur als ein Ideal des "reifen" Ich verstanden worden:

> "Das erwachsene Ich verlangt, daß die in ihm vorhandenen Re= gungen auch irgendwie übereinstimmen." (FREUD 1980,48).

SANDLERs Hinweis auf die Schlüsselfunktion der Angst für die Aktualisierung dissonanzmildernder Maßnahmen findet seine Bestätigung in zahlreichen Untersuchungen zur Dissonanztheorie über den Stellenwert von Ängstlichkeit. [65)]

Wenn die Theorie der Abwehrmechanismen für einen phänomenologischen Begriff des Selbstbewußtseins nutzbar gemacht werden soll, ist es notwendig, den Blick vom umfangreichen Wirkungsfeld von Abwehrmechanismen, das prinzipiell alle Kognitionen umfassen kann, auf jenen Bereich zu richten, den ein Subjekt das Bewußtsein von sich selbst nennen könnte, d.h. nur jene Kognitionen in Betracht zu ziehen, die als Hypothesen über sich selbst zu verstehen sind. Die Verdrängung eines externen Ereignisses würde damit beispielsweise aus der Betrachtung herausfallen.

Die Basis eines phänomenologischen Abwehrbegriffes könnte nach CONRAD - wie dargestellt - nur in der vom Subjekt erlebten Divergenz zweier zeitlich versetzter Wahrnehmungen desselben Gegenstandes, im hiesigen Falle: seiner selbst, gesehen werden. Abwehr kann also nur post hoc, nach ihrer (partiellen) Aufhebung diagnostiziert werden. In psychoanalytischer Terminologie würde das "Unbewußte" dann als jenes erschlossen, das in einer ersten Wahrnehmung "verdrängt" oder verzerrt worden war und in einer zweiten als ein zur ersten Hinzutretendes oder jene Korrigierendes sichtbar geworden ist. "Unbewußtes" bezeichnet damit die Elemente eines Wahrnehmungshintergrundes, die mit den Sinnen zwar erfaßt, aber im ersten Zugriff hinter der "Figur" nicht zu Bewußtsein gekommen sind, also alles, was von der selektiven Wahrnehmung ausgespart worden ist und erst im Nachhinein, sofern es dazu kommt: im "mediativen Bewußtsein", hervorzutreten vermöchte. Selektivität wäre nun nicht allein aus der Revision eines "objektiven" Wahrnehmungsbildes (Spiegel, Tonbandaufnahme etc.) oder eines "subjektiven" Wahrnehmungsbildes (Wahrnehmung als Selbstwahrnehmung), sondern auch aus der Revision eines Erinnerungsbildes seiner selbst festzustellen, d.h. sie würde sowohl in der Aneigungsphase als auch in der Erinnerungsphase [66)] des informationsverarbeitenden Prozesses angenommen werden müssen. Als Abwehr würden jene infor=

mationsverarbeitenden Prozesse beschrieben werden, die das be=
wußte Wahrnehmungsfeld eingrenzen und so möglicherweise auch
verzerren, d.h. Lücken schaffen, die eine nachträgliche Inter=
pretation nur noch spekulativ schließen könnte. In diesem Sin=
ne wären ein apperzeptives Selbstbewußtsein von einem memo=
zeptiven und entsprechend eine apperzeptive Abwehr von einer
memozeptiven zu unterscheiden. So weist FILIPP darauf hin,

> "... daß motivational bedingte Verzerrungen in der Wahrneh=
> mung und Interpretation *eigenen* Handelns (ROSS & SICOLY
> 1979) ebenso nachweisbar sind wie in der Verarbeitung und
> im Memorieren selbstbezogener Informationen ..."(FILIPP
> 1980, 116)

und SIEGFRIED konnte feststellen, "daß etwas mehr als Dreivier=
tel aller Erinnerungen mit den heutigen Selbstkonzepten kon=
sistent (sind)" (SIEGFRIED 1981,512).

Prinzipiell muß das Subjekt allen Arten der Prädikatenzuwei=
sung in einer intrepretativen Weise begegnen. Indem es Attri=
butionen in einen lebensweltlichen Kontext stellt, gehen be=
reits mit dem situationalen Feld kontingente Erwartungen in
seine Interpretation mit ein, die für das verantwortlich zeich=
nen, was NUNNER-WINKLER "mehr oder weniger vorbewußt vorgenomme=
ne Situationsumdeutungen" (NUNNER-WINKLER 1979,213) nennt. [67]
Doch handelt es sich vermutlich weniger um *Um*deutungen, als
vielmehr um eben *erste* Deutungen, bei denen im Sinne von SAND=
LERs "Wahrnehmungsarbeit" (SANDLER 1961,126) Prozesse vorbe=
wußt wirksam werden, wie sie die Konsistenztheorie und die
self-enhancement-theory beschrieben haben. [68] Durch diese
Prozesse kommt es zur Figur-Hintergrunds-Unterscheidung, indem
nämlich anfangs versucht wird, konsistente und selbstwerterhö=
hende Hypothesen am Wahrnehmungsobjekt zu validieren. Gelingt
dies nicht, versucht das Subjekt nachträglich, die inkonsisten=
te Information im Sinne der Dissonanztheorie mit seinen Erwar=
tungen zu integrieren. Dazu verfügt es über eine Reihe von Er=
klärungen, mittels derer es sein Hypothesensystem gegen inkon=
sistente Informationen zu immunisieren vermag. Solche Erklärun=
gen stellen z.T. die klassischen Abwehrmechanismen dar, in je=
dem Falle die "Neutralisierungstechniken" von SYKES & MATZA [69]
und die "praktischen Erklärungen" von SCOTT & LYMAN (1977). [70]
Im Anschluß an SUPPES & WARREN vertreten DÖBERT/NUNNER-WINKLER

die Auffassung, daß sich die klassischen Abwehrmechanismen
in die "praktischen Erklärungen" von SCOTT & LYMAN umformu=
lieren ließen:

> "... es läßt sich nämlich nachweisen, daß sämtliche klassi=
> schen Abwehrmechanismen handlungslogisch rekonstruiert und
> dadurch in eine elegante Systematik gebracht werden können."
> (DÖBERT/NUNNER-WINKLER 1978,116).

Auch wenn, wie DÖBERT/NUNNER-WINKLER annehmen, dieses Bemühen
des Subjekts um Konsistenz nicht einem "Ursprünglichen" indivi=
duellen Bedürfnis entspringt, sondern "von vornherein auf die
Konstitution von Intersubjektivität bezogen (ist)" (DÖBERT/NUN=
NER-WINKLER 1975,25), so ist doch wahrscheinlich, daß das Kon=
sistenzprinzip so weit internalisiert und darüber hinaus als
sprachlogisches Element selbstverständlich geworden ist, daß
es den kognitiven Stil von Subjekten wesentlich gestaltet.
Abwehr im Sinne von Selektivität im Wahrnehmungsprozeß ist da=
von ebenso geprägt wie Abwehr von als dissonant erkannten In=
formationen.

Anmerkungen (Kapitel 1)

1) vgl. zur Kritik des Ansatzes von LORENZER: LIEBRAND-BACH=
   MANN/RÜCKRIEM 1978 und GRIESE 1976, 162-172;

2) vgl. auch den Begriff der "Tension stabilisee" in GEHLEN
   1949,337;

3) vgl. SPAEMANN 1973,965: "Daß das Bleiben in der Natur gegen
   die Natur ist, diese Paradoxie löst sich nur, wenn wir den
   Begriff der Natur teleologisch fassen und den Menschen als
   von Natur auf Überschreiten der Natur angelegtes Wesen ver=
   stehen."

4) vgl. MITTASCH 1952;

5) GÖLDEL hat auf die Gleichsetzung von "Bestimmung" und
   "Identität" im Rahmen der FRIESschen Schule hingewiesen
   GÖLDEL 1936,175).

6) Eine besondere Problematik dieser Position liegt in der
   Anwendung des Prägungsbegriffs auf den Menschen: "Die weni=
   ger verstandenen, aber anscheinend universell vorhandenen
   Auswirkungen pränataler und früher postnataler Ereignisse
   prägen die Person ebenfalls in beträchtlichem Maße. Noch
   bevor sie ein Bewußtsein von sich selbst erlangt, hat sie
   einige prototypische Einstellungen gegenüber sozialen Objek=
   ten und einige charakteristische Verhaltensweisen entwickelt."
   (McCall/SIMMONS 1974,214) vgl. auch ASELMEIER 1973,103;

7) "... während ungebrochene Kulturstilisierungen so empfunden
   werden, als ob sie aus dem eigenen Willen, aus der innersten
   Natur der Beteiligten kämen, werden erschütterte oder über=
   ständig gewordene erst als Konventionen ansprechbar. Konven=
   tionell heißt dann die Willkürlichkeit eines Geltungsan=
   spruchs, den man nicht mehr als einzige Möglichkeit, als
   natürlich und selbstverständlich empfindet, sondern von dem
   man sich zu distanzieren beginnt." (GEHLEN 1981,81)

8) vgl. BLASS 1981,33;

9) vgl. HENGSTENBERG 1973,13: "Sinnerwartung. Dieser Begriff
   meint zum einen, daß jeder Mensch aufgrund seiner Naturan=
   lage erwartet, auf Sein oder Geschehen zu stoßen, das er als

sinnvoll akzeptieren kann; zum andern, daß er aus seiner
Natur heraus erwartet, auf Grund vorgefundenen Sinnes den
Sinn seines eigenen Lebens erfüllen zu können ..."

10) vgl. LEMBERG 1974,82 ff;

11) "es ist ein Widerspruch, daß das was denkt, zur Zeit, in der
es denkt, nicht existieren sollte ..." (FUNKE 1960,162).

12) Eine ähnliche Struktur weist bei aller sonstigen Verschieden=
heit der Begriff des Selbst bei KIERKEGAARD auf: "Das Selbst
ist ein Verhältnis, das sich zu sich selbst verhält; oder ist
das im Verhältnis, daß das Verhältnis sich zu sich selbst ver=
hält; also nicht das Verhältnis, sondern, daß das Verhältnis
sich zu sich selbst verhält." (KIERKEGAARD nach SCHERER 1965,
58).

13) vgl. BARTELS 1976,27;

14) vgl. auch HENRICH 1982,72;

15) TUGENDHATs scheinbar zirkelhafte Auszeichnung als "*Bewußtseins=
zustand*" kommt wohl daher, daß er das " " nicht als kognitiv,
sondern expressiv vermittelt sieht (TUGENDHAT 1981,133), was
für Selbstbewußtsein freilich nicht mehr gilt, da im Wissen
eine kognitive Vermittlung des Expressiven notwendigerweise
hinzukommt; damit wäre die Zirkularität des "ich weiß, daß
ich bewußt bin" umgangen, aber gerade der Schritt der kogni=
tiven Aufarbeitung des bloß Expressiven wäre zu begründen,
was TUGENDHAT vernachlässigt. Einen ähnlichen Einwand vgl.
bei POTHAST 1981,39;

16) Die Vorstellung einer Selbstbewußtseinstheorie der Marburger
Schule, die ausführlich nur bei NATORP zu finden ist, kann
hier ausgespart bleiben, da sie die Idee des kritischen Idea=
lismus, wie sie für die Marburger Schule typisch ist, kaum
herauszustellen vermöchte. Kritische Darstellungen hierzu
finden sich unter anderem bei CRAMER 1974,548-569, POTHAST
1971,52ff u. 60f., WINTERHAGER 1975; daß NATORP in dieser
Hinsicht nicht unbedingt in der Konsequenz des logischen
Systems von COHEN blieb, zeigt CRAMER auf (CRAMER 1974,
Anm. S.555).

17) COHEN bricht an dieser Stelle mit der KANTischen Kategorien- und Urteilstafel, der zahlenmäßiger Festlegung wegen ihm "die traditionell gegebenen Urteilsarten mit ihrer Wurzelung in der Sprache ein autoritatives Hemmnis" (1914,50) zu sein schienen.

18) Die Behandlung des Ich als Element disqualifiziert freilich dieses Modell als ein Beispiel der COHENschen Logik; aller= dings muß das nicht einen Bruch mit COHENs Logik bedeuten, da COHEN ja selbst die Ich-Vorstellung als eine Umkehrung des Denken-Seins-Verhältnisses berücksichtigt, ohne sein System zu überfordern.

19) Dies erschwert auch die Feststellung, inwieweit COHENs Logik überhaupt normativ gedacht sei; da die Einheit des Denkens nicht aufgelöst werden kann, vermag Denken zwar Umwege zu gehen, aber doch auch nicht anders als mittels diese Einheit garantierender Denkgesetze.

20) vgl. CRAMER 1974,558;

21) Untertitel VAIHINGER 1927;

22) vgl. VAIHINGER 1927,300;

23) vgl. auch ROTH 1977,37;

24) vgl. STONES' Definition von Identität: "Identität legt fest, was die Person in sozialer Hinsicht ist und wo sie sich be= findet ... Hat jemand Identität, dann liegt fest, wo er sich befindet - d.h. er nimmt die Gestalt eines sozialen Objektes an." (STONES nach FIELD 1978,247).

25) vgl. auch ASPLUND nach ISRAEL 1972,377: "Sowohl Cooley als auch Mead vertraten die Ansicht, daß ein einzelnes Individuum eine Abstraktion sei: das Individuum hat keine separate Exi= stenz. Die individuellen psychologischen Phänomene wie das Bewußtsein und das Ich sind gesellschaftliche Produkte. Soziale Interaktion geht dem Bewußtsein und dem Ich voran. Die soziale Interaktion schafft das Bewußtsein und das Ich des Individuums."

26) vgl. TURNER 1977,117;

27) "Der Begriff der Reflexion selber impliziert ein ursprüngliches Moment, das reflektiert wird, und ein zweites Moment, das als Folge der Reflexion erscheint." (GEULEN 1977,117). So gesehen bedeutet dieser Dualismus eine Projektion der Subjekt-Objekt-

Differenz in die soziale Interaktion.

28) vgl. kritisch HÄRLE 1978,129;

29) vgl. auch GEULEN 1977,118 f;

30) vgl. kritisch RECK 1981,18 f; ferner WEHRSPAUN 1978,105;

31) "... the formation of self-concept depends upon two factors: (1) how a person perceives he is judged by significant others, and (2) a comparison of these judgements against a standard that he holds on how he should behave" (LABENNE/GREENE 1970, 43). vgl. auch GEULEN 1977,123 f;

32) vgl. auch KRAPPMANN 1978,34, der diesen Begriff McCALL/SIMMONS zuschreibt;

33) Der Begriff unterscheidet sich aber wesentlich von GOFFMANs Begriff "Identitätspolitik"; vgl. WEHRSPAUN 1978,115;

34) vgl. diesbezüglich die GOFFMAN-Kritik bei RECK 1981,8;

35) MEADs harmonistisches Modell wäre von dieser Kritik insofern auszunehmen, als es im "I" einen gewissen Freiraum zur Auto=nomie gewährleistet. Vgl. auch GRIESE 1976,136 f;

36) vgl. Kap. 3.1.5;

37) Vorallem Sigrun-Heide FILIPP befleißigt sich mit Regelmäßig=keit, auf die Unfruchtbarkeit solchen Philosophierens hinzu=weisen (FILIPP 1979,130; 1975,7).

38) Es sei am Rande erwähnt, daß die funktionalistische Frage, wozu das Selbstkonzept diene, eigentlich dem Objektivismus der phänomenologischen Methode widerspricht (vgl. BOCHENSKI 1975,26); es hat aber den Anschein, daß die pragmatische Per=spektive von vielen phänomenologisch Orientierten mittlerwei=len dienstbar gemacht worden ist.

39) nach NEUBAUER 1976, 36;

40) Konsequenterweise müßten Ergebnisse der kognitiven Psychologie in der SK-Forschung stärker berücksichtigt werden (FILIPP 1975,104; 1980,115; 1978,112).

41) vgl. EPSTEIN 1979,15 u. 27;

42) so PARANJPE 1975,25; NAUDASCHER 1980,91; MEISINGER/HAUBL 1980, 212; GROSCHEK 1980,40 ff; EPSTEIN 1979,31-35;

43) vgl. GERGEN & GERGEN 1978,230;

44) vgl. FILIPP 1980,118;

45) zur psychoanalytischen Auffassung vgl. HENSELER 1973;

46) Auch das Problem der Zentralität vs. Peripherie (ALLPORT) von Selbstschemata ist hier einzuordnen. "Dennoch kann wohl nicht geleugnet werden, daß es für die meisten Menschen bestimmte Selbstkognitionen gibt, die wegen häufiger Bekräftigungen oder wegen hoher emotionaler Besetzung von ihnen als 'zentral' erlebt werden und die sie gegen alles und jeden verteidigen würden." (GERGEN 1979,85).

47) Die affektive Komponente von Selbstkonzepten scheint dabei nicht allein von den verstärkenden Erfahrungen des Subjekts (GERGEN 1979,85), sondern auch von den sozial vermittelten Einstellungen abhängig zu sein, so daß Selbstkonzepte bis zu einem gewissen Grade die Wertstrukturen solcher Einstellungen im Sinne der sozualen Erwünschtheit widerspiegeln.
"Da die im Alltag zur Selbstbeschreibung benutzten Eigen= schaftsbegriffe infolge ihrer konnotativen Komponenten nicht als bloße Deskriptionen aufzufassen sind, sondern meist in stärkerem Maße auch Werturteile enthalten (vgl. Merz, 1958), kann man Selbstkonzepte als Indikatoren von Einstellungen betrachten, die eine Person gegenüber bestimmten Aspekten ihres Seltst hat." (SIEGFRIED 1981,503)

48) so DÖBERT/NUNNER-WINKLER 1978, HAAN 1963, KROEBER 1963, KRAPPMANN 1978, implizit auch bei SANDLER 1961;

49) So deutet beispielsweise die Unterscheidung des späten FREUD zwischen einem Lebenstrieb und einem Todestrieb eine gewisse tendenzielle Gerichtetheit durch alle Sublimation hindurch an.

50) RAPAPORT 1874, 222 f;

51) vgl. MILLER 1978,69; MILLER & SWANSON 1960,195;

52) vgl. KOVACS 1969,131;

53) vgl. auch HENSELER 1973,52;

54) zur ambivalenten Bewertung der "Identifikation" bei FREUD vgl. KILIAN 1971,18;

55) vgl. WYSS 1969,75;

56) kritisch vgl. SCHÖPF 1981,47 f;

57) Auf die Dissonanztheorie bezogen wurde diese Frage von NA=SCHOLD bereits formuliert: "... ist es die Aufgabe der empi= rischen Forschung zu untersuchen, unter welchen äußeren Be= dingungen und bei welchen individuellen Persönlichkeitsmerk= malen welche Strategie der Dissonanzmilderung eingeschlagen wird." (NASCHOLD 1972,92)

58) vgl. GEULEN 1977,229;

59) vgl. ebenso MILLER & SWANSON 1960, 197;

60) vgl. auch Anna FREUD: "Vielleicht ist jedes erste Auftreten einer bestimmten Abwehrmethode auch an eine bestimmte Aufgabe der Triebbewältigung, also an eine bestimmte Phase der infan= tilen Entwicklung gebunden." (FREUD 1980,41)

61) wohl besser: "erzwungene" Einwilligung!

62) vgl. IRLE/KROLAGE 1973,38; FREY 1980,248;

63) vgl. beispielsweise EIDUSON 1969,94 f; WOLF 1971,36;

64) vgl. auch MASLOWs Rede von der "Wachstumsmotivation" (MASLOW 1981)

65) vgl. FRIES/FREY/PONGRATZ 1977,86;

66) vgl. FILIPP 1979,139 f;

67) vgl. auch DÖBERT/NUNNER-WINKLER 1978,113;

68) Auf die strukturierende Leistung der Verdrängung hatte bereits HELLPACH hingewiesen (HELLPACH 1948,13).

69) vgl. MOSER 1978,29 f;

70) vgl. RECK 1981, 121-125;

II

VORÜBERLEGUNGEN ZU EINER THEORIE VON IDENTITÄT ALS KONSTRUKT

2.1 EINLEITENDE BEMERKUNGEN ZU EINER THEORIE VON IDENTITÄT ALS KONSTRUKT

Die phänomenale Wirklichkeit von Identität ist stets ein Bewußt= seinsinhalt. Was als die Identität einer Person erscheint, ist immer Ergebnis einer Theorie der Identifizierung, eine Konklu= sion zwischen dem fiktionalen Begriff eines Ich und einem Attri= but, welches - im weitesten Sinne dieses Wortes - einen Zustand des Ich beschreibt. Was die Gründe dieser Konklusion sein mögen, läßt sich nur beantworten, indem der Rahmen der primären Urteils= evidenz eines Selbstbewußtseins überschritten wird. Nichtsdesto= weniger entwickeln Subjekte auch Theorien über die Logik ihrer Identifikationen und werden mit den Theorien anderer über diesen Gegenstand konfrontiert. Solche sekundären Urteile über die eige= ne Persönlichkeitsstruktur, im alltagspsychologischen Sinne "naive" Identitätstheorien, gewinnen Einfluß auf die primären Urteile, indem sie ihren erklärenden Anspruch in einen Erwar= tungsanspruch transponieren, der die Selektion der Selbstwahr= nehmungen maßgeblich steuert. Der Umgang mit der eigenen Identi= tät wird so wesentlich von den persönlichkeitstheoretischen Über= zeugungen eines Subjekts geprägt und führt durch diese theoreti= sche (oder quasi-theoretische) Perspektivität zu einer zunehmen= den Integration von Selbstwahrnehmungen (primären Urteilen) und theoretischen Konstrukten (sekundären Urteilen). Wieweit solchen Integrationsleistungen Kategorien zugrundeliegen, deren Wahl, Anwendungsfeld und Implikationen von historischen Prävalenzen bestimmt werden, die als solche sozial vermittelt werden, aber zugleich im Laufe der Biographie des Subjekts selbst neu gewich= tet, synthetisch umstrukturiert und auf neue Urteile transfor= miert werden, kann hier nicht erörtert werden. Anzunehmen ist aber[1], daß der Fähigkeit zur Selbstintegration eine vorsprach= liche und vorsoziale "Grammatik" der Informationsverarbeitung zugrundeliegt, die die anthropologische Voraussetzung der Iden= titätskonstruktion von Subjekten darstellt. Aussagen über solche Strukturierungsmuster lassen sich freilich nur gewinnen, indem modellhaft Rückschlüsse von der Identitätsstruktur, die sich in

den Selbstkonzepten des Subjekts darstellt, auf die Bedingugen
ihrer Möglichkeit gezogen werden. Diesem Modus des Schließens
entspricht, daß die Aussagen sich auf die Feststellung formaler
Gesetzmäßigkeiten beschränken und keine "Vermögenslehren" oder
andere Hypostasierungen implizieren.

Theoretische Modelle, die auf einen solchen Aussagentypus auf=
bauen, müssen also mit Formalbegriffen operieren und dürfen auf
keine Substantialisierungen, die immer mit Wesensaussagen ver=
bunden sind, aufbauen. Solche Modelle bieten die Systemtheorien,
von denen hier die Kybernetik und Niklas LUHMANNs funktional-
strukturelle Systemtheorie zur Entwicklung eines Modelles von
Identität als Konstrukt herangezogen werden soll. Der dabei un=
terlegte Begriff von Identität kann wie folgt beschrieben wer=
den:

*Identität bezeichnet einen Komplex von Konstrukten, der das
Insgesamt selbstbewußter Kognitionen und der subjektiven Be=
dingungen, durch die diese zustandekommen, darstellt. Solche
Konstrukte dienen der Erklärung und Vorhersage von Selbst=
wahrnehmungen (im weitesten Sinne$^{2)}$) und implizieren genera=
lisierende Urteile, durch die ihre Integration zu einem Hypo=
thesensystem ermöglicht wird. Als naive Persönlichkeitstheo=
rien konstituieren sich solche Konstrukte aus sprachlichen
Vorgaben, die sozial vermittelt werden.*

Dadurch wird Identität als ein aus einer Vielzahl von Selbstbe=
wußtseinserinnerungen "geronnener" Begriff eines Subjekts von
sich selbst auch zum Begriff des Subjektes für andere, wobei
allerdings der Evidenzanspruch primärer Identitätsurteile in
der "sozialen Wahrnehmung" des Subjektes durch andere aufgege=
ben werden muß, da fremdseelische Bewußtseinsakte sich nur
durch Zeichen, also indirekt, vermitteln lassen.

Insofern eine solche Theorie von Identität primäre Urteile zwar
formal berücksichtigt, über ihre konkreten Relata aber keine
Aussagen machen kann, ist sie eine allgemeine Theorie von Iden=
tität, eine allgemeine Persönlichkeitstheorie. Die Postulate
psychologischer Persönlichkeitstheorien, soweit sie sich auf
nomothetische Aussagen als *formale* Aussagen beschränken, können

dabei teilweise mitaufgenommen werden, weshalb eine solche Iden=
titätstheorie den Anspruch einer "integrativen Persönlichkeits=
theorie" erheben kann.

Die kybernetische Systemtheorie behauptet die Universalität von
kybernetischen Regelprozessen in allen dynamisch organisierten
Systemen, einschließlich kognitiver Systeme. Von daher verwun=
dert es nicht, daß auch der Mensch als ein "offenes System",
das in einem materialen Austauschverhältnis zur Umwelt steht und
dabei sich in einem "Fließgleichgewicht" (BERTALANFFY 1949) er=
hält, d.h. unter wechsenden Zielorientierungen zu Anpassungslei=
stungen befähigt ist, in kybernetischen Konstruktionen auf den
Begriff gebracht wird. Daß dabei ein "Maschinenmodell" zur kon=
struktiven Grundlage gewählt wird[3], wodurch im Falle des Men=
schen die problematische Implikation geschaffen wird, daß eine
Entscheidungslogik auf sich selbst angewandt werden muß, deutet
bereits eine prinzipielle Schwierigkeit an, den universalisti=
schen Anspruch (zugleich den Vollkommenheitsanspruch) angesichts
des erkenntnistheoretischen Regreßproblems durchzuhalten.

Diesen Mangel des regeltechnischen Denkens zu kompensieren, ist
der Vorzug der funktional-strukturellen Systemtheorie. Als eine
Theorie, in der Strukturierung unter vorgegebenen Zielen als
Funktionalisierungsleistung gedacht wird, postuliert sie eine
pragmatisch orientierte Strukturierungstendenz und setzt so der
diffundenten Komplexitätssteigerung im Kausalitätsdenken ein
Modell der Komplexitätsreduktion gegenüber. Die grundlegendste
komplexitätsreduzierende Leistung bietet die Sprache durch ihre
kategoriale Strukturierung komplexer Erfahrungen; zugleich aber
enthält sie ein komplexitätssteigerndes Potential, da durch sie
zeitlich getrennte Erfahrungen zu einander in Beziehung gesetzt
werden können. Durch die so entstehende Vielzahl möglicher Kon=
tingenzen ist dem Urteil, das in seiner Vorläufigkeit stets als
Vor-Urteil erscheint, eine "extensive" Tendenz immanent, die
konstruktive Integration von Identität vorantreibt. Die situati=
ve Begrenztheit des Urteils wird immer wieder überwunden, indem
es sich biographisch immer neue "Fälle", neue Erfahrungen sub=
sumiert, d.h. Weltkomplexität reduziert, zugleich aber seine
Systemkomplexität dabei erweitert.

2.2 SYSTEMTHEORETISCHE BEITRÄGE ZU EINER INTEGRATIVEN PER= SÖNLICHKEITSTHEORIE: 1) KYBERNETISCHE MODELLE

Das Selbstverständnis der Kybernetik als eine "mathematisierte Entsprechung der Geisteswissenschaften" (FRANK 1975,52) erwächst aus dem Bewußtsein, daß ihre informationstheoretischen und re= geltechnischen Modelle originär die Beschreibung geistiger Pro= zesse, gewissermaßen die dynamische Vorstellung des kategorialen Denkens an immer neuen Beispielen versuchten. Als Ziel der gei= stigen Prozesse gilt die Adäquanz von Modell und Wirklichkeit, die im pragmatischen Sinne als erfolgreiche Objektivation, re= geltechnisch als Übereinstimmung von prospektiver Hypothese (Führungsgröße) und rückgemeldeter Umweltveränderung (Regel= größe) gedeutet wird.

"Kybernetik ist der Versuch, mit mathematischen Methoden die geistige Arbeit zu beschreiben, um diese dann soweit wie mög= lich und wünschenswert zu objektivieren." (FRANK 1975,53).

In der Intentionalität des Bewußtseins, kybernetisch Folge einer Differenz von Führungs- und Regelgröße, kommen die Verfügung über selbstregulative Mechanismen und die Orientierung am Gegen= stand zusammen: Nach FRANK vergegenwärtigt sich in einer ersten Phase das Subjekt ganz im Sinne einer reflektorischen Introspek= tion eine Komponente seiner selbst und macht diese so zum bewuß= ten Denkobjekt ('verstehende' oder 'phänomenologische Phase'). In einer zweiten, der 'analytischen Phase', formuliert das Sub= jekt diese Komponente als ein Kalkül und bildet sie damit um in eine Nachricht. In der dritten, 'technischen Phase' realisiert das Subjekt schließlich die Kalkulation am Gegenstand.[4] Diese am cartesischen Cogito orientierte Bewußtseinsauffassung läßt es zu, "Bewußtsein als das 'Ding an sich' der Kybernetik"(FRANK 1975,51) aufzufassen, und zwar in einem doppelten Sinne: zum ei= nen, wie bisher dargestellt, als das Urbild kybernetischer Mo= delle, zum andern als das im Begriff der Information vorausge= setzte Moment, das alle informationstheoretischen Modelle als analoga des Bewußtseinsprozesses verstehen läßt. Dieser Analo= gismus ist es aber, von dem kybernetische Entwürfe letztlich

absehen können, weil er unverlierbar in ihrer Logik enthalten
bleibt, sodaß damit die reflexive Selbstbezüglichkeit der Objek=
tivationen des Bewußtseins überschritten und auf "Externes" ab=
strahiert werden kann. Insofern kann FRANK sagen: "Man kann ohne
den Begriff des Bewußtseins nicht in die Kybernetik hineinkom=
men, mit ihm aber nicht in ihr bleiben" (FRANK 1975,51), weil er
sich "hernach in ihren Beschreibungssystemen und Realisierungen
nicht mehr findet" (ibid.55).

Die Anwendung kybernetischer Prinzipien auf ein Modell des
Selbstbewußtseins muß, wie in Kapitel 1.4.1 dargestellt, Selbst=
bewußtsein als einen Sonderfall von Bewußtsein fassen und ferner
die Bedingtheit von selbstbewußten Kognitionen mit berücksichti=
gen. Daß die Kybernetik für eine Theorie der Selbstwahrnehmung
fruchtbar gemacht werden kann, hat FILIPP (1975) in ihrer Dis=
sertationsarbeit hinlänglich belegt. Durch die Einbeziehung
selbstregulativer Prozesse vermag die kybernetische Denkweise,
die den Menschen als einen Komplex interdependenter Systeme er=
scheinen läßt, einer gewissen Vorstellung von der Autonomie des
Subjekts Rechnung zu tragen.

> "Die - verschieden angelegte und ausgeprägte - Denkform auto=
> matischer Regelungsprinzipien verträgt sich sehr wohl mit ei=
> ner deterministischen (ja auch mit einer mechanistischen)
> Konzeption. Sie scheint aber andererseits auch eine relative
> Autonomie des - sich selber regulierenden - Individuums er=
> klärbar zu machen." (MÜLLER 1967,20).

Die Relativität dieser Autonomie ergibt sich aus dem Prinzip der
Systemabhängigkeit: Führungsgrößen sind selbst Regelprozessen
unterworfen, die eine bestimmte Leistung fordern; aber die metho=
dische Entscheidung kann in der Wahl zwischen verschiedenen
funktionalen Äquivalenten getroffen werden. Ein weiterer Auto=
nomiebegriff läßt sich, wie zu zeigen sein wird, jedoch aus den
"Lücken" des kybernetischen Systemdenkens gewinnen.

Die Vorstellung des Menschen als eines offenen Systems impli=
ziert ein Austauschverhältnis zu anderen Systemen. Dieser Aus=
tausch vollzieht sich durch die Transmission von Informationen,
d.h. durch eine Systemveränderung, die Auswirkungen auf ein an=
deres System zeigt. Die Frage, wie Informationen durch ein Sy=
stem aufgenommen und verarbeitet werden, ist Gegenstand der In=
formationstheorie. Allgemein geht die Informationstheorie davon

aus, daß ein Reiz(komplex) auf einen Rezeptor trifft, aufgenom=
men und codiert wird, über einen Operator verarbeitet wird und
so Instruktionen an einen Effektor bedingt. Ein System läßt sich
daher als eine Einheit von Rezeptor, Operator und Effektor de=
finieren. Entsprechend wäre das System Mensch als eine Einheit
von Wahrnehmungs-, Verarbeitungs- und Wirkprozessen zu verstehen,
wie es FRANK in seinem "Organogramm" dargestellt hat.

"<u>Organogramm für den Informationsumsatz im Menschen</u>" (FRANK
1971,193; v. A. vereinfachte Darstellung)

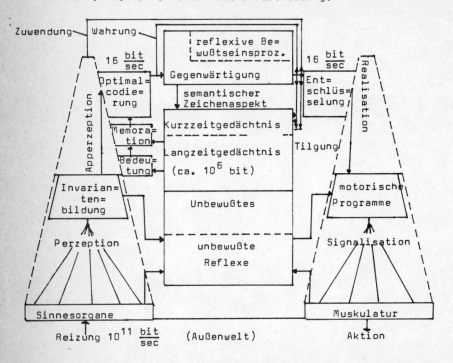

Das Modell beschreibt den Informationsfluß von der durch die
Sinnesorgane zustandekommenden Perzeption und Encodierung
(Apperzeption) über die unbewußte und bewußte Verarbeitung
zur Decodierung (Realisation) und Signalisation an die Musku=
latur. Die Informationseinheiten (bit) werden dabei durch Selek=
tionsprozesse an mehreren Stellen reduziert:

1. durch Invariantenbildung[5] (Klassenbildung und Superierung) bei der Apperzeption,
2. durch die Optimalcodierung der Informationen, die an das Bewußtsein weitergegeben werden (max. 16 bit/sec.) und
3. durch die Aufnahme von im vorbewußten Gedächtnis gespeicherten Informationen, die die Möglichkeit der gleichzeitigen Vergegenwärtigung von perzeptiven Informationen entsprechend verringert.

Durch erhöhte Aufmerksamkeit kann die Auswahl der apperzeptiven Informationen, die dem Bewußtsein zugeführt werden sollen, wesentlich bestimmt werden.

Für den Fall der Selbstwahrnehmung lassen sich diese Beobachtungen wie folgt nutzbar machen:

(1) Bereits bei der Apperzeption lassen sich Stereotypisierungen von perzipierten Informationen durch klassifikatorische Subsumption und reduktive Superierung erreichen.

(2) Die Begrenzung der dem Bewußtsein zugänglichen Informationsmenge auf max. 16 bit/sec. bedeutet eine für das Selbstbewußtsein als einem reflexiven Bewußtseinsprozeß, der seinerseits erst noch selbstbezogene Informationen selegieren muß, einigermaßen dürftige Ausgangsbasis.

(3) Die durch "Schlüsselinformationen" (FRANK 1975,168) veranlaßte Perseverierung von Informationen im vorbewußten Gedächtnis führt ebenfalls durch ihre Rückkoppelung mit dem Prozeß der Optimalcodierung (über "memozeptive Informationen";FILIPP) zu einer "eklektizistischen Verifikation" (NEUBAUER). Der so bedingte Ausschluß inkompatibler Informationen könnte das Konstrukt vorbewußter Abwehrprozesse begründen, auf das DÖBERT/NUNNER-WINKLER (1978,113) abgehoben haben (vgl. Kap. 1.6.6).

(4) Der Einfluß verstärkter Aufmerksamkeitszuwendung auf das Apperzeptionsfeld führt ebenso zu einer "eklektizistischen Verifikation", da Aufmerksamkeit immer als hypothesengebunden zu verstehen ist. Nimmt man darüber hinaus entsprechend der "Theorie der objektiven Selbstaufmerksamkeit" (WICKLUND 1979) eine erhöhte affektive Beteiligung an, so muß dem Einfluß motivationaler Größen, die im "Organogramm" ausgespart blieben, Rechnung getragen werden.

Letzteres verweist auf einen zentralen Mangel des informations=
theoretischen Modells: Um die Frage zu entscheiden, wie eine
Information kanalisiert wird - ob sie über unbewußte Prozesse
handlungsrelevant wird, ob sie zur bewußten Vergegenwärtigung
kommt, ob sie reflexive Bewußtseinsprozesse auslöst, ob sie zu
einer Steigerung der Aufmerksamkeit führt, ob sie im Gedächtnis
gespeichert oder getilgt wird -, bedarf es regelnder Prozesse
und motivationaler Größen.

FILIPP hat in ihrem "Blockschaltbild des kybernetischen Systems
'Mensch-Außenwelt'" aus diesem Grunde das Motivationssystem be=
rücksichtigt. Das FILIPPsche Modell zeichnet sich dadurch aus,
daß es die kognitiven Repräsentationen der eigenen Person (in=
ternes Selbstmodell) und der Außenwelt (internes Außenweltmo=
dell) jeweils in einen deskriptiven (IST) und normativen (SOLL)
Teil geschieden als Gedächtnissysteme auffaßt.

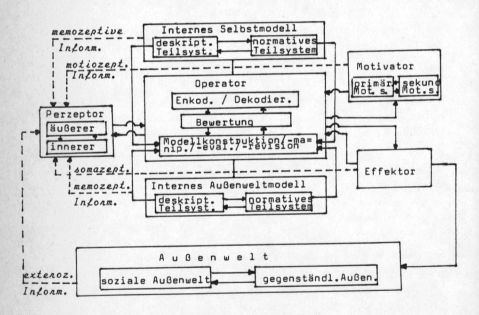

"Blockschaltbild des kybernetischen Systems 'Mensch-Außenwelt'"
(FILIPP 1975,48)

FILIPPs Modell enthält eine Reihe rückgekoppelter Teilsysteme (Schleifenbildungen), die als Regelkreise aufzufassen sind:
1. die Rückkoppelung zwischen Perzeptor und Operator, die bereits anhand des FRANKschen Modells beschrieben wurde (s.o.),
2. die Rückkoppelung zwischen Operator und Motivator, die den Einfluß motivationaler Faktoren auf den Prozeß der Informationsverarbeitung darstellt,
3. die Erweiterung dieser Rückkoppelung durch den Perzeptor (Perzeptor-Operator-Motivator-Perzeptor) über *motiozeptive Informationen*, die die selektive Funktion motivationaler Größen bei der Apperzeption ermöglicht,
4. die Rückkoppelung zwischen Operator und Effektor, die allerdings nur als entropische Wechselwirkung plausibel er=cheint scheint[6], wenn sie nicht
5. durch *somazeptive Informationen* über den Perzeptor erweitert wird, wodurch die Selbstwahrnehmung des Organismus (beispielsweise durch Doppelsensationen) möglich wird, und
6. die "effektive" Rückkoppelung des Organismus über die Außenwelt über *exterozeptive Informationen* (Handlungsfolgen etc.).

Weitere Rückkoppelungsmechanismen, die im Modell nur schwach angedeutet sind, müssen (7.) zwischen Operator und internem Außenweltmodell bzw. (8.) zwischen Operator und internem Selbstmodell angenommen werden, da diese Modelle an den Operator Informationen geben und zugleich nur durch ihn aktiviert werden können.[7] Schließlich scheint von besonderer Bedeutung die Möglichkeit einer Erweiterung beider Systeme (9./10.) über den Perzeptor mittels *memozeptiven Informationen*, die ebenfalls im Sinne der eklektizistischen Verifikation wirksam wird.

Darüber hinaus geht FILIPP von binnensystematischen Rückkoppelungsprozessen in den einzelnen Teilsystemen aus, beispielsweise zwischen normativen und deskriptiven Teilsystemen im Selbst- und Außenweltmodell.

Das FILIPPsche Modell zeigt, daß Selbstwahrnehmung nicht unmittelbar eine Funktion perzipierter Umweltreize ist, sondern daß motiozeptive, somazeptive, memozeptive Informationen und die strukturierenden "Fragen des Operators" selektionssteuernde Potentiale im Informationsprozeß darstellen. Die "effektive" Rele=

vanz des Operators und seine aktivierende, rezipierende und
integrierende Funktion lassen ihm eine zentrale Position zukom=
men, wie sie etwa auch der psychoanalytische Ich-Begriff inne
hat. Er bewertet, filtert und verarbeitet nicht nur perzipierte
Reize, sondern auch die "internen Signale" (FILIPP 1975,51) der
Motivations- und Gedächtnissysteme zu einem jeweils situations=
spezifischen Selbstmodell.

> "Dem Operator kommt im Zuge der Informationsverarbeitung die
> Aufgabe der Konstruktion und laufenden Revision des internen
> Selbstmodells zu. Daneben leistet er die Aktualisierung, Ge=
> wichtung und Kombination bestimmter Elemente des Selbstmodells
> in der Weise, daß dadurch im Hinblick auf gegenwärtige Außen=
> weltkonstellationen, motivationale Zustände etc. eine 'opti=
> male Verhaltensplanung' möglich ist, d.h. er leistet die Kon=
> struktion spezifischer 'Partialmodelle' der eigenen Person.."
> (FILIPP 1975,53).

Der Informationsverarbeitungsprozeß kann somit sowohl als Prozeß
der Engrammation von situativ "bewährten" Selbstmodellen (Lern=
prozeß) als auch als Prozeß der Hypothesenbildung und strategischen Handlungsplanung verstanden werden. Beide Prozesse stehen
mit einander in Wechselwirkung und bilden so selbst im Sinne der
"Trial-and-error-Methode einen kybernetischen Rückkoppelungspro=
zeß" (KLAUS 1966,266). Das diesem Prozeß inhärente Adaptionsbe=
streben kann als durchgängige Funktion aller integrativen Prozes=
se gelten, d.h.: Die Effektivität von Informationen ist letztlich
eine Frage ihrer subjektiven Valenz und diese ist ihrerseits eine
Frage der Anzahl kontingenter Subsysteme, die von der Information
"betroffen" sind. Die Verarbeitung der Information erfolgt in
einem Vergleichsprozeß entlang verschiedener Führungsgrößen des
Motivationssystems (wie beispielsweise der Erhaltung des Selbst=
wertgefühls), des normativen Selbstmodells (Ich-Ideals) und des
deskriptiven Selbstmodells mit dem Ziel, Dissonanzen zwischen
Regel- und Führungsgrößen zu minimieren.

> "Subeinheiten des Operators kommt hierbei die Funktion des
> Reglers zu. Man kann einen solchen Regelungsvorgang als einen
> dem Bewußtsein prinzipiell zugänglichen Prozeß auffassen, wo=
> bei der Operator sich verschiedener Programme zur Angleichung
> von Ist- und Sollzustand bedienen kann (so ließen sich etwa
> eine Reihe der von Freud (1936) beschriebenen 'abwehrmecha=
> nismen' hier neu formulieren;...). Bezieht man ein, daß die
> Auswahl dieser Programme möglicherweise selbst wieder be=
> stimmten Regelungsvorgängen unterliegt und daß weiterhin das

normative Teilsystem selbst Veränderungen im Sinne eines
adaptiven Führungsgrößensystems unterzogen ist, so erweist
sich die Darstellung des internen Selbstmodells als einfa=
cher Regelkreis als zu stark vereinfachtes Verfahren mit ge=
ringem heuristischen Wert." (FILIPP 1975,55 f).

Die Annahme weiterer Regelsysteme (S 2), denen die Funktion der
Selektion zwischen Coping- und Defense-Mechanismen etc. zukomme,
d.h. die die Vermittlung der Stellgröße eines Systems (S 1)
übernehmen, läßt sich prinzipiell generalisieren; ferner führt,
wenn das Führungssystem als adaptiv angenommen wird, die Vor=
stellung von Führungsgrößen als Regelstrecken eines übergeord=
neten Systems (S 3) zu einem theoretisch unendlichen Regreß, da
auch deren Regulierung ihrerseits wieder einer Führungsgröße
bedarf. Die Adaptionsleistung impliziert die Abhängigkeit von
anpassungssteuernden Regelsystemen, über die Umweltveränderungen
als Handlungsfolgen als erfolgreich oder erfolglos zurückgemel=
det werden. Das folgende Modell illustriert diese Zusammenhänge
am Beispiel der von FILIPP problematisierten Wahl von Abwehrme=
chanismen.

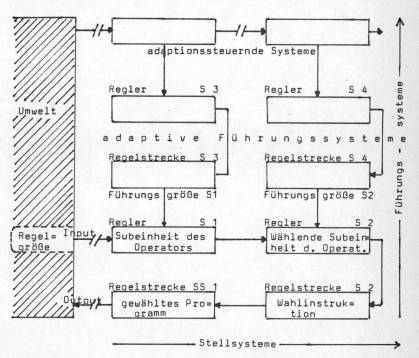

In diesem Modell läßt sich die Aufrechterhaltung bzw. Modifi=
zierung des internen Selbstmodells als ein Prozeß der Integra=
tion von Führungssystemen (vertikale Dimension) über Stellsyste=
me (horizontale Dimension) verstehen. Da anzunehmen ist, daß
Führungssysteme auf verschiedenen Ebenen horizontal über Stell=
systeme integriert werden können - was etwa durch ein als drit=
te Dimension wirksam werdendes Konsistenzmotiv zu denken wäre -,
müßten die kognitiven Zusammenhänge des Selbstmodells als Ver=
bindungslinien eines dichten Netzes kontingenter Systeme vor=
gestellt werden. Bei Entscheidungen kann, so ist anzunehmen,
nur ein geringer Ausschnitt der Kontingenzen aktualisiert wer=
den, so der aktuelle Regreß durch übergeordnete Führungssyste=
me in aller Regel das subjektiv mögliche, d.h. erlernte Abstrak=
tionsniveau nicht erreicht. Dadurch ist auch möglich, daß adap=
tive Änderungen von Führungssystemen nur auf relativ niedriger
Ebene erfolgen, sodaß Inkonsistenzen mit höheren Führungssyste=
men, die im vorbewußten Gedächtnis eingespeichert sind, sich
entwickeln, die erst bei "erhöhter" Reflexion[8] sichtbar wer=
den. So bleibt den "niederen" Systemen durch Kapazitätsüber=
lastung des Bewußtseins und die so bedingte Ausklammerung memo=
zeptiver Informationen eine gewisse Autonomie erhalten. Daher
kann VOLPERT zusammenfassend sagen:

> "Die kybernetische Systemtheorie betont, daß kompliziertere
> Regulationsvorgänge durch 'Vermaschung' von Regelkreisen zu
> größeren Systemen erreichbar sind. Das Verhalten eines sol=
> chen Systems ist dann durch Regelvorgänge auf mehreren *Ebe=
> nen* gekennzeichnet, die alle ohne direkten Rückgriff auf
> andere Ebenen beschreibbar sind. Die höheren Regelungsebenen
> wirken gegenüber den jeweils niedrigeren als Steuer-, Über=
> wachungs- und Kontrollinstanzen; die niedrigeren Ebenen be=
> halten aber eine relative Autonomie ..." (VOLPERT 1974,26).

Das Problem des unendlichen Regresses von Führungssystemen
scheint aber dennoch nicht nur ein theoretisches. Durch die
Habitualisierung von Informationskanalisierungen durch bestimm=
te Systemkomplexe verselbständigen sich die Transformationsin=
struktionen zu unbewußten Automatismen und setzen so Kapazitä=
ten der bewußten Informationsverarbeitung frei, die sowohl
eine Erweiterung der apperzeptiven Informationsaufnahme als
auch eine Steigerung der Reflexionsleistungen des Bewußtseins
ermöglichen. Die Speicherbarkeit von bis zu 160 bit im Kurz=

zeitspeicher (vgl. Organogramm) läßt ferner eine bewußte Kon=
trolle der vertikalen Kontingenzen in gewissen Schranken zu,
wodurch der Aufbau relativ abstrakter Führungssysteme möglich
wird. Durch Abstraktion werden Superstrukturen gebildet, durch
die eine konsistente (integrierte) und zugleich merkmalsspezi=
fisch differenzierte Informationsverarbeitung organisiert wird.
Das so gebildete Netz von Stell- und Führungssystemen beinhal=
tet die "kognitive Strukturiertheit" oder "kognitive Komplexi=
tät" (HARVEY/HUNT & SCHRODER)[9] eines Subjekts.

THOMAE (1969,23) hat darauf hingewiesen, daß das "regeltechni=
sche Modell" bereits in der LEWINschen Feldtheorie antizipiert
war. In der Tat finden sich in den gestaltpsychologischen Ent=
würfen der Persönlichkeitstheorie und in der humanistischen
Psychologie immer wieder Parallelen zur kybernetischen Denkwei=
se, die sich keineswegs auf das Postulat homöostatischer Prin=
zipien beschränken. Vorallem das ganzheitspsychologische Prin=
zip ist als eine psychologische Variante des Prinzips vom
"Fließgleichgewicht" nach BERTALANFFY[10] zu verstehen, indem es
die Idee der "Erhaltung durch Veränderung" auf die psychischen
Vorgänge überträgt.

> "Das Geschehen bewegt sich in der Richtung auf einen Gleich=
> gewichtszustand nur für das *System als Ganzes*. Teilvorgänge
> können dabei in entgegengesetzten Richtungen verlaufen, ein
> Sachverhalt, der z.B. für die Theorie der Umweghandlungen von
> größter Bedeutung ganze. Es kommt also darauf an, das jeweils
> maßgebende Systemganze zugrunde zu legen; ja, die konkrete
> Forschungsaufgabe wird häufig geradezu im Aufsuchen dieses
> 'maßgebenden' Systems, seiner Grenzen und seiner inneren
> Struktur bestehen, aus der sich die besonderen Geschehnisse
> auf Grund des angeführten allgemeinen Satzes dann ohne wei=
> teres ergeben." (LEWIN 1926, 33f).

Die humanistische Psychologie hat die integrativen Leistungen
vornehmlich dem Motivationssystem zugeschrieben, ohne allerdings
von einer festen Motivationsstruktur auszugehen. Sie setzte
vielmehr ein Bedürfnis nach "progressive(r) Integration" (BÜH=
LER 1969,285) voraus, in dem der Wandel von Motiven selbst dem
Wachstumsprinzip unterworfen ist.[11]

> "Wir ziehen es vor, zu sagen, daß das Wesen des Menschen so
> beschaffen ist, daß es fortwährend einer relativen Verein=
> heitlichung der Persönlichkeit zustrebt (die allerdings nie=
> mals ganz erreicht wird). (...) Von diesem Gesichtspunkt aus
> ist die funktionelle Autonomie nur eine Weise, zu konstatie=

ren, daß die Motive des Menschen sich wandeln und wachsen im
Laufe des Lebens, weil es das Wesen des Menschen darstellt,
daß sie es tun wollten." (ALLPORT 1973,246).

BÜHLER hat das Integrationsprinzip - ähnlich wie im hiesigen
Modell der Führungssysteme - als ein Prinzip der Hierarchisie=
rung beschrieben, durch das Bedürfnisse, Interessen etc. orga=
nisiert werden.

> "Sagen wir, daß die Integration auf verschiedenen Stufen
> stattfindet, bedeutet das, daß in verschiedenen Subsystemen
> der Persönlichkeit simultan integrative Prozesse stattfinden.
> Bei einer gut integrierten Person arbeiten diese Subsysteme
> in einer idealerweise hierarchischen Ordnung." (BÜHLER 1969,
> 290).

Wenn BÜHLER feststellt, daß "die Aspekte, unter denen Integra=
tion stattfindet,... von der letztlichen Absicht einer Person
bestimmt (werden)" (ibid.294), so ist damit bereits der letzte
Schritt vollzogen, jenen Identitätsbegriff als organisierendes
Prinzip zu bemühen, der in Kapitel 1.3 als "Finalidentität"
beschrieben wurde. BÜHLER spricht es schließlich offen aus:

> "Man kann also den Sinn als Grundprinzip für die Aufrechter=
> haltung der inneren Ordnung und die Integration in unserer
> Existenz bezeichnen." (BÜHLER 1969,295).

Die Ansicht aber, die den Optimismus der humanistischen Psycho=
logie kennzeichnet, daß dieser Sinn schon immer im Selbst angelegt
sei und nur aufgefunden werden müsse[12], trennt freilich von der
modernen kybernetischen Psychologie, die das Integrationsprin=
zip selbst für ein funktionales Erfordernis des Adaptationsbe=
strebens hält[13], sie verweist jedoch auf eine interessante
Lücke des kybernetischen Modells, deren Problematik im folgenden
kurz umrissen sei.

Das bereits angesprochene Problem des unendlichen Regresses von
Führungssystemen wurde in einem anderen Zusammenhang von GÖDEL
bereits dargestellt. Die Schwierigkeit einer kybernetischen Vor=
stellung einer unendlichen Reihe von über die Führungsgröße ver=
ketteten Supersystemen liegt darin - und dies bezeichnet die
Analogie zur GÖDELschen Erörterung -, daß von Stufe zu Stufe ein
immer neues Axiom als Soll-Information gesetzt werden muß. Die
Notwendigkeit einer solchen Setzung erwächst aus der Tatsache,
"daß ein System sich aus prinzipiellen Gründen nicht vollständig

beschreiben kann" (KLEMENT 1975,29). Die GÖDELsche Beweisfüh=
rung[14] zu dieser These sei kurz nach einer Darstellung FREYs
nachgezeichnet, die auch den Transfer auf das Bewußtseinsprob=
lem leistet:

> "Nun wissen wir aus der mathematischen Grundlagenforschung,
> daß es formal-unlösbare Probleme gibt, die durch Hinzunahme
> neuer im Kalkül nicht gegebener Axiome lösbar werden. Aber
> in einem so erweiterten Kalkül treten nun wieder neue unlös=
> bare Probleme auf. Solche neuen Prinzipien, Axiome oder Be=
> weisverfahren lassen sich formal nicht gewinnen, es sind
> echte schöpferische Einfälle. Wir sprachen aber davon, daß
> es im Gehirn so etwas wie einen überflüssigen 'Rest' geben
> müsse. Es legt sich nun die Spekulation nahe, daß eine Auf=
> gabe jenes 'überflüssigen Restes' sei, jene überschreitenden
> schöpferischen Einfälle hervorzubringen. Wie dem auch sei,
> das Bewußtsein scheint deshalb nicht vollständig beschreib=
> bar, weil es selbst ein prinzipiell unabgeschlossenes System
> ist. Wir können das reflektierende Bewußtsein weder als Mo=
> dell des Gehirns, noch als Modell einer Gesprächsgemeinschaft
> vollständig beschreiben." (FREY 1980,75f).

Die Tatsache, daß die "allzukleine Werkstatt des Denkens" (STEIN=
BUCH 1978,174) scheinbar dessen letzte innere Voraussetzungen
nicht einzuholen vermag, und sich daher im aktuellen Regreß
stets eines "pragmatische(n) Abbruchkriterium(s)"(FILIPP 1975,
16) bedienen muß, verweist auf die Differenz zwischen Theorie
und Praxis. Kybernetisches Denken ist ein Teil des Gegenstandes,
den es untersuchen will; die Gründlichkeit, die es dabei durch
metatheoretische Reflexionen gewinnt, übersteigt in ihrem logi=
schen Anspruch die Grenze jener pragmatischen Relativität, an
die die Reflexion des handelnden Subjekts gebunden bleibt. Sub=
jektive Konstruktionen sind, da sie entgegen der Meinung der hu=
manistischen Psychologie nicht apriori gegeben sind, "bedarfs=
orientiert", also einer anderen als logischen Funktionalität un=
terworfen. Das heißt nicht, daß nicht die Logik des regeltechni=
schen Denkens dieselbe apriorische Struktur beinhalte; sie ist
vielmehr wie die des handelnden Subjekts Abkömmling derselben
kategorialen Implikationen, ohne diesen aber in ihren Objektiva=
tionen irgendwie näher zu kommen. Dies beschreibt wohl die wahre
Differenz von Geist und Automat; in ihr spricht sich die vorre=
flexive Autonomie des Denkens aus:

> " "Die Gleichsetzung von Geist und Automat ist ein Kurzschluß.
> Daß im Menschen Automatismen am Werk sind, macht ihn nicht
> zum Automaten, sondern ist eine Voraussetzung für die freie

Entfaltung des Geistes. Die Gesetze, Modelle und Muster tragen wir in uns, sonst könnten wir sie nicht in die Außenwelt projizieren und Geräte entsprechend konstruieren."(KESSLER 1975,29).

2.3 SYSTEMTHEORETISCHE BEITRÄGE ZU EINER INTEGRATIVEN PER= SÖNLICHKEITSTHEORIE: 2) ENTWICKLUNG EINES FUNKTIONAL- STRUKTURELLEN MODELLES IN ANLEHNUNG AN N. LUHMANN

Die im vorigen Kapitel abschließend aufgewiesene Differenz zwi= schen den Konsequenzen eines kybernetischen Kausaltitätsdenkens und den Konsequenzen einer pragmatischen Orientierung muß in ei= ner praxisorientierten Theorie ihren Niederschlag finden. Die faktische Endlichkeit des Regresses über die axiomatischen Vor= aussetzungen des jeweils hinterfragten Subsystems verlangt für die Theorie des Selbstbewußtseins den Einbezug regreßbegrenzen= der Faktoren. Aus kybernetischer Sicht läge diesbezüglich die Annahme eines regreßsteuernden Systems vermutlich nahe; sie übersieht aber, daß das kybernetische Denken damit selbst an die Grenzen seiner Logik geführt wäre, da es sich selbst als von diesem System geregelt definieren müßte. Die Reflektierbar= keit dieses Systems wäre dem GÖDELschen Beweis entsprechend nur außerhalb der Kompetenz kybernetischen Denkens möglich. Damit ist auf ein grundsätzliches Ungenügen der Kybernetik - man könn= te auch sagen, auf die Uneinlösbarkeit ihres nomologischen An= spruchs - zur Erklärung selbstregulativer Prozesse hingewiesen, die eine prinzipielle Revision der systemtheoretischen Perspek= tive fordert.

Die revidierte Perspektive muß eine dem Kausalitätsdenken ent= gegengesetzte Richtung nehmen, wenn sie dem Regreßproblem ent= gehen will. Einen solchen Versuch unternimmt Niklas LUHMANN in seiner funktional-strukturellen Systemtheorie.

> "Eine Theorie, die sich Erfassung und Reduktion von Komplexi= tät zum Ziel setzt, muß sich als nicht axiomatisierbar erken= nen, muß daher aus der Sprache der Axiome und ihrer Konse= quenzen in die Sprache der Probleme und ihrer Lösungen über= setzt und in ihren Aussageformen und Erkenntniszielen ent= sprechend umstrukturiert werden." (LUHMANN 1972,75).

Der Blick von den Problemen her auf ihre Lösungen umgeht die Axiomatik der substantiellen Begründungen und die Suche nach den tiefsten, immer gleichen Wurzeln der Erscheinungen, indem er, so könnte man sagen, in den induktiven Schluß auf Substantialität gewissermaßen von der Flanke her einbricht, um Substanz als Funktion zu entlarven.

> "Der Funktionalismus macht sich, von der Philosophie seit langem dazu angeregt, auf den Weg, alle Substanzen in Funktionen aufzulösen und alles, was ist, mit anderen Möglichkeiten zu vergleichen. Die Welt wird dadurch projiziert als ein Horizont anderer Möglichkeiten von äußerster Komplexität." (ibid. 72).

Funktion ist angesichts der Pluralität von Problemlösungen also nicht schlicht die Umkehrung der Kausalrichtung, wie es der "kausalwissenschaftliche Funktionalismus" (ibid.23) noch wollte, sondern "die Kausalbeziehung ist ein Anwendungsfall funktionaler Ordnung" (ibid.16). Die Vergleichbarkeit von Lösungen hat als ihr tertium comparationis das Problem; das ist das Grundmuster der LUHMANNschen "äquivalenzfunktionalen" Denkweise.

> "Das Ziel der Verifikation ist dann nicht mehr die Feststellung eines gesetzmäßigen Zusammenhanges bestimmter Ursachen mit bestimmten Wirkungen, sondern die Feststellung der Äquivalenz mehrerer gleichgeordneter Kausalfaktoren. Die Frage lautet nicht: Bewirkt A immer (bzw. mit angebbarer Wahrscheinlichkeit) B, sondern: Sind A,C,D,E in ihrer Eigenschaft, B zu bewirken, funktional äquivalent?" (ibid.23).

Überträgt man diese Fragestellung auf den theoretischen Gegenstand Selbstbewußtsein, so lautet die Frage etwa: Welches sind die Probleme, die Selbstbewußtsein zu meistern sucht, und welches sind die funktional äquivalenten Lösungen, von denen Selbstbewußtsein Gebrauch machen kann.

Obwohl LUHMANN die funktional-strukturelle Theorie nicht auf soziale Systeme begrenzt entwickelt hat und ihr zumindest für alle Systeme, die ihre Führungsgrößen in gewissem Umfang selbst zu regeln imstande sind, Anwendbarkeit zukommt, hat sie bislang außerhalb der soziologischen Systemtheorie kaum Anklang gefunden. Die Übertragbarkeit auf das Persönlichkeitssystem deutet sich zwar bei LUHMANN selbst verschiedentlich an und zeigt an zahlreichen Beispielen auf, wo Analogismen bestehen, aber sein Gegenstand bleibt doch unangefochten ein ausschließlich soziologischer, demgegenüber persönlichkeitstheoretische Bemerkungen nur den Rang von Metaphern haben, und die funktional-struktu=

relle Theorie bleibt eine von Hause aus soziologische Theorie.
Der Transfer auf das Persönlichkeitssystem scheint aber an ei=
ner Stelle schon vorbereitet, und zwar sowohl von LUHMANN
selbst als auch von seiten der kognitiven Psychologie, nämlich
im Begriff der "Komplexität". LUHMANN weist wiederholt auf die
Parallelen des systematischen Denkens zwischen der Theorie der
kognitiven Komplexität und der funktional-strukturellen Theorie
in Anmerkungen hin (1972,132;1979b,50 u. 62), die allerdings
bislang keine merkliche Beachtung gefunden haben. In der Tat
zeigt der Vergleich zwischen beiden Ansätzen bei allen entwick=
lungsgeschichtlich bedingten Differenzen einige Parallelen auf,
die hier zur Andeutung einer funktional-strukturellen Theorie
des Selbstbewußtseins fruchtbar gemacht werden sollen.

LUHMANN verwendet den Begriff Komplexität in verschiedenem Ver=
stande; nach THOME lassen sich im wesentlichen drei Bedeutungen
unterscheiden:
"1. Die große Zahl der in der 'Welt' objektiv möglichen Ereig=
 nisse und Zustände, die potentiell Konsequenzen für die
 Identität des individuellen Subjekts, bzw. des sozialen
 Systems haben.
2. Daraus ein Ausschnitt, den das System als relevante Umwelt
 selektiert, insoweit subjektiv konstituiert (Komplexität
 des 'Weltentwurfs'...).
3. Die Eigenkomplexität des Subjekts, bzw. des sozialen Sy=
 stems, d.h. die Variabilität der Persönlichkeits- oder
 Systemstrukturen, die sich auf eine Änderung der Ereignis=
 möglichkeiten und der Umwelt einstellen können. Im Falle
 sozialer Systeme ist sie bestimmt durch den Grad der Gene=
 ralisierung von Verhaltenserwartungen und der funktionellen
 Differenzierung... ." (THOME 1973,45f).

Neben diesen drei Bedeutungen, die sich kurz mit den Begriffen
"Weltkomplexität", "Systemkomplexität" und "Eigenkomplexität
des Subjekts" bezeichnen lassen, wäre nach THOME noch eine wei=
tere Form der Komplexität zu nennen, die der Tatsache Rechnung
trägt, daß "Systeme nicht nur Komplexität reduzieren, sondern
auch die objektive Weltkomplexität steigern" (ibid.46), also
eine "extensive Komplexität". Der Zusammenhang der ersten drei
Formen der Komplexität läßt sich als der einer schrittweisen
Reduktion verstehen; Komplexität reduzieren heißt aus Möglich=
keiten selegieren. Die Form der "extensiven Komplexität" wird

bei LUHMANN der Systemkomplexität angehängt; es ist aber nicht
einsichtig, wieso die subjektive Eigenkomplexität nicht ebenso
komplexitätssteigernde Potentiale enthalten sollte, ja gerade
ihr wäre diese Potentia in *radikaler* Weise zuzugeben und müßte
jedenfalls zugegeben werden, wollte man nicht wieder einem en=
gen kausalfunktionalistischen Denken unterliegen. Die Möglich=
keit subjekt gesteigerter Komplexität läßt im Grunde auch die
Idee hinfällig werden, man könne so etwas wie *objektive* Welt=
komplexität als Ansatzpunkt des reduktiven Prozesses postulie=
ren. Etwa im Sinne "geronnenen Geistes" besteht solche Objekti=
vität nicht im vorhinein, sondern konstituiert sich erst durch
das Subjekt und bleibt somit - aus historischer Perspektive -
auch wieder in der Schwebe. LUHMANNs Objektivitätsbegriff wird
gewissermaßen aus gesellschaftlicher Perspektive gewonnen, d.h.:
Weltkomplexität ist objektiv in Relation zu den "Beständen".

> "Die Weltkomplexität hängt ab von den Systemen in der Welt;
> man kann auch sagen: Was sich ereignen kann, hängt ab von
> den Beständen. Zugleich bedrohen die Ereignisse die Bestän=
> de." (LUHMANN 1972,115).

Nach diesen Sätzen könnte objektive Weltkomplexität jeweils
dasjenige sein, was sich Gesellschaften/Subjekte in einer be=
stimmten historischen Situation als Feld ihrer Möglichkeiten
vergegenwärtigen, wobei die spezifische Perspektive und damit
auch die Schranken des als Möglichkeit Vorstellbaren als eine
Funktion der jeweiligen perzipierten Problemkonstellation zu
deuten wäre.

Das Problem einer *objektiven* Basis stellt sich gleichfalls für
die Theorie der kognitiven Komplexität im Rahmen des Isomorphie-
Konzepts. OERTER/DREHER & DREHER (1977,15ff) sprechen von ob=
jektiver und subjektiver Struktur[15], wobei sie die objektive
Struktur als "durch die Teilstrukturen Natur, Kultur und Ökono=
mie" (ibid.16) beschreibbar verstehen, kurz als "Ordnung der
Umwelt":

> "Die Ordnung der Umwelt wird als objektive Struktur (OS), die
> Ordnung der Orientierungs- und Handlungselemente des Indivi=
> duums in seiner Umwelt als subjektive Struktur (SS) bezeich=
> net. Beide Strukturen stehen in einem engen Wechselverhält=
> nist und werden durch das Prinzip der Isomorphie aufeinander
> bezogen. OS und SS sind in ihren wesentlichen Zügen isomorph.

Nur so wird die Handlungs- und Orientierungsfähigkeit des
Individuums verstehbar, nur so wird auch die Umwelt als eine
menschliche Umwelt, die vom Menschen erst hergestellt wurde,
beschreibbar. Die Isomorphie-Beziehung stellt also eine er=
kenntnistheoretische Voraussetzung dar, ohne die nicht sinn=
voll von Mensch und Umwelt gesprochen werden kann." (OERTER
1978,142).

Damit wird deutlich, daß der Objektivitätsbegriff ganz ähnlich
wie bei LUHMANN gefaßt wird: Das Objektive ist die "über
menschliche Gesellschaften vermittelte Ordnung" (OERTER/DREHER
& DREHER 1977,15). Dem LUHMANNschen Bezugspunkt der jeweiligen
Problemkonstellation entspricht hier der Begriff der "Aufgaben=
umwelten" (SCHRODER 1978,46).

Was die Theorie der kognitiven Komplexität für die Konzeption
eines Konstrukts der "Selbstkonzeptkomplexität" leisten kann,
ist einmal abhängig von ihrem Status als kognitionspsychologi=
sche Theorie und zum andern von der quasi-systemtheoretischen
Betrachtungsweise[16], die sich in ihrem Vokabular deutlich nie=
derschlägt. Sie vermag das kybernetische Modell der Informa=
tionsverarbeitung, das Kognitionen in Abhängigkeit von zahlrei=
chen Regelkreisen darstellt, zu strukturieren, und zwar in ei=
ner *funktionalistischen* Weise, indem sie nach den Funktionen
bestimmter Informationsverarbeitungseinheiten fragt und so im
kybernetischen Netzwerk von Regelkreisen leistungsspezifische
Partialbereiche zur Unterscheidung bringt. SEILER (1973b,12f)
nennt fünf Funktionen, die kognitive Strukturen im Informations=
verarbeitungsprozeß erfüllen:
1. Kognitive Strukturen dienen der *Selektion* im Wahrnehmungspro=
zeß, d.h. sie haben Einfluß auf die ausschnitthafte Konstruktion
von Wirklichkeit, die einen ersten weiten Rahmen der Situations=
definition darstellt. Kognitive Strukturen sind hier unerläßli=
che Mittel der Informationsaufnahme, sie reduzieren Komplexität,
indem sie das Wahrnehmungsfeld von vornherein eingrenzen. Welche
Möglichkeiten der Selbstidentifikation des Subjekts geboten
sind, ist so eine Frage seiner Situationsdefinition.
2. Kognitive Strukturen *ordnen* die wahrgenommenen Informationen,
klassifizieren sie und akzentuieren so bestimmte Elemente, die
damit den Rang von Schlüsselinformationen erhalten. Diese Funk=
tion ist wesentlich für das Problem der "Bereichsspezifität
kognitiver Strukturiertheit" (MEINHOLD 1973,84)[17], d.h. mit

der ordnenden Funktion sind die Weichen der Informationsver=
arbeitung bereichsspezifisch gestellt. Hier ließen sich bei=
spielsweise die verantwortlichen Instruktionen zur Aktivierung
von Abwehr- und Bewältigungsmechanismen verorten, also zentrale
Steuerungsmomente der Informationsverarbeitungsstrategie.
3. Kognitive Strukturen sind *Bedeutungsträger* und Instrumente
der *Bedeutungszuweisung*, sie präzisieren und bewerten Bedeutun=
gen eingegangener Informationen, indem sie diese differenzie=
ren, ihre Kontingenzen prüfen und so in das kognitive "System"
integrieren, dessen Repertoire von Symbolen wesentlich von dem
im sozialen Kommunikationsprozeß sozialisatorisch vermittelten
Sprachschatz abhängt.
4. Kognitive Strukturen sind Medien des *Entscheidungs- und Prob=
lemlösungsprozesses:* "Durch alternative Koordination kognitiver
Strukturen und Struktursysteme 'simuliert' das Individuum wirk=
liche oder mögliche Ereignisfolgen, die es verbal oder motorisch
handelnd auf ihre Effektivität zur Erreichung eines Zieles (Um=
wegverhalten), Erklärung 'überraschender'(=nicht assimilierba=
rer) Vorgänge und zur Lösung sozialer Konflikte prüft." (SEILER
1973b,13). Durch hypothetische Vorwegnahmen von Handlungsfolgen
vermag das Subjekt seine Selbstpräsentation in einer Weise zu
steuern, daß eine Zielerreichung mittels der Reaktionen der
(sozialen) Umwelt ermöglicht wird.
5. Kognitive Strukturen dienen schließlich der *"Impulskontrol=
le"*, d.h. sie vermögen Bedürfnisse zu modifizieren, Bedürfnis=
befriedigung aufzuschieben und zu steuern und im Sinne der
"funktionalen Autonomie der Motive" gegenüber ursprünglich aus=
lösenden Reiz- (Informations-) Konstellationen in bestimmten
Formationen zu verselbständigen. In diesem Sinne sind Selbst=
konzepte regulative Zielschemata in der reflexiven Auseinander=
setzung mit eigenen Bedürfnissen.

Damit können die Funktionen von kognitiven Strukturen als selek=
tive, ordnende, semantische, prüfende und motivational-regula=
tive unterschieden werden. Alle diese Funktionen sind nur mög=
lich, indem bereits vorhandene Strukturen in einem neuen struk=
turbildenden Prozeß aktualisiert werden.

"In der Auseinandersetzung mit einem Gegenstand oder einer
Problemsituation aktiviert das Subjekt einige ihm zur Ver=
fügung stehende senso-motorische oder begriffliche Struktu=
ren. In einer anderen Terminologie könnte man auch sagen,
es verarbeitet mittels der bisher erarbeiteten Erkenntnis=
mittel die anfallende Information. Dabei geschieht es immer
wieder, daß es Strukturen auf eine Situation ansetzt, die
auf Anhieb nicht passen. So erzeugt es selber sowohl auf der
Verhaltensebene als auch auf der begrifflichen Ebene seine
Probleme. Diese Strukturen stellen nämlich gleichsam die
Ziele dar, die es nun durch Bereitstellen anderer Strukturen,
seien es Handlungen, seien es begriffliche Operationen, zu
erreichen gilt. Sie aktivieren sodann Zug um Zug andere,
mehr oder weniger geeignete Strukturen oder Teilstrukturen.
Solche Strukturen oder Teilstrukturen sind je nach Situation
Wahrnehmungsschemata, Tätigkeiten, Begriffe oder begriffli=
che Operationen. Während sie ausprobiert werden, werden sie
fortlaufend an den Zielstrukturen gemessen. Wenn sie keine
Annäherung bringen, werden sie fallen gelassen. Im dem Maße
aber, als sie - sei es auch nur teilweise - zum Erfolg füh=
ren oder Erfolg verheißen, werden die zieladäquaten Aspekte
schrittweise schärfer herausgearbeitet und allmählich mit
dem Zielschema zu einer neuen Struktur integriert. So ent=
steht ein neues Struktursystem, das einen Fortschritt in
Richtung auf die Bewältigung der vom Individuum selber ge=
schaffenen Problemsituation darstellt."(SEILER 1978,125).

Aus dieser Darstellung des Problemlöseprozesses wird deutlich,
daß kognitive Prozesse eine perzipierte Problemlage in eine
Kette von Strukturproblemen umwandeln müssen, um handlungslei=
tende Instruktionen entwickeln bzw. Handlungen selbst als ex=
perimentelle Operationen einer Hypothesenprüfung einsetzen zu
können. Die "selber geschaffenen Probleme" verweisen so auf den
Sachverhalt, daß im Versuch, Komplexität zu reduzieren immer
ein Potential extensiver Komplexität mitenthalten ist, das das
Subjekt als einen *aktiven* Teil aus seiner problematischen Welt
hervorhebt. Extensive Komplexität besitzt gegenüber dem Prob=
lemgehalt einer Situation eine gewisse relative Selbständigkeit,
die aus der Selbstverfügung des Subjekts über seine operativen
Mittel erwächst: Das Subjekt erarbeitet die Indikation seiner
Mittel selber, es modifiziert seine Mittel sachspezifisch oder
"bereichsspezifisch", um so eine differenzierte Handhabe zu be=
sitzen. Die in diesem Prozeß zustandekommende Folge von Struk=
turproblemen entsteht nicht aus einer willkürlichen Wahl von
Hypothesen, sondern gewissermaßen bei der "Fehlersuche" im
System eines hierarchisch geordneten Hypothesenmodells durch
den alternierenden Austausch einzelner Glieder auf unterschied=

lichen Ebenen des Modells. Auf diese Weise vollzieht sich eine
fortschreitende "Abänderung und Integration schon vorhandener
Struktur" (SEILER 1978,126) unter allmählicher Annäherung an
das angestrebte Zielschema. Die gelungene Strukturbildung er=
scheint dann unter der Voraussetzung konstanter Umweltprobleme,
"permanenter Gegebenheiten" (LUHMANN 1972,40), als ein dauerhaft
erfolgreiches Instrument der Problemlösung, mißachtet aber
erstens die Eigendynamik des Umweltsystems und zweitens die
Möglichkeit reaktiver Strukturänderungen der Umwelt auf das
Handeln des Subjektes hin.

> "Die Schwierigkeit des Invarianthaltens von Systemstrukturen
> beruht darauf, daß die Umwelt ohne Rücksicht auf das System
> sich bewegt und deshalb keine koordinierten Anforderungen
> stellt ..." (LUHMANN 1972,41).

Von daher ist Strukturbildung nie als ein abschließbarer Prozeß
zu denken, sondern ist immer wieder zur Integration neuer Ele=
mente und zur Modifikation des Strukturganzen und einzelner Teil=
systeme genötigt. Doch ist jede solche Veränderung der Struktur
keine creatio ex nihilo, vielmehr ein Prozeß der schrittweisen
Integration jeweils eines anderweitig vorhandenen Elementes in
eine ebenfalls vorhandene Struktur, d.h. Veränderung ist nur
möglich durch Invarianthalten *fast* aller Strukturmomente.

Legt man die dargestellte Denkweise auf die Selbstbewußtseins=
problematik an, so läßt sich als das Zentralproblem (sensu LUH=
MANN) die Komplexität von Selbstkonzepten verstehen. Subjekte
reduzieren die Komplexität möglicher Identitäten durch Selektion
von Identifikationsmöglichkeiten.

Die selektive Funktion ist in einem auch "Abgrenzungsfunktion"
(FREY 1980,109) im Sinne der Konstruktion einer Innen/Außen-Dif=
ferenz zwischen System und Umwelt, insbesondere hier auch sozia=
ler Umwelt.

> "Das Selbstbewußtsein ... kann als das Ergebnis eines Abgren=
> zungsprozesses verstanden werden, durch das Ich, das Subjekt,
> sich vom Du, von anderen als gleichartig empfundenen Menschen
> unterscheidet." (FREY 1980,109)

LUHMANN bezeichnet den Reduktionsschritt zur Systemkomplexität
als Sinnkonstitution, wobei "das Woraus der Selektion, die re=
duzierte Komplexität, ... im Sinn erhalten (bleibt)" (LUHMANN

1972,116). Indem sich Identität sinnhaft konstituiert, ver=
weist sie über die wahrgenommenen Möglichkeiten hinaus auf
andere.[18] Sinn ist das Regulativ selektiver Erlebnisverarbei=
tung im gleichzeitigen Bewußtsein der "immanente(n) Transzen=
denz des Erlebens" (LUHMANN 1979b,31).

> "Sinn ist die Ordnungsform menschlichen Erlebens, die Form
> der Prämissen für Informationsaufnahme und bewußte Erlebnis=
> verarbeitung, und ermöglicht die bewußte Erfassung und Re=
> duktion hoher Komplexität." (ibid.61).

In diesem Verstande ist Sinn mehr als das Prinzip der Negation
von Möglichkeiten, er ist der Anspruch einer erfolgreichen Ab=
straktion auf ein Modell, einer gelungenen Selbstbeschränkung
im Weltbegriff, die durch Strukturbildung möglich wurde.

> "Bedeutung ist ein Bezug zum äußeren Gegenstand, aber zu=
> gleich eine Beziehung 'innerer' Gegenstände zueinander."
> (MÜLLER 1979,319).

Strukturiertheit setzt ein System in den Stand, auch bei der
Aktivierung nur eines Teilsystems als eine Einheit zu fungie=
ren, d.h. auch in situationsspezifischen Selektionsleistungen
über eine Hierarchie von Kognitionen,im Falle des Selbstkonzepts
beispielsweise über "Postulate höherer Ordnung" (EPSTEIN),die
Integriertheit des Systems gewährleistet. Die selektive Funk=
tion von Selbstbewußtsein meistert so das Problem, das Subjekt
gegen die Außenwelt abzugrenzen und ihr gegenüber als inte=
griertes System aufrechtzuerhalten.

2.4 IDENTITÄT ALS AUTOSTEREOTYP UND DIE PRÄTENSION DES "OPEN MIND"

So unvermeidlich für jedes Theoretisieren der Rückgriff auf Kategorien ist, so unvermeidlich für jedes Urteil der Rückgriff auf Hypothesen, auf ein Vor-Urteil. Dieser Tatsache gilt auch im Falle der selbstbezogenen Urteile, der Selbstkonzepte, Rechnung zu tragen. Das Vor-Urteil bedeutet nicht nur eine Einschränkung möglicher Urteile, indem es als eine *erste* Hypothese (vgl. Kap. 1.6.2) über einen Sachverhalt vor anderen bevorzugt wird, sondern auch indem es mittels der für es konstitutiven Begriffe diesen Sachverhalt als Exemplar eines Allgemeinen darstellbar macht, ihn "auf den Begriff bringt".

> "Erkenntnistheoretisch kann man darauf hinweisen, daß Verallgemeinerung eine notwendige Tätigkeit des Menschengeistes ist. Wir können nicht für jeden einzelnen Fall aufs neue alle Denkprozesse in Gang setzen, die seine Einzigkeit und Einzigartigkeit erfassen. Zur Wirklichkeitsbewältigung muß man Klassen, Typen, Kategorien und Vorwegnahmen (Antizipationen) bilden." (RATTNER 1971,37).

Die in der Sozialpsychologie als "Hypothesentheorie der sozialen Wahrnehmung" (BRUNER & POSTMAN) bekannte Interpretation selektiver Wahrnehmung läßt sich in der erwähnten Prämisse BEMs ("self-perception: a special case of interpersonal perception"; BEM 1972,184) auf den Fall der Selbstwahrnehmung anwenden. Nach Auffassung von BRUNER & POSTMAN haben wir für unterschiedliche Situationen jeweils spezifische "'Wahrnehmungs-Erwartungs-Hypothesen' aus früheren Kognitionen und Perzeptionen, die uns sagen, nach welchen Objekten wir Ausschau halten sollen; bis zu einem gewissen Grad sagen sie uns auch, wie wahrscheinlich es ist, daß bestimmte Objekte auftreten." (LILLI 1980,24). Auf das Beispiel der Selbstwahrnehmung bezogen bedeutet dies, daß Personen situationsspezifische Erwartungen über ihr eigenes Verhalten und Erleben, über ihre Fähigkeiten, ihre Emotionen und die Aktualisierung bestimmter Werthaltungen, Einstellungen, Erinnerungen, Assoziationen etc. haben, die ihnen aus früheren Erfahrungen in ähnlichen Kontexten vertraut sind.

Solche Erwartungen werden an die Situation herangetragen und
verleihen ihr damit eine gewisse "Erwartungsstruktur": Sie se=
legieren spezielle Reize aus der Fülle des Wahrnehmbaren heraus
und ordnen die Wahrnehmung in das komplexe Feld kontingenter
Kognitionen ein. Im idealtypischen Extrem, wenn Subjekte eine
Situation (überspitzt) als *gleich* und nicht nur *ähnlich* mit ei=
ner anderen früheren Situation erleben, zeigt sich in der sozu=
sagen hundertprozentig validierten Erwartung die starre Fixiert=
heit des Urteilsprozesses, in dem nur eine Kopie, eine vollstän=
dige Reproduktion vergangener Kognitionen und Affekte qua Erin=
nerung geleistet wird.

> "Was in einer Situation wahrgenommen wird, ist eine Funktion
> der Fixierung der Wahrnehmungsantworten, die in früheren ähn=
> lichen Situationen erfolgreich waren." (LILLI 1980,20).

Daß ein rein reproduzierendes Erleben in diesem Sinne letztlich
undenkbar ist, geht aus der Tatsache hervor, daß erstens Situa=
tionen und zweitens die Befindlichkeiten des Subjekts stets ein=
malig sind. Der Begriff der Ähnlichkeit zeigt an, daß die Fixie=
rung des Urteils immer nur eine partielle, wenn auch wesentliche
ist, d.h. daß in der Identifizierung einer Situation als eines
"Falles von ..." zwar auf ein Vor-Urteil Bezug genommen, zu=
gleich aber die Besonderheit als solche mitgedacht wird. Jener
Fall, in dem der Besonderheit nur der Stellenwert eines Unwe=
sentlichen zugedacht ist, läßt das Urteil, indem es sich prak=
tisch auf das Vor-Urteil beschränkt, zum eigentlichen "Vorurteil"
werden.

Der Begriff des Vorurteils wird in der Literatur wie auch um=
gangssprachlich fast ausnahmslos mit dem des "sozialen Vorur=ei
teils" gleichgesetzt.[19] Die pejorative Tönung des Begriffes
hat sicherlich dazu beigetragen, den Selbstbegriff von Subjek=
ten nicht als "Vorurteil" kennzeichnen zu wollen, zumal wenn
man die idealisierenden Tendenzen von Selbstbeschreibungen be=
rücksichtigt. Allerdings unterscheidet sich strukturell ein
pejoratives nicht von einem optimistischen Vorurteil, wie es
beispielsweise der eigenen Bezugsgruppe gegenüber in der Regel
zugedacht wird. Vorurteile bilden zusammen mit Meinungen und
Attitüden eine Klasse von Phänomenen, die sich als Stereotypen
zusammenfassen lassen (BERGLER,1966,103). Im folgenden sollen

diejenigen Stereotypen, die ein Subjekt zur Beschreibung seiner selbst und als Erwartungsstrukturen über sich selbst verwendet, in einem vom üblichen Sprachgebrauch abweichenden Sinne als "Autostereotypen" bezeichnet werden. Während in der Vorurteils= theorie der Begriff Autostereotyp meist für Vorurteile, die die eigene Bezugsgruppe betreffen, verwendet wird (BERGLER 1966, 110), entspricht der Begriff hier dem selbstbezogenen Stereotyp in jenem Sinne, in dem er etwa auch bei VORWERG (1971,60) auf= tritt.

Während die Systematisierung in der Theorie des sozialen Vorur= teils ein enormes Ausmaß angenommen hat[20], beschränkt sich die Theorie von Selbstkonzepten als Stereotypen auf wenige, relativ undifferenzierte Aussagen[21]. Den letzeren zugrundeliegenden Ansätzen ist gemein, daß sie Selbstwahrnehmung "als einen Spe= zialfall der Personwahrnehmung" (FILIPP/BRANDTSTÄTTER 1975b,407) betrachten, d.h. daß sie ihre Theoreme im wesentlichen der Theorie der interpersonellen Wahrnehmung entnehmen und somit in der "These von der funktionalen Äquivalenz von Selbst- und Fremdwahrnehmungsprozessen" (MUMMENDEY 1981,253) ihren Ausgang nehmen.

> "Man kann die Wahrnehmung und Beurteilung der eigenen Person in gewisser Weise in Analogie zur Fremdwahrnehmung und -be= urteilung auffassen, indem man sich vorstellt, das Indivi= duum nähme vorübergehend die Position einer anderen, es be= obachtenden bzw. beurteilenden Person ein. Die 'Summe' (oder der 'Durchschnitt') solcher perzipierten Fremdwahrnehmungen könnte mit einem generellen, situationsunspezifischen Selbst= bild identisch sein ..." (MUMMENDEY 1981,253).

Nun ist das Postulat der funktionalen Äquivalenz beider Wahr= nehmungsarten nicht unproblematisch; zum einen liegt der Ver= dacht nahe, daß die "motivational bedingten Verzerrungen in der Wahrnehmung und Interpretation eigenen Handelns ... wie in der Verarbeitung und im Memorieren selbstbezogener Informationen" (FILIPP 1980,116) sich von denen sozialer Wahrnehmung unter= screiden, da sie dem Selbstinteresse der Person unterliegen, zum andern ist der Tatsache Rechnung zu tragen, daß Personen über sich mehr Informationen als über andere Personen haben und diese unter anderen Voraussetzungen verarbeiten. Im einzelnen lassen sich folgende Einschränkungen anführen:

(1) In Selbstwahrnehmungen gehen teilweise neben externen Rei=
zen (Körpersignalen etc.) auch innere Reize ein (etwa Körperbe=
findlichkeit, Stimmungen), die anderen nicht unmittelbar zu=
gänglich sind und daher bei anderen ebenfalls nicht wahrgenom=
men werden können. BEM nennt diesen Unterschied die "Insider-
Outsider-Differenz" (BEM 1979,114).
(2) Selbstwahrnehmungen basieren auf den subjekteigenen Erinne=
rungen und werden weiterhin mit solchen verknüpft, d.h. sie wer=
den im Kontext von Erinnerungen, darunter auch Wertmaßstäben und
emotionalen Kontingenzen integriert. Dieser Integrationsprozeß
ist bei anderen Personen nicht nachvollziehbar, sodaß man mit
BEM von einer "Intimus-Fremder-Differenz" (ibid.) sprechen
kann. [22]
(3) Das zentrale Interesse an der Aufrechterhaltung des Selbst=
wertgefühls, die Schwierigkeiten, mit widersprüchlichen (disso=
nanten) Selbstschemata zu leben, und das Bedürfnis, recht zu ha=
ben und im Recht zu sein, formieren die Bedingungen einer sub=
jektiven Befangenheit, die Selbstwahrnehmung im Unterschied zu
Fremdwahrnehmung den Einflüssen von Abwehrmechanismen sozusagen
schon präventiv aussetzt. Diesen Unterschied bezeichnet BEM als
die "Ich-Anderer-Differenz" (ibid.).
(4) Einen weiteren Unterschied vermutet BEM im Anschluß an
JONES & NISBETT in den Attributionspräferenzen, die den spezifi=
schen Perspektiven eines Akteurs bzw. Beobachters entsprechen.
BEM nimmt an, "daß Akteure ihr Verhalten auf situative Merkmale
zurückführen, während Beobachter das gleiche Verhalten auf dis=
positionale Merkmale des Akteurs attribuieren" (ibid.116). Be=
gründet kann diese Ansicht dadurch werden, daß Akteure ihr Au=
genmerk vornehmlich nach außen richten, um die Situation zu
kontrollieren, Beobachter hingegen in erster Linie auf das Ver=
halten def Person. Dennoch scheint die Schlußfolgerung auf be=
stimmte subjektive Präferenzen hinsichtlich des "locus of con=
trol" nicht zwingend, beachtet man, daß Personen in dem von
WICKLUND (1979) beschriebenen Falle erhöhter Selbstaufmerksam=
keit eine "introversive" Beobachterrolle einzunehmen in der
Lage sind.
(5) Die Schwierigkeit, Selbstwahrnehmungen an einem "objekti=
ven" Kriterium[23], auf ihre "Angemessenheit", ihren "Realismus"
zu prüfen, wird im Falle von internen Reizen, die nicht mitteil=

bar sind, sozusagen aporetisch. Was nicht unmittelbar inter=
subjektiv zugänglich gemacht werden kann, vermag auch nicht
an einem Standard gemessen zu werden; es ist in jeder Hinsicht
von unteilbarer und unwiederbringlicher Einmaligkeit. Insofern
es aber nicht vergleichbar ist, ist es auch nicht begrifflich;
als unbegrifflicher, unexemplarischer Wahrnehmungsinhalt würde
es somit den hier zugrundeliegenden Wahrnehmungsbegriff über=
fordern, denn: es läßt sich nicht darüber reden.(Differenz des
Fehlerkriteriums)

(6) Im Anschluß an DIGGORY vertritt SCHMIDT die Auffassung,
daß im Falle der Selbstwahrnehmung - dem Selbstinteresse, der
"Ich-Beteiligung"entsprechend - die zugrundeliegenden Urteile
noch rigider aufrechterhalten werden als bei der vorurteils=
trächtigen Fremdwahrnehmung. "Entscheidungs- und Kombinations=
regeln für Schlüsse auf das Bild der zu beurteilenden Person
dürften im Falle der Selbstbeurteilung weniger flexibel und
stärker 'verhärtet' sein;" (SCHMIDT 1976,14). (Differenz der
Flexibilität)

(7) Schließlich ist allgemein festzustellen, daß eine Person
grundsätzlich über mehr Informationen über sich verfügt als
über andere Personen.[24] Entsprechend vermag sie Selbstwahr=
nehmungen differenzierter einzuordnen und fundierter zu verall=
gemeinern, d.h. sie kann auf einen umfangreicheren Fundus von
Belegen (Erfahrungen) für die Selbsthypothese zurückgreifen und
so ein im Vergleich zur Fremdwahrnehmung "entschiedeneres" Ur=
teil abgeben. Diese Differenz im Informationsfundus ist auch
verantwortlich für den unterschiedlichen Vertrautheitsgrad des
Urteilsobjektes, der sich in der "Intimus-Fremder-Differenz"
niederschlägt.

Trotz dieser im Einzelfall wohl hin und wieder gewichtigen Un=
terschiede[25] zwischen Fremd- und Selbstwahrnehmung ist der
praktische heuristische Wert des Äquivalenzpostulates schon
deshalb nicht zu unterschätzen, weil gegenwärtig keine anderen
Theorien zur Beschreibung des Konstrukts "Autostereotyp" im
vorgenannten Verständnis zur Verfügung stehen als eben Theo=
rien der interpersonellen Wahrnehmung. Das verbindende Moment
zwischen beiden Theorieansätzen besteht zum einen darin, daß
sich Selbstkonzepte teilweise als Extremfälle von Variablen

der Wahrnehmungsstruktur der Fremdbeobachtung, wie sie eben als einschränkende Aspekte vorgestellt wurden, verstehen lassen - beispielsweise als Extremfälle von Vertrautheit oder verstehender Einfühlung -, weshalb die Ergebnisse der sozialen Wahrnehmung hier als Standards verwendet werden können, zum andern auch darin, daß die in der Fremdwahrnehmung aktualisierten Kognitionssysteme ("Implizite Persönlichkeitstheorien" nach BRUNER & TAGIURI; "personal constructs" nach KELLY; "naive Handlungsanalyse" nach HEIDER) im Sinne einer "naiven Persönlichkeitstheorie" (LAUCKEN 1974,32) und die Informationsquellen "handelndes Subjekt" und "Umwelt" auch der Selbstwahrnehmung zugrundeliegen.

"Erstens sind die Prozesse des Schlußfolgerns bei Selbst- und Fremdattributionen die gleichen, und zweitens verfügen Akteure und Beobachter über identische Quellen ihrer Evidenz, nämlich beobachtbares Verhalten und die es offensichtlich kontrollierenden Bedingungen." (BEM 1979,113 f).

Auf der Grundlage dieser Voraussetzungen soll im folgenden versucht werden, eine Beschreibung des Autostereotyps aus den allgemeinen Merkmalen des Stereotyps, wie sie gewöhnlich der Vorurteilsstruktur entnommen werden, und aus den Phänomenen der Selbstwahrnehmung und der Struktur des Identitätsbegriffs zu gewinnen. Die Darstellung hält sich systematisch dabei anfangs an BERGLERs Beschreibung der Merkmale des Stereotyps (BERGLER 1966,108-111), geht dann allerdings in einigen Punkten darüber hinaus. Mit SCHAFF soll dabei ein Stereotypenbegriff zugrundegelegt werden, in dem "Stereotyp als "eine besondere Klasse von Urteilen" (SCHAFF 1980,61)[26] gelten, nämlich von Urteilen, in denen zwei Relata relativ dauerhaft miteinander gekoppelt sind, wobei diese Koppelung wider alle Negationsverfahren durch eine bestimmte kognitive Strukturierung (Superstruktur von Generalisierungen) immunisiert wird. Die strukturelle "Untermauerung" von Stereotypen macht es verständlich, daß hin und wieder ganze Urteilskomplexe als Stereotypen bezeichnet werden, beispielsweise in der Ansicht BERGLERs,

"daß es sich bei allen stereotypen Erscheinungen um verfestigte, vereinfachte, gefühlsgesättigte, dynamische, ganzheitlich strukturierte Systeme zur Bewältigung allgemeiner aber auch spezieller Situationen personaler wie apersonaler Art in der ständig begegnenden Welt handelt, denen die objektive, notwendige empirische Begründung mangelt..."(BERGLER 1966,1oo).

Solche Urteilskomplexe wären der terminologischen Klarheit
wegen besser als Stereotypenkomplexe zu bezeichnen, wenn man
den Stereotypenbegriff als einen Oberbegriff verstehen will,
dem auch linear strukturierte Vorurteile wie "Schotten sind
geizig" zu subsumieren wären.

Die Definitionsmerkmale von Stereotypen können thesenhaft wie
folgt bestimmt werden:

(1) *Pseudorationalität*. Stereotypen dienen, wie BERGLER sagt,
"dem Individuum nicht in Form einer echten Strukturerhellung"
(ibid.108), sondern der "emotionalen und pseudorationalen
Bewältigung". Während im Falle des Vorurteils eine gewisse
"sachliche Unangemessenheit" an objektiven Daten festgestellt
werden kann, scheint diese Vergleichsbasis wie dargestellt
("Fehlerkriterium") bei einem Teil der Selbstkognitionen hin=
fällig. Dies liegt zum einen in der genannten Unmitteilbarkeit,
zum anderen aber in der in Kapitel 1.4.2 dargestellten "Fiktio=
nalität" von selbstbezogenen Begriffen. Von daher wäre der Be=
griff der Pseudorationalität hier neu zu fassen als logisch
unangebrachter Analogismus, dessen "Inadäquanz" freilich nur
in der pragmatischen Inferiorität erkannt werden kann. Daß
diese nicht erkannt wird, liegt daran, daß die Superstruktur
von Stereotypen eine prinzipielle Infallibilität des Stereo=
typs gewährleistet.[27] Ein Beispiel für eine solche "super=
strukturelle Abschottung" bietet - kybernetisch ausgedrückt -
die Bereitstellung begrifflich relativ abstrakter Supersyste=
me, für die sich in jeder Erfahrung irgend ein Beleg (ein po=
sitiver Input) finden läßt, weil zahlreiche Subsysteme Infor=
mationen dahin eingeben. Die Abstraktion ist so mit einer Vag=
heit in der Urteilsaussage verbunden, die einem "generellen
Verzicht auf Überprüfbarkeit" (LAUCKEN 1974,225) gleichkommt.
LAUCKEN hält dieses Prinzip für ein gewichtiges Kennzeichen
der "naiven Verhaltenstheorie" schlechthin, da so Orientie=
rungsgewißheit und eine rasche kognitive Integration gewähr=
leistet sind:

> "Eine präzise und explizit formulierte naive Verhaltensheo=
> rie brächte es mit sich, daß diese Theorie der ständigen
> Gefahr ausgesetzt ist, widerlegt zu werden. Die dadurch
> jeder Orientierung zukommende Belastung, sie könne auf ei=
> ner falschen Grundlage basieren, wird dadurch behoben, daß

man die Grundlage so gestaltet, daß sie prinzipiell nicht als falsch erwiesen werden kann." (LAUCKEN 1974,277).

(2) *Schematismus.* Stereotypen sind "schematische Interpreta=
tionsformen der Wirklichkeit, die im Dienste einer allseitigen
aber vereinfachten Orientierung in der Umwelt ... stehen."
(BERGLER 1966,108). Der auf BARTLETT zurückgehende psychologi=
sche Begriff des Schemas[28] bezeichnet jene Vor-Urteils-Struk=
tur, die sowohl zur Konstruktrion von Hypothesen als "Vorlage"
dient (vgl. Hypothesentheorie) als auch zur Organisation von
Erfahrungen. Die schematische Qualität von Stereotypen hebt ab
auf die Verfügbarkeit von universell anwendbaren Ordnungsge=
sichtspunkten, die einen "ersten Begriff" des Wahrnehmungs=
oder Beurteilungsobjektes ermöglichen. In dieser Ordnungsfunk=
tion zeigen Stereotypen ihren Entlastungswert, der aber im
Falle des Stereotyps auf Kosten der Anpassungsfähigkeit an
neue Situationen geht.

"Es ist bekannt, daß jedes neuartige Ereignis beunruhigend
wirkt, bis es irgendwo in eine Kategorie von Ereignissen
eingereiht werden kann. Die normale Schematisierung ist je=
doch gegen diejenige des Vorurteils dahingehend abzugrenzen,
daß sie flexibel und modifizierbar ist." (RATTNER 1971,37 f).

(3) *Rigidität/Inflexibilität.* Ein wesentliches Kennzeichen des
Stereotyps ist, daß "es relativ starr, d.h. gegen neue, es kor=
rigierende Informationen resistent ist" (LEMBERG 1974,67). Die
Rigidität des Stereotyps hat zwei Seiten[29]: einmal, daß es
zeitlich überdauernd ist, was wohl bedeutet, daß es immer wie=
der "Nahrung" findet, d.h. zur Anwendung kommt und damit aktu=
ell bleibt, zum andern, daß es strukturell unveränderlich ist,
d.h. nicht, daß nicht ständig neue Erfahrungen zu neuen Erklä=
rungen des Stereotyps führen könnten, die damit die Superstruk=
tur in gewisser Weise modifizieren, ja letztlich bis zur logi=
schen Unhaltbarkeit in Widersprüche verwickeln, worin die prin=
zipielle Verletzbarkeit des Stereotyps, sein Begründungs=
schwund, zu vermuten ist, sondern daß die Urteilsstruktur des
Stereotyps selber aufrechterhalten wird, selbst wenn Erfahrun=
gen ganz offensichtlich dem behaupteten Urteil widersprechen.
Ein Verfahren, wie das Stereotyp gegen widersprechende Infor=
mationen immunisiert werden kann, bietet beispielsweise der
Rückgriff auf die vielzitierte logisch widersinnige Alltags=

floskel der die Regel bestätigenden Ausnahme.

> "Auch die wiederholte Widerlegung eines Stereotyps kann dieses oft nicht verändern, weil das Individuum die Widerlegung als Ausnahme betrachtet." (BEM 1975,19).

Eine weitere Erklärung der Rigidität des Stereotyps ist in der bereits erwähnten Abstraktion der Urteilsbegriffe zu sehen, also im universellen "Fassungsvermögen" des Stereotyps, dem sich - alles integrierend - eben nichts "widersetzt". Die "Interpretationskapazität" der Superstrukturen vermag dabei eine regelrechte Pervertierung des Sachverhalts zu erreichen, wie etwa im Falle eines Mannes, der einem gut gekleideten Farbigen unterstellt, er kleide sich nur darum so fein, um den unter der Kleidung befindlichen Schmutz zu verbergen. Ähnlich "hoffnungslose" Stereotypen finden sich bekanntlich bei der internalen Selbstattribution von Mißerfolgsmotivierten.

> "Es wäre erst zu prüfen, ob sich nicht in manche Formen des Vorurteils neue Informationen so selbstverständlich einfügen, daß man ihres Neuigkeitsgehaltes gar nicht gewahr wird, und ob nicht an der irrationalen Verfassung anderer Spielarten Informationen einfach abgleiten. Auch scheint uns nicht ohne weiteres evident, daß ein größerer oder geringerer Neuigkeitsgehalt einer Information als solcher eigen ist und nicht etwa erst bei der Einordnung in bereits bestehende Informationssysteme entsteht, nämlich durch Struktur und Inhalt der vorhandenen Informationen und die besondere Weise, wie die 'neue' Information eingeordnet wird. Sollte die letztere Vermutung zutreffen, dann wäre der Neuigkeitsgehalt einer Information jeweils aktiv zu leisten und nicht einfach passiv als ein vorgegebener und mitgegebener zur Kenntnis zu nehmen." (SACHER 1976b,47).

(4) *Generalisierung*. Die Vereinfachungstendenz bei der Stereotypisierung geht einher mit einem mehrfachen Verallgemeinerungsanspruch des Stereotyps, welcher verschiedentlich in den Formen der zeitlichen, sachlichen/situativen und sozialen Generalisierung vorgestellt worden ist. Zeitlich generalisierend sind Autostereotypen, weil ihnen Dauergeltung zugeschrieben wird, situativ generalisierend, weil sie als dispositionelle Attributionen über verschiedene Situationen streuen, und sozial generalisierend, weil sie an eine in einer Sprachgemeinschaft verbreitete implizite Persönlichkeitstheorie geknüpft sind, die in Formulierungen wie "sensible Menschen wie ich..." ihren Niederschlag findet. Grundlage der Generalisierung ist entweder ein vom Hörensagen übernommenes Urteil oder eine

Einzelbeobachtung.

(5) *Kontingenz*. Wie erwähnt sind Stereotypen oftmals in um=
fangreiche Stereotypenkomplexe eingebunden, in denen die ein=
zelnen Urteilspartikel sich gegenseitig stabilisieren, BERGLER
spricht deshalb von "profilierte(n) Formen typologischer Na=
tur" und der "grundsätzliche(n) Mehrdimensionalität stereoty=
per Systeme" (BERGLER 1966,109). Beispiele hierfür bieten ein=
mal die komplexen Formen der Rollenidentität, zum andern die
"naiven Persönlichkeitstheorien", die als typologische Systeme
allen Fremd- und Selbstperzeptionen zugrundeliegen. Die ge=
staltpsychologische Überzeugung, daß Persönlichkeitsbilder
nicht eine reine Addition von Eigenschaften, sondern ein struk=
turiertes Ganzes mit stabilen Kovariationsüberzeugungen bil=
den, entspricht den "Prinzipien der Interdependenz der Feld=
momente" (LAUCKEN 1974,33).

(6) *Integrativität*. Letzteres impliziert neben der quasi hori=
zontalen Strukturiertheit der Kovariationsüberzeugungen auch
eine quasi vertikale Strukturiertheit, d.h. eine Hierarchie
von Urteilen, über die erst die "Koppelung" (im kybernetischen
Sinne) von Stereotypen möglich wird. Solche Koppelungen machen
die Begründungsstruktur von Stereotypen aus, ihren deduktiven
Gehalt, wie etwa EPSTEINs "Postulaten höherer Ordnung" hin=
sichtlich der Autostereotypen zu entnehmen ist: Wer ein guter
Tennisspieler ist, ist somit auch ein sportlicher Mensch -
obwohl er, und das kennzeichnet die Relativität des Stereotyps,
vielleicht nicht schwimmen, nicht reiten, nicht golfen kann.
Die Subsysteme eines Stereotyps, die "Postulate niederer Ord=
nung", sind kontrastierend gegen einander gesetzt; der Kontrast
kommt zustande, indem bestimmte Merkmale jeweils in Kontingenz
mit den Extremausprägungen "bipolarer Eigenschaftskonzepte"
(KELLY nach LAUCKEN 1974,39) gesetzt werden: Wer ein Bücher=
wurm ist, ist ein "Kopfmensch" und kann deshalb bestimmt nicht
Fußball spielen. In KELLYs Theorie der "personal constructs"
werden solche bipolaren Eigenschaftskonzepte ("Konstrukte")
als miteinander hierarchisch und kontingent verknüpfte Elemen=
te ("Organisationskorollarium") dargestellt.

(7) *Gruppenspezifität*. Stereotypen sind sozial vermittelte und
gruppenspezifisch differenzierte Urteile. Dies gilt ebenfalls
für die Kontingenz und Integration der Stereotypenkomplexe -

- für den einen ist der Schachspieler ein Sportler wegen sei=
ner sportlichen Gesinnung, für den andern keiner, weil er ein
"Kopfmensch" ist - wie für die Superstrukturen, beipielsweise
schichtspezifische "Neutralisierungstechniken" (SYKES & MATZA).
Gruppenspezifisch ist ferner die Gewichtung und Bewertung, d.
h. im Falle der Autostereotypen die Ich-Beteiligung, etwa die
Peinlichkeit vs. Belanglosigkeit einer Laufmasche oder des Un=
rasiertseins. Solche "Valenzen" sind verantwortlich für die
Präferenzen in der Figur-Grund-Bildung der Selbst- und Fremd=
wahrnehmung und damit auch für die unerschütterliche Aktuali=
tät von Stereotypen.

(8) *Stabilisierungstendenz*. Stereotypen subsumieren im Laufe
des Lebens eine Menge von "Belegen" unter sich, wodurch zum
einen die Stabilität des Stereotyps, zum andern sein "Fassungs=
vermögen" an vielfältigen Erfahrungen und damit sein Abstrak=
tionsgrad wächst. Abstrakter werden Stereotypen nicht etwa, in=
dem sie zur Bezeichnung ein Relat auf höherer Ebene wählen,
sich also verändern, sondern indem sie den bereits verwendeten
Begriff zunehmend weiterfassen. Die daraus erwachsenden Folge=
probleme der begrifflichen Unangemessenheit wurden in Abschnitt
(1) bereits dargestellt.

(9) *Erwartungsaspekt*. Wie an Rollenerwartungen deutlich wird,
fungieren Stereotypensysteme auch als Erwartungssysteme, und
zwar zum einen, weil ihnen ein gewisser Sollgehalt zukommt,
durch den Orientierungen stabilisiert werden können, zum an=
dern, weil sie eben *erste* Hypothesen über ein Objekt stiften,
die sich infolge ihrer breiten Subsumptivität allzu leicht
validieren lassen. Die generalisierte Sichtweise in einer
Reihe von Situationen entspricht einer Weichenstellung der
Wahrnehmung.

"Sie lenkt unsere Aufmerksamkeit und richtet infolgedessen
unsere Erfahrung in eine bestimmte Richtung und auf eine
bestimmte Weise aus." (SCHAFF 1980,52).

(10) *Selektivität*. Der entlastende Dienst, den Stereotypen der
Hypothesenbildung gegenüber leisten, schlägt sich inderen Ein=
seitigkeit nieder und setzt sich damit in einer entsprechenden
Akzentuierung der Objektwahrnehmung fort.

"In der Konfrontation mit den personalen und apersonalen Ge=
gebenheiten der Um- und Mitwelt werden primär und wesent=
lich die den stereotypen Gegebeneheiten adäquaten Struktu=
ren wahrgenommen bzw. die objektiven Daten entsprechend um=
interpretiert." (BERGLER 1966,111) (30)

In diesem Sinne fungieren die Stereotypen als Abwehrmechanis=
men der Selbst- und Fremdwahrnehmung, die einem differenzier=
ten Urteil schon an frühester Stelle vorgreifen, indem sie
ihren Anspruch auf Priorität in der Hypothesenbildung durch=
setzen.

(11) *Prägnanz*. Eine Folge der Selektivität von Stereotypen,
ihr "Knotenpunkt", liegt in der vorzeitigen Abschließbarkeit
der Hypothesenbildung, in der Genügsamkeit von Perspektiven.
Das Stereotyp "hebt bestimmte Reizaspekte auf Kosten anderer
hervor" (LILLI 1980,20). Diese gelten als "typische" Merkmale
eines Objekts nicht allein, weil sie häufig wahrgenommen wer=
den, sondern weil sie ein Objekt von anderen abgrenzen, weil
sie "wesentlich" sind. Die an der Einzelerfahrung befestigte
Überzeugung hat hierin ihren "kernel of truth" [31], den die
stereotype Wahrnehmung immer wieder durch entsprechend ver=
zerrende oder vereinfachende Verfahren zu finden trachtet.
"Verbesonderung oder das auswählende Hervorheben... (und) Weg=
lassen" (GINSBERG 1976,56) sind die beiden Seiten desselben
Verfahrens, das einen Begriff von Identität als reduzierter
Komplexität - wie in Kapitel 2.2 dargestellt - ermöglicht.

(11) *Klassifikation*. Die Aktualisierung von Stereotypen als
geeignete Basis einer objektspezifischen Hypothesenbildung
setzt voraus, daß Stereotypen an gewisse "Schlüsselreize" ge=
koppelt sind, die ihre Präsentation auslösen. Bevor ein Stereo=
typ aktualisiert wird, muß ein "Standardsachverhalt" (LILLI &
LEHNER 1971,290), eine Situation in gröbster Definition, iden=
tifiziert sein. Die Reizklassifikationstheorie von TAJFEL
geht davon aus, daß Stereotypen kontingent an bestimmte Reiz=
klassen geknüpft sind, die von diesen kategorisiert werden.[32]
In diesem Sinne wären bestimmte Situationskomponenten, wie
sie etwa eine Prüfungssituation kennzeichnen, mit bestimmten
autostereotypen Erwartungen (Herzklopfen, Schweißausbruch,
unterwürfige vs. überlegene Gestik) gekoppelt, die in eine
Voreinschätzung von Situationen bereits mit eingehen. Als

"Schlüsselreize" in der soziologischen Identitätstheorie könn= ten beispielsweise GOFFMANs "Identitätsaufhänger" erkannt wer= den.

(13) *Erklärungsfunktion*. Der prognostischen Funktion von Ste= reotypen, die sich in ihrem Erwartungsgehalt gezeigt hat, kor= respondiert schließlich eine erklärende Funktion. Stereotypen die dispositionale Merkmale beinhalten, dienen der Verhaltens= erklärung[33] sowohl bei anderen Personen wie bei der eigenen Person. Der von Schweißausbrüchen gepeinigte Prüfling weiß sich dieses Verhalten seines Organismus als Folge einer irra= tionalen Angst zu deuten - er könnte es ebenso als Ausdruck angespannter Aufmerksamkeit interpretieren. Letztendlich könn= te von der Erklärungsfunktion her die Zuschreibung von Iden= tität selber, wie im VAIHINGERschen Fiktionalismus beschrie= ben (vgl. Kap.1.4.2), als das Autostereotyp des "So-bin-ich-eben" oder als die stereotype Implikation nomothetischer Theo= rien zur Identität verstanden werden.

(14) *Sprachlichkeit*. Die schon von NIETZSCHE erkannte "tragi= sche Wahrheit"[34] der Unumgänglichkeit von Vorurteilen, die der hier anhand des kritischen Idealismus (vgl. Kap.1.4.2) be= schriebenen Unumgänglichkeit des kategorialen Apriorismus ent= spricht, liegt in der Angewiesenheit des Denkens auf Begriffe, die als solche immer ein Allgemeines implizieren, d.h. denen die stereotypen Strukturmomente des Absehens-von und der Her= vorhebung immer schon immanent sind. In dieser Hinsicht sind Urteil und Vorurteil nicht unterschieden.

> "Der Akt, in welchem der Mensch aus dem Strom seiner Empfin= dungen und Gedanken ein einzelnes mit einem Wort heraus= hebt und dingfest macht, ist identisch mit dem des Ur-tei= lens." (SACHER 1976b,24).

In der sprachlichen Selbstverfügung des Subjekts ist ihm somit nicht die Wahl zwischen dem Allgemeinen und dem radikal Indi= viduellen gelassen; es kann sich nur als einen Fall des Allge= meinen und in seiner Besonderheit als Komplex ausgewählter Allgemeiner fassen und kann auch von anderen nur so gefaßt werden. Was SACHER hinsichtlich des Weltbildes ausspricht, gilt ungeschmälert daher auch für das Selbstbild:

"In der konkreten Sprache, in der wir denken, sprechen und
schreiben, ist immer schon in gewissen Grenzen über unser
Weltbild vorentschieden. (...) Im Hinblick darauf können
wir die Sprache selbst in ihrem ganzen Umfang als Vorur=
teil bezeichnen, wenn sie auch offensichtlich ein unver=
meidliches Vorurteil darstellt." (SACHER 1976b,24).

Die Möglichkeit, Sprachlichkeit als Definitionsmoment von Ste=
reotypen zu verwenden, wäre eine Banalität, insofern dieses
Attribut nahezu allen kognitiven Inhalten zukommt; die Bedeu=
tung der Sprachlichkeit hinsichtlich des Stereotyps ist jedoch
eher darin zu erkennen, daß sie den ermöglichenden Grund aller
Strukturmomente des Stereotyps bis zu den Superstrukturen bil=
det, d.h. Stereotype in den Stand setzt, ihre spezifischen
Funktionen der zeitlichen, situativen und sozialen Verallgemei=
nerung und der Abgrenzung zu erfüllen.[35)]

NIETZSCHEs Tragik des Vorurteils ist eine unaufhebbare. So
stellt sich die Frage, ob ebenso die Tragik des Stereotyps,
insbesondere hier des Autostereotyps eine unaufhebbare sei.
Entwürfe wie ADORNOs "Authoritarian Personality" oder ROKEACHs
"Open and Closed Mind" sind bekanntlich keine Dokumente einer
fatalistischen lamentatio, sondern negative Profile eines
idealen Menschenbildes. Zugleich wird aber - wie ADORNOs nega=
tive Dialektik und SONNEMANNs negative Anthropologie zeigen -
die pragmatische Nützlichkeit des Ideals gerade durch den Ver=
such, das Menschenbild nicht wieder dogmatisch werden zu las=
sen, eingeschränkt auf die Verfahrensoption der Negation.
Wollte Negation vollkommen durchgehalten werden an jedem Ur=
teil und darin auch stets praktisch werden, so wäre die Frag=
lichkeit total und mit ihrem Praktischwerden die Desorientiert=
heit des Subjekts. Das Subjekt bedarf zu seiner Lebensfähigkeit
des Begriffes und des Urteils. Die Alternative zum Stereotyp
kann deshalb nicht der Verzicht auf Begriff und Urteil sein -
dies wäre die erkenntnislogische Variante der gewissen KIER=
KEGAARDschen "Todsünde", Selbstexekution jedes dialektischen
Denkens, auch eines negativen von ADORNOs Radikalität -, son=
dern sie muß in einer neuen theoretischen wie praktischen Hal=
tung zum Urteil erkannt werden, die die Starre des Stereotyps
zu vermeiden weiß. Wenn das Denken selbst Quelle der Verstei=

nerungen des Urteils zum Stereotyp ist, dann muß dem Denken
als der Wurzel dieses Übels und nirgends sonst die Kraft des
Extensiven eingepflanzt bzw. freigegeben werden. Nicht die
Auflösung der Affirmation, nicht der Bruch der Kontingenzen,
kann deshalb erstes Programm des "open mind" sein wie in MAR=
CUSEs "großer Weigerung", sondern die Maxime, mittels des Be=
griffes den Begriff und mittels des Urteils das Urteil zu
überwinden. Dazu befähigt den Menschen das Abstraktionsvermö=
gen und die unendliche Kontingenzfähigkeit des Denkens, die
COHEN als "Kontinuität" bezeichnet hat.

"Durch den Begriff über den Begriff hinauszugelangen, bedeu=
tet nämlich nichts geringeres, als den steckengebliebenen
Abstraktionsprozeß, der die inkriminierten zwingenden Mecha=
nismen verursacht hat, aufzugreifen und fortzuführen..."
(KAMPER 1973,105).

Das Bewußtsein der Relativität jedes Urteils, seiner Abhängig=
keit von Perspektiven, Erwartungen, Interessen usw. ist eine
Prätension jenes über sich hinausweisenden Sinnes reduzierter
Komplexität, die hier als extensive Komplexität (vgl. Kap.2.2)
bezeichnet wurde . Die COHENsche Voraussetzung solchen Be=
wußtseins, daß das Denken sich als Denken weiß, unverlierbar
ursprünglich bei sich, kann hier zur ermutigenden Geste des
sich anspornenden Denkens wachsen, das die Vielfalt der
menschlichen Möglichkeiten als die Vielfalt möglicher Urteils=
kontingenzen identifiziert.

Die Macht des Denkens ist die Macht der Erwartung - das lehrt
kein Phänomen deutlicher als das des Stereotyps. Die "self-
fulfilling prophecy" des Denkens, die sich am Praktischen er=
weist, für die Selbstattribution nutzbar zu machen, heißt, die
dezisive Funktion des Denkens, die, solange das Denken um sei=
nen konstruktiven Part in der Erfahrung weiß, d.h. sich nicht
als Sein verdinglicht, ungeschmälert bleibt, zur vollen Ver=
wirklichung ihrer Möglichkeiten führen.

"Some people have form images of themselves as people who
cannot learn foreign languages, mathematics, statistics, or
some other subject. It is an interesting question to ponder
whether a person cannot learn mathematics because he does
not like it, or whether he does not like it because he can=
not learn it. (...) These conceptions of an inability to
learn appear to be self-fulfilling prophecies." (LABENNE/
GREENE 1970,26 f).

Das seiner dezisiven Funktion bewußte Denken, selbstreflexi=
ver Vollzug der denkenden Aktivität, entgeht der "ontologi=
schen Falle" von Hypostasen und den Versuchungen der "Urver=
drängung"(BITTNER), indem es sich in die Lage versetzt, "das
'Ich kann nicht' durch das wahrheitsgemäßere 'Ich will nicht'
zu ersetzen und sich damit als ein Subjekt zu begreifen, das
etwas tut bzw. unterläßt, weil es das will" (BITTNER 1982,261).
Der BITTNERsche Begriff vom "Selbstwerden des Kindes": "Ein
Selbst konstituiert sich, indem sich ein Wille konstiuiert."
(ibid.) rückt das Selbst in die Position des generalisierten
"internal locus of control".
Wie ein Wille zur Willkür wird, wenn er nicht mit "guten Grün=
den" vermittelt ist, so wäre das dezisive Denken falsch ver=t
standene Spontaneität, würde es nicht als unabdingbar logisch
vermitteltes erkannt. Jener leichtfertig gebrauchte Spontanei=
tätsbegriff, der unreflektierte Gewohnheit als Ursprünglich=
keit verbrämt, deutet dieses Mißverständnis an. Daß Praxis
nicht anders möglich ist als im Entschluß zur These, heißt
nicht, daß sich das Denken im einmal gefällten Urteil genügen
könnte. Es muß sich vielmehr als eine Bewegung durch die Ur=
teile hindurch begreifen, die jedes Urteil nur als Durchgangs=
stufe, als vorläufigen Entwurf, als Vor-Urteil erscheinen läßt,
das die Aufgabe seiner Revision schon mit enthält.

> "Der Begriff des Vorurteils verlangt somit die prinzipielle
> Selbstreflexion des Begreifenden; da das Vorurteil - und
> hier zeigt sich eine Berechtigung dieser Wortbildung - im=
> mer auch im Vorrationalen situiert zu denken ist, bleibt
> jener Begriff wesentlich Aufgabe." (JANKOWITZ 1975,91).

ROKEACHs Dualismus von "Orientierungs- und Sicherungsstreben"
als zwei Grundmotiven des menschlichen Daseins (nach SACHER
1976b,65) wäre besser als Dialektik der Affirmation und Nega=
tion gefaßt, aus der Identität ihre extensive Dimension ge=
winnt. Das Denken, das sich als dynamische Führung und auf=
hebende Vermittlung aufs Provisorische beschränkt weiß, ge=
winnt die Sicherheit des Urteils, damit die Sicherheit des
Praktischen, nicht in affirmativer Beharrlichkeit und in der
blinden Ausrichtung auf die Verteidigung seiner Urteile, son=
dern aus dem Bewußtsein des extensiven Quantums, das im Urteil
enthalten ist als der über es hinausweisende Sinngehalt.

Identität als reduzierte Komplexität gewinnt ihre Sicherheit als weltbewältigende Formation nicht, indem sie sich unter den Scheffel der Affirmation stellt und mit Stereotypen panzert, sondern indem sie sich als ein Leistungspotential unendlicher Synthesen auf ihren Fortschritt einrichtet, indem sie ihre "Güter", ihre Vor-Urteile, aufzugeben bereit ist, um neue zu gewinnen.

> "Sicherheit erscheint als die Fähigkeit, Unsicherheit auszuhalten, d.h. mit konfliktgeladenen Bewußtseinszuständen fertig zu werden, die im Anschluß an die semantische Untersuchung als Zweifel, Vermutung, Zögern oder als Bewußtsein eines möglichen Versagens auftreten und dennoch zu einem zielgerichteten Handeln führen kann." (KAUFMANN 1973,290).

Das "Experimentieren mit neuen Selbsten" (MURPHY) läuft so entlang der Linie logischer Notwendigkeit, es ist kritische Praxis der Selbstreflexion, die Urteile setzt, um sie zu erproben und aufzugeben, und daran den Mut zum Urteil nicht einbüßt, weil sie ihre Zuversicht - ihr "Selbstvertrauen" und ihre "Selbstsicherheit" - aus dem Vertrauen ins Extensive speist. Mit den Worten FREYERs:

> "Sicher heißt dann nicht: abgesichert, es heißt - man könnte fast sagen - das genaue Gegenteil davon, nämlich offen, wandlungsfähig, elastisch, mit soviel inneren Reserven ausgestattet, daß aus ihnen geschöpft werden kann, vor allem aber: bereit, sich von neuen Aufgaben zu neuen Leistungen anspornen zu lassen." (FREYER nach KAUFMANN 1973,26).

2.5 REFLEXION ALS KONSTRUKTION: DIE EXTENSIVE VERMITTLUNG VON DASEINSTHEMATIK UND DASEINSTECHNIK ALS HORIZONTALE UND VERTIKALE DIMENSIONEN SITUATIVER IDENTITÄT

Wenn situative Identität ihre Gestalt aus der Dialektik von Identitätshypostasen und Selbstextension gewinnt, so muß sie als eine grundsätzlich dynamisch angelegte Formation problem= bewältigender Strukurelemente angesehen werden. Durch Selbst= strukurierung meistert Identität das Problem eines gestal= tungsbedürftigen Ich-Umwelt-Verhältnisses. Der spezifische Modus der Weltbewältigung durch Selbststrukturierung ist die im Identitätsbegriff angezeigte menschliche Technik der Um= weltkontrolle qua Selbstkontrolle, die nicht nur infolge in= stabiler Umweltanforderungen flexibel zu handhaben ist, son= dern auch infolge der "propulsiven" Eigendynamik einer sich selbst nie genügenden und darum reflexiven Identitätsbildung. So korrespondiert dem Thematisch-Werden der Umwelt stets ein Thematisch-Werden von Identität, Selbstbewußtsein, sowie ent= weder die habitualisierten Techniken der Umweltkontrolle hin= sichtlich der Aufrechterhaltung eines Selbstbegriffes unzurei= chend werden oder eine Verbesserung des Selbstbegriffes infol= ge gesteigerter Selbstansprüche eine neue Gestaltung des Ver= hältnisses zur Umwelt nötig macht. Situative Identität stellt einen Schnittpunkt der beiden Dimensionen adaptiver und syn= thetisierender Identitätsdynamik dar, eine Erwiderung auf situativ spezifische "developmental tasks" mit biographisch spezifischen Selbstbegriffen.

> "Wir alle sind im Laufe unseres Lebens der Veränderung der Situation ausgesetzt und haben immer wieder die Aufgabe, uns mit diesen neuen Lebenssituationen, die eine Umorien= tierung in unserem Verhalten verlangen, auseinanderzuset= zen. Der Wechsel ... verlangt jeweils eine Anpassung an die neue Situation, konfrontiert uns mit neuen Aufgaben, ver= langt das Aufgeben früherer Rechte und Pflichten und die Übernahme neuer Rechte und Pflichten. Solche '*developmental tasks*' sind einmal durch die jeweilige Entwicklung bestimmt und sind gleichzeitig entwicklungsfördernde, unser Erleben und Verhalten beeinflussende, die Persönlichkeit prägende Faktoren." (LEHR 1979,175).

Developmental tasks bilden gewissermaßen die "äußere Leitli=
nie" der Identitätsbildung, quasi-objektive Faktoren der Ent=
wicklungsrichtungen von Identität; nur *quasi*-objektiv nämlich,
als sowohl in das "Problembewußtsein", das diese Aufgaben ver=
gegenwärtigt, als auch in den identitätsbildenden Lösungsver=
suchen eine stets subjektive Bewertung und ein stets subjek=
tiver Vorbegriff der Situation eingeht, die somit nur als Ge=
genstand subjektiver Betrachtung Objektivität gewinnt. Die
subjektiven "Bedeutungshorizonte" (THOMAE 1968,283) der Situa=
tion, die Interpretation, die Gewichtung und die Bereitstellung
von Lösungsstrategien entsprechen dem Potential der biogra=
phisch spezifischen Identitätsformation, das aus der syntheti=
sierenden Verarbeitung bisheriger Erfahrungen hervorgegangen
ist.

> "Genetisch betrachtet, zeigt sich der Prozeß der Identitäts=
> bildung als eine *sich entfaltende Konfiguration*, die im
> Laufe der Kindheit durch sukzessive Ich-Synthesen und Um=
> kristallisierungen allmählich aufgebaut wird; es ist eine
> Konfiguration, in die nach einander die konstitutionellen
> Anlagen, die Eigentümlichkeiten libidinöser Bedürfnisse,
> bevorzugte Fähigkeiten, bedeutsame Identifikationen, wir=
> kungsvolle Abwehrmechanismen, erfolgreiche Sublimierungen
> und sich verwirklichende Rollen integriert worden sind."
> (ERIKSON 1956,129).

Die integrative Leistung der "sukzessiven Ich-Synthesen", wie
ERIKSON aus psychoanalytischer Perspektive formuliert, gibt
Identitätsbildung als eine nach Vereinheitlichung in der Ab=
straktion strebende Bewegung zu erkennen. Solche Vereinheit=
lichung verlangt als Bedingung ihrer Möglichkeit nach einem
ordnenden Prinzip, sie setzt ein harmonisierendes Regulativ in
der Selbstbezüglichkeit voraus, eine "regulative Thematik"
(THOMAE 1968,287). Die Idee, daß der Mensch zeit seines Lebens
von einer zentralen thematischen Ausgerichtetheit in seinem
Handeln, Denken und Fühlen beherrscht werde, der diese integra=
tive Leistung zukomme und die sich letztlich als die sinnhafte
Durchdrungenheit von Identität offenbare, hat sich vornehmlich
in der humanistischen Psychologie, aber auch in einigen Ansät=
zen psychoanalytisch orientierter Autoren niedergeschlagen.

> "Von uns wird als die das Leben durchwaltende Motivation an=
> gesehen die Erfüllung der Lebensaufgabe oder, vielleicht
> besser, der Lebensbestimmung im Sinne einer Schritt für

Schritt die gegebenen Verhältnisse und die eigenen Anlagen
berücksichtigenden Wertverwirklichung. Mit dem Begriff
'Aufgabe' wird bezeichnet die Hingerichtetheit des Lebens=
vorganges auf das Durchlaufen bestimmter Materialisations=
formen." (BÜHLER 1959,71 f).

An anderer Stelle weist Ch. BÜHLER auf die hierarchisierende
Funktion der Lebensaufgabe hinsichtlich anderer Aufgaben hin.
Die zentrale Thematik, die sich als Ausdruck der Lebensauf=
gabe verstehen läßt, ist durch ihre ordnungsstiftende Leistung
in den "Subsystemen" der Persönlichkeit die Quelle für eine
"Konsistenz der Bemühungen und eine Kontinuität der Interes=
sen" (BÜHLER 1969,291).

"In diesen ... Beispielen wird die Integration durch ein ef=
fektives Ziel, die Verfolgung des täglichen Programmes,
vollbracht. Die Effektivität dieses Vorhabens wird ...
durch die integrierten Funktionen der Subsysteme erhöht.
Die Ziele, die von den Subfunktionen angestrebt werden ...
können sehr vielfältig sein. Ihnen allen aber ist gemeinsam,
daß sie das Wirken einer Person unter dem Aspekt bestimmter
Ziele intensivieren." (ibid.).

Während bei BÜHLER biographische Kontinuität als Integration
unter eine Aufgabe formuliert wird, spricht LICHTENSTEIN aus
psychoanalytischer Sichtweise von der "Prägung" eines "Iden=
titätsthemas" (nach de LEVITA 1976,145), das, einmal "einge=
pflanzt", als Überzeugung von der eigenen Bestimmtheit die
verschiedensten Lebenssituationen durchzieht.

"Die Mutter prägt in ihrem Kind ein Identitätsthema, das da=
mit für gut befunden wurde und im Laufe seines Lebens seine
Identität immer wieder als Variation auf dieses Thema er=
schaffen wird." (de LEVITA 1976,145).

Die dem psychoanalytischen Begriff der Fixierung nahestehenden
Interpretation des Identitätsthemas bei LICHTENSTEIN läßt die
Biographie als einer irreversiblen Vorausbestimmtheit ver=
pflichtet erscheinen, in der das Thema selbst dem reflexiven
Zugang verschlossen bleibt. Die beiden Modi der biographischen
Integriertheit - Integration durch Prägung und Integration
durch eine Aufgabe -, die in den Ansätzen LICHTENSTEINs und
BÜHLERs herausgestellt werden, erweisen sich so als kausal-
bzw. finalidentitätstheoretische Implikationen, als Begriffe
von Identität als Bestimmtheit-als-etwas bzw. Bestimmung-zu-
etwas. Beide sind Varianten einer unilinearen Auffassung von
Identitätsgeschichte und lassen daher situative Identität

lediglich als spezielle Verwirklichungsgestalt einer immer
gleichen Bestimmung erscheinen, sei es als Akt der Selbstreproduktion, sei es als Akt entelechialer Selbstentfaltung.
Es soll nicht unerwähnt bleiben, daß der Gedanke der Integration durch Hierarchisierung auch in der Rollentheorie verbreitet ist, nämlich im Konzept der dominanten Rolle in der klassischen Rollentheorie bzw. der "General-Rollen" (LUCKMANN 1979a, 312) im Interaktionismus. Doch zeigt sich gerade in der interaktionistischen Rollentheorie eine erste Alternative zum Hierarchisierungsmodell, die die synthetisierende Selbstreflexion in ihrer Eigendynamik berücksichtigt.

> "Zwischen den unterschiedlichen Lebensbereichen ... muß ausbalanciert werden, und zwar entweder in Form von Hierarchisierung und Identifikation mit der dominanten Rolle (Standardform: Berufsrollenidentität) oder in der Form einer an rollenübergreifenden Prinzipien (moralische Prinzipien und übergreifende Wertmuster) orientierten Ich-Identität."
> (DÖBERT/NUNNER-WINKLER 1975,84).

Im Gegensatz zur Hierarchisierung tritt bei der Integrationsform der Prinzipienorientierung eine Dimension in Geltung, die den Rollen insgesamt übergeordnet ist, d.h. die nicht nur eine selektive Funktion im role-taking, sondern auch eine gestaltende Funktion im role-making als integrative Leistung zu berücksichtigen vermag. Die universelle Anwendbarkeit von Prinzipien auf unterschiedlichste Lebenssituationen - wenn man so will, eine Materialisationsform von personaler Identität - läßt die Integrationsform der Prinzipienorientierung als eine sozusagen quer zur Variation situativer Anforderungen stehende Dimension erscheinen, als Leistung einer vertikalen Durchdringung horizontal variierender biographischer Themen. Damit läßt sich erkennen, daß Prinzipienorientierung in ihrer je subjektiven Ausprägung jene Dimension situationsbewältigender Daseinstechniken verkörpert, die die individuellen "Verfahrens"-Eigenheiten des Umgangs mit sich und der Welt, der Gestaltung des Ich-Umwelt-Verhältnisses darstellen. In der Terminologie THOMAEs ließe sich daher hinsichtlich der zwei Dimensionen, die sich in adaptiver und synthetisierender Funktion im Schnittpunkt situativer Identität treffen, von "Daseinsthemen" (horizontale Dimension) und "Daseinstechniken" (vertikale Dimension) spre=

chen. Situative Identität formiert sich demnach in der je spezifischen Durchdringung einer situativen Thematik durch eine bestimmte Daseinstechnik in ihrem aus biographischen Erfahrungen entwickelten Reifestand. Dieser Vorstellung ließe sich auch das Modell sich überschneidender Dimensionen personaler und sozialer Identitäten, wie es WELLENDORF entwickelte, subsumieren.

Was zu einem bestimmten Zeitpunkt für ein Individuum "thematisch" wird, ist sowohl abhängig von den "Erfahrungsgehalten" einer Situation als auch vom "Bedeutungshorizont" des Subjektes, beispielsweise dem Einfluß gewisser Mangelzustände oder der perspektivischen Einseitigkeit in der Wahrnehmung infolge bestimmter Interessen. Allgemein lassen sich als "Thematik" von Menschen "die beherrschenden Anliegen derselben ... verstehen, die ihr Verhalten, ihre Stellung zu sich und zur Welt erst 'einsehbar' machen" (THOMAE 1969,189). Auf einer sehr allgemeinen Ebene beschreibt THOMAE im Bewußtsein der Tatsache, "daß man die 'Unbegrenztheit' der Zahl möglicher Themen menschlicher Daseinsführung durchaus annehmen kann und doch eine Auswahl 'typischer' Themen genügend definieren kann" (THOMAE 1968,284), vier solcher Themen, die hier nur kurz mit Verweis auf die entsprechenden Darstellungen[36] genannt seien:

"Dasein kann (von innen gesehen) erträglich werden
   I. als Daseinsbehauptung durch
      1.Leistung,2.Anpassung,3.rücksichtslose Durchsetzung,
      4.Ausweichen,Flucht,Verzicht,5.Abwertung,Negativität,
      6.Abgeklärtheit, Distanzierung.
  II. als Daseinsgenuß durch
      1.schlichtes Schaffen im vorgegebenen Kreis,2.Anpassung,
      3.rücksichtslose Durchsetzung, 4.spielerischen Umgang
      mit Mensch und Welt,5.Opposition,6.Vertiefte Zuwendung
      zu Mensch und Welt,7.Sichtreibenlassen von den Anreizen
      des Augenblicks.
 III. als Daseinssteigerung durch
      1.Werkgestaltung,2.Selbstgestaltung,3.rücksichtslosen
      Machtgewinn,4.Opfer für andere,5.Opposition,6.vertiefte
      Zuwendung zu Gott und Welt.

IV. als Daseinserweiterung durch
   1.Leistung oder Werkgestaltung,2.Betonung äußerer Form,
   3.Sublimierung,4.Einsatz primitiver Reizmittel,5.Hingabe."

(THOMAE 1969,192)

THOMAE vertritt die Auffassung, daß die jeweilige Thematik ei=
ne für sie spezifische Gruppe von Techniken einschließe[37],
aus denen das Individuum eine charakteristische Auswahl treffe.

> "Diese Daseinstechnik ist zunächst einmal identisch mit der
> Art und Weise, in der ein erstrebtes Ziel aufgesucht wird,
> dann aber allgemein mit der Weise, in der Dasein für Men=
> schen oder Gruppen von Menschen überhaupt möglich oder er=
> träglich wird." (THOMAE 1969,190).

In einem ersten Verständnis kann so der Begriff des Daseins=
themas als Bezeichnung des gewählten Lebensinhalts, einer be=
stimmten Zielsetzung, der der Daseinstechnik hingegen als Be=
zeichnung der bevorzugten Weise einer zielorientierten Daseins=
gestaltung gefaßt werden. Allerdings verlieren diese Begriffe
an Eindeutigkeit, wenn man wie THOMAE und LEHR[38] die Thematik
selbst inhaltlich und genetisch von der Daseinstechnik abhän=
gig machen will.[39]

> "Und zwar wird eine Daseinstechnik dann zur Thematik eines
> Daseins (LERSCH), wenn sie, mit einem bestimmten Ziele ver=
> bunden, das Verhalten mehr oder minder ausschließlich be=
> stimmt. Insofern ist die 'innere Thematik' eines Menschen
> nicht nur 'die Zielung seines Lebens', sondern auch 'seine
> Weise des Fertigwerdens mit dem Leben'(HIPPIUS)." (THOMAE
> 1981,142).

Die praktische Koinzidenz beider Begriffe, die wohl aus der
theoretischen Orientierung an einem humanistisch-psychologi=
schen Bestimmungsapriori hervorgegangen ist, rückt die THOMAE=
sche Konzeption in die Nähe der unilinearen Auffassung von
Identitätsgeschichte bei BÜHLER und setzt sie damit außerstan=
de, das Synthetisierungspotential von Identitätskrisen zu er=
klären. Möchte man die Terminologie vor dieser Schwäche be=
wahren, so kommt man nicht umhin, Daseinsthematik und Daseins=
technik zwar als aufeinander bezogene, aber doch als zwei selb=
ständige Phänomene zu verstehen. Die apriorische Ungebunden=
heit der Daseinstechniken an eine bestimmte Auswahl von The=
men ist die erste Voraussetzung, um die Erklärung ihrer syn=

thetisierenden Funktion-auch angesichts diskontinuierlicher und widersprüchlicher Identitätsentwicklungen aufrechterhalten zu können. Daseinsthechniken fungierten damit als relativ all= gemeine Problemlösestrategien, die zwar im Kontext bestimmter "thematischer Anlässe" entwickelt werden und assoziativ mit diesen verbunden bleiben, die aber über Ähnlichkeitspostulate auch auf andere Kontexte transferiert werden können. Sie sind das "know-how" sowohl in der Informationsverarbeitung als auch in der Verhaltensinstruktion. Wie Subjekte eine Situation auf der Grundlage eines "thematisierten" Problems durch Verhaltens= planung bewältigen, welche Methoden der Daseinsbewältigung und welche Modi der Selbststrukturierung sie entwickeln, be= schreibt, wenn man so will, die *aktive* Seite situativer Iden= tität. Dabei spielen themenspezifische Kontingenzen, die durch Erfahrung ähnlicher Problemlagen gelernt wurden, durchaus eine zentrale Rolle, insofern sie nämlich "strategische Vor-Urteile", erste Hypothesen zur Problembewältigung stellen.

In welcher Weise und ob überhaupt solche Daseinstechniken "mo= bilisiert" werden, ist eine Frage der Bewertung der jeweiligen Thematik. Der Problemgehalt einer situativen Thematik hängt zum einen von der "systembedrohenden" Wirkung von Situations= momenten, zum andern von den Soll-Begriffen[40], etwa dem Ich-Ideal des Subjektes, ab. In beiden Fällen ist eine adaptive Leistung gefordert. Dabei ist das jeweilige Ziel der Adaption entsprechend der Dynamik des Identitätssystems, etwa hinsicht= lich des Anspruchsniveaus des Ich-Ideals oder der subjektiven Relevanz bestimmter Systemelemente, selbst variabel. Die the= matische Bedeutsamkeit ist daher keine "objektive" Funktion der Situation, sondern entspricht der Wahrnehmungsstruktur und den Zielsetzungen des Subjekts. Die Dynamik solcher Ziel= setzungen, der Wandel identitätsleitender Sinnkonstrukte ist in der Psychologie zum einen in Phasentheorien, zum andern in Krisentheorien beschrieben worden. Von ersteren dürfte ERIK= SONs psychoanalytisches Diagramm der Identitätsstufen[41], in dem er acht jeweils phasenspezifische zentrale Konfliktthemen anführt, deren individuelle Lösungen aber in der weiteren Bio= graphie immer wieder aufgenommen werden[42], am bekanntesten sein. Ein ähnliches Modell entwickelte Jane LOEVINGER; sie

unterscheidet sieben "Meilensteine" der Ich-Entwicklung, die
durch spezifische Formen der "Impulskontrolle", der sozialen
Orientierung und der vorrangigen Bewußtseinsthemen gekenn=
zeichnet sind.[43] Am ehesten ausgearbeitet findet sich die
Phasentheorie der Daseinsthematik hinsichtlich moralischer
Themen, etwa bei KOHLBERG und PIAGET, aber auch beispiels=
weise in DERBOLAVs "Entwurf zu einer Verfassungsgeschichte
des Individuums", in dem dieser die "Genese des Selbst" als
Gewissensentwicklung darstellt.

> "Die so verstandene Genese des Selbst wird hier in sechs
> Verfassungshorizonte des Gewissens gegliedert, die einan=
> der jeweils über verwirklichte Zielhorizonte überhöhen.
> Das Prinzip ist dabei, daß dem Selbst eine Erfahrung auf=
> gedrängt wird, die zunächst solange Fehlhaltungen provo=
> ziert, als der Sinn dieser Erfahrung noch nicht durch=
> schaut und ihr Aufgabencharakter noch nicht bewältigt ist."
> (DERBOLAV 1980,63).

Hieran, aber auch schon in den Modellen von LOEVINGER und KOHL=
BERG impliziert, wird deutlich, daß die jeweilige Kennzeich=
nung von Entwicklungsphasen meist zweigleisig, nämlich zum
einen durch die Präferenz bestimmter Themen, zum andern aber
auch durch strukturelle Besonderheiten der Verarbeitungsme=
chanismen, betrieben wird. Am deutlichsten tritt der bewälti=
gungstechnische Aspekt als Entwicklungsdimension in HABERMAS
"System der Ich-Abgrenzungen" (HABERMAS 1977,332) und seiner
Theorie der Identitätsformen hervor, in der er jeweils drei
Stufen der Sprachkompetenz, der kognitiven Kompetenz und der
Rollenkompetenz unterscheidet, die von ihrem situativen "the=
matischen" Gegenstand fast völlig abstrahieren.[44]

Nun erscheint es generell fragwürdig, ob eine universelle Pha=
sentheorie der Daseinsthematik - etwa entlang stadienspezifi=
scher "developmental tasks" einer soziokulturell grob stan=
dardisierten Biographie - überhaupt sinnvollerweise entworfen
werden kann, bedenkt man, daß für die "thematische Relevanz"
(SCHÜTZ) von Situationsmomenten nicht allein entwicklungspsy=
chologische Faktoren entscheidend sind, sondern auch der "Kri=
sengehalt", der einer spezifischen Situationskonstellation vom
Subjekt zugerechnet wird, etwa weil es in der Situation eine
existentielle Bedrohung oder eine massive Verunsicherung sei=

nes bisherigen Welt- und Selbstbildes erkennt. CLAUSEN vertritt daher die Ansicht, daß angesichts individuell ganz unterschiedlicher "Krisengeschichten" eine Phasentheorie stets zu kurz greifen muß.[45] Zudem:

> "Veränderungen in Basisorientierungen und persönlichen Attributen ereignen sich so häufig, daß die Theorie relativ invarianter Phasensequenzen einfach nicht den Fakten des Lebens gerecht zu werden scheinen." (CLAUSEN 1978,215).

Eine Krisentheorie der Daseinsthematik setzt bei einem pragmatistischen Relevanzbegriff an. Als identitätsbildende Faktoren treten nach dieser Konzeption die zu einem bestimmten Zeitpunkt der Biographie in ihrem bestimmten Entwicklungsstand verfügbaren Problemlösekapazitäten (Daseinstechniken) des Subjekts auf, die zur Bewältigung bestimmter subjektiv perzipierter Situationsanforderungen bereitgestellt und zur Anwendung gebracht werden.

> "Kognitiv repräsentierte Anforderungen gewinnen vorallem dann Bedeutung für Entwicklung, wenn das Individuum nicht mehr mit 'routinemäßigen' Reaktionen antworten kann. Bei normativen und non-normativen Übergängen kann eine Veränderung der personspezifischen Programme und ihrer Koordination erfolgen." (OLBRICH 1981,136).

Ob ein Individuum eine Krisensituation hinsichtlich seiner Identitätsentwicklung produktiv zu bewältigen vermag, ob es also zu einer echten synthetisierenden Aufhebung des bisherigen Selbst-Vor-Urteils kommt oder zu einer Verhärtung des Autostereotyps, hängt von der Aktualisierung von Coping- vs. Defense-Mechanismen ab, und diese ist wiederum eine Folge des jeweiligen Situationserlebens, der Sicherheit und Vertrautheit im Umgang mit ähnlichen Situationen, d.h. der Vorerfahrung mit einzelnen Situationsmomenten, und überhaupt der subjektiven - auch emotionalen - Bewertung "fremder" Situationen.

> "Zusammenfassend läßt sich also sagen, daß kritische Lebensereignisse mit einer höheren Wahrscheinlichkeit positive Effekte besitzen, wenn die betroffene Person in ihrem Leben bislang ähnliche Ereignisse bewältigt hat. Eine erfolgreiche Bewältigungsgeschichte führt nicht nur dazu, zu dem Ereignis eine 'konstruktive' Einstellung zu gewinnen, sondern sie trägt auch zum Aufbau von Verhaltenskompetenzen bei. Eben weil der Rückgriff auf psychische und/oder soziale Ressourcen möglich ist, wird jedes neue Lebensereignis

nicht so wahrgenommen, als übersteige es die eigenen Kräfte.
Wenn eine Person also über die Lebensspanne hinweg ein Muster
von erfolgreichen Bewältigungsformen aufgebaut hat, so wird
ihre Verwundbarkeit durch Krisen deutlich verringert.
Die Fähigkeit einer Person, die bislang Lebensereignisse er=
folgreich gemeistert hat, auch gegenwärtige Lebensereignisse
erfolgreich zu bewältigen, kann zum Teil durch die (intrain=
dividuelle) Ähnlichkeit der Reaktionen auf Lebensereignisse
erklärt werden. Personen mit einem effektiven Bewältigungs=
verhalten mögen frühere, gegenwärtige und auch künftige Er=
eignisse in ihrem Leben als einander ähnlich wahrnehmen und
deshalb vermuten, daß sie ähnliche Situationen schon früher
bewältigt haben. Auf der kognitiven Ebene haben sie die sub=
jektive Sicherheit erworben, daß sie erfolgreich mit Ereig=
nissen umgehen können." (DANISH/D'AUGELLI 1981,164).

Aus pädagogischer Sicht bedeutet dies, daß die Fähigkeit zu ei=
ner produktiven Verarbeitung von Krisensituationen dadurch ge=
fördert werden kann, daß 1) solche Krisensituationen im Erzie=
hungsprozeß zumindest nicht vermieden, eher gezielt aufgesucht
werden und 2) dabei auf eine entsprechend "dosierte" Belastung
der Verarbeitungskapazitäten des Edukanden und d.h. auf eine
entsprechende kognitive und affektive Vorbereitung zu achten
ist.

"Entwicklung in Übergangsphasen gelingt, wenn das Individuum
in dosiertem Maße mit Veränderung und situativer Belastung
konfrontiert wird." (OLBRICH 1981,136).

Von besonderem Stellenwert für die Situationsbewältigung dürfte
dabei die subjektive Einschätzung der eigenen Leistungsfähig=
keit sein, d.h. hier die Einschätzung der integrativen Kapazi=
tät des Identitätssystems und die Bereitschaft, gegebenenfalls
Identitätsstrukturen grundlegend zu ändern. Von daher ist die
allgemeine motivationale Basis einer innovationsfähigen Selbst=
reflexion ein wesentliches Moment im Umgang mit eigenen Über=
zeugungen und Stereotypen.

"Wir meinen, daß *vielseitige Erfahrungen* in dem Maße wertvoll
sind, indem sie tatsächlich *aktiv verarbeitet* werden und hal=
ten das vorallem für eine Frage der *Motivation*." (WOLF 1971,
56).

Prinzipiell besitzt eine Person bei der Konfrontation mit einer
Krisensituation drei wesentliche Möglichkeiten, drei Techniken
der Bewältigung der problematischen Anforderungen: eine dogma=
tische, eine revisionistische und eine differenziert syntheti=
sierende. Die dogmatische Technik entspricht einer kontrafak=

tischen Aufrechterhaltung des Stereotyps, d.h. sie macht die
Mobilisierung von Abwehrmechanismen nötig. Aus alltagstheore=
tischer Sicht vertreten GROEBEN/SCHEELE die Auffassung, daß
die Anwendung dieser Technik der "Trägheitstendenz" (McGUIRE)
und dem "Prinzip des geringsten Aufwandes" entsprechend den
Regelfall darstellt.

> "Das würde bedeuten, daß sich im Normalfall ... keine großen
> Veränderungen der subjektiven Theorien vollziehen, sondern
> bestenfalls auf dem Hintergrund vorhandener (Quasi-) Theo=
> rien eine kumulative Vervollständigung der Wissensbestände
> erfolgt. Nur im (Ausnahme-) Fall einer revolutionären Um=
> wandlung des (gesamten?) subjektiven Theoriensystems kommt
> es wirklich zu einer Veränderung bzw. Entwicklung der naiven
> Alltagstheorien." (GROEBEN/SCHEELE 1977,96).

Hinsichtlich der Sollgrößen-Manipulation in den Subsystemen des
Identitätssystems stellt sich der Unterschied zwischen den bei=
den ersten Techniken aus kybernetischem Blickwinkel so dar:

> "Ein kybernetisches System, das bei geänderter Außenweltsitua=
> tion starr an seinem bisherigen Optimalmodell festhält bzw.
> neue Mittel zu seiner, den neuen Umständen angepaßten, bes=
> seren Gestaltung nicht benutzt, also nicht zu einem Optimal=
> wert im Hinblick auf neue verbesserte Mittel fortschreitet,
> ist *dogmatisch*. Ein kybernetisches System, das den Optimal=
> wert des Modells verläßt, ohne daß die Außenweltsituation
> oder geänderte Mittel dies notwendig bzw. wünschenswert ma=
> chen, ist *revisionistisch*." (KLAUS 1966,259; Hervorheb.d.d.A.)

Die revisionistische Technik der Verwerfung oder Herabsetzung
der Zielsetzung angesichts der begegnenden Widerstände der Außen=
welt, beispielsweise in der Form einer einseitig und opportu=
nistisch an der sozialen Identität ausgerichteten Selbstdar=
stellung oder in der Form des allmählich das Selbstvertrauen
unterminierenden Zurückschraubens moralischer Selbstanforderun=
gen, umgeht den synthetisierenden Akt und verlagert - im Unter=
schied zur dogmatischen Technik - die Abwehrmechanismen auf das
Wirkungsfeld der Rechtfertigung der Verarbeitungsinsuffizienzen.
Die revisionistische Technik ist gekennzeichnet durch vorschnel=
les Aufgeben relativ hoher Ziele, d.h. der Sollwerte relativ
hoch in der Hierarchie angesiedelter Systeme (Führungssysteme),
obwohl eine Korrektur auf einer erheblich niedrigeren Ebene
durchaus den Anforderungen eines realistischen Selbstbildes
genügt hätte. Wer etwa seine sportlichen Fähigkeiten (Postulat
höherer Ordnung) wegen einiger negativer Erfahrungen im Tennis=

spielen (Postulat niedriger Ordnung) in Bausch und Bogen an=
zweifelt, begibt sich unnötigerweise der Möglichkeit des trost=
reichen "Ersatzes alter Theorien durch eine neue" (GOEBEN/
SCHEELE 1977,96), d.h. er schließt von vornherein eine "diffe=
renzierende" Richtigstellung seiner Fähigkeiten "zum höchsten
Preis" aus, er verkauft sich vor seinem Selbstbewußtsein sozu=
sagen "unter Wert". Diese "ersatzlose Streichung" unterscheidet
die revisionistische Technik von der differenziert-synthetisie=
renden, die ebenfalls durch den Verlust eines Autostereotyps
gekennzeichnet ist, aber eben gerade zum Zweck der Ersetzung
durch ein "besseres", zum Zweck der "Aufhebung". Das syntheti=
sierende "Lernen als coping with novelty" (MAURER 1981,119)
schafft eine Umstrukturierung der Identitätsformation im Dien=
ste einer zunehmenden Anpassung an äußere und innere Richtgrös=
sen, die den Verlust der alten Struktur verschmerzbar macht.

> "Das Ich vergegenwärtigt sich in immer neuen Formulierungen,
> verwirft oder verfeinert dabei die vorangegangenen, sägt
> also im Fortschreiten seines Sich-selbst-Denkens immer wie=
> der den Ast ab, auf dem es sitzt." (BITTNER 1977,8 f).

Der Gewinn der synthetisierenden Krisenbewältigung besteht aber
nicht allein in einer besseren Angepaßtheit, in einer Optimie=
rung des jeweiligen situationsspezifischen Ich-Umwelt-Verhält=
nisses, sondern sie bedeutet durch die Bereitstellung neuer
Strukturen auch eine produktive Kraft in der Entwicklung ande=
rer Anpassungsleistungen; der situative Synthetisierungsakt
schafft ein Potential transformierbarer Korrektionsmöglichkei=
ten, er zeigt "sekundäre Destabilisierungswirkungen", die bei=
spielsweise zur "Aufarbeitung" von memozeptiven Informationen,
die bisher nicht im kognitiven System eingeordnet werden konn=
ten, aber auch zum Infragestellen bislang unangetasteter Auto=
stereotypen Anlaß bieten.

> "Denn auch ältere Kristallisationen der Identität können zum
> Gegenstand erneuter Konflikte werden, wenn Veränderungen in
> der Qualität und Quantität der Triebe, Erweiterungen des
> geistigen Rüstzeugs und neue, oft widerspruchsvolle, soziale
> Anforderungen alle vorherigen Anpassungsleistungen gefährden
> und die bisherigen Gewinne und Hoffnungen entwerten." (ERIK=
> SON 1956,129).

Zusammenfassend kann der Stellenwert von Krisenerfahrungen nach
LEHR als eine Funktion situativer und personaler Faktoren dar=

gestellt werden, unter denen das biographisch entwickelte
"Rüstzeug" zur integrativen Identitätsentwicklung ein wesent=
loches Moment des Situationserlebens bedeutet.

> "Je nachdem, welche Persönlichkeit in welcher biographischen
> Situation unter welchen situativen Bedingungen mit derartigen
> Zäsuren konfrontiert wird und wie sie aufgrund der genannten Be=
> dingungen darauf reagiert, sich aktiv auseinandersetzt, kann
> ein und dieselbe Grundsituation von manchen Individuen posi=
> tiv, von anderen negativ erlebt werden und die weitere Ent=
> wicklung günstig oder ungünstig beeinflussen." (LEHR 1979,
> 195).

Anmerkungen (Kapitel 2)

1) Diese Annahme entspricht der Implikation des Kausalitätsdenkens, die KANT als die Annahme des "intelligiblen Charakters" postulierte. Im VAIHINGERschen Verständnis würde freilich, was keine Schmälerung des pragmatischen Wahrheitswertes bedeutet, der Begriff des "intelligiblen Charakters" eine Fiktion darstellen. "Es muß aber eine jede wirkende Ursache einen Charakter haben, d.i. ein Gesetz ihrer Kausalität, ohne welches sie garnicht Ursache sein würde. (...) Zweitens würde man ihm noch einen intelligiblen Charakter einräumen müssen, dadurch es zwar die Ursache jener Handlungen als Erscheinungen ist, der aber selbst unter keinen Bedingungen der Sinnlichkeit steht, und selbst nicht Erscheinung ist." (KANT 1930, 527 f).

2) Auch die Vorstellung von "inneren Wahrnehmungen" ist durch diese Definition nicht von vornherein ausgeschlossen.

3) vgl. etwa die Versuche von KLACZKO-RYNDZIUM, die menschlichen Selbstreflexionsleistungen über eine "Computersimulation" aufzuarbeiten (KLACZKO-RYNDZIUM 1975);

4) nach FRANK 1975, 53 f;

5) vgl. STEINBUCH 1975, 41;

6) Dies läßt auch eine über den Operator erweiterte Rückkoppelung zwischen Effektor und Motivator fraglich erscheinen.

7) Auf die Aktivierungsfunktion des Operators weist FILIPP hin (FILIPP 1975, 53);

8) Der kybernetische Reflexionsbegriff bezeichnet in Anlehnung an BRENTANO und HUSSERL den "Bezug eines intentionalen Aktes auf einen andern intentionalen Akt" FREY 1975, 85).

9) vgl. SEILER 1973a27; MANDL/HUBER 1978, 13;

10) vgl. FISCHEL 1971, 22: "Nach BERTALANFFY (1947, 38) ist jeder Organismus 'ein offenes System, das fortwährend Bestandteile nach außen abgibt und von außen neue annimmt, das sich aber in diesem ständigen Wechsel in einem stationären Zustand oder einen Fließgleichgewicht erhält'." Vgl. auch BÜHLER 1959, 17 f;

11) Da das Wachstumsprinzip auch von der kybernetischen Psycho=
logie bejaht wird, scheinen Bedenken gegen das kybernetische
Modell der Art,wie sie FISCHEL äußert, unbegründet:

"Nicht die Aufrechterhaltung, sondern eine Veränderung des
Zustandes der Psyche ist der Grundzug jeglicher Aktivität
eines Menschen. Darum ist der Regelmechanismus ein für die
Psychologie unzureichendes Denkmodell, so sehr es sich auch
bei physiologischer Betrachtung bewähren mag (Fischel,1960).
Wäre der Zustand der Psyche homöostatisch geregelt, so wür=
de es keinen Fortschritt geben. Alles Streben würde dann
auf die Wiederherstellung eines gestörten, aber sonst un=
verändert bleibenden Behagens gerichtet sein."(FISCHEL
1967,312).

Gleiches gilt für die Einwendungen HELLERs (HELLER 1969,126);

12) vgl. BÜHLER 1969,297:

"Das Selbst jedoch erscheint uns als unbewußtes System, wel=
ches die Potentialitäten des Individuums und die ihnen
innewohnenden Direktiven enthält. Es repräsentiert und ent=
wickelt die Intentionalität des Menschen auf letzte Erfül=
lung ..." .

13) so KLAUS 1966,259:

"Es gibt aber keinen absoluten Optimalzustand, sondern nur
Optimalzustände im Hinblick auf bestimmte Außenweltsitua=
tionen und auf die zur Bewältigung dieser Außenweltsitua=
tionen vorhandenen Mittel."

14) vgl. auch die differenziertere Darstellung bei FREY 1975,
88 f;

15) Dies entspricht einer anderen geläufigen Unterscheidung in
der Theorie der kognitiven Komplexität, nämlich der von
"Umweltkomplexität" und "Komplexität von Menschen" (SCHRO=
DER 1978,48);

16) vgl. SEILER 1973a,53; SEILER 1978,119;

17) "Bereichsspezifität" besagt, "daß kognitive Strukturiertheit
keine generelle Persönlichkeitseigenschaft sei, sondern von
Bereich zu Bereich variieren könne..." (MEINHOLD 1973,84).

18) Sinn beinhaltet damit durch seine Weltbezogenheit eine Fä=
higkeit zur "Selbstkritik" und zur Revision reduzierter
Komplexität, indem er "die Mangelhaftigkeit des Faktischen
durch die Konfrontation mit dem Möglichen erweist" (MOLLEN=
HAUER 1973,69).

19) vgl. KÖRNER 1976,28;

20) vgl. etwa die Darstellung von SCHÄFER/SIX 1978;

21) beispielsweise BEM 1979; SCHMIDT 1976; MUMMENDEY/ISERMANN-GERKE 1979;

22) vgl. auch die Diskussion des Vertrautheitsmomentes bei SCHMIDT 1976,14 f;

23) vgl. SCHMIDT 1976,11;

24) vgl. SCHMIDT 1976,16;

25) Wieweit diese Unterschiede das Postulat der funktionalen Äquivalenz einschränken, müßte freilich in einer differen= zierteren Untersuchung, die die Bedingungen der genannten Faktoren für die Relevanzkalkulation mit einbezieht, erst geprüft werden.

26) vgl. auch SCHAFF 1980,50;

27) vgl. SCHAFF 1980,90:
"Ihr Einfluß ist umso stärker, je weniger das Individuum sich darüber Rechenschaft ablegt, je mehr sie sich ratio= nalisieren lassen und die Form eines Elements mit objekti= vem Erkenntniswert annehmen. Und gerade das ist die Quelle der pragmatischen Funktion der Stereotypen, darin wurzelt ihre besondere Wirkungskraft."

28) vgl. SCHAFF 1980,21 f;

29) vgl. SCHAFF 1980,58;

30) vgl. Abschnitt (3);

31) vgl. TRIANDIS 1975,165;

32) vgl. WOLF 1979,105; SCHÄFER/SIX 1978,32;

33) vgl. LAUCKEN 1974,60;

34) vgl. JANKOWITZ 1975,139;

35) vgl. BERGLER 1966,97;

36) vgl. THOMAE 1981,139-165; THOMAE 1969,189;

37) vgl. THOMAE 1969,190;

38) vgl. LEHR 1979,175: "Die Lösungsversuche, die Lösungsbemü= hungen solcher Aufgaben können zu einer bestimmten Thematik werden ...".

39) vgl. auch die fragwürdige Unterscheidung der beiden Begriffe bei THOMAE 1969,192;

40) Die Unterscheidung ist letztlich hinfällig, da auch "Systemerhaltung" einen Soll-Begriff darstellt.

41) vgl. ERIKSON 1956,133; ausführlicher in ERIKSON 1970;

42) vgl. ERIKSON 1956,152;

43) vgl. HABERMAS 1976,69 f; LOOFT 1979,315 f; LOEVINGER 1977, 156; VETTER 1980, 126 ff;

44) HABERMAS 1973,198;

45) vgl. auch die entschiedene Position LEHRs (1979,196):
"Neben einigen eher kontinuierlich verlaufenden Entwicklungsprozessen in bestimmten Bereichen des Erlebens und Verhaltens finden sich im Lebenslauf des Individuums zweifellos eine Vielzahl diskontinuierlicher - aber keineswegs einer Phasen- oder Stufengliederung folgender - Verlaufsformen, Einschnitte und Zäsuren, die als eine 'innere Wende' erlebt werden. Solche Markierungspunkte werden teilweise als besonders glückliche Erfahrungen mit positiver Ausstrahlung wahrgenommen, häufiger jedoch subjektiv als Belastungs- und Konfliktsituation, wenn nicht sogar als Krise gesehen, der - je nach individueller Situation - auch positive oder negative Ausstrahlung zugesprochen wird. Eindeutig zurückzuweisen ist jedoch die These von in bestimmteh Lebensaltern geradezu gesetzmäßig eintretenden Krisenphasen; zurückzuweisen ist vor allem die Annahme besonderer Kontinuität im 3. und 4. Lebensjahrzehnt und besonderer Diskontinuität im 5. und 6. Lebensjahrzehnt; zurückzuweisen ist die These, derzufolge das mittlere Lebensalter für Krisen besonders diponiert sei. Und zurückzuweisen ist schließlich die These, derzufolge das Werden der Person mit 20/25 Jahren abgeschlossen ist."

III

DIE RELEVANZ VON IDENTITÄTSTHEORIEN FÜR DIE PÄDAGOGIK

3.1 IDENTITÄT ALS KATEGORIE DER ERZIEHUNGSZIELPROBLEMATIK

Jede erzieherische Handlung gründet, sei es in bewußter Vergegenwärtigung, sei es in fragloser Eingebundenheit in kulturspezifische Grundanschauungen, in einer bestimmten Vorstellung von dem, was der Mensch ist, und dem, was er sein bzw. werden soll.[1] Diese ursprünglich allgemeine anthropologische Frage spezifiziert sich im individualistischen Denken zur Frage nach der Besonderheit des einzelnen, die ihn - im Rahmen allgemeiner anthropologischer Bestimmungen - von anderen abhebt. Der Umfang dieser Fragestellung läßt die Bedeutungsspanne des Identitätsbegriffes erkennen: Es geht einmal um die allgemeine Beschreibung der "Lage" des Menschen, von der aus sich die Bedingungen und Grenzen möglicher Identität feststellen lassen, sodann um die Bestimmungen und Bestimmtheiten des Menschen in kausaler und finaler Hinsicht, zum andern um die besondere Qualität des konkreten Individuums hinsichtlich seiner Begabungen und seiner Lebensgeschichte. Beide Fragen sind, so sehr sie auch entgegengesetzt erscheinen, doch aufs engste miteinander verbunden; denn wie jedes Besondere nur immer als Fall eines Allgemeinen vergleichbar mit anderen wird, so wird auch Individualität nur in je bestimmten Hinsichten erkennbar und erfährt eben in den Schranken der Möglichkeiten des Allgemeinen auch ihre Grenze. In diesem Sinne ist das erste Interesse einer "Anthropologie der Individualität" (LOCHNER), das Feld möglicher Besonderheit des Menschen abzustecken, und sie vermag dies nicht etwa in einer positiven Art, da sie wohl in der Aufzählung des Vielfältigen kein Ende fände, sondern bestenfalls in einer negativen, indem sie die Grenzen des Aparten an den Bestimmungselementen des Allgemeinen gewinnt. Wo freilich die Bestimmungselemente des Allgemeinen wie etwa bei der "offenen Frage" nach dem Wesen des Menschen garnicht anders als im Vorgriff auf ein erst noch zu konstituierendes Wesen gewonnen werden können, da wird der homo cogitans zum homo creator und hat seine Erkenntnis als Bestimmung zu verantworten. In dieser

Situation befindet sich die Pädagogische Anthropologie, seitdem
ihre im Relativismus schwankende Grundlage sie als empirisch-
analytische Wissenschaft hat fragwürdig werden lassen. Wenn das
Wesen des Menschen als ein allgemeines nicht zu bestimmen ist,
wie die Anthropologiekritik herausgestellt hat, dann ist das
Wesen des Einzelnen in totaler Weise zur Disposition gestellt.
Eben diese Dispositionalität ist es letztlich, die den Menschen
als ein erziehungsbedürftiges Wesen auszeichnet und der Erzie=
hung ihre Aufgabe zuweist. Pädagogische Anthropologie, von der
erwartet wird, daß sie die Bestimmung des Menschen anzugeben
vermöchte, um damit ihren Beitrag zur pädagogischen Pragmatik,
nämlich Rechtfertigung, zu leisten, kann nun fürs erste nicht
mehr als Erziehungsbedürftigkeit konstatieren.[2] Um jedoch Men=
schenbilder zu rechtfertigen, die aus nichts anderem entwickelt
werden können als aus dem, was selbst Menschenwerk ist, dem
historischen Selbstbewußtsein des Menschen; bedarf die Pädago=
gische Anthropologie ethischer Fundierung; spätestens hier wird
ihr Sujet als ein erziehungsphilosophisches sichtbar. Sie teilt
damit, wie DICKKOPP aufweist, das Schicksal der Bildungstheorie.

DICKKOPP unterscheidet mit SCHALLER drei Bildungsmodelle, die
gegenwärtig Aktualität besitzen:[3]

1. Das funktionale Bildungsmodell, das mit den Namen LEIBNIZ,
HUMBOLDT und ROUSSEAU verbunden ist und von der Annahme laten=
ter "Kräfte" bzw. "Vermögen" ausgeht, die durch Bildung ins
Leben zu rufen und zur Entfaltung zu bringen sind; in den Wor=
ten KLAFKIs: "

> "Das Wesentliche der Bildung ist nicht Aufnahme und Aneignung
> von *Inhalten*, sondern Formung, Entwicklung, Reifung von kör=
> perlichen, seelischen und geistigen *Kräften*. Bildung als
> Werk ist der Inbegriff der in einer Person geeinten, bereit=
> stehenden Kräfte des Beobachtens, Denkens und Urteilens, des
> ästhetischen Gefühls, des ethischen Wertens, Sich-Entschlies=
> sens und Wollens usf., die dann an den Inhalten der Erwach=
> senenexistenz in 'Funktion' treten können." (KLAFKI 1972,70).

Die implizite Rechtfertigung des Menschenbildes im funktionalen
Bildungsmodell liegt also darin, daß Erziehung als Förderung
schon vorgegebener Anlagen die individuelle Bestimmung des Men=
schen, die freilich noch immer apriori vorausgesetzt wird,

garnicht verfehlen kann, so sie nur wachsen läßt, was da wach=
sen will. Daß solche Gesinnungen keineswegs überholt sind,
wenn sie auch ein gerütteltes Maß an Ignoranz gegenüber den
anthropologischen Erkenntnissen der letzten Jahrhunderte be=
dürfen, wird nicht allein aus dem alltagspsychologischen Pra=
xishintergrund des "laissez-faire", sondern auch aus den An=
strengungen ersichtlich, mit denen mancherorts Trieb- und Ge=
fühlsleben gehegt und gepflegt und schließlich gepflogen wird -
in der Hoffnung, es sei der "repressiven Entsublimierung" (MAR=
CUSE) entkommen.

2. Das dialektisch-reflexive Bildungsmodell, das das monadolo=
gische Postulat des funktionalen Bildungsmodelles überwindet,
und auf der Grundlage des HEGELschen "Im-andern-zu-sich-selbst-
Kommens" dem anderen eine wesentliche Bedeutung für die Konsti=
tution von Subjektivität einräumt. DICKKOPP ordnet hier auch
die"geisteswissenschaftlichen Entwürfe" ein, "die sich in ihrer
Theorie darum bemühen, den objektiven Bereich als etwas geisti=
ges - als Objektivationen des Geistes, als Kultur - zu verste=
hen, in dessen hereinnehmendem Verstehen der einzelne erst zu
der Fülle kommt, die er eigentlich 'ist'." (DICKKOPP 1971,49).
Das hier beanspruchte Modell vom Menschen als Geistwesen ver=
legt die Wesensbestimmung des Menschen in den individuellen
Prozeß der geistigen Aneignung, die zugleich Hervorbringung des
Subjektes ist. Erzieherisches Handeln wird so gerechtfertigt,
indem es auf die Selbständigkeit des denkenden Menschen zielt:

"Das heißt: Kritikfähigkeit, Subjekthaftigkeit, Individuali=
tät u.a.m. sind dem Individuum aufgegeben, sie sollen sein;
es handelt sich bei den Genannten um Sollensgehalte, die
sich nit aus der physischen Natur des Menschen herleiten
lassen und durch sie erklärt werden können, sondern allein
aus der Vernünftigkeit entspringen, was seinerseits wiederum
nicht geleugnet werden kann, ohne dabei eben diese Vernünf=
tigkeit in ihrer Sollensstruktur zu beanspruchen." (LÖWISCH
1982,37).

3. Das dialogische Bildungsverständnis, das "weder von einer
Vorgegebenheit in einem Subjekt noch in einer Vorgegebenheit im
Objekt ausgehen (will)" (DICKKOPP 1971,50), sondern Bildung we=
sentlich im Vollzug des Verhältnisses konstituiert sieht, in
dem sowohl das Subjekt wie auch das andere erst hervorgebracht

wird. Dieses auf Martin BUBER gründende und vorallem von SCHAL=
LER fortgeführte Modell beansprucht ein von den vorgenannten
Ansätzen grundlegend verschiedenes Rechtfertigungsprinzip:

> "Das Sein des Menschen kann nur als ein im Vollzug sich be=
> findendes Sein verstanden werden, als etwas, das im Vollzug
> von Erziehung erst zustandekommt. Es kann nicht ein Gegebe=
> nes und vielleicht Auffindbares sein, von wo aus sich Er=
> ziehung in eigenständiger Weise normativ bestimmen könnte."
> (DICKKOP 1971,53).

Rechtfertigung wird nicht am Vorgegebenen, am Potential von
Kräften oder am Prinzip der "Logoshaftigkeit" (BALLAUF), ge=
sucht, sondern sie wird ins Kommunikative "ausgesetzt". Ob
dieser Anspruch freilich zu halten ist, ob nicht beispielswei=
se in den Modellen der rationalen Kommunikation oder des herr=
schaftsfreien Diskurses sehr wohl ein "vorgängiges" Prinzip
imputiert werden muß, das sehr wohl auf einem spezifischen Be=
griff von Vernünftigkeit gründet, wird kritisch zu prüfen sein.

Die Rechtfertigungsnöte der Pädagogischen Anthropologie, denen
in den drei Bildungsmodellen auf verschiedene Weise entsprochen
wird, indem einmal auf die Anlagen des Individuums, ein ander
Mal auf die Macht der Vernunft, schließlich auf die Produktivi=
tät des kommunikativen Prozesses das Vertrauen gesetzt wird,
allemal aber nicht auf einen gesicherten Begriff von der zu=
künftigen Gestalt des Edukanden, zeigen die Schwierigkeit,
Identität anders als an Formalbegriffen, an Kompetenzen, fest=
zumachen. Diese stehen sämtliche im Anspruch von Selbstverwirk=
lichung, sie sind als Mittel der Selbstbestimmung ausgewiesen,
d.h. der Edukand soll mittels ihrer in die Lage versetzt werden,
über seine Identität frei zu verfügen. Nun sind auch solche
Kompetenzen nicht begreifbar, ohne ihr "Wozu" schon als bekannt
vorauszusetzen, ohne also den durch sie anzueignenden Inhalt zu
antizipieren, und sie sind nicht zu entwickeln, ohne in der Vor=
wegnahme künftiger Identitätsanforderungen sie auf eine bestimm=
te Applikation einzuschränken. Diesen Tatbestand moniert KLAFKI
auch für die Theorie der methodischen Bildung:

> "Sowenig es nämlich geistige 'Kräfte' des Individuums ohne
> Inhalte gibt, ebensowenig gibt es Methoden ohne oder vor den
> Inhalten, deren Bewältigung sie dienen sollen. Die Struktur
> der Inhalte bestimmt das Wesen der pädagogischen Methoden
> und auch der Methoden, die man zum Besitz des Zöglings zu
> machen gedenkt." (KLAFKI 1972,73 f).

Es stellt sich angesichts dieser Schwierigkeit, nicht nur einem inhaltlichen, sondern zudem einem methodischen Dogmatismus (dem der inhaltliche inhärent ist) zu entgehen, die Frage, wie erzieherisch angemessen die Aufgabe der "Identitätsbildung" wahrgenommen werden könne, die ZDARZIL in folgender Weise beschrieben hat: "Hilfe für die Ausbildung und Ausübung (Verwirklichung) und für die im späteren Leben vielfach erfolgende Umstrukturierung der menschlichen Identität zu bieten." (ZDARZIL 1978,251).

Wer wie BUCK in der Nachfolge LÜBBEs Identität als "das Ensemble aller nicht von einem Lebensplan entworfenen Zufälligkeiten, all der quer zum Wollen des Subjekts eintretenden Widerfahrnisse ... primär als Determination, die einer erleidet" (BUCK 1980,27) sieht, der kann zwar schwerlich solche Identität zum Bildungsideal erklären[4], da sie sich ja gerade aller Planung entzieht, es sei denn hinsichtlich einer moralischen Identität, "die sich aus der Gemeinsamkeit der Praxis begreift" - "hier ist der Punkt, wo sinnvollerweise von einer vorsätzlichen Gewinnung der Identität durch *Bildung* die Rede sein kann" - (BUCK 1980,31), er klammert aber damit gerade jene identitätsbildenden Erziehungshandlungen von der erzieherischen Verantwortung aus, die einmal dem Edukanden zum Schicksal werden, das er "erleidet", zum andern aber auch erst das Bewußtsein der Gewordenheit ermöglichen, das zur Lebensgeschichte Distanz schafft und damit eine selbsterzieherische Stellungnahme erst erlaubt. Er übersieht damit die zur Selbsterziehung, die ja auch in der Entwicklung und Umsetzung einer moralischen Haltung unerläßlich ist, notwendige Voraussetzung eines bewußten Umgangs mit Identität, der selbst ein Stück jener Gewordenheit darstellt.

> "Wichtig an der Identität des Menschen ist der Umstand, daß sie sich in der Doppeltheit von Sein und Bewußtsein entfaltet: seine Identität umfaßt, was er ist und als was er sich weiß, anerkennt, als was er sich definiert; denn für den Menschen ist vielfach nur das wirklich, was er als real definiert." (ZDARZIL 1978,251).

An der Entwicklung dieses Bewußtseins hat erzieherisches Handeln aber einen konstitutiven Anteil; es stellt Subjektivität erst her, es schreibt dem Edukanden ein Selbst zu, es identi=

fiziert ihn und bestimmt damit in den grundlegendsten Zügen
sein Selbstbewußtsein in einer Weise, dergegenüber die Rede
vom Zufall nur Zeichen mangelnden erzieherischen Selbstbewußt=
seins wäre. Da sich Erziehung dieser konstitutiven Rolle nicht
entziehen kann, bleibt dem Erzieher nur die Möglichkeit, Iden=
tität zu entwerfen und dabei immer nur als einen vorläufigen
Entwurf zu wissen, der in der Reflexion des Edukanden und im
Dialog mit ihm eine stetige Erwiderung erfährt. und ihm so zum
Anlaß der Selbstbeurteilung wird, die allmählich einen autono=
men Umgang mit der eigenen Identität erlaubt.

"Wer erzieht, macht sich ein Bild vom Kinde. Er gibt vor, zu
wissen, was ihm nottut und fehlt, was ihm erhalten und gege=
ben werden muß, er macht sich Vorstellungen darüber, was aus
diesem jungen Menschen dereinst werden kann und soll. Ohne
einen solchen Vorentwurf, der freilich nicht in Phantaste=
reien ausarten und um jeden Preis unverändert festgehalten
werden darf, kommt kein Erzieher aus. Sein Bild vom Kinde,
wie es ist und was es werden kann, ist die Grundlage, auf
welcher er überhaupt erst Erfahrungen mit diesem zu machen
vermag, die ihn wiederum veranlassen, seine Vorstellungen
zurechtzurücken. Zugleich ist das Bild des Erziehers vom
Kinde ein Anspruch an den jungen Menschen, mit welchem er
sich auseinandersetzen, den er erfüllen, korrigieren oder
abweisen muß, der ihn aber jedenfalls zwingt, aus sich he=
rauszutreten und er selbst zu werden." (SACHER 1976b,75).

3.1.1 Der legitimative Gehalt von Menschenbildern als Basis für Erziehungsziele

Jede Erziehungstheorie - selbst eine antipädagogische - setzt in erster Linie auf die positiven Kräfte intentionaler Erziehung und gibt damit zu erkennen, daß sie einen rationalen Zugang zu den Bedingungen von Erziehung sucht. Die zwei Seiten der beanspruchten Rationalität sind, auf eine kurze Formel gebracht, Realismus und Entschiedenheit: Realismus als eine Haltung der Illusionslosigkeit und Unbefangenheit in der Rezeption der Gegebenheiten, Entschiedenheit als eine Haltung universeller Prinzipientreue und durchgängiger Zielorientiertheit im Umgang mit den Gegebenheiten. Ersteres verleiht dem erzieherischen Denken den Status einer wissenschaftlichen Theorie, letzteres setzt die Erziehungstheorie in den Stand, praktisch zu werden als eine Konzeption, die "weiß, was sie will". Wie weit sich die Ideale der Unbefangenheit und des begründeten Handelns realisieren lassen und wieweit sie utopische Ansprüche wissenschaftlicher Selbstherrlichkeit bezeichnen, ist sicherlich eine Frage der prinzipiellen Begrenztheit menschlicher Reflexivität; nicht diese erkenntnistheoretische Problematik soll hier aber erörtert werden, sondern die Funktion von Menschenbildern für die Orientierung intentionaler Erziehung und damit die Möglichkeit eines realistischen und zugleich begründungstheoretisch fruchtbaren Menschenbegriffs in der Pädagogischen Anthropologie.

HAMMERs Versuch, die beiden Postulate eines erziehungswissenschaftlichen Rationalitätsbegriffs als analytisches Kriterium einer Unterscheidung von "Real-" und "Sinnanthropologie" (HAMMER 1979,10) zu verwenden, mag zwar für eine grobe Kategorisierung der Fragen der Pädagogischen Anthropologie nützlich sein, die Kategorien erlauben allerdings nicht mehr, den Seins-Sollens-Zusammenhang zu problematisieren, durch den überhaupt erst Legitimationspotentiale im Menschenbild möglich werden, sondern sie scheinen jenem naiven HUMEschen Seins-Sollens-Dualismus entsprungen zu sein, der die wechselseitige Transformierbarkeit beider Begriffe[5] übersieht.

Seitdem die Verfassung des Menschen als eine "offene" erkannt worden ist, scheint der Erziehungsphilosophie die Möglichkeit entzogen, Erziehungsziele aus "inneren Bestimmungen" des Menschen herzuleiten. Die "Hebammenfunktion" des Erziehenden, der sich einmal im Dienst am Zögling dem PINDARschen Imperativ des "Werde, der du bist!; verpflichtet sehen konnte, erscheint als verbrämte "Bildhauer"-Funktion, als beschönigende Selbsttäuschung und Verantwortungsverschiebung des Erziehers.

Inwiefern erzieherisches Handeln als begründet gelten kann, wird damit zu einer Frage der "äußeren Bestimmungen", der Notwendigkeiten, die aus der Konsequenz eines idealen Welt- und Gesellschaftsbildes erwachsen und das Leben des einzelnen nur als einen Beitrag zur Verwirklichung dieses Ideals erscheinen lassen. Doch auch diese Bestimmungen müssen *anthropologisch* "realistisch" sein, d.h. sie müssen auf den Menschen "passen", sie müssen im Rahmen des "Menschenmöglichen" liegen. Mit dieser Forderung aber wird das Anthropologische, das eben noch fragwürdig erschien, wieder als Maßstab der Zielsetzungen eingeführt, wenn sich sein Begriff auch von dem der "Bestimmungen" zu dem der "Möglichkeiten", dann eben der "wertvolle(n) Möglichkeiten des Menschseins" (HAMMER 1979,10) gewandelt hat; denn jeder "Wert", auf den hin die "Möglichkeiten" zu "bestimmen" sind, ist ein Wert *für den Menschen*. Für den Menschen schlechthin? stellt sich die Frage. In der Erkenntnis der Subjektivität des Wertes gründet eine weitere Wandlung des Begriffes vom Anthropologischen: Wenn der Wert nur durch die freie Selbstverpflichtung des Subjekts Legitimität gewinnen kann, dann muß das Subjekt als eines, das sich selbst Zwecke setzt und darin sich Selbstzweck ist, Gegenstand, besser: "Rücksicht" der erziehungsphilosophischen Betrachtung werden.

Dieser Dreischritt der Revision der anthropologischen Basis von Normenbegründungen, den nachzuvollziehen auch heute noch viele zögern, weil sie befürchten, daß er vom Begriff des Menschen schlichtweg nichts mehr übriglasse, findet seine kategorischen Anhaltspunkte schon in PESTALOZZIs Auffassungen vom Menschen als "Werk der Natur", "Werk der Gesellschaft" und "Werk seiner selbst".[6] Zweifellos bilden diese Auffassungen

bis zum heutigen Tag noch die Grundlage von Entscheidungsbe=
gründungen in der Spanne der Alternativen von "Führen oder
Wachsenlassen" (LITT 1952) und der korrespondierenden Selbst=
verständnisse von Erziehern als "Gärtnern", "Bildhauern" oder
"Befreiern" des bildsamen Selbstes ihrer Zöglinge.

Als ein von der Natur bestimmtes, somit natürliches Wesen ist
dem Menschen das Ziel als Endpunkt der entelechischen Entfal=
tung des "Naturplanes" vorgegeben und es erhebt sich 'nur' die
Frage, ob er in dieser Entfaltung durch Erziehung gehemmt, ge=
hindert oder ob sie ihm gar vorenthalten werden könnte. Diesem
naturalistischen Menschenbild sind all jene anthropologischen
Ansätze zuzurechnen, deren Kern eine "statische Begabungstheo=
rie" darstellt, "nach welcher Begabung angeboren, frühzeitig
auf bestimmte inhaltliche Felder ausgerichtet und erkennbar
sowie infolge einer natürlichen Auslese in den einzelnen Be=
völkerungsschichten im unterschiedlichen Maße zu finden sein
sollte" (SACHER 1976b,80), aber auch solche, die, wie die mar=
xistische Interpretationen der Psychoanalyse, das menschliche
Leben als von Triebstrukturen geformtes, aber seiner heimlichen
"besseren" Natur[7] entfremdetes interpretieren. DILTHEYs Welt=
anschauungstyp des "naturalistischen" bzw. "positivistischen"
Menschenbildes[8] kann als Modell dieser Auffassung dienen. Die
pädagogische Verantwortung einem so perzipierten Edukanden
gegenüber beschränkt sich auf ein Gewährenlassen und Bewahren
vor dem Einfluß des "Unnatürlichen"; wieweit von einer Selbst=
verantwortung des Edukanden gesprochen werden kann, hängt von
der Frage ab, ob ein solcher Edukandus dem Plan der Natur bzw.
ihrer Verhinderung etwas entgegenzusetzen hat. Wer ihr nichts
entgegenzusetzen hat, der ist ihr - nicht hoffnungslos, son=
dern notgedrungen seine Hoffnung aus ihr schöpfend - ver=
pflichtet, auch ethisch - wie das Beipiel de SADEs und d'HOL=
BACHs zeigt[9] - und zugleich durch sie, quasi als ihre Gegen=
leistung, immer schon gerechtfertigt. Das Verhältnis zwischen
Erzieher und Edukandus erscheint als eines von Natur gegen Na=
tur, darin also selbst Natur und somit in seiner ganzen Er=
scheinung Notwendigkeit, in die das Denken selbst mit eingebun=
den ist.[10] Insofern kann als "naturalistisches Menschenbild"

ein solches bezeichnet werden, das von einer (idealerweise) harmonischen Eingebundenheit des Menschen in das "System der Natur" (d'HOLBACH) ausgeht; wo der Begriff der Natur zu einer dynamischen Vorstellung gerät - Natur als dialektische Notwendigkeit - wie in TOMBERGs These: "Der menschlichen Natur ist es wesentlich, vernünftige Naturmacht in tätiger Entgegensetzung zur Natur zu sein." (TOMBERG 1978,60) schrumpft Natur vom Gestalthaften zum schlichten Prinzip der Notwendigkeit, das nichts zu erklären vermag, weil es der Anspruch von Erklärung selbst ist, nichts zu rechtfertigen vermag, weil durch es alles schon ins Recht gesetzt ist. Da ein Menschenbild nur legitimativen Gehalt haben kann, wenn es Konkretes auf ein Besonderes zurückzuführen erlaubt und insofern mehr als ein allgemeines Prinzip behauptet, soll hier als "naturalistisches Menschenbild" nur gelten, was dieses Rückführungs- oder Erklärungspotential beinhaltet.

Wenn "die Natur" keine Kriterien zu einer idealen Bestimmung des Menschen hergibt, sei es, weil sie ihn als "unfestgestelltes" Wesen aus ihrem Plan entlassen hat, sei es, weil sie das Menschengeschlecht mit einer selbstzerfleischenden "Wolfsnatur" (HOBBES) gerüstet hat, zugleich aber mit einer "Todesfurcht", die den Keim der Vernunft schon in sich trägt,[11] so muß zur Ableitung des "Idealen" ein anderes als *ihr* "Interesse" gewählt werden. Wenn sich die "zweite Natur" des Menschen als eine gesellschaftliche konstituiert und wenn der Mensch als ein zoon politikon die Möglichkeiten seines Glückes aus sozial vermittelten Bedürfnissen und Sinnbezügen gewinnt, so liegt es nahe, das "gesellschaftliche Interesse" als das ursprünglich vernünftige Interesse zum Ausgangspunkt der Entwicklung eines idealen Menschenbildes zu nehmen. Die sich hier offenbarende Schwierigkeit, einen allgemeinen Begriff des "Gemeinwohls" o. dgl. zu konzipieren, zeigt - um im HOBBESschen Bilde zu bleiben -, daß die Natur dem Menschen zwar eine Idee der Vernunft, nicht aber die Mittel zu ihrer Verwirklichung mitgegeben hat; diese muß er sich - wiederum gesellschaftlich - erst erarbeiten. Wie HEID in seinen Überlegungen "Zur pädagogischen Legitimität gesellschaftlicher Verhaltenserwartungen" (1970) aufweist, unterliegt die gesellschaftlich orientierte Normenbegründung einer doppelten Problematik:

1. "Die gesellschaftlichen Verhaltenserwartungen sind *weder konform noch gar kompatibel*" (ibid.369) und
2. "die aktuellen Anforderungen der Gesellschaft (stellen) *keine feste Größe* dar" (ibid.370).

Ersteres hat für das Verfahren der Normenbegründung die Konsequenz, entweder aus dem "Angebot"[12] der pluralen gesellschaftlichen Normen auszuwählen und somit in dieser Wahl sich einem Kriterium, das die Norm selbst noch nicht vermittelt, zu verpflichten, oder über das "Angebot" hinausgehende Versuche zu unternehmen, gesellschaftliche Widersprüche in einem einheitlichen Entwurf eines idealen Menschenbildes aufzuheben. Ungeachtet aller praktischen Komplikationen, die die Forderung einer realistischen Erfassung der allemal subjektiven historischaktuellen "Wertewirklichkeit" mit sich bringt, beinhalten beide Konsequenzen - sowohl die der Selektivität wie die der Synthetisierung - die Notwendigkeit eines begründenden Kriteriums, im einen Falle der Auswahl, im anderen der gewählten Richtung der Synthese. Gerade dieses Kriterium kann nur wieder aus dem Vorbegriff eines - sei es elitären, sei es utopischen - Menschenbildes gewonnen werden.

> "Man wird als in *'den'* Anforderungen *'der'* Gesellschaft zumindest nicht *'das'* Kriterium zur Ziel- und Inhaltsbestimmung der Persönlichkeitsformung sehen können. Ja, *diese Ansprüche bedürfen ihrerseits des Kriteriums*, und zwar einmal zur Entscheidung zwischen Widersprüchen der pädagogisch relevanten Anforderungen oder allgemeiner: zur Strukturierung der pädagogisch belangvollen sozialen Verhaltenszumutungen und zum anderen zur Bestimmung pädagogischer Legitimität einzelner Anspruchsmuster" (HEID 1970,369).

Das zweite Problem, das seit DILTHEYs Darstellung der historischen Relativität von Normstrukturen in einer Kette von Begründungskrisen ansichtig wird, deren gegenwärtige Folge eine entscheidungsängstliche "Zielblindheit" (HÄRLE 1982,305) technologischer Erziehungs- und Bildungsauffassungen darstellt, bringt die Erziehungsphilosophie in die angesichts der NOHLschen Forderung nach Autonomie ärgerliche Lage, entweder voll auf damit beschäftigt zu sein, als "Lernwissenschaft" den "vieldiskutierten raschen und tiefgreifenden Strukturwandel" (HEID 1970,370) der Wertorientierung und ihrer differenzierten

Wenn-und-aber-Relativismen nachzuwachsen oder den Ruf einer
wohlmeinend wirklichkeitsfremden, gar nostalgischen Tugendleh=
re zu riskieren, die nur noch als erbauliche Ablenkung vom ethi=
schen Desaster "dem Leben dient". Die Zukunftsorientiertheit,
die der Begründung von Erziehungszielen nottut, fordert auch
unter gesellschaftlicher Perspektive Realismus und Entschieden=
heit, soll die erziehungsphilosophische Disziplin nicht zur
Spielwiese von science-fiction-Projektionen werden noch dem
verlegenen Konservatismus eines "halbierten Rationalismus"
(KLAFKI 1977,68) verfallen. Aus der Forderung nach Realismus
können mit KLAFKI vier Aufgabenfelder zukunftsorientierter
Erziehungsphilosophie abgeleitet werden:

"1. eine Deutung und Bewertung der *gegebenen* geschichtlichen
 Situation;
2. eine Auffassung über die Stellung der Jugend als der nach=
 wachsenden Generation in dieser geschichtlichen Situation;
3. ein gedanklicher Vorgriff auf die weitere Entwicklung des
 betreffenden wirtschaftlichen, gesellschaftlichen, politi=
 schen, kulturellen Systems und eine Leitvorstellung für
 seine Gestaltung;
4. eine Vorstellung von den Möglichkeiten und Aufgaben der
 nachwachsenden Generation in der so vorweggenommenen Zu=
 kunft." (KLAFKI 1977,55).

Doch was sich in der Leitvorstellung für die Gestaltung der
Zukunft niederschlägt, ist nicht allein eine realistische Hal=
tung - wenn man überhaupt von einem *prospektiven* Realismus re=
den möchte, der sich ja im Erwartungskomplex des Realisierba=
ren als eine höchst individuelle Haltung zeigt -, sondern ein
beanspruchter Sinn, der aus der Freiheit der Negation jeden
Begriff hypostasierter "Notwendigkeit" überschreitet und der
den Erzieher als den potentiellen "Neinsager" den sog. "Sach=
zwängen" gegenüber ausweist. Eine Erziehungsphilosophie, der
es um "die Ausbildung des *ganzen Menschen*" (NOHL 1972,38)
geht, kann sich nicht die Propagierung eines unreflektierten
Pluralismus zum Programm machen, durch die die ganze Wider=
sprüchlichkeit des tolerierten Nebeneinander von Wertvorstel=
lungen und Menschenbildern einer gesellschaftlichen Wirklich=
keit von Anfang an dem Edukanden - zur vernünftigen Aufarbei=
tung etwa - aufgebürdet würde, noch kann sie einem Dogmatis=
mus das Wort reden, der die Selbstsicherheit des Subjekts auf
die Fraglosigkeit seiner Stereotypen gründen will und es damit

der Chancen einer extensiven Verarbeitung sozialer Erfahrungen
beraubt. Die Maxime der Konfrontation mit dem "dosierten Wider=
spruch" muß auch als sozialisatorisches Prinzip die Vermitt=
lung des Menschen als einem "Werk der Gesellschaft" zu einem
"Werk seiner selbst" anleiten, will sie aus dem distanzierten
Bürger einen engagierten Demokraten "wachsen lassen", der im
Umgang mit sich selbst sein Wachstum voranzutreiben imstande
ist.

> "Ein ganzer Mensch darf deshalb nur derjenige heißen, der
> nicht den Versuch macht, dem ihm anstößigen, weil sein Har=
> monieverlangen störenden Widerspruch durch eine Sezession
> in die Innerlichkeit aus dem Wege zu gehen, sondern den Mut
> hat, ihn ungemildert und unbeschönigt in seine Lebensrech=
> nung einzustellen." (LITT 1967,121).

Als "Werk seiner selbst" ist der Mensch nicht durch die gestal=
tenden Kräfte der Natur oder der Gesellschaft entlastet, Not=
wendigkeit ist er sich selber, mit SARTRE zu sprechen: die Not
seiner "Freiheit des Nichts" kann ihm von niemandem anderem
als ihm selbst "gewendet" werden. Seine Gestalt ist ihm Auf=
gabe, personale Antwort auf die "offene Frage" seines Wesens
wie Konstitution seines Selbstbegriffes aus der Ursprünglich=
keit des Denkens.

> "Uns ist das Ich kein beobachtbares Objekt, kein Fall der Na=
> tur, auch nicht eine bloße Tatsache. Es ist uns Möglichkeit,
> alles zu denken, alles zu lernen, Möglichkeit von Tatsachen,
> capacitas infinita nicht Behälter, sondern als capax infini=
> ti, also ausgezeichnet; es ist uns eine beobachtende, d.h.
> in Akten sich selbst gestaltende Einheit - unitas uniens
> sagt der Cusaner. Es ist uns grundsätzlich nicht nach Maß=
> gabe eines Objektes objektivierbar, weil es als die Möglich=
> keit des Vollzugs von Objektivationen angesehen werden muß.
> Es ist uns nicht ein Behälter von Bewußtseinsabläufen mit
> physiologischen 'Parallelen', sondern eine Einheit sui gene=
> ris, die immer urteilt, begreift und schließt, also sich
> durch Sinngebung definiert. Ihr dient das Physiologische als
> Bedingung, nicht als Ursache. Dieses Ich 'hat' kein Gedächt=
> nis, sondern 'ist' selbst seine Vergangenheit als zukunfts=
> gerichtete Gegenwart. Es 'verwahrt' keine 'Wissensbestände',
> sondern es macht sich selbst aus ihnen, macht sich an ihnen
> wachsen;" (PETZELT 1971,87).

Was Alfred PETZELT hier aus neukantianischer Perspektive als
den Begriff des "reinen Ich" kennzeichnet, wird im Existentia=
lismus zum Begriff der "personalen Mitte", das "ineffabile"

der Ursprünglichkeit des Denkens zum "Inkognito personaler Exi=
stenz" (VETTER 1965,98). Als "Werk seiner selbst" vermittelt
sich der Mensch aus seiner Existenz ins personale Dasein, das
ihm in seiner "Selbstgehörigkeit" (GUARDINI 1965,20) immer
schon als Möglichkeit gegeben ist. Diese Selbstgehörigkeit er=
möglicht die Selbstverpflichtung auf Werte, die dem Ich jene
Gestalt verleiht, die ihm vordem nicht gegeben ist. Was bei
KANT als das Vermögen der Vernunft auf die "unendliche Approxi=
mation an eine Vollkommenheit" (SCHURR 1982,14), nämlich die
Identität mit dem reinen Ich, hinzielt, das Vermögen sich selbst
Zwecke zu setzen, wird im Personalismus zur Aufgabe der "Wert=
sichtigkeit", die in der Selbstgehörigkeit des Subjekts unteil=
bar ist. Die erzieherische Konsequenz ist der Respekt von der
Autonomie des sich selbst setzenden Subjekts in seiner sitt=
lichen Identifikation, die nur als solche einen vermittelbaren
Imperativ darstellt.

> "Wenn erziehungsphilosophisch als gefordert wird, den Edukan=
> den aufzuschließen für wertiges Handeln, ihn sehend zu ma=
> chen für die Notwendigkeit, sich um wertiges Handeln zu be=
> mühen, dann *setzt* der Erzieher keine Werte, dann orientiert
> er nicht über *bestimmte* Werte, dann *implantiert* er keine
> Werte, sondern dann macht er den Edukanden *wertsichtig*."
> (LÖWISCH 1982,150).

Die Begründung von Erziehungszielen nimmt unter diesen Voraus=
setzungen eine andere Richtung: Sie vertraut nicht der Selbst=
sicherheit der Natur und sie dient nicht einem gesellschaftli=
chen "Bedarf", sondern sie fordert die Selbstverpflichtung des
Edukanden, ohne die Pflichten vorzugeben. Es stellt sich die
Frage, ob das, was hier als personale Selbstverwirklichung
schon als Formelbegriff vorausgesetzt wird, eine Legitimations=
basis im Subjekt haben kann, bevor das Subjekt sich sozusagen
dem Prinzip der Selbstverpflichtung zu verpflichten bereit
zeigt. Die Konnotationen eines Pflichtbegriffes, in einem die
Generalisierungsansprüche von "Identität",,die sich in den Er=
wartungen der sozialen Umwelt einschließlich des Erziehers
niederschlagen, sind der "Wertsichtigkeit"[13] des Edukanden
nicht apriori immanent, sondern konstituieren sich in einer
kommunikativ vermittelten Sprachpraxis. Sehr wohl mag es eine
Legitimationsbasis für solche Ansprüche in der Sozialität des
Subjekts geben und sehr wohl mag der Sinn generalisierter Er=

wartungen an die Selbstidentifikation des Subjekts von diesem
"vernünftig" eingesehen werden, er ist ihm aber nicht als Mit=
gift einer ontischen Pseudonatur immer schon evident, sondern
muß selbst erst einsichtig gemacht werden. In diesem Sinne
gilt für das hypostasierte Begründungspostulat einer "persona=
len Pflicht" in einem radikaleren Sinne als dieser es wohl ge=
meint hat, SPECKs Forderung:

> "Die vorgegebene anthropologische Kategorie ('Der Mensch ist
> Person') darf nicht als Ableitungsbasis für pädagogische
> Normierungen verwendet werden." (SPECK 1968,70).

Das Menschenbild, das einem Erziehungsbegriff vom "Auslösen der
Freiheit" (RITZEL nach SPECK 1968,78) oder dem PETZELTschen
Satz: "Der Erzieher erzieht, indem er Selbsterziehung anruft."
(PETZELT 1972,90) zugrundeliegt, impliziert einen Begriff von
der Autonomie des Subjekts, der die soziale Konstitution von
Subjektivität, die überhaupt erst Räume der Selbstbestimmung
eröffnet, so sehr verfehlt, daß zur Ableitung von Erziehungs=
zielen, die ohnehin spärlich genug und in der Regel negativ
ausfallen müssen, die soziale Wertwirklichkeit in das Subjekt
"hineinsubstantialisiert" werden muß, um sich ihm "begegnend"
zu erschließen. So nimmt das HEGELsche "Im-andern-zu-sich-
selbst-Kommen" etwa im Existentialismus KIERKEGAARDs die Ge=
stalt der Identifikation mit den "Wertestiftern" selber an:

> "Das Kind, das bisher seine Eltern zum Maßstab hatte, wird
> ein Selbst, indem es als Mann den statt zum Maßstab bekommt;
> aber welch unendlicher Akzent fällt auf das Selbst, wenn es
> Gott zum Maßstab bekommt! Den Maßstab für das Selbst bildet
> immer: Was das ist, demgegenüber es ein Selbst ist."
> (KIERKEGAARD nach TRÜGER 1974,91).

Und VETTER faßt zusammen:

> "... ein *Verhältnis* zu sich selbst haben und sich darin zu=
> gleich zu einem anderen verhalten, durch das das Verhältnis
> gesetzt wurde. Oder etwas lebensnäher ausgedrückt: Der
> Mensch kann nur ein Verhältnis zu sich selbst gewinnen,
> wenn er sich durchsichtig auf eine unbedingte Macht gründet,
> die er als Begegnung erlebt und die erst seine Beziehung zu
> sich selbst stiftet." (VETTER 1965,93).

Die dargestellten anthropologischen Ansätze können als idealty=
pische Beispiele monokausaler Deutungen des menschlichen Wesens
verstanden werden, die in solcher Vereinfachung wohl selten be=

hauptet werden. Nicht nur Modelle der additiven oder integra=
tiven Durchdrungenheit des menschlichen Wesens durch alle
drei Erklärungsdimensionen, sondern auch dualistische und
dialektische Auffassungen des Menschen bieten ein Exempel für
die Möglichkeit, der Vereinseitigung in den Begründungspostu=
laten dadurch zu entgehen, daß man die Indikationen einzelner
Ansätze aneinander relativiert. Ein Beispiel, wie die Grund=
auffassungen des Menschen zu einer Synthese geführt werden
können, die das monokausale Denken überwindet, bietet SACHERs
Entwicklung der "Annahme einer mittleren Plastizität".

Die Möglichkeit von Erziehung für den Edukanden, seine Erzieh=
barkeit, und seine Offenheit für unterschiedlichste Erziehungs=
einflüsse, die ein naturalistisches Menschenbild nicht zu er=
klären vermag, dessen erzieherische Konsequenz im Vertrauen
auf die Entwicklung natürlicher Anlagen sich aufs Bewahren der
Natürlichkeit beschränkt, läßt eine grundsätzliche Plastizität
des Menschen annehmen. Wer jedoch, wie etwa die Vertreter der
traditionellen Rollentheorie vom Postulat einer unbegrenzten
Platizität, von einer "tabula-rasa-Position"(KASTEN), ausgeht
und den Menschen nur als "Werk der Gesellschaft", ausnahmslos
als Sozialisationsprodukt, zu deuten weiß, müßte angesichts
der ständig wechselnden Anreize und Anforderungen an den Edu=
kanden jede konsistente Wirkung der Erziehung in Zweifel zie=
hen. Daß das Subjekt aber auf seine Erfahrungen mit Erziehung
Bezug nehmen kann und neue Erfahrungen alten zuordnen kann,
zeugt von der Fortwirkung von Erziehungseinflüssen. Daß es,
ohne daß der Erzieher von einem gewissen Zeitpunkt an die Er=
fahrungen im einzelnen vorstrukturieren muß, diese Zuordnungen
selbständig vollziehen kann, ja daß es Erziehungseinflüsse bis
zum Gegenteil des ehmals Intendierten umzustrukturieren ver=
mag, verweist auf eine Selbsterziehungsleistung, in der sich
der Edukand zu einem "Werk seiner selbst" verwandelt.[14]

"An der Selbsterziehungstendenz brechen sich alle Fremd=
 einwirkungen und werden u.U. völlig umgestaltet." (SACHER
 1976b,73).

FETZ hat diese synthetisierenden Schritte als "Paradigmawech=
sel" der "anthropologischen Grundkonzeptionen" dargestellt,

der sich im Umbruch kategorialer Präferenzen vollzieht, die aus
der historischen Selbsterfahrung des Menschen hervorgehen, näm=
lich von der Vorstellung des Menschen als "Substanz" (Ding mit
Eigenschaften) über die als "System" (mit funktionalen Abhängig=
keiten) zu einem Modell des Menschen als "Struktur" (Selbstre=
gulierungssubjekt) (FETZ 1977,175 ff).

3.1.2 FINAL- UND KAUSALIDENTITÄT ALS ANTHROPOLOGISCHE SINN=
KONSTRUKTE: ZUR THESE DER REZIPROKEN ABLEITBARKEIT VON
SEIN UND SOLLEN

Die bisherige Darstellung der legitimativen Gehalte von Menschen=
bildern zeigt zwei Begründungsformen, in denen "Realanthropolo=
gie" und "Sinnanthropologie" aufeinander bezogen sind: Entweder
werden aus realanthropologischen Aussagen immanente Sinngehalte
erschlossen oder sinnanthropologischen Aussagen (sozusagen oppor=
tune) realanthropologische Voraussetzungen zugeschrieben. Erste=
re Form rekurriert auf einen Begriff, der hier als "Kausaliden=
tität" beschrieben wurde, letztere auf den der "Finalidentität"
(vgl. Kap. 1.3)'. Der beiden gemeinsame Anspruch läßt sich mit
dem paradoxen Satz über den Menschen formulieren: "Was er ist,
das soll er sein, und was er sein soll, das ist er." (SCHURR
1982,13).

Daß SCHURR diesen Satz als "an der Spitze der Bildungskategorien
stehend" (ibid.) auszeichnen kann, zeigt an, daß HUMEs Verbot
der Seins-Sollens-Konklusion und sein moderner Nachfolger, das
Verbot des "naturalistischen Fehlschlusses"[15] noch immer kein
akzeptiertes Allgemeingut bildungstheoretischer Diskussionen
ist - und wohl auch nicht werden kann, solange naturalistische
Legitimationsverfahren und die dahinter stehenden Menschenbil=
der das Denken beherrschen. Erst die De-ontologisierung des
Menschenbegriffs vermöchte das Problem der Seins-Sollens-Kon=
klusion im Bewußtsein der selbstkonstitutiven Verfaßtheit des
ursprünglichen Denkens auf einem neuen Hintergrund darzustellen,
in dem die Affinität des Seinsbegriffes zum Notwendigkeitsbe=
griff aufgehoben ist. Wie eine solche Aufhebung, zugleich eine
Neubestimmung des Verhältnisses von Kausal- und Finalidentität,
zu denken sei und welche erziehungstheoretischen Konsequenzen
sich aus ihr ergeben, soll im folgenden entwickelt werden.

Kausalidentität bezeichnet einen Begriff vom Menschen, der über
die Kopula der "Bestimmtheit als etwas" entwickelt wird und
menschliches Leben als eine Abfolge von Notwendigkeiten, die

sich aus den "Bestimmungselementen" ergeben, darstellt. Die
diesem Begriff kompatible Logik von Zielbegründungen ist dem
Kriterium der "Realisierbarkeit" verpflichtet.[16)]

> "Denn das skizzierte Ziel-Denken enthält bereits eine Recht=
> fertigungsstrategie, die man in die These fassen kann: Ge=
> rechtfertigt in pädagogischer Praxis ist das, was sich unter
> Abschätzung gegebener Handlungsbedingungen auch tatsächlich
> erreichen läßt. So unterläge die Sinnfälligkeit von Zielen
> dem Erreichbarkeitskriterium." (SCHÜTZ 1982,484).

Wie HAMMER herausstellt, kann das Realisierbarkeitskriterium
aber nicht selbst als Legitimationskriterium gelten - "denn
nicht alles, was realisierbar ist, ist dadurch auch schon an
sich wertvoll" (HAMMER 1979,61) - vielmehr stellt es lediglich
eine condition sine qua non vernünftiger Zielvorstellungen dar,
deren "Gesolltheit" erst auf einer anderen Begründungsebene
festgestellt werden kann. Soll menschliche Lebensgestaltung
nicht als die Erfüllung eines naturgegebenen Pflichtprogramms,
als notwendige Einlösung natürlicher Ansprüche, verstanden wer=
den, so muß im menschlichen Denken die Verfügbarkeit mehrerer
"funktionaler Äquivalente" angenommen werden, von denen jedes
für sich nur Möglichkeit bedeutet, wenn der Akt der Wahl als
solcher auch als Notwendigkeit erscheint. Daß auch die erschei=
nende Notwendigkeit der Wahl als Möglichkeit zu deuten ist,
zeigt sich in der Möglichkeit, nicht zu wählen. Obschon im
faktischen Resultat auch Nicht-Wahl als Wahl erscheint, so ist
doch die Entscheidung zwischen Wahl und Nicht-Wahl auf einer
anderen Ebene getroffen als die zwischen den zur Wahl stehenden
Äquivalenten. Die Fortführung dieses Gedankens ergibt ein Modell
eines hierarchisch organisierten Entscheidungssystems, in dem
der Berücksichtigung jeden Elementes nur Möglichkeit, allein dem
Vollzug von Wahl schlechthin Notwendigkeit zukommt. An der
"Spitze" des Entscheidungssystems allein ist der Ort, an dem ein
Mögliches als Notwendiges gesetzt ist, dessen Notwendigkeit sich
als selektives Prinzip in der Wahl der Möglichen fortpflanzt,
diese also *mit* Notwendigkeit entscheidet und den Gewählten den
Stempel des Notwendigen aufdrückt. Das als Notwendiges Gesetzte,
von dem aus gewählte Möglichkeiten als Notwendigkeiten erschei=
nen, ist mit dem Begriff "Sinn" zu belegen. Als Sinn gesetzt

wird ein "letztes" Ziel, von dem her die seiner Realisierung -
die freilich selber erst auf den Begriff zu bringen ist - zu=
träglichen Entscheidungselemente unterschiedlichster Ebenen als
"sinnvoll" zu deuten sind. Durch ein solches "Hineintragen von
'Sinn'" (DANNER 1981,123) in einzelne Entscheidungselemente
wird deren "Sinndienlichkeit", ihre "Funktionalität", ausge=
zeichnet und ihnen gegebenenfalls eine gewisse pragmatische
Prävalenz zugewiesen.

> "Die Frage nach dem Sinn ist nicht die Frage nach einem iso=
> lierten weltlichen oder überweltlichen Faktum, sondern die
> Frage nach dem, was einzelnen Fakten und Handlungen eine be=
> stimmte Qualität, nämlich die der Bejahbarkeit gibt."
> (CASPER 1976,44).

Diese "gewichtende" Strukturierung funktionaler Äquivalente -
die auf unterster Ebene dann auf der Basis normativen Alltags=
wissens von Empiristen gern als "Operationalisierung" ausgege=
ben wird - bringt dann ein integriertes "System" normativer
Orientierungen hervor, dessen ordnendes Prinzip der subjektive
Begriff eines Lebenssinnes darstellt. Soweit läßt sich DANNERs
Feststellung zustimmen:

> "Mit dieser Überlegung ... wird deutlich, daß die vielfälti=
> gen alltäglichen Sinn-Momente in einem größeren *Sinn-Zusam=*
> *menhang* stehen, der dann als 'Lebens-Sinn' bezeichnet werden
> kann." (DANNER 1981,126).

Eine subjektorientierte Erziehungsphilosophie, die dem Prinzip
der freiwilligen Selbstverpflichtung des Edukanden Rechnung tra=
gen will, hat sich aber zu fragen, ob und in welchem Sinne sie
die Aufgabe von Sinnvermittlung wahrnehmen kann. Hinter dieser
Frage verbirgt sich die Problematik, ob eine gemeinsame Basis
von normativen Strukturen zwischen mehreren Subjekten apriori
angenommen werden kann oder nicht und wenn ja, ob dieses All=
gemeine über die formale Struktur von Kognitionen hinaus auch
ein Inhaltliches bezeichnet. Bei der Beantwortung dieser Frage
ist zu beachten, daß

1. sowohl die Selbstverpflichtung auf einen bestimmten Sinn-
   Begriff (vielleicht auch mehrere kompatible Sinnbegriffe)
   als auch
2. das Bedeutungsverständnis dieses Begriffes (dieser Begriffe).
3. die Konstruktion des komplexen Sinnsystems, d.h. die Ent=

wicklung bestimmter Funktionalitätsthesen und Prävalenzen
und schließlich
4. auch deren Bedeutungsverständnisse nur subjektiv bestimmt
werden können. In der Tat kann somit ein Allgemeines in inhaltlicher Hinsicht
nicht mehr gewonnen werden, auch nicht in einem normativen Be=
griff des Lebens als eines "Wertes-an-sich", da auch der Wert
des Lebens, wie lebensverneinende Haltungen oder gar der sub=
jektive Verlust des Lebenssinnes, der schließlich - ein anthro=
pologisches Unicum - den Lebenswillen zu brechen vermag, nicht
mit Notwendigkeit, nur *als* Notwendigkeit gewählt werden kann.[17]
Ein Allgemeines kann daher nur im Formalen erkannt werden, d.h.
in den Modi der Sinn-Deduktion und -Konstruktion. Die erziehungs=
philosophische Konsequenz dieser gewichtigen Einschränkung ist,
daß Normen inhaltlich nicht auf apriorische Bedürfnisse oder
ähnliches begründet werden können. Vielmehr begrenzt sich eine
mögliche Legitimationsgrundlage auf die "Grammatik" der Sinn-
Konstruktion und die Logik sinnbezogener Argumentation. Von
daher deutet sich an - ohne daß dies hier weiter ausgeführt
werden kann-, daß auch intersubjektives "Sinn-Verstehen"[18]
sein Fundament nur in der "geistigen Verwandtschaft" der forma=
len Voraussetzungen von Sinnkonstruktion haben kann, auf der
sich dann freilich infolge gemeinsamer lebensweltlicher histori=
scher Bedingungen und einer gemeinsamen Sprachpraxis auch in=
haltliche Ähnlichkeiten gründen mögen. Einen interessanten Bei=
trag zu dieser Problematik liefert das DILTHEYsche Konzept der
"Teleologie des Seelenlebens"[19], auf das dieser seine Begrün=
dungslogik bei der Bestimmung von Erziehungszielen ausrichtet
Auch DILTHEY rekurriert auf die Unterscheidung von Form und
Inhalt.

> "Nur aus dem Ziel des Lebens kann das der Erziehung abgelei=
> tet werden, aber dies Ziel des Lebens vermag die Ethik nicht
> allgemeingültig zu bestimmen ... (es-R.B.) hat sich jede
> *inhaltliche* Formel über den letzten Zweck des Menschenlebens
> als historisch bedingt erwiesen." (DILTHEY nach BROECKEN
> 1983,89).

Das Allgemeine gewinnt auch DILTHEY aus den formalen Bedingun=
gen, aus den "konstante(n) Zusammenhänge(n), welche gleichför=
mig in allen menschlichen Individuen wiederkehren" (DILTHEY
ibid.87). DILTHEYs Zielvorstellung der "Vollkommenheit des

Seelenlebens" fungiert als Begriff eines obersten Zweckes, von
dem Mittel abgeleitet werden können. Diese können dann, wir
würden heute sagen als "Kompetenzen", praktisch gefördert wer=
den, um die integrative Leistungsfähigkeit des Seelenlebens zu
steigern und so ein höchstmögliches Maß an "Sinnerfülltheit"
oder besser "-durchdrungenheit" zu erreichen. Das DILTHEYsche
Verfahren , "in der Wirklichkeit einen Grund der Regel" (DIL=
THEY ibid.96) zu finden, der dann als Kriterium der Zwecksetz
zung erziehungsphilosophisch nutzbar gemacht werden kann, be=
müht das Prinzip einer kausalidentitätstheoretischen Fundie=
rung von Erziehungszielen.

> "Die Frage, die sich auf der Erkenntnisebene gestellt hatte, wird
> letztlich durch Nachweis von Grundstrukturen in der Objekt=
> ebene beantwortet." (BROECKEN 1983,96).

Allerdings verläßt DILTHEY den Boden formalistischer Legitima=
tionslogik, wenn er dann doch aufgrund historischer Tendenzen
inhaltliche Zielbestimmungen aus subjektiven Strukturen heraus
begründen zu können glaubt. DILTHEYs Argumentation, daß sich in
den historischen Wertsetzungen apriorische Zwecke des Seelen=
lebens ausdrücken, die sich also auch inhaltlich zu erkennen
geben und dadurch über das Formale hinaus Legitimationskrite=
rien böten - wie BROECKEN zusammenfaßt: "Das Seelenleben ist
nicht nur Bedingung der Realisierung inhaltlicher Ziele, son=
dern auch Grund ihrer Setzung" (ibid.97) - verpflichtet die
Erziehungsphilosophie dem Interesse einer konservativistischen
Reproduktion historisch aktueller Werte, deren Gewinnung darü=
ber hinaus problematisch wäre.

Ein weiterer Einwand betrifft schon die Begründungslogik forma=
ler Zielsetzungen (Kompetenzbegriffe) selbst: Wenn die Teleo=
logie des Seelenlebens einen *objektiven* Sachverhalt darstellt,
der also selbst Notwendigkeit beansprucht, dann kann die päda=
gogische Einflußnahme nur eine "förderliche", niemals eine ini=
tiierende (etwa Sinn provozierende) sein. Wenn sie aber als
initiierende Tätigkeit redundant ist, so kann ihre Legitimation
nicht mehr aus dem Daß der Teleologie gezogen werden, sondern
muß neu entwickelt werden an einem "Mehrbedarf" an strukturel=
ler Integriertheit, der über das "natürliche Wachstum" hinaus=

geht. Eben dies vermag aber der rein formale Begriff einer psy=
chologischen Gesetzmäßigkeit nicht herzugeben.

DILTHEYs Versuch einer Seins-Sollens-Konklusion scheitert also
an einer Überstrapazierung seines psychologischen Teleologie=
begriffes, und zwar eben genau an jener Stelle, an der dem Voll=
kommenheitsbegriff eine quantitative Dimensionalität aufgebürdet
wird, die ein objektives Vergleichskriterium nötig macht. Ver=
zichtet man auf die Annahme eines Mehr-oder-Minder von Inte=
griertheit, so ist auch die pädagogisch fruchtbare Seins-Sollens-
Differenz hinfällig. Der argumentative Fehler liegt also in der
gleichzeitig behaupteten Disparatheit von Sein und Sollen und
der - pädagogisch ihrer Verwirklichung zuzuführenden - Möglich=
keit, beide in Kongruenz zu bringen. Eine Alternative zu dieser
Grundannahme könnte darin bestehen, Sein und Sollen nicht als
vergleichbare Größen zu konzipieren, sondern den Begriff des
einen aus dem des anderen abzuleiten. Einen solchen Versuch un=
ternimmt SCHURR im Anschluß an FICHTEs Konzept des sich-selbst-
setzenden Ich.

SCHURR geht von der, wie er selbst meint, "naiv erscheinenden"
Voraussetzung aus,

> "daß der Gegenstand jeglicher pädagogischer Theorie, der zu
> erziehende Mensch, ein solcher ist, bei dem sich Seinsbestim=
> mung und Sollensbestimmung gegenseitig bedingen, d.h.: daß
> das, was der Mensch *ist*, nicht anders zu bestimmen ist als
> aus dem, was er sein *soll*; und das was er sein *soll*, nicht
> anders bestimmt werden kann als aus dem, was er *ist*."
> (SCHURR 1979,7 f).

Die von SCHURR hier postulierte reziproke Ableitbarkeit von Kau=
sal- und Finalidentität, die ja sozusagen ganz unverblümt das
Prinzip des Zirkelschlusses bemüht, ist freilich begründungsbe=
dürftig; und diese Begründung wird nicht umhin kommen, der Ab=
leitung von Sein und Sollen eine bestimmte, nämlich "ursprüng=
liche" Qualität zu verleihen.

SCHURRs Argumentation gründet auf den beiden Sätzen, mit denen
FICHTE das Verhältnis von Ich und Nicht-Ich zu bestimmen such=
te:[20]

"Das Ich setzt sich selbst als beschränkt durch das Nicht-Ich."
"Das Ich setzt das Nicht-Ich als beschränkt durch das Ich."

Ersterer, "Grundsatz des theoretischen Bewußtseins" (ibid.10), zeigt, daß das Ich sich nur negativ bestimmen kann, nämlich in der Abgegrenztheit vom positiv bestimmbaren Nicht-Ich. Damit erfährt sich das Ich in einer Abhängigkeit vom Begriff des Nicht-Ich. Da das Ich als empirisches Ich - so die idealistische Grundthese - im praktischen Vollzug das reine Ich auf einen positiven Begriff bringen will, also nach der Identität beider strebt, muß es seine Abhängigkeit vom Nicht-Ich in dessen Abhängigkeit vom Ich umarbeiten.

Diesem Gedanken entspricht der zweite Satz, der "Grundsatz des praktischen Bewußtseins" (ibid.11). Im praktischen Bewußtsein setzt sich das Ich selbst als ein positives voraus, d.h. es erschließt aus dem praktischen Sollen des empirischen Ich das positive Sein des reinen Ich.

> "Das 'Sollen' des empirischen Ich geht also aus dem 'Sein' des reinen Ich, d.h. aus der Differenz beider, aus der Nicht-Identität ihrer Identität hervor. Ein Sollen gibt es nur dort, wo etwas ist, was es nicht ist, und wo etwas nicht ist, was es ist. Dieser FAll liegt aber nur vor beim Ich. Die Aufhebung der Spannung, die Tendenz, das Streben, diese Spaltung mit sich selbst mehr und mehr zu beheben, ist es, was jenes 'Sollen' legitimiert. Somit ist das 'Sollen' beim Menschen als einem endlichen Vernunftwesen in dessen 'Sein' enthalten, und dessen 'Sein' tritt nur hervor als ein 'Sollen'. (...) Sein ganzes Sein besteht nur als ein Sollen, es sei denn, er hört auf, ein 'Ich' zu sein, um so zum Nicht-Ich zu werden." (ibid.11).

Damit ist geklärt, wie der Seins-Sollens-Bezug zu verstehen sei: Das Sein des reinen Ich enthält in sich die positiven Bestimmungen, die das Soll des Sollens im empirischen Ich vorgeben. Umgekehrt gibt sich das Sein des reinen Ich dem empirischen Ich als ein Sollen zu erkennen.[21] Die Richtungsbestimmung der Ableitung ist also abhängig von der Perspektive. Vom empirischen Ich her wird das Sein aus dem evidenten Sollen erschlossen, vom reinen Ich her gilt das Sollen als erscheinende Gestalt des Seins. Dabei bleibt das Sein selbst (hinter seiner Erscheinung) jenes "ineffabile", das die Unbestimmtheit des Individuums ausmacht.[22] Es ist ein notwendiges Implikat des kausalen Denkens, das sich so die Bedingung seiner Möglichkeit begreiflich macht, und kann doch in keinem Definiens gefaßt werden. Es bleibt damit ein Alles-und-Nichts vor dem Horizont des reflexiven Bewußtseins.

"Sein ist überhaupt nur für ein Bewußtsein und in dessen Vorstellung als Bewußtsein." (SCHURR 1979,9).

SCHURRs Ableitungsmodell bleibt aufs Formale. beschränkt. In inhaltlicher Hinsicht ist Identität in den Vollzügen des praktischen Bewußtseins vor dem Gewissen des reinen Ich immer schon gerechtfertigt; das empirische Ich kann nichts anderes wollen, als ihm das Soll der Seinsbestimmungen des reinen Ich vorgibt. Auf Identität hinzielend ist die Praxis des Denkens den Seinsbestimmungen des reinen Ich gegenüber unfehlbar.

In der anthropologischen Konsequenz dieses Modells erscheint der Mensch so ausschließlich als "Werk seiner selbst",[23] daß sich zur Normenbegründung keine inhaltliche Basis finden läßt und als die einzig mögliche Haltung die des Normenverzichts in der Pädagogik zu beanspruchen wäre. Es kann aufgrund dieser inhaltlichen Unfruchtbarkeit von Sollensableitungen aus Seinsaussagen daher davon ausgegangen werden, daß Idealvorstellungen vom Edukanden nicht aus individuellen *Wesens*bestimmungen entwickelt werden können, erstens weil solche Bestimmungen notwendigerweise, wenn überhaupt gegeben, im "ineffabile" verbleiben, und zweitens weil aus dem formalen Ertrag von Seins-Sollens-Konklusionen zwar im Rahmen einer individualistischen Grundhaltung Verfahrensregeln für die pädagogische Interaktion, aber keine subjektimmanenten Werte abgeleitet werden können. Die erziehungsphilosophische Legitimation von Werten kann also nur den Weg "nach außen", in den begrifflichen Raum des "Nicht-Ich" wählen. Sie muß ihren Normenbegriff entsprechend von den Ansprüchen einer Rede von den "inneren Werten" bereinigen und auf jene Praxis begründen, in der Normen und Werte vermittelt werden, auf die soziale Interaktion, und dort den erwähnten "formalen Ertrag" in der Entwicklung interaktionaler Leitbilder, die den formalen Voraussetzungen einer sinnkonstituierenden Subjektivität adäquat sind, fruchtbar machen.

Diesen "FormalenErtrag" kann sie in die Konzeption einer "rational-kommunikativen Ver-Handlung" (SCHALLER 1977,192) integrieren, indem sie Maximen aufzeigt, wie im Prozeß der Wertevermittlung der Edukand als ein sinnfähiges Wesen berücksichtigt werden kann, das diesen Sinn gerade nicht aus seiner baren Innerlichkeit, Natur o.ä., sondern in der tätigen Auseinander= setzung mit seiner Welt, und das heißt auch mit den Interessen anderer, entwickelt. Es kann also nicht um den Verzicht auf Wertevermittlung gehen, da dieser dem Edukanden nicht einmal mehr eine erste Richtlinie seiner integrativen Sinnleistungen, einen "Sinnhalt" (LÖWISCH 1982,110)[24], an die Hand zu geben vermöchte, sondern es muß die Praxis der Wertevermittlung auf eine Basis gestellt werden, in der die am Erziehungsprozeß Be= teiligten ein engagiertes, d.h. gerade "wertbezogenes", Ver= hältnis zu einander einnehmen. Die zu vermittelnden Werte müs= sen dem Sinnverständnis des Erziehers entsprechen, wenn sie en= gagiert vertreten werden sollen, sie können aber zugleich nur "appellativ", also als ein Angebot zur freiwilligen Identifi= kation vermittelt werden.

>"Sinn kann wesentlich nur appellativ vermittelt werden, weil er ganz nur dem sichtbar wird, der als er selbst auf ihn eingeht. Sinn kann wesentlich nur bezeugt werden durch Vor= bilder gelebten Sinnes. Denn Sinn wird konkret immer nur sichtbar an geschichtlichen Gestalten des Sinnes." (CASPER 1976,47).

In der engagierten Vermittlung von Werten bietet der Erzieher selbst ein Modell sinnbezogenen Lebens, er stellt dem Edukan= den seine biographische Sinnintegration modellhaft vor Augen und gibt damit einen möglichen Anhaltspunkt einer verstehens= begründeten Identifikation. Daß dabei die persönliche Sinnkon= stitution des Erziehers womöglich in ihrer komplexen Gestalt unbefragt übernommen wird, ist zwar unvermeidlich, es lassen sich aber in der Art, wie der Erzieher seine Werteidentifika= tion und seine Sinnansprüche präsentiert, nämlich durch die Darstellung von Sinnkrisen und desintegrierten Erfahrungen von Anfang an auch Konfliktpotentiale mit vermitteln und es lassen sich durch eine zunehmende Konfrontation mit alternativen Wert- und Sinnansprüchen "fragwürdige Materialien" dem Edukanden vor= stellen, die die dialektisch-reflexive Aufarbeitung seiner ei= genen "Sinngeschichte" vorantreiben. Der engagierte Sinnan= spruch des Erziehers bietet schließlich ein Modell für die pragmatische Nützlichkeit von Sinn, und zwar in einer Weise, die die kommunikativ zur Diskussion gestellte persönliche

Orientierung nicht als strategisches Mittel der Selbstpräsen=
tation im GOFFMANschen Sinne der "phantom normalcy" der Erzie=
herrolle, nicht als Akt sekundär beanspruchter Rechtfertigung[25]
propagiert, sondern als dialogische Thematisierung der gemein=
samen Not der Lebensgestaltung.[26] Eine solche dialogische
Praxis der Wertevermittlung, in der "die einzelnen Lebensbe=
reiche, in denen sich pädagogische Vorgänge ereignen, nicht als
Lernfelder, sondern Sinnbereiche ausgelegt werden" (MAYER,J.A.
nach KONRAD 1976,387) hebt die anfangs einmal vollzogene Sinn=
vorgabe, die einmal "reduzierte Komplexität", nicht nur in
quantitativer Hinsicht immer wieder auf, sondern sie vermag in
einer pädagogischen Haltung, die Wertetoleranz und Wertorien=
tierung zu verbinden weiß, auch ihre programmatische Richtung
anläßlich "besserer Erkenntnis" aufzugeben.

3.1.3 Personale Erziehung bei Litt: Verzicht auf einen normativen Maßstab?

Theodor LITT hat in seinem Werk immer wieder den Versuch unternommen, im Rahmen einer Theorie der Erziehung zur geistigen Selbständigkeit die Grenzen einer anthropologischen Fundierbarkeit von Erziehung auszuloten. Seine eigene anthropologische Prämisse der "Unableitbarkeit des Geistes" (LITT 1961,150) wird dabei zur Grundlage der Kritik naturalistischer und sozial-deterministischer Menschenbilder und all der pädagogischen Ansätze, die auf einem einseitigen und starren Begriff vom Menschen als einem "Werk der Natur" oder "Werk der Gesellschaft" insistieren. In seiner bekannten Schrift "Führen oder Wachsenlassen" entwickelt LITT diese Kritik entlang der Problematik prospektiver, retrospektiver und gegenwartsorientierter Ausrichtungen von Erziehungsidealen, die in der Gefahr schweben, die konstitutive Rolle der Geistnatur des Menschen aus dem Blick zu verlieren, oder dieser Gefahr schon erlegen sind. Was sich heute auf der Grundlage des Plastizitätstheorems als die totale Führungsbedürftigkeit des Menschen behauptet oder was im Namen der Natur oder eines Gesetzes der Geschichte [27] den Menschen als ein determiniertes und somit prinzipiell berechenbares Wesen vorstellt, das propagiert die Verfügbarkeit des Geistes oder bringt ihn in eine Abhängigkeit, die vermeintlich immer schon über ihn verfügt. Während die einen mit der Formel vom "Wachsenlassen" den Traditionalisten und Funktionalisten den Kampf ansagen, machen sich die anderen mit der Formel des "Führens" daran, dem verwahrlosungsbedrohten Menschen eine bessere Gestalt zu verleihen.

Was aber auf den ersten Blick als ein unauflösbarer Widerspruch erscheint, Führen *oder* Wachsenlassen, ist, so zeigt LITT schon im ersten Kapitel, doch in jedem irgend sinnvollen Erziehungsbegriff aufs engste miteinander verknüpft. Bekenner und Verfechter der Wachstumsparole erkennen die "verfehlte" Natur aus der Differenz zu einem Begriff des vollkommenen Menschen, um dessentwillen die Übermacht von Vergangenheit und Gegenwart ab=

gewehrt werden muß. Der erzieherische Wille, der um die Bewah=
rung und Entfaltung der natürlichen Anlagen sich besorgt
zeigt, versteht sich so als "Anwalt der Zukunft, als Wegberei=
ter der von ihr zu erhoffenden Gestaltungen, als Deuter der
ihr vorbehaltenen Möglichkeiten und der ihr auferlegten Aufga=
ben...; glaubt er sich doch nur dadurch zu jener Abwehr be=
rechtigt, daß der Besseres, Vollkommeneres an die Stelle des
Verworfenen setzen zu können sich schmeichelt. Warum sollte er
es sich also verbieten, die Grundlinien des werdenden Werks
bereits ahnend vorwegzunehmen, warum sich die mächtigen Antrie=
be vorenthalten, die gerade der Ausblick auf das Kommende her=
vorruft! Damit aber ist zugleich die Stelle erreicht, an der
die Pädagogik des 'Wachsenlassens' in jenes Pathos umschlägt,
dessen gesammelter Ausdruck der - *Führerwille* ist." (LITT 1952,
20).

Den Weg der natürlichen Entfaltung vorausahnend entwirft der
Erzieher seine maieutische Rolle in der Überzeugung, "dasjeni=
ge, was sein Führergeist sehe, suche, verwirkliche - das sei
nichts anderes als das, was eben 'wachsen wolle'."(ibid.21).
Er verkennt aber, daß trotz dem Anspruch auf Zukunftsorien=
tiertheit jeder Entwurf eines Erziehungsideals traditionellem
Denken aufruht und an die Gegenwart gebunden bleibt, "gebunden
an die Bedingungen, festgehalten in den Grenzen, abhängig von
den Vorurteilen, die den Horizont dieser Gegenwart ausmachen."
(ibid. 24).

Die hier vollzogene Einheit von Führen und Wachsenlassen, die
bereits als der Verweisungszusammenhang von Final- und Kausal=
identität beschrieben wurde, bedeutet also praktisch eine Vor=
wegnahme des Zukünftigen, die vage Legitimation einer Prophe=
tie.

> "Insofern wird man geradezu sagen dürfen, daß das seltsame
> Gegeneinander und Ineinander der Losungen 'Führen' und
> 'Wachsenlassen' am deutlichsten die Tiefen bezeichnet, aus
> denen ein so gerichtetes pädagogisches Wollen hervorbricht.
> Man wirkt, schafft, handelt und glaubt sich zu alledem le=
> gitimiert durch den Ruf der Natur, der Geschichte, der Ent=
> wicklung oder wie man sonst jenes geheimnisvolle Etwas be=
> zeichnen mag, dem man sich verpflichtet, von dem man sich
> inspiriert glaubt." (ibid.23).

Dieser hier vorwiegend gegen die Reformpädagogik gerichtete
Vorwurf der ungerechtfertigten "Vorwegnahme der Zukunft" ist
aber ebenso an die Adresse all derer zu richten, die das glei=
che Geschäft nur mit anderen Vorzeichen in der Propagierung
eines geschichtlichen Bildungsideals betreiben. Die Rechtfer=
tigung der Notwendigkeit eines solchen Ideals basiert nach der
Auffassung LITTs vorwiegend auf einem pragmatischen Grund:

> "Denn - das ist die herrschende Meinung - ohne ein solches
> Bildungsideal, das jeder erzieherischen Einwirkung ihre
> Funktion anweise, sei der Erziehungswille richtungslos,
> bleibe die besondere pädagogische Maßnahme ein blindes Los=
> verfahren, zerfalle das Ganze der Erziehung in ein Bündel
> äußerlich nebengereihter, womöglich unverträglicher Einzel=
> griffe." (ibid. 31).

Hier beschränkt sich LITTs Einwand nicht auf den Vorwurf vor=
weggenommener Zukunft, sondern er zeigt darüber hinaus auf,
daß der nicht nur im Humanismus gepflegte Rückgriff auf Leit=
bilder vergangener Epochen von der irrigen Vorannahme ausgehe,
diese hätten damals den Rang erwählter Bildungsideale eingenom=
men. Solche heute als Bildungsideale hochstilisierten Wertmaß=
stäbe wären vielmehr nach LITTs Auffassung zu jener Zeit als
unbefragte Selbstverständlichkeiten ins Lebenspraktische einge=
bettet gewesen.

> "Denn dies ist doch unschwer zu erkennen: jene vielbeneidete
> Formsicherheit dahingegangener Geschlechter ist aufs engste
> mit dem Umstande verbunden, ja an die notwendige Bedingung
> gebunden, daß sie nach einem Bildungsideal zu 'suchen',
> sich ein Bildungsideal zu 'schaffen' überhaupt nicht in die
> Lage kamen, vielmehr 'in' ihm, als in der selbstverständli=
> chen Lebensluft des ganzen geistig-sittlichen Daseins, atme=
> ten und sich rührten. Wäre ihnen der Wunsch oder das Bedürf=
> nis gekommen, sich dieses Ideals erst auf dem Wege der Refle=
> xion zu versichern, so hätten sie damit bereits den Verlust
> dieses Gutes, die Auflösung des in ihm garantierten Lebens=
> zustandes unzweideutig bezeugt - wie denn in der Tat das
> rastlose Suchen nach einer verpflichtenden und beglückenden
> Form menschlicher Existenz, von dem wir die Neuzeit erfüllt
> sehen, fraglos beweist, daß eine bestimmte Form des Seins
> unwiederbringlich entschwunden ist." (ibid. 31).

Was sich so als epochenspezifisches Leitbild zeigt, erhält
erst in der nachträglichen Beurteilung, die vielleicht nicht
mehr ist als eine nostalgische Euphasie, die Gestalt eines
Bildungsideals; es geht aus der Lebenspraxis hervor, ist ein=
gebunden und auch nur sinnvoll in einer historisch spezifischen

Lebenswelt und besitzt an keiner Stelle jene Einheit in der
reflektierten Vorsätzlichkeit, die einem Bildungsideal in der
"Vorwegnahme der Zukunft" zukommt.[28]

> "Damals *lebte* man ein Bildungsideal, das man nicht reflek=
> tierte; heute *reflektiert* man ein Bildungsideal, das man
> nicht leben kann." (ibid. 32).

LITTs Konsequenz aus der Unhaltbarkeit einer jeden Grundlage
von Zukunftsvorwegnahmen ist der Verzicht auf ein Bildungs=
ideal; denn ein solches läßt sich weder an den "Bedürfnissen"
der Gegenwart legitimerweise gewinnen - dies käme einer funk=
tionalistischen Anpassung des Edukanden gleich, in der der
Erziehende (bestenfalls) die Quintessenz seiner eigenen histo=
risch durchformten Lebenserfahrung dem Edukanden aufbürdet -
noch an dem (Fehl)begriff einer idealisierten Vergangenheit -
dies wäre ein Sammelsurium von Anachronismen, "eine gequälte
Imitation, wenn der Geist die Form, die aus der Verantwortung
des eigenen, einzigen Lebens heraus in Leiden, Tat und Lei=
stung erwachsen soll, durch Betrachtung, Gelehrsamkeit und
antiquarisch inspirierte Phantasie meint erklügeln zu müssen."
(ibid. 45). Vielmehr muß es das Anliegen einer Pädagogik, die
die Entscheidungen des Zöglings nicht vorweg bestimmen will,
sein, sich aller Versuchungen zu erwehren, die Zukunft auf den
Begriff bringen zu wollen.

> "Den wahren Erzieher erfüllt, wenn er der ihm anvertrauten
> Jugend ins Antlitz schaut, die tiefe Gewißheit: nicht mir,
> sondern *euch* wird die Zukunft ihre Gestalt zu danken haben;
> euch dienend helfe ich einer Form des lebendigen Geistes
> zum Dasein empor, von der ich nichts weiß, nichts wissen
> kann, weil sie euer Werk, euer Wesen sein wird." (ibid. 25).

Angesichts des Verzichtes auf ein Bildungsideal stellt sich die
Frage, worin dieser Dienst des Erziehers am Edukanden, der die
Heraufkunft des Geistes befördern will, bestehen könnte. Wie
ist der sich eröffnenden Vielfalt von Möglichkeiten, ja der
Willkür der erzieherischen Einflußnahmen ein Kriterium der
Auswahl gegenüberzustellen, wie vermag Erziehung überhaupt
noch eine Form zu erhalten, wenn die Richtlinien eines Bil=
dungsideales ausbleiben? In einer Neubestimmung der Begriffe
"Führen" und "Wachsenlassen" versucht LITT, auf diese Fragen
eine Antwort zu finden, die nicht wieder auf ein vorangestell=

tes Bildungsideal zurückgreift. Indem er den "guten Sinn des 'Wachsenlassens'" herausstellt, nimmt er noch einmal Bezug auf das, was er als den irrigen Anspruch antiquierter Bildungs= ideale aufgezeigt hatte. Wenn es der Mängel dieser Anschauung war, daß sie das Lebensdienliche in seiner besonderen histo= rischen Vorgegebenheit nicht zu berücksichtigen wußte, dann muß sich eben von daher ein Kriterium der Orientierung von Erziehung entwickeln lassen. Es ist dies im "Selbstverständ= lichen" zu finden, meint LITT, das eine historische Epoche auszeichnet und das der erzieherischen Reflexion oft als das Nebensächliche gilt, in den je spezifischen Formen und erzie= herischen Ausgangsbedingungen der Gegenwart, aus der der Geist seine Begriffe zu gewinnen und in die er sie zu ordnen hat.

> "... es ist die *Gegenwart*, es ist der Inbegriff der dem Leben der Gegenwart eingewachsenen 'Selbstverständlichkeiten', der durch das reflexionslose Bildnertum der heranwachsenden Ge= neration sich des Nachwuchses bemächtigt." (ibid.49).

Den kritischen Einwand, daß mit dem Rekurs aufs "Selbstver= ständliche" doch nichts anderes betrieben werde als jene Ver= absolutierung des Gegenwärtigen, gegen die sich LITT zuvor ge= wandt hatte, begegnet dieser mit dem Hinweis auf die Transzen= denz des Gegenwärtigen und die dialektische Auflösbarkeit der Gegenwartsbindung.

> "'Selbstverständlich' ist doch dies alles nicht nur deshalb, weil es mit der besonderen Lebensverfassung des Gegenwärti= gen eins ist: selbstverständlich ist es auch und ganz beson= ders deshalb, weil *mit und in ihm ein dem Augenblick durch= aus Überlegenes sich durchsetzt*: Funktionen, auf denen, wie sie auch im einzelnen abgewandelt und vervollkommnet werden mögen, die Existenzmöglichkeit des menschlichen Geschlechts von je beruht hat und immerdar beruhen wird... " (ibid. 49).

Hier bezieht sich LITT auf überzeitliche Strukturen - "letzte strukturelle Grundmotive" von "Gewöhnungen" und "Überzeugungen" (ibid.49) -, die den Kern, das Gerippe der dialektischen Selbstbewegung des Geistes bilden.

> "... soweit ein gegenwärtiges Geschehen 'Geist' ist, geht es niemals in dieser Gegenwärtigkeit auf; in ihm bietet sich ein Etwas dar, gelangt ein Etwas zum Bewußtsein, demgegen= über die ganze Disjunktion 'Vergangenheit, Gegenwart oder Zukunft' sinnlos wird." (ibid.51).

Wie Erziehung den Edukanden also getrost im "Selbstverständli=
chen" "wachsenlassen" könne, weil ihm das "Überaktuelle" (ibid.
51) des objektiven Geistes schon von selber zu Bewußtsein kom=
me, so muß sie sich doch darüber im klaren sein, daß sie dieser
Bewegung des Geistes Anstöße ("Einführung",ibid.72) bieten und
"Substanz(en)" (ibid.67) vorgeben muß, an denen sie sich voll=
ziehen kann.

Aus diesem Gedanken entwickelt LITT den "guten Sinn des 'Füh=
rens'", durch den der erzieherische Wille in eine Dialektik der
Orientierungen am Bedürfnis des objektiven und subjektiven Gei=
stes eingespannt ist, die ihn in jenem Maße der Aufgabe der Ver=
mittlung verpflichtet, "wie der Erzieher in seinem Tun einer=
seits Anwalt und Vertreter des objektiven Geistes ist, zu dessen
Höhe das junge Geschlecht emporgehoben werden soll, andererseits
Anwalt der Seele ist, die dieser Höhe zustrebt " (ibid. 66).
So ist das, was den Mut zum Wachsenlassen begündet - das "über=
aktuelle" - zugleich auch Anlaß und Aufgabe der Führung, näm=
lich "gerade das herauszustellen und zu voller Wirkung zu brin=
gen..., was aus dem Strom des Werdens enthoben ist, was die
Weihe des Überzeitlichen, Ewigen, Gültigen trägt ." (ibid.70).
Um dies zu bezeichnen, greift LITT auf den Begriff des Klassi=
schen zurück. Außer einem Hinweis auf SPRANGERs Begriff des
Klassischen (ibid.74) aber würdigt er die Frage, worin dieses
zu erkennen sei, die ja so wesentlich für eine Vorstellung des
Überaktuellen wäre, hier keiner weiteren Ausführung. So bleibt
sie jene "Frage von lastender Schwere" (ibid.), um deren Beant=
wortung wohl nicht nur immerfort, sondern auch vergeblich ge=
rungen werden wird, weil sie ein Inhaltliches und nicht ein
Formales als Überzeitliches zu erklären sucht.

Die dialektische Wechselbeziehung der Ansprüche des Führens und
Wachsenlassens läßt sich bei LITT als eine Bewegung gegenseiti=
ger Begrenzung erkennen, in der das "Interesse" des objektiven
Geistes, das doch schwerlich auf einen Begriff zu bringen ist,
mit den "Vor-Urteilen" des subjektiven Geistes, dem "Selbst",
zu vermitteln ist.[29]

> "Denn im verantwortlichen Auswählen, plastischen Verlebendi=
> gen und glaubwürdigen Vor-Augen-Stellen dessen, was als gül=
> tig und lebensnotwendig, bedeutsam und förderlich erscheint,

hat der Erzieher den Heranwachsenden verantwortlich zu *füh=
ren*. Die Gestalt, die der Heranwachsende dabei gewinnt, hat
er jedoch *wachsenzulassen* und nicht in einem Zukunftsbilde
vorwegzunehmen oder ihn gar nach solchem vorgefaßten Ideal=
bild zu 'prägen'." (REBLE 1981,232).

Der objektive Geist aber gibt auch das Selbst, wenn schon nicht
zu erkennen, so doch zu verstehen, sodaß in der aufmerksamen
Hinwendung zum Individuum und im Aufgreifen von Ansprüchen des
Überzeitlichen in seinen Äußerungen, gleich wie sie sich for=
mulieren, die "einführende" Aufgabe des Erziehers nicht
schlechter erfüllt wird als dort, wo es zu allererst um den
Geist geht.

"... es geht auch da um den 'Geist' und seine ewigen Ordnun=
gen, wo sich alles scheinbar nur um das besondere 'Selbst'
dreht, gleichwie es überall da um das Selbst geht, wo
scheinbar nur dem Geist das Seine werden soll." (LITT 1952,
78).

Die Einwände, die sich vorallem gegen die Lösungsformeln anfüh=
ren lassen, die LITT als den "guten Sinn des Wachsenlassens"
und "Führens" entwickelt. das "Selbstverständliche" und das
"Klassische", sind in aller Deutlichkeit von KLAFKI zusammenge=
stellt worden. Sie lassen sich kurz folgendermaßen zusammen=
fassen:

1. Zum "Selbstverständlichen":
- Das Selbstverständliche erfährt bei LITT eine durchweg posi=
  tive Bewertung, die nicht nur angesichts der negativen "Fi=
  xierungen", die als Möglichkeiten in ihm enthalten sind, un=
  haltbar ist, sondern auch im Widerspruch zu LITTs Ablehnung
  einer unkritischen Gegenwartsorientierung steht.[30)]
- Das Selbstverständliche ist nicht nur ein historisch Spezi=
  fisches, sondern es hat auch in verschiedenen gesellschaftli=
  chen Gruppen unterschiedliche "Erscheinungsformen", d.h. es
  ist zweifelhaft, ob ihm überhaupt ein "überaktuelles" inne=
  wohnt, und es verbindet sich mit seinem Begriff insofern ein
  elitärer Anspruch, als eine "ideologische" Ausklammerung der
  Sinn- und Wertverständnisse bestimmter gesellschaftlicher
  Gruppen an ihm vollzogen werden kann.[31)]

2. Zum "Klassischen":
- Der Rückgriff auf das Klassische widerspricht LITTs eigener Auffassung, daß epochale Leitbilder keine Begründungsbasis für Erziehungsideale bieten können. Die behauptete Ungeschichtlichkeit des Klassischen führt zu einem Universalitätsanspruch, der sich praktisch in hypostasierenden Fixierungen des Geistes niederschlägt, die die Zukunftsgestaltung durch die ständige Aktualisierung von Abwehrnöten in einer undialektischen Weise festfahren läßt.
- Da LITT keinen klaren Begriff des Klassischen in seinem Verständnis zu zeichnen vermag, zugleich aber auf jedes Bildungsideal verzichten möchte, das dieses Klassische letztlich doch auch enthalten müßte, gibt er schließlich nicht einmal ein Bekenntnis zu einem "erkenntnisleitenden Interesse" ab, das die Interpretation von Erziehungspraxis anzuführen vermöchte. In dieser pragmatischen Ignoranz "übergeht er zugleich die Frage danach, wie Bildungsprozesse gestaltet werden müßten, damit junge Menschen im Prozeß der Aneignung des 'Objektiven' sowohl bestimmte Orientierungen gewinnen als auch den darin beschlossenen Festlegungen und Begrenzungen gegenüber kritisch, urteilsfähig, offen werden " (KLAFKI 1982,191).

Vor allem letzter Einwand weist darauf hin, daß "Vorwegnahmen der Zukunft" doch eine gewisse pragmatische Legitimität besitzen, indem sie überhaupt erst Perspektiven einer Bewertung eröffnen. Sie dürfen allerdings nicht mit einem besserwisserischen Prophetie-Anspruch auftreten - soweit ist LITTs Kritik sicherlich zuzustimmen -, der auf der Kenntnis von "Notwendigkeiten" zu beruhen vorgibt, sondern sie müssen "hypothetische Vorgriffe" (KLAFKI 1982,199), gewissermaßen "experimentelle Bildungsideale" sein, die am "Subjektiven Geist" des Edukanden immer wieder aufgehoben werden.

Obwohl (?) "Führen oder Wachsenlassen" LITTs populärste Schrift darstellt, so muß doch betont werden, daß ihm die Begründung der Illegitimität eines starren Bildungsideals und vor allem auch die Ableitung eines Begriffes personaler Erziehung an anderen Stellen seines Werkes schlüssiger und auch radikaler gelungen ist. Wie es einem dialektisch orientierten Denker nicht

zu verdenken ist, wenn er dem Rezipienten das Ruder des Syn=
thetisierens nicht vollends aus der Hand nimmt, so mag es ge=
rade bei LITT anerkennenswert erscheinen, daß er im dialekti=
schen Fortgang seiner Fragestellungen nicht vorschnell jedes
Fragezeichen auf den Punkt bringen wollte.

So eröffnet das Paradigma der "noologischen Betrachtung",
demnach sich das erkennende Subjekt selbst als die Bedingung
seiner Erkenntnis erkennt, die an seinen Objektivationen
wächst, auch eine neue Dimension für die Begründung des Er=
ziehungsbegriffs, indem die "Selbstaufstufung des Geistes"
(LITT 1961,219) der "einführenden" Richtung des Erziehens ei=
ne Aufgabe vorstellt, die in der Tat die sukzessive Revision
jedes Bildungsideals - und zwar im subjektiven Geist - immer
schon enthält: erzieherische "Einführung" in die Selbstrefle=
xion. Die Erkenntnis der wechselseitigen Vermitteltheit von
Subjekt und Objekt durch das Denken - "Das die Methode ins
Spiel setzende Subjekt und das durch die Methode formierte
Objekt: beide sind nur miteinander und ineinander"(LITT 1957,
25) - findet in der Selbstreflexion ihre Überhöhung in der
Erkenntnis, daß auch der Selbstbegriff als Implikation der
Objektivationen von Welt eines Subjekts gewonnen wurde, das
damit in der Autonomie des Denkens sich selbst zum Begriff
geworden ist.

> "... trägt der Geist den unabweisbaren Drang in sich, über
> die Stufe der naiven Hingegebenheit an die Welt zur Stufe
> des Wissens um seine Weltmission emporzusteigen. Mit ihr
> und gleich ihr läßt er es sich nicht genug daran sein, die
> Welt als 'sein anderes' zu übergreifen: er wiederholt und
> potenziert diesen Akt, indem er über sich selbst als welt=
> übergreifenden nochmals übergreift und dergestalt sein Han=
> deln an der Welt zum Selbst-Bewußtsein erhebt." (LITT 1961,
> 225).

Indem das Gedachtwerden des Objekts zu einem selbstbewußten
Akt erhoben wird, erkennt das Subjekt die Relativität seiner
Objektivation, stößt an die bislang unerreichte Grenze des
Wahrheitsanspruchs seiner Urteile und trachtet sie zu über=
schreiten, indem es das Denken als Selbstdenken zur bewußt
verfügten Quelle alternativer Urteile macht und so eine
selbstbestimmte Handhabe seines Denkens entwickelt.

"Es erweitert die Besinnung im Sichselbstdenken die Wirk=
lichkeit über das gegenständlich Vorgebbare hinaus und
lenkt den Blick auf die 'Macht des Denkens', die in den
vergegenständlichenden Einstellungen noch anonym bleibt und
die im noologischen Sichselbstdenken zu einem Sichselbst=
gestalten und Sichselbstbilden wird." (FUNKE 1980,234).

Im Sichselbstdenken verfügt das Subjekt schließlich auch über
die Begriffe seiner Selbstobjektivationen, über seinen Selbst=
begriff. Es beginnt jene, wie es die Welt zu einer Ordnung füg=
te, nun auch zu einer Einheit zu ordnen, indem es die augen=
blicklichen Vollzüge des Erkenntnissubjekts selbst wieder ob=
jektiviert und so im dialektischen Prozeß der Selbsterkenntnis
als gedachtes Objekt und denkendes Subjekt sich selbst ver=
ändert.

"... jene Selbsteinkehr ist *die Veränderung selbst*, so wie
sie in grundsätzlichster Form als bewußtes Leben sich selbst
erfährt. Sie ist ebenso sehr ein 'Tun' wie ein 'Erleiden'
des werdenden Selbst: ein Erleiden, so wahr an ihm ein An=
derswerden 'geschieht', von dem das Selbst zu wissen be=
gehrt, ein Tun, so wahr ohne dieses Wissenwollen das Anders=
werden nicht so verlaufen würde, wie es verläuft... " (LITT
1948,22).

In dieser Doppelrolle des Handelnden und des Behandelten eröff=
net sich dem Denken der Raum seiner "Selbstverantwortung". Wie
es sich objektiviert, so bestimmt es seine eigene Fortentwick=
lung; wie es sich fortentwickelt, so verfügt es über die Ge=
staltungsmöglichkeiten seiner Objektivation. So muß es die
Chance seiner Fortbildung gerade darin erkennen, seine Urteile
zu überwinden, es muß ihm der Weg der Harmonisierung aufleuch=
ten als ein Wachsen am Widerspruch[32]. Dies ist es, was RECK
in seiner Identitätstheorie als die "Selbstverantwortung des
Denkens" beschrieben hat.

"Diese Dialektik können wir, sofern wir das Moment der Iden=
tität des reflektierten Denkens mit seiner Reflexion thema=
tisieren, als *Selbstverantwortung des Denkens* bezeichnen.
Sie impliziert die Verantwortungsübernahme für seine Wider=
sprüche und seine Unklarheiten, d.h. ihre Identifizierung
als seine eigenen, ihre 'Anerkennung', und den Willen, den
'Trieb' (Hegel), sie zu lösen und zu klären. Dementsprechend
wäre ein Denken selbstverantwortungslos, wenn es eigene
Widersprüche und Unklarheiten nicht anerkennt und nicht zu
lösen und zu klären versucht, weil es sich nicht selbst re=
flektiert und sich nicht mit seiner eigenen Reflexion iden=
tifiziert." (RECK 1981,48).

Was hier vielleicht wie eine Last der Selbstverantwortung er=
scheint, ist doch zugleich die Eröffnung eines Freiheitsraumes,
in dem sich das Denken als Wille ergreift, als Wille zur per=
sonalen Einheit, die es allein durch sich selbst, durch seine
eigenen Synthetisierungen erlangen kann. Dies muß denn auch
die grundlegendste Rücksicht in der Verfassung von Bildungsidea=
len werden, daß der Anspruch von Einheit, ja daß der Maßstab
des Kompatiblen selbst nur in vorläufigen, geschichtlichem Zer=
fall und geschichtlicher Erneuerung erlegenen Entwürfen zu ent=
wickeln ist, da die Synthetisierung, die Einheit schafft, nicht
anders als im subjektiven Vollzug, an allem Anfang noch immer
im *Nachvollzug*, zustandezukommen vermag, so sehr sie auch als
Möglichkeit immer schon vorgegeben ist.

> "Die Einheit der Person - so führt Litt im Verfolg dieses Ge=
> dankens aus - ist ein Gegebenes und zugleich ein Aufgegebe=
> nes; denn der Mensch ist nicht auf einen vorgegebenen Seins=
> bestand festgelegt, er ist vielmehr befähigt und berufen, an
> sich zu 'modeln', und er wird, indem er dieser Berufung folgt,
> ein sich selbst gestaltendes Selbst." (ZDARZIL 1980,133).

Personale Erziehung bedarf hierzu nicht des "Klassischen" und
nicht des "Selbstverständlichen", die den Willen nur an eine
unüberwindliche Mauer beharrlicher Vorurteile ketten würden,
sondern sie ist eine Praxis, in der sich die Urteile des Erzie=
hers nicht als dogmatisches Bildungsideal, sondern als ein Hori=
zont des Fragens der denkenden Selbstverfügung des Edukanden
gegenüberstellt. Erziehung bietet so eine gedeutete Welt, in
der jede Deutung sich nur als Hypothese zu erkennen gibt, die
auf dem lebensgeschichtlichen Boden bestimmter Interessen als
eine pragmatische Erklärung entstanden ist, also immer schon in
der Relativität eines Willens befangen war. Ob sie in den Welt-
und Selbstbegriff des Edukanden Einlaß findet und welche neue
Gestalt sie dabei gewinnt, hängt davon ab, ob sie der Wille des
Edukanden, sein Interesse zu ergreifen vermag. Denn:

> "...die Person ist nicht der Behälter, der ein Aggregat zusam=
> mengeratener psychischer Atome in sich befaßt. Ein jeder der
> Willensinhalte, die sie in sich hegt, ist nur dadurch ihr
> Willensinhalt, daß sie ihn von innen her durchgreift und be=
> seelt, ja daß sie sich mit ihm identifiziert. Zwar geht sie
> nicht in ihm auf - denn wenn sie das täte, wäre sie weiterer
> Willensregungen unfähig - wohl aber geht sie so in ihn ein,
> daß er jeder Isolierung enthoben und ihrem Gesamtleben ein=

verleibt wird. Indem sie sich mit ihm identifiziert, wird
nicht nur er ein von ihr angeeignetes - nein: auch sie
selbst wird eine andere, als sie bei Ausfall dieser Regung
sein würde. Es hebt sich jede Scheidung auf, die es gestat=
ten würde, den Willensinhalt zu einem Eigendasein zu ver=
festigen. Er ist das, was er ist, nur in unauflösbarer Ge=
meinschaft mit dem Ganzen des personalen Daseins, in dem er
seinen Ort hat." (LITT 1969,87).

3.1.4 Erziehung zur Selbsterziehung: Bei-sich-Sein und Außer-sich-Sein als Perspektiven der Selbstverwirklichung

Jede Erziehung, die es sich nicht an einer annehmlichen Gestaltung der Gegenwart genug sein lassen will, die sich vielmehr auf die Zukunft hin orientiert - und wohl dadurch auch erst ihren Namen verdient -, zielt auf einen Zustand, in dem der Edukandus sein Leben ohne alle direkte Einflußnahme eines Erziehenden gestaltet; diesem Zustand gelten die Hoffnungen des Erziehers, die sich allzu gern in die Gestalt eines Bildungsideals kleiden, von ihm aus bestimmt sich allererst der Sinn von Erziehung. Wie die Erziehung also in der Tätigkeit des Erziehenden irgendwann ein Ende hat, das sich manchmal deutlich an einem Punkt fixieren, manchmal in einer allmählichen Zurücknahme des erzieherischen Einflusses nur vage erkennen läßt, so bleibt sie doch in ihren Wirkungen in die Zukunft hinein erhalten. Diese "Transzendenz" beansprucht Erziehung nun nicht allein darin, daß mittels ihrer dem Edukanden eine Gestalt geworden ist, die eine wesentliche Ausgangsbedingung seiner Zukunftsgestaltung darstellt, die sich aber im Laufe des Lebens doch gänzlich verlieren könnte, sondern auch in der - rechtfertigungsbedürftigen - Hoffnung, daß das praktische und moralische Handwerkszeug, daß sie ihm mitgegeben hat, nicht verworfen würde, sondern an der Welt sich nützlich zeige, ja daß sich die erahnten und für gut erachteten Richtungen, denen sich im besonderen die Erziehung verschrieben hat, im Leben des Edukanden bewahren und bewähren (und, wie manche meinen, bewahrheiten)[33] mögen. Wenn das "Sich-selbst-überflüssig-Machen" (SCHNEIDER 1967,13) des Erziehers so das implizite Ziel der Erziehung bedeutet, so stellt sich die Frage, an welchem Punkt der "Rückzug" des Erziehers angemessen sei, wann die Selbständigkeit des Edukanden eine erzieherisch verantwortbare Form erreicht habe, um den Erzogenen mit sich und seiner künftigen Welt allein lassen zu dürfen.

Die Erziehungsbedürftigkeit des Menschen hat sicherlich eine ihrer Wurzeln in dessen Konstitution als "Mängelwesen", die eine gewisse "Zurüstung" mit Fähigkeiten und Fertigkeiten nötig

macht, um ihn aus dem Zustand existentieller Hilflosigkeit he=
rauszuführen, sie gründet aber auch in der Selbstaufgegebenheit
eines Wesens, das sich mit dem reinen "know-how" der Überlebens=
kunst nicht genügen will. Nicht nur die Notwendigkeit ständiger
Neuanpassung an eine wechselnde Umwelt, sondern auch der Sinn=
anspruch menschlichen Lebens zwingt das Subjekt zu einer lebens=
langen Selbstregulation, zu einem "lifelong learning", einer
"recurrent education"(JOURDAN), der die erzieherische Fremdein=
wirkung nur über eine vergleichsweise kurze (wenn auch bedeut=
same) Zeitspanne Mittel an die Hand zu geben und eine Richtung
zu weisen vermag. Berücksichtigt man, daß auch diese Regula=
tionsprozesse keine bewußtlosen Anpassungsleistungen, sondern
zielstrebige Eigentätigkeiten des Subjekts sind, die auf Urtei=
len aufbauen, um neue zu gewinnen, so scheinen sie sich sinn=
voll mit dem Begriff der "Selbsterziehung" bezeichnen zu lassen.
Im Unterschied zu Fremderziehung bedeutet Selbsterziehung:
1. daß ein Subjekt aus eigener Veranlassung eine Verhaltensre=
   gulation vornimmt (wobei es freilich immer "äußere" Gründe
   dazu haben wird),
2. daß es dadurch seine Fähigkeiten in irgendeinem Bereich fort=
   entwickelt$^{34)}$; ob bewußt oder unbewußt bzw. gewollt oder un=
   gewollt, kann dabei als ein analytisches Kriterium beachtet
   werden (in diesem Sinne könnte von *intentionaler* und *funktio=
   naler* Selbsterziehung gesprochen werden) und
3. daß es über die "Mittel" seiner Verhaltensregulation bereits
   verfügt oder sich diese selbst verschafft.

In diesem Verstande wäre "Selbsterziehung" abzugrenzen gegenüber
jenem Minimalbegriff von geistiger Eigentätigkeit, der schon in
jedem Akt von Fremderziehung angenommen werden muß, wo eine
Leistung des Verstehens, des geistigen oder gefühlsmäßigen Nach=
vollzuges, einer hypothetischen Antizipation usw. vorausgesetzt
wird. Die Grundlage solcher Selbsterziehung bildet zudem der
Selbstbegriff und Situationsbegriff des Subjekts, nicht die Ein=
schätzung des Erziehenden, sodaß in den selbsterzieherischen
Prozessen die realen und idealen Selbstkonzepte, die Situations=
deutungen und Weltanschauungen des Subjekts zum Tragen kommen.

> "Der Einzelne vergleicht seine Möglichkeiten, er schätzt sich
> selbst, seine Taten, seine Absichten, seine Fähigkeiten ein
> und er entscheidet sich, was und wie er weiterhin handeln
> wird, welches Ziel und welche Mittel er wählen wird, wozu er
> sich auf der Grundlage der gegebenen Bedingungen entschließen
> wird, wie er sich auf dieses Ziel vorbereiten wird und was er
> alles aus sich machen wird." (ROTTEROVÁ 1970,194 f).(35)

Während sich so hinsichtlich des Vollzuges Selbsterziehung leicht von Fremderziehung abgrenzen läßt, zeigt sich die Lage bezüglich der Inhalte, die in der Selbsterziehung aktualisiert werden, doch wesentlich komplizierter. Die "Materialien" und Fähigkeiten, auf die Selbsterziehung aufbaut, sind zweifellos von der (vorgängigen oder auch gleichzeitigen) Fremderziehung vorgegeben, und doch stellt sich die Frage, ob "Selbsterziehung ... die geradlinige Fortführung der Fremderziehung" (SCHNEIDER 1967,13) sei, oder ob sie nicht gerade in einer wesentlich verändernden, ja möglicherweise richtungsändernden Weise Fremderziehung zu überwinden trachte. Selbsterziehung wäre nicht, was ihr Name besagt, vermöchte sie nur den status quo zu reproduzieren, sondern sie ist gerade dadurch gekennzeichnet, daß sie selbst in ihren schlichtesten Ansätzen einen identitätsgestaltenden und nicht nur -bewahrenden Prozeß darstellt.

> "Die Selbsterziehung ist ein psychisches Regulativ, das auf
> der Grundlage der Analyse der bisherigen Erfahrungen und
> Kenntnisse des Subjekts in ein neues und wirksameres Werk
> einbringt, welches den Erwerb neuer Einsichten sichert, zu
> einer Leistungssteigerung des Subjekts, zu seiner Selbstkontrolle sowie zur Steigerung seiner Ansprüche beiträgt, innere Mechanismen (Selbstinstruktionen, Selbstbefehle) korrigiert und zur Integration der Persönlichkeit und ihrer aktiven wie kreativen Haltung führt." (ROTTEROVÁ 1970,196).

Was hier aber als die Aufgabe, ein "'reflexives Verhältnis zu seiner eigenen Gesamtgenese' zu gewinnen" (DERBOLAV nach NAUDA= SCHER 1980,21) gerade das zentrale Anliegen der Selbsterziehung scheint, hat HÄBERLIN Anlaß gegeben, den Begriff der Selbsterziehung zu verwerfen; denn "es erwecke die Vorstellung eines Zustandes der Selbstreflexion. Wer aber an sich selber denke ..., der fröne im Grunde gerade dem, was zu überwinden wäre, nämlich dem 'lieben Ich'" (SCHNEIDER 1967,11). So ergibt sich aus der unterschiedlichen Bewertung der Selbstreflexion schließlich ein kontroverser Begriff von Selbsterziehung[36)] und ihrem pädagogischen Stellenwert: Was den einen - in der Nachfolge KANTs - als

notwendige Voraussetzung des "Selbstdenkens" in der Approxima=
tion an die "Menschheitsbestimmung" erscheint, dünkt den ande=
ren - im Geiste des Existentialismus - als ein trostloser Akt
narzißtischer Nabelschau. Und beide - so wird zu zeigen sein -
begründen ihre Haltung, indem sie eben jenes voraussetzen, was
der andere erst sucht: die Aufhebung von Allgemeinheit bzw. Be=
sonderheit. Im folgenden sollen nun, um diese Kontroverse zur
Darstellung zu bringen, die beiden Positionen am Beispiel KANTs
und Paul MOORs kurz aufgezeigt werden.

KANT ist es gewesen, der in seiner klassischen programmatischen
Definition von Aufklärung der entlastungsseligen Trägheit des
Geistes den Kampf angesagt hat:

> "Aufklärung ist der Ausgang des Menschen aus seiner selbst
> verschuldeten Unmündigkeit. Unmündigkeit ist das Unvermögen,
> sich seines Verstandes ohne Leitung eines anderen zu bedie=
> nen. *Selbstverschuldet* ist diese Unmündigkeit, wenn die Ur=
> sache derselben nicht am Mangel des Verstandes, sondern der
> Entschließung und des Mutes liegt, sich seiner ohne Leitung
> eines andern zu bedienen. Sapere aude! Habe Mut dich deines
> *eigenen* Verstandes zu bedienen!, ist also der Wahlspruch der
> Aufklärung." (KANT 1975,55).

Bekanntlich geht KANTs Optimismus dahin, daß im Gebrauch ihres
Verstandes die Menschen das "Factum der Vernunft", das "Sitten=
gesetz", zur Anwendung brächten; daß sie zu diesem Gebrauch ge=
langen, ist das Geschäft der Aufklärung, und einer ihrer Wege
ist Erziehung. In KANTs kurzer Schrift "Über Pädagogik" deutet
es sich lakonisch an:

> "Der Mensch kann entweder bloß dressiert, abgerichtet, mecha=
> nisch unterwiesen, oder wirklich aufgeklärt werden. ... Mit
> dem Dressieren aber ist es noch nicht ausgerichtet, sondern
> es kommt vorzüglich darauf an, daß Kinder *denken* lernen. Das
> geht auf die Prinzipien hinaus, aus denen alle Handlungen
> entspringen. Man sieht also, daß bei einer echten Erziehung
> sehr vieles zu tun ist." (KANT 1963,17).

Das Ziel der Erziehung fällt mit KANTs Sittlichkeitsbegriff zu=
sammen: Es geht um die Beförderung der Idee der Menschheit, die
auch den Leitgedanken des Kategorischen Imperativs bildet.

> "Kinder sollen nicht den gegenwärtigen, sondern dem zukünftig
> möglich besseren Zustande des menschlichen Geschlechts, das
> ist: der Idee der Menschheit, und deren ganzer Bestimmung an=
> messen, erzogen werden." (KANT 1963,14).

Faßt man KANTs Mündigkeitsbegriff und diese Zielvorstellung von Erziehung zusammen, so läßt sich das aufklärerische Konzept ei= ner Erziehung zur moralischen Selbstverantwortung mit LASSAHN auf die kurze Formel bringen:

> "Der heranwachsende Mensch muß befähigt werden, sein Handeln und Beurteilen an freigewählte Grundsätze zu binden; er muß moralische Begründungen für sein Tun angeben können; erst in dem kritischen Nachdenken über die Gründe seines Handelns zeigen sich Freiheit und Mündigkeit." (LASSAHN 1974,100).

So schließt Freiheit, an Vernunft gebunden, Moralität mit ein und Erziehung zur Freiheit, zum Selbstdenken, ist in einem Er= ziehung zur Moralität. Jene Moralität aber, die sie sich im Gei= ste der Vernunft voranstellt, die ihr Ziel und Mittel ist, nimmt im Kategorischen Imperativ nicht die Sonderheit des Einzelmen= schen, sondern die Menschheit und deren allgemeine Bestimmung zum Ausgangspunkt des Sollens. In diesem Sinne vermittelt sich Erziehung auch selbst als eine allgemeine, als eine "kosmopoli= tische".

> "Die Anlage zu einem Erziehungsplane muß aber kosmopolitisch gemacht werden. Und ist denn das Weltbeste eine Idee, die uns in unserem Privatbesten kann schädlich sein? Niemals! denn wenn es uns gleich scheint, daß man bei ihr etwas aufopfern müsse, so befördert man doch nichts destoweniger durch sie immer auch das Beste seines gegenwärtigen Zustandes." (KANT 1963,15).

So hebt KANT in doppeltem Verständnis den Anspruch der Indivi= dualität in Moralität auf: Wer sittlich gut handeln will, muß dies im vernünftigen Gebrauch seiner Freiheit tun und das heißt unter Absehung von seinen individuellen Neigungen - "Die Frei= heit besagt, dem kategorischen Imperativ zu entsprechen, damit von 'mir selbst' als Gesamt von Neigungen und Wünschen, Antrie= ben und Interessen, Kräften und Absichten abzusehen bzw. zu lösen" (BALLAUF 1982,277) - und wer so die Idee der Menschheit sich zum Prinzip erwählt, dessen Moral zielt nicht auf die An= sprüche des einzelnen, sondern auf die der Gattung, von der er sich selbst als ein Glied, ein Exemplar des Vernunftbegabten, richtungsweisend vor Augen hat.

> "Der kategorische Imperativ fordert, jedem dieselbe Freiheit zu ermöglichen, die ich für mich beanspruche - besser: jedem zu ermöglichen, sich von der Freiheit in Gestalt des kate= gorischen Imperativs in Anspruch nehmen zu lassen." (BALLAUF 1982,290).

Die postulierte Identifikationsbasis "Vernunft" läßt alle In=
dividuen als "im Grunde" gleiche erscheinen, denen das Indivi=
duelle, sobald sie ihre "Natur ... unter Regeln gebracht" (KANT
1963,15) haben, nur ein Akzidentielles ist. Es bietet keinen
Maßstab für das Sittliche, weder in mir, der ich handle, noch
in dem andern, auf den sich meine moralische "Rücksicht" be=
zieht.

> "Das aber bedeutet, daß die Individualität, nach unseren Wor=
> ten die Qualität eines Besonderen, welche dies nicht seinem
> Allgemeinen verdankt, welche vielmehr in seiner Besonderheit
> besteht, aller ethischen Legitimation ermangelt. Ich habe es
> als Handelnder mit dem ganzen Menschengeschlecht zu tun,
> dessen Angehörige gleich mir Vernunftsubjekte sind; darüber
> hinaus habe ich es mit den einzelnen Exemplaren zu tun, auf
> die ich zufälligerweise stoße und denen ich - ihrer Beson=
> derheit ungeachtet - nur als solchen Exemplaren etwas schul=
> de. Wie ich selbst als Vernunftsubjekt und mithin in ethi=
> scher Beziehung individualitätslos bin, so sind das auch all
> jene, denen gegenüber ich mich pflichtmäßig zu verhalten ha=
> be." (RITZEL 1973,62 f).

Als ein Exemplar der Gattung ist mir der andere in ethischer
Hinsicht keine Person, die ich als Gegenstand meines Wohlwol=
lens in ihrer Besonderheit zu begreifen habe, noch erreicht
mein sittliches Handeln als personales Handeln eine besondere
Qualität. Der ethische Maßstab kennzeichnet nicht die Besonder=
heit meiner Person, sondern vielmehr die Formel, mit der ich
mich in die Belange des Allgemeinen stelle; er ist, mit BLAN=
KERTZ zu sprechen, das Prinzip einer Ethik ohne Ethos:

> "Die Ethik kennt nur das allgemeine Prinzip, das Ethos aber
> ist an den besonderen Habitus der handelnden Person gebun=
> den, an seine Individualität." (BLANKERTZ 1982,335).

An diesem Punkt wird später die Kritik anzusetzen haben.[37)]
Es läßt sich fürs erste jedoch festhalten, daß der legitimati=
ve Rahmen, in den nach KANT die aufklärerische Forderung nach
Selbstdenken gestellt ist, eine allgemein-ethische Begründung
darstellt, die sowohl der Fremd- wie auch der Selbsterziehung
eine verbindliche Richtung weist: den vernünftigen, d.h. aufs
Allgemeine besonnenen Gebrauch der Freiheit. Selbstdenken be=
zeichnet daher bei KANT wesentlich selbständig veranlaßtes und
vollzogenes Denken, sodann aber auch reflexives Einholen der
eigenen Natur im Sinne der Menschheitsbestimmung und damit eine

gewisse Zentrierung auf das Ich, das dem Denken als Vermittler
der Bestimmung gegeben ist. SCHNEIDERS faßt das Bedeutungsfeld
des Selbstdenkens zusammen:

> "Selbstdenken heißt: überhaupt erst einmal (selber) denken
> statt gedankenlos bleiben. Selbstdenken heißt daher geistig
> aktiv statt passiv, geistig produktiv statt bloß reproduktiv
> sein. Selbstdenken bedeutet daher auch geistige Spontaneität.
> Wer ein Selbstdenker ist, denkt von sich aus oder aus sich
> selbst heraus; er denkt nicht nur unabhängig, sondern auch
> aus eigener Initiative. Damit zielt der Ausdruck Selbstdenken
> letztlich auf eine Art Selbstsein im Denken, auf geistige Ei=
> genständigkeit oder Selbständigkeit, und zwar in einem doppel=
> ten Sinne. Selbstdenken heißt (modern gesprochen) eigentlich
> nämlich ursprünglich oder authentisch denken;(...) Dann aber
> heißt Selbstdenken auch (modern gesprochen) geistig autonom
> sein oder sein wollen;(...) Selbstdenken bedeutet geistige
> Verwirklichung von Freiheit, die dann auch als Freiheit zu
> geistiger Selbstverwirklichung gefordert wird." (SCHNEIDERS
> 1974,193).

Die Selbständigkeit des Denkens steht so im Dienste der Verwirk=
lichung der Bestimmung, die zugleich den ethischen Anspruch
stellt.[38)] Von ihr her ist nur Selbstdenken gerechtfertigt. In=
sofern Fremderziehung diesem ethischen Anspruch dient, führt
sie den Edukanden auf dem Weg seiner Bestimmung, um ihn in seinem
Selbstdenken im Allgemeinen auch dann zu bewahren, wenn sie ihn
in die selbsterzieherische Freiheit vollends entlassen hat. Vor
diesem Hintergrund scheint KANT der Zwang der "Zucht" berech=
tigt, soweit er sich - gewissermaßen als eine Hilfe zur Selbst=
hilfe - als eine Förderung der Möglichkeit des Selbstdenkens
verwenden läßt und damit den Edukanden seiner Bestimmung gemäß
nicht als Mittel, sondern als Zweck behandelt.

> "Denn ein Verfügen über den Menschen ist nach KANT statthaft,
> wenn die Menschheit in seiner Person den Zweck der Maßnahme
> bildet. So ist der Zwang gerechtfertigt, welchen der Erzieher
> auf den Unmündigen ausübt, damit dieser mündig wird und sich
> fortan keinen Zwang mehr gefallen zu lassen braucht." (RITZEL
> 1973,62).

KANT weiß um die Schwierigkeit, die in der paradoxen Forderung,
eine Erziehung zur Freiheit mittels des Zwanges zu betreiben,
liegt. Der Sprung von der Heteronomie in die Autonomie des Den=
kens verlangt eine Reihe von Vorbereitungen, durch die Erziehung
ihr Überflüssig-Werden von Anfang an gewissermaßen "vor-program=
miert", durch die sie die Grundlage der späteren Selbsterziehung
bereits vorwegnimmt. Im folgenden sei die entscheidende Text=

passage aus KANTs "Über Pädagogik" ausführlich zitiert:

"Eines der größten Probleme von Erziehung ist, wie man die Un=
terwerfung unter den gesetzlichen Zwang mit der Fähigkeit,
sich seiner Freiheit zu bedienen, vereinigen könne. Denn Zwang
ist nötig! Wie kultiviere ich die Freiheit bei dem Zwange? Ich
soll meinen Zögling gewöhnen, einen Zwang seiner Freiheit zu
dulden, und soll ihn selbst zugleich anführen, seine Freiheit
gut zu gebrauchen. Ohne dies ist alles bloßer Mechanism und
der der Erziehung Entlassene weiß sich seiner Freiheit nicht
zu bedienen. Er muß früh den unvermeidlichen Widerstand der
Gesellschaft fühlen, um die Schwierigkeit, sich selbst zu er=
halten, zu entbehren, und zu erwerben, um unabhängig zu sein,
kennen zu lernen.
Hier muß man folgendes beobachten: 1. daß man das Kind von der
ersten Kindheit an, in allen Stücken frei sein lasse (ausge=
nommen in den Dingen, wo es sich selbst schadet, z.E. wenn es
nach einem blanken Messer greift), wenn es nur nicht auf die
Art geschieht, daß es anderer Freiheit im Wege ist, z.E. wenn
es schreiet, oder auf eine allzulaute Art lustig ist, so be=
schwert es andere schon. 2. Muß man ihm zeigen, daß es seine
Zwecke nicht anders erreichen könne, als nur dadurch, daß es
andere ihre Zwecke auch erreichen lasse, z.E. daß man ihm kein
Vergnügen mache, wenn es nicht tut, was man will, daß es ler=
nen soll etc. 3. Muß man ihm beweisen, daß man ihm einen Zwang
auferlegt, der es zum Gebrauche seiner eigenen Freiheit führt,
daß man es kultiviere, damit es einst frei sein könne, d.h.
nicht von der Vorsorge anderer abhängen dürfe." (KANT 1963,20).

KANTs Vorschlag, wie eine Erziehungspragmatik unter der Zielset=
zung einer "Selbsterziehungskompetenz" zu entwerfen sei, läßt
sich so auf die drei Forderungen zusammenziehen:
1. Gewährung einer höchstmöglichen Freiheit, deren Grenzen in der
   Schädigung anderer und der Selbstgefährdung zu erkennen sind,
2. Vermitteln von Erfahrungen der Reziprozität in der Interes=
   sensverwirklichung und
3. Transparenz des Zusammenhangs von Erziehungsmitteln und Erzie=
   hungszielen.

Von diesen Forderungen, die noch heute als wesentliche Bestand=
teile einer emanzipatorischen Pädagogik gelten können, scheint
vor allem die dritte von zentraler Bedeutung für das Problem der
Selbsterziehung. Sie deutet an, worin KANT letzlich die Voraus=
setzung der Selbsterziehungstätigkeit beim Edukanden erkennt,
nämlich in der kognitiven Verfügbarkeit der bisherigen "Erzie=
hungsgeschichte" des erzogenen Subjektes in einer Form, die auch
die Absicht und die Gesinnung des Erziehenden umgreift. Von hier
aus läßt sich schließlich auch eine Antwort finden auf die an=
fangs formulierte Frage, an welchem Punkte einer Biographie

Fremderziehung eine sinnvolle Grenze finde. Es ist dies zugleich jene Stelle, an der der Anspruch einer freiheitlichen Erziehung unter dem Primat der Vernunft eingelöst wird: nämlich zu jenem Zeitpunkt bzw. jeweils dann, wenn der Edukand beginnt, seine eigene Biographie, sein eigenes erzieherisches Gewordensein als Menschenwerk aufzuarbeiten und dabei - schon selbstdenkend - einen ersten autonom entwickelten Standpunkt klarzulegen, der ihm zugleich Programm seiner Selbsterziehung als eines vernünftigen Gebrauches seiner Freiheit wird. In der Selbstreflexion findet sich das Ich als eine biographische Größe wieder und vermag so die "emancipatio" in künftig autonome Lebensgestaltung zu vollziehen, indem es sich als gestaltender Wille aus der Aufarbeitung seines Gewordenseins gewinnt; es übernimmt sich "in eigene Regie".

Während für KANT Selbsterziehung nur die Fortführung erzieherisch vermittelter Moralität in freiwilliger Selbstbestimmung sein kann, besitzt für MOOR Erziehung keine richtungsweisende Funktion für Selbsterziehung. Ihm gilt der Begriff "Selbsterziehung" auch nicht zur Bezeichnung reflexiver Leistungen, mittels derer ein Subjekt seine Biographie aufarbeitet und ein Lebensprogramm entwickelt; vielmehr setzt MOOR beim Gedanken der Aufgegebenheit des Lebens an, die im "Vernehmen des Anrufs" das Subjekt "reifen" läßt.

> "Das Wort 'Selbsterziehung' kann den Eindruck erwecken, es meine ein Arbeiten an sich selbst und der eigenen Vervollkommnung. Die Betrachtungen der vorangehenden Abschnitte haben uns aber gezeigt, daß das eigene Reifen nicht beabsichtigt und gewollt werden kann, sondern ein Geschehen ist, das hervorgerufen wird durch das Ergriffenwerden von dem, was mehr ist als man selber schon ist, und durch den tatkräftigen Einsatz für die konkrete Aufgabe, in deren Dienst man steht. Durch das Vernehmen des Anrufs der Berufung und durch den Aufbruch zum tätigen Leben der Berufung vollzieht sich die innere Reifung und nicht durch eine Beschäftigung mit sich selber. Notwendig ist gerade umgekehrt ein Absehen von sich selber und ein Dasein für das, was aufgegeben und verheißen ist." (MOOR 1971, 241).

Die "Außenorientierung" der Selbsterziehung hat für MOOR den Stellenwert eines universellen Prinzips von Selbstverwirklichung, dem auch der Umgang mit dem Vorsätzlichen unterliegt: Es geht bei der Selbsterziehung nicht um die Entwicklung von Programmen, sondern um ein Wachsen an der einmal gewählten Aufgabe.

> "Reifung vollzieht sich, wo wir der Aufgabe zugewandt sind.
> Es kann darum das Wichtigste an der Selbsterziehung nicht in
> der Befolgung von Programmen bestehen. Im Betroffenwerden und
> im Wagnis, danach zu leben, geschieht das Wesentliche. Statt
> Programme aufzustellen, bemühe man sich um eine Lebenstechnik,
> welche der Durchführung der verheißungsvollen Aufgabe dienlich
> ist." (ibid. 247).

In der Entwicklung einer solchen Lebenstechnik besteht die Voraussetzung, die Aufgabe zu erfüllen. Von daher ergibt sich eine Einschränkung des Gesagten, die das Aufstellen von Programmen doch wieder sinnvoll erscheinen läßt.

> "Man ist also versucht zusagen, Selbsterziehung geschehe nicht
> dadurch, daß man nach Programmen lebt. Man muß jedoch auseinanderhalten, was Reifung bewirkt und was nur tauglich macht
> zu einem Leben, das zu reifen vermag. Für das Letztere kann
> man sehr wohl Programme aufstellen, Vorsätze fassen und sich
> selber regelmäßig kontrollieren. (...) Man stört den Reifungsprozeß, wenn man das Reiferwerden als solches kontrollieren
> will, wenn man, sich selber betrachtend, feststellen will, ob
> man oder gar wieviel man 'besser geworden' ist. (...) Um aber
> etwas Rechtes tun zu können, bedarf man einer Lebenstechnik,
> braucht man gute Gewohnheiten und zweckmäßige Fertigkeiten,
> die so gebildet sind, daß sie innerlich Erfüllendes aufnehmen
> können und der Aufgabe zu gehorchen vermögen." (ibid. 252).

So sehr die Lebenstechnik als auch durch Leistungen der Selbstkontrolle hervorgebracht und gefördert wird, so wenig ist sie doch selbst schon die gemeinte Aufgabe. Der Umgang mit der Aufgabe selbst hat kein Maß, an dem das Subjekt sein Reiferwerden feststellen, an dem es die Aufgabe als mehr oder weniger erfüllt erkennen könnte. Vielmehr bleibt die Aufgabe stets weiter aufgegeben, ihr Sinn erfüllt sich nicht in ihrer Lösung, sondern darin, daß sie wahrgenommen wird. So ist auch die Reifung nur ein unbeabsichtigtes und je absichtsloser desto ergiebiger anfallendes Nebenprodukt.

> "Nicht das Reiferwerden als solches wird gesucht, noch läßt
> uns ein Suchen um des Findens willen reifer werden. Sondern
> Reifung ergibt sich da, wo wir nicht nach ihr suchen, sondern
> für unsere Aufgabe voll da sind, für diejenige Aufgabe, die
> sich uns stellt, und so, wie sie sich uns stellt. Darin erst,
> daß unsere Sehnsucht nach dem tieferen Sinn der Aufgabe unser
> Tun beständig begleitet, sind wir zugleich Suchende. Und in
> der Erläuterung von Bewährung oder Nicht-Bewährung dessen,
> wofür wir uns einsetzen, vertieft sich unser Betroffensein in
> der Begegnung mit dem Sinnvollen. Tiefe des Betroffenseins
> als Vernehmen gleichsam eines *Anrufs* und Aufrufs, und Sachlichkeit unseres Wollens im Einsatz für das Vernommene als

Wagnis gleichsam eines *Aufbruchs* auf ein Verheißenes hin, sie
wachsen in gegenseitiger Abhängigkeit voneinander; und in die=
sem Wachstum besteht das Reifen der Sinnerfülltheit unseres
Lebens." (ibid. 20)

Die Bewährung des Subjekts in der Aufgabe ist zugleich die Ver=
mittlung der Wahrheit der Aufgabe, in der sie sich als das Auf=
gegebene zu erkennen gibt. Nicht die Erkenntnis des Wahren ist
die menschliche Aufgabe, der Daseinssinn sondern die aktive Suche
nach dem Wahren, durch die der Mensch das Wahre "bewahrheitet"
und so sich selbst reifend"bewährt".

"Können wir die Wahrheit über den Sinn unseres Daseins ...
nicht finden, so können wir doch im Suchen dieser Wahrheit in
ihrem Sinne wahrer werden. Nicht daß wir mit unserem Wissen
der Wahrheit näher kommen, sondern daß wir in ihrem Sinne rei=
fer werden, ist ja das eigentlich Wichtige. (...) Vermögen wir
aber durch das Suchen der Wahrheit in ihrem Sinne zu reifen,
so haben wir damit schon das Wichtigere erreicht und mögen
dann nachträglich als wahrer Gewordene auch etwas mehr von der
Wahrheit zu erkennen. Das Wahrerwerden also ... ist nicht nur
das Wesentliche, sondern es ist auch möglich ohne vorherige
Kenntnis der Wahrheit. Es geschieht durch das Suchen der Wahr=
heit." (ibid.18)

Wie die dem Prozessualen des Reifens an der Aufgabe parallel ent=
stehende Selbstbefähigung zur Auseinandersetzung mit dem Wahr=
heitsanspruch den Sinn der Selbsterziehung bildet, so ist auch
die Selbsterkenntnis nicht die Basis der Selbsterziehung, son=
dern nur der "Reflex" des Reifens, der zur neuen Bewährung an
der Aufgabe anspornt.

"So gilt denn auch für die Selbsterkenntnis, daß sie nicht der
Selbsterziehung zeitlich vorangeht, sondern daß alle Selbst=
erziehung, zunächst einmal in ihrer vorbereitenden und ab=
sichtlichen Form der Selbstgestaltung, von dem ausgeht, was
man schon über sich selber weiß, in ihrem Fortgang aber Neues
und Angemesseneres über die Selbsterziehung lernen kann.
Selbsterziehung ist das Wagnis, so zu leben, wie man es für
richtig hält, auf daß man dabei erfahre, was sich von dem für
richtig Gehaltenen bewähren kann. Indem man sich selber er=
zieht, lernt man sich kennen und verändert danach Schritt für
Schritt auch seine Selbsterziehungsbemühungen. (...) Man wagt
es, dem zu leben, was man für ein richtiges Ziel hält, um da=
bei zu erfahren, wieweit es sich zu bewähren vermag."(ibid.
301).

Im Gegensatz zu KANTs Begründung des Rechtes zum Selbstdenken
durch die ethisch der Menschheitsbestimmung verpflichtete Moral
des einzelnen ist für MOOR die Wahl der Aufgabe, die Bestimmung

des Ziels schon immer gerechtfertigt; ob sie "inneren Halt" (ibid.15) zu geben vermag, "kann nur im Vorgang des Reifens als solchem gefunden werden" (ibid.). Die beiden Ansätzen gemein= same Anschauung, daß Selbstdenken eine Sache des Mutes und der Entschließung sei, zerfällt in die Positionen einer Moralität in den Grenzen der Vernunft und einer Moralität des Wagnisses der Bewährung. Was in jenem Wagnis aber gewählt wird, was hier "anspricht", ist eine Sache des höchst subjektiven, d.h. unteil= baren Erlebens. Das in diesem persönlichen Erleben isolierte Subjekt hat seine "Aufgabe" selbst zu erfüllen und niemand kann sie ihm abnehmen. So gibt es keine allgemeine Moralität - sie wäre allemal trügerische "Verlorenheit in das Man" -, sondern nur die besondere Moral des isolierten einzelnen, die Lebens= technik des "Verlassenen", der nur sich und seiner Aufgabe ver= antworlich ist. Der subjektive Intuitionismus, dem MOOR hier im stillen die Selbsterziehung verpflichtet, verleitet aber zu einer noch unmittelbareren, weil unreflektierten "Innerlichkeit", Befangenheit im "lieben Ich", als KANTs Selbstreflexion.[39)]

"In innerer Erfahrung können wir verspüren, daß es Unterschie= de gibt in der erfüllenden Mächtigkeit dessen, was uns an= spricht; und wir können auf diese innere Erfahrung hörend, uns solchem Erleben öfter und offener aussetzen, an dem wir innerlich zu zehren vermögen, das gleichsam unsere Innerlich= keit nährt. Auf solche Weise lassen wir in uns ein dauerndes Erfülltsein entstehen, das immer mehr an Tiefe gewinnt. Tie= fe bedeutet dabei, daß es erfüllend sei, durchkreuzendem Er= leben standhalte und dadurch innere Stetigkeit gebe. Solches tragende innere Erfülltsein nennen wir Gemüt." (ibid. 27).

Die Selbstverpflichtung auf die gewählte Aufgabe wird so zur Selbstverpflichtung auf die unbedenkliche Vergangenheit, auf die "Bindung" der Lebenstechnik in der Fremderziehung, die sich im "inneren Halt" des Selbsterziehenden fortsetzt. So nimmt bei MOOR der Anspruch der Heteronomie schließlich doch die ganze Grundlage der Selbsterziehung schon vorweg, ohne dem Subjekt die Fähigkeit einer mündigen Distanzierung, die Verfügbarkeit über seine Erziehungsgeschichte mit zu vermitteln.

"An die Stelle seines eigenen Wollens tritt vorerst der Wille des Erziehers, an die Stelle des inneren Gehorsams der äuße= re Gehorsam; und dieser, den inneren Gehorsam vorbereitende äußere Gehorsam wird möglich gemacht durch die Gewöhnung des Wünschens und Begehrens, auf seine Befriedigung zu warten, wenn die Aufgabe es verlangt. Solche Unselbständigkeit in

> der Lebensführung, Gewöhnung und äußerer Gehorsam, ist die
> notwendige Vorbereitung der Selbständigkeit, ist es aber nur
> dann, wenn sie vom Vertrauen des Kindes zum Erzieher getragen
> wird." (ibid. 25)
> "Wie aber der innere Gehorsam durch den äußeren vorbereitet
> wird, so die innere Bindung durch die äußere; und wie nur der=
> jenige Gehorsam von der rechten Art ist, welcher inneren Ge=
> horsam vorbereitet, so ist auch nur diejenige äußere Bindung
> von der rechten Art, welche innere Bindung vorbereitet."
> (ibid.27 f).

So stellt sich erneut die Frage nach dem Übergang von Hetero=
nomie zur Autonomie und nach der Möglichkeit von Selbsterziehung.
Das KANTische Konzept der "Moralität statt Selbsterzeugung"
(SOMMER 1979,445) findet bei MOOR seine konträre Entsprechung in
der "Selbsterzeugung ohne Moralität". War bei KANT im Gedanken
der Menschheitsbestimmung der Selbsterziehung ein Programm vor=
gegeben, in dem sich der subjektive Wille zu verallgemeinern
trachtet, so ist es bei MOOR gerade der Sinn der Selbsterziehung,
dem persönlichen "Anruf" zu entsprechen, wie er sich dem inneren
Erleben mitteilt. War für KANT die Selbstreflexion gerade das
Mittel, dem Zwang der Erziehung Herr zu werden, so gilt sie MOOR
nur als ein "Herumbasteln an sich selber" (ibid.16). Wollte KANT
in der bewußten Selbstverfügung, in der zielgerichteten Vorsätz=
lichkeit des Denkens den Weg zur Vervollkommnung des Menschen
erkennen[40], so betrachtet MOOR jede Vorsätzlichkeit und jede
bewußte Haltung zur Aufgabe nur als Gefahr des Hängenbleibens
im Vorläufigen. Was KANT Verlust der Freiheit bedeutete, Ver=
haftetsein im Erleben, ist MOOR gerade Grund der Freiheit. War
für KANT Selbsterziehung Aufhebung der Individualität ins All=
gemeine, so ist sie für MOOR gerade Aufhebung der Allgemeinheit
menschlicher Existenz in die Besonderheit individueller Essenz.

Wenn Selbsterziehung nicht schlicht die reproduzierende Fortfüh=
rung des fremderzieherischen Willens sein soll, wenn das "Ver=
trauen", das MOOR beschwört, kein blindes Vertrauen, sondern
ein begründungsfähiges sein soll, dann muß Autonomie in der
Fremderziehung schon mitgedacht sein. Wenn diese Autonomie keine
Selbstverständlichkeit ist, wenn Selbstdenken des Mutes bedarf
und die Möglichkeit von Selbsterziehung verfehlbar ist, dann be=
darf es einer "Erziehung zur Selbsterziehung".

"Der Mensch muß auch die Selbsterziehung lernen. (...) Es ge=
hört zu den Aufgaben der Erziehung, die Selbsterziehungsten=
denz in jedem einzelnen zu initiieren, zu provozieren, zu
erwecken, herauszufordern sowie durch Schaffung und Stärkung
der inneren Mechanismen den einzelnen in der Anstrengung um
die Erreichung der Ziele zu unterstützen." (ROTTEROVÁ 1970,
198).

Wenn Erziehung der Aufgabe verpflichtet sein soll, Selbsterzie=
hung zu initiieren, dann muß ihr ein Begriff der "Selbsterzie=
hungskompetenz" gegeben sein und ein Begriff von den Vorausset=
zungen der Entwicklung dieser Kompetenz. KANTs Forderungen bie=
ten gewiß eine erste Grundlage zur Konzeption erzieherischer
Bedingungen der Ausbildung von Selbsterziehungskompetenz. Eine
differenziertere Analyse dieser Begriffe wird aber erst noch zu
leisten sein.[41] Dabei muß dem innovatorischen Stellenwert der
Selbstreflexion, der im folgenden erklärt werden soll, im ent=
sprechenden Maße Rechnung getragen werden.

Selbstreflexion wäre die Konstitution eines Selbstbewußtseins,in
dem sich das Subjekt als ein ohnmächtiges Opfer seiner Erzie=
hungsgeschichte vergegenständlichen müßte, wäre sie nur erin=
nernde Reproduktion erzieherischer Maßnahmen. Soll sie mehr sein
als ein Aufsummieren von Lebenserfahrung, so muß sie in sich ein
innovatorisches Moment begreifen, das zugleich so die Bedin=
gung der Möglichkeit eines selbsterzieherischen Impulses dar=
stellt, der die gewohnheitsmäßige Richtung der Lebensführung
zu brechen vermag. Jenes innovatorische Moment läßt sich in
einer Revision des Begriffes der Selbstreflexion entsprechend
der in Kapitel 1.4.1 entwickelten Identifikation von Subjekt und
Bewußtsein in der erklärenden Funktion des Selbstbewußtseins
erkennen: Die Autonomie des Selbstdenkens gründet in der zu=
nehmenden Synthetisierung der Vorbegriffe von Identität, der
Vor-Urteile über sich selbst, die zugleich Gewinnung zunehmen=
der Distanz zum fremderzieherischen Heterostereotyp bedeutet,
ohne jedoch jemals "Widerspiegelung" des Subjekts zu sein.

"Ein Bewußtsein seiner Natur haben heißt allerdings nicht, sie
durchschaut haben. Es heißt nur, daß es gelungen ist, sie auf
einen Typ von Verläufen, der innerhalb der vom Bewußtsein
aufgebauten Welt eine gewisse Rolle spielt, zurückzuführen
und die Auslegung durch andere Strukturen zu revidieren. Aber
in der Rückführung interpretiert der Prozeß sich nur mittels
dessen, was in ihm auftritt, und das ist eine Notwendigkeit.

> Er kann nicht soweit über sich hinaussteigen, daß er in sich
> das zur Darstellung bringt, was er wirklich ist. Das gilt
> sowohl für seine Beschaffenheit als Bewußtsein als auch für
> seine gesamte Erstreckung als ein Prozeß. Auf die Weise bie=
> tet das Bewußtsein, mittels dessen wir im Gegensatz zu ande=
> ren Wesen 'von uns wissen', das Bild eines Verlaufs, der zwar
> in sich mannigfache Beziehungen hat, aber immer nur wieder
> neue Bezüge herstellen kann und neue Verhältnisse des Für-
> Einander-Stehens, statt zu einer Beobachtung und Beurteilung
> seiner von einem außerhalb gelegenen Standpunkt zu kommen."
> (POTHAST 1971,92)

In eben dieser Befangenheit des Selbstbewußtseins in sich selbst liegt aber die Freiheit seiner Entwürfe. Indem sich das Subjekt letztlich nie auf den Begriff zu bringen vermag, bleibt ihm in seinen Selbstentwürfen seine Natur stets verschlossen und es hat nur den "Weg nach vorne" offen, den prospektiven Entwurf, an dessen Widerstand sich entweder seine erste Natur schließlich doch zu erkennen geben muß, oder in dem seine zweite Natur all= mählich als reines Bewußtsein hervortritt. Das Subjekt greift also in der Selbstreflexion nicht zurück auf seine Vergangen= heit, es greift den Stand seiner Erklärungen auf, um ihn in neuen Urteilen zu verbessern. Die Synthetisierung bringt aller= dings auch Erinnerungen, die eine konstruktive Rolle in vor= liegenden Autostereotypen spielen, auf einen neuen Nenner, sie erschließt scheinbar latente Sinngehalte, i.e. sie bringt Sinn hervor, und erscheint von daher als ein Aufarbeiten von Lebens= geschichte.

So läßt sich auch die Langzeitwirkung von Bildungsgehalten aus der Synthetisierbarkeit ihrer Elemente unter spezifischen ent= wicklungspsychologischen Reifebedingungen ableiten.

> "Indem sie für das Kind ... 'überschüssig' strukturiertes Er=
> fahrungsmaterial vorgeben, das im Verlaufe der Lebensge=
> schichte nachträglich mit subjektivem ... Sinn aufgefüllt
> wird, beeinflussen die latenten Sinnstrukturen den Bildungs=
> prozeß des Subjekts unabhängig von dessen entwicklungsstand=
> spezifischer Kapazität der Sinninterpretation." (OEVERMANN
> et al. 1977,372 f).

Diese Wirkung freilich als die logische Pointe internalisierter Strukturen abschätzbar machen zu wollen, hieße die Rechnung ohne die Unvorhersehbarkeit von Erfahrungen zu machen und die Logik des Selbstbewußtseins verfügbar haben zu wollen. Da dies nicht möglich ist, bleibt einer Erziehung zur Selbsterziehung

nur der Weg, den Edukanden die Relativität der erzieherischen
Zielsetzungen erfahren zu lassen und ihm eine "theoretische
Haltung" (BOLLNOW 1976,187) der Begründungsbedürftigkeit jedes
Urteils mitzuvermitteln, die einen dynamischen Umgang mit
Selbsturteilen und Weltanschauungen, einen "Übergang von der
Lebensdeutung zum Deutungsleben" (SCHÜTZ 1978,407) ermöglichen.
Das "Vermögen urteilsfähig am Deutungsleben teilzunehmen" (ibid.
410), setzt somit auch einen prozessualen Begriff von der Wahr=
heit des Lebenssinnes voraus, der im Selbsterziehungsprozeß
immer wieder neu zu gewinnen und doch an das Vertraute anzu=
schließen ist:

> "Wahrheit ist für die erfahrungsbereite Selbsterkenntnis der
> endlich-geschichtliche Prozeß einer Suche nach Sinnhypothesen,
> die als lebensmäßig einzulösende Wahrheitsentwürfe mehr die
> Selbst-Fraglichkeit des Deutungslebens bezeugen als die
> Fähigkeit, die Geschichte in Wahrheitsdogmen stillzulegen."
> (SCHÜTZ 1978,412).

Für die Verfassung von Bildungsidealen wird so die "aufhebende
Kraft" der Selbstreflexion konstitutiv: Die Möglichkeit, durch
Selbsterziehung Verantwortung für die eigene Identität, für die
Idealbilder wie für ihre Formationen zu übernehmen, fördert ein
Bewußtsein von der experimentellen Vorläufigkeit des Bildungs=
ideals und zugleich ein Beharren auf dem sozialen Anspruch, den
KANT im vernünftigen Gebrauch der Freiheit erkannte.

> "Im Sinne der Selbsterkenntnis würde sich Lernen darstellen
> als Vollzug des Sich-über-sich-selbst-Verständigens, der
> Selbstfindung und Selbsterfahrung und das heißt auch als Ein=
> geständnis curricular nichtobjektivierbarer Inhalte. Der
> Lernsinn läge nicht zuletzt in der Bereitschaft, die Autor=
> schaft an einer Biographie zu übernehmen, die man nicht
> allein schreibt." (ibid. 412 f).

In der sozialen Verantwortlichkeit, in die Fremderziehung das
Subjekt im Vertrauen auf seine Selbsterziehung entläßt, liegt
ein Rechtfertigungsanspruch von Identität, der diese als "Treu=
händerverantwortlichkeit" im Sinne MARQUARDs verstehen läßt.
Das Subjekt ist für seine Biographie nicht "urheberverantwort=
lich", da seine Identität nicht aus ihm selbst hervorgegangen
ist, es ist vielmehr "treuhänderverantwortlich"[42]: nicht al=
lein, weil es die "Arbeit" an einem Werk fortsetzt, das andere
- Erzieher, denen es immer ein Zweck und nie nur ein Mittel sein

sollte - an seiner Statt begonnen haben, sondern auch, weil ihm
seine Identität im Vertrauen auf sein soziales Verantwortungs=
bewußtsein in die Hände gegeben wurde. Dieses Vertrauen verbin=
det den Optimismus des Erziehers, dem Edukanden die erforderli=
chen Mittel seiner Selbstführung an die Hand gegeben zu haben,
mit dem erzieherischen Respekt vor der Würde eines Wesens, das
die Zukunft selbst zu denken und darum auch über das Werk sei=
ner Erzieher zu richten hat.[43]

3.1.5 Strategien der Selbstpräsentation: Der normative Gehalt von Ich-Identität und Rollenkompetenz

Was schon im HOBBESschen "Krieg aller gegen alle" den Frieden besiegelt und was bei KANT den maßvollen Gebrauch der eigenen Freiheit im Dienste der Menschheitsbestimmung lenken sollte, das scheint auch im Namen einer "alteuropäischen Menschenwürde" (HABERMAS 1979a,196) in der modernen Theorie der "Ich-Identität" noch immer seine legitimatorischen Dienste zu tun: die Vernunft. Doch hat ihr Begriff wesentliche Wandlungen erfahren, rationa= listische Läuterungen; die Transzendenz geht nicht mehr auf das Metaphysische, sondern auf Utopie. Die apriorische Bestimmung der Menschheit, an die KANT noch glauben konnte, hat ihren de= duktiven Geist aufgegeben;[44] an ihre Stelle ist "Einsicht in die Notwendigkeit" einer idealen Fiktion, die "Universalpragma= tik" der "idealen Sprechsituation" getreten, in der der "trans= zendentale Schein" sich zum "konstitutiven Schein" (HABERMAS 1979c,141) gewandelt hat: Die ideale Sprechsituation ist aprio= risch konstitutiv, weil sie - unreflektiert - in jedem Sprech= akt schon "kontrafaktisch" unterstellt wird. Konsequenterweise wandelt sich auch die KANTische Ethik des Kategorischen Impera= tivs so in eine "universalistisch-kommunikative Ethik (,in der) gleichzeitig die Identität des Individuums und die Konstitution von Intersubjektivität verbürgt (wird)" (DÖBERT/NUNNER-WINKLER 1973b,308). Dies ist die neue (individualistische) Maxime einer "vernünftigen Identität" (HABERMAS 1974,25). Doch auch ihr fehlt noch jenes Ethos, das schon KANTs Ethik vermissen ließ[45], weil der zugrundegelegte Identitätsbegriff GOFFMANscher Provenienz noch immer alle Menschen in allen Situationen *gleich* erscheinen läßt: als egozentrische Stategen der "self presentation".

Ob ein "emanzipatorisches Erkenntnisinteresse" unter den Prä= missen einer "universalistisch-kommunikativen Ethik" diese Vor= aussetzung unkritisch bestehen lassen kann, soll im folgenden erörtert werden. Dieser Frage korrespondiert die erziehungs= philosophische Problematik, ob sich ein vernünftiger Begriff von

Identität entwickeln lasse, der eine normative Basis zur Kon=
zeption identitätsfördernder Kompetenzen gewährt.

Bekanntlich entwickelt HABERMAS in seinen "Stichworte(n) zu ei=
ner Theorie der Sozialisation" seine Kritik[46] der traditionalen
Rollentheorie an drei zentralen Postulaten: dem "Integrations=
theorem", dem "Identitätstheorem" und dem "Konformitätstheorem".
Der traditionalen Auffassung, daß zwischen sozialem Verhalten
und Erwartungen ein Gleichgewicht bestehe und dadurch wechsel=
seitige Bedürfnisbefriedigung gewährleistet sei, stellt HABERMAS
das Repressionstheorem gegenüber, das besagt, "daß vollständige
Komplementarität der Erwartungen nur unter Zwang, auf der Basis
fehlender Reziprozität, hergestellt werden kann" (HABERMAS 1973,
125). Gegen die Annahme, daß in stabil eingespielten Interaktio=
nen die Rolleninterpretation von Ego und die Rollendefinition
von Alter deckungsgleich und daher virtuell austauschbar werden,
wendet HABERMAS ein, daß zwischen der person- und situationsspe=
zifischen Rolleninterpretation und der Allgemeinheit einer Rol=
lendefinition infolge einer durch die Selbstdarstellung "gebro=
chenen Intersubjektivität der Verständigung" (ibid.126) eine
Diskrepanz bestehen müsse (Diskrepanztheorem). Gegen die Auf=
fassung, daß infolge der Internalisation institutionalisierter
Werte zu persönlichen Motiven zwischen Normen und Verhaltens=
orientierungen Kongruenz bestünde, richtet sich sein Einwand,
daß autonomes Rollenhandeln eine reflexive und flexible Anwen=
dung von Normen und somit "Rollendistanz" notwendig mache.
Diese im Anschluß an Ergebnisse des amerikanischen Interaktio=
nismus entwickelte Kritik läßt den von der traditionellen Rol=
lentheorie beschriebenen "Normalfall eingespielter Interaktion"
als einen "pathologische(n) Grenzfall" (ibid.127) erscheinen,
indem sie die drei Unterstellungen als Vernachlässigung von
"drei Dimensionen möglicher Freiheitsgrade des Handelns" (ibid.)
zu erkennen gibt:

> "... nämlich volle Komplementarität der Erwartungen und des
> Verhaltens, die nur um den Preis der Unterdrückung von Kon=
> flikten zu erzwingen ist (pseudomutuality); ferner die Dek=
> kung von Definition der Rolle und Interpretation der Han=
> delnden, die nur um den Preis des Verzichtes auf Individuie=
> rung zu erreichen ist (rigidity) und schließlich die Abbil=
> dung der Norm auf der motivationalen Ebene verinnerlichter
> Rollen, die nur um den Preis einer zwanghaft automatischen
> Verhaltenskontrolle zu verwirklichen ist."(HABERMAS 1973,127).

Auf der Folie dieser Kritik entsteht HABERMAS' Modell der "Grundqualifikationen des Rollenspiels", das seine normative Orientierung aus dem Prinzip der Minimierung eben jener "Kosten" gewinnt, die aus der Vernachlässigung der drei Dimensionen im faktischen Rollenhandeln entstehen würden. Als solche Grund=
qualifikationen führt HABERMAS (ibid.128 f) an:
1. Frustrationstoleranz, d.h. Rollenambivalenz zu ertragen,
2. die Fähigkeit zu kontrollierter Selbstdarstellung, d.h. zur Balance von Rollenübernahme und Rollenentwurf (später Ambi=. guitätstoleranz genannt) und
3. flexible Überich-Formation, d.h. die Fähigkeit zur reflexiven Normenanwendung.

Diese Qualifikationen beschreiben, da sie im Interesse der Auto=
nomie des Rollensubjekts entwickelt wurden, Möglichkeiten, in Interaktionen Repressivität, Rigidität und automatische Verhal=
tenskontrolle zu unterbinden. Sie sind gewissermaßen Mittel, einem Übermächtigwerden sozialer Identität vorzubeugen, wie es in der "totalen Institution" der Fall ist. Daß "soziale Kompe=
tenzen" damit nicht umfassend beschrieben sind, ist kein Mangel der HABERMASschen Konzeption, da er sich ja nur eine "Erweite=
rung" (ibid.124) und keine vollständige Revision des traditio=
nellen Rollenbegriffs vorgenommen hatte. Entsprechend einge=
schränkt ist dann allerdings auch die konstitutive Funktion dieser Qualifikationen für einen normativen Begriff der "Ich-Identität" zu verstehen.[47] Es ist hier in Rechnung zu stellen, daß die genetische Perspektive, aus der bei HABERMAS das Pro=
blem der Ich-Identität hier entwickelt wird, die Konstitution persönlicher Identität kaum problematisiert. Diese wird viel=
mehr immer schon vorausgesetzt, obschon sie, da nach GOFFMAN sozial konstituiert, ebenfalls ein rechtmäßiger Gegenstand so=
ziologischer Analyse sein müßte. Bedauerlicherweise scheint, wie zu zeigen sein wird, die Theorie der sozialen Kompetenz diesen Mangel noch nicht völlig behoben zu haben.

KRAPPMANN systematisiert die HABERMASschen Grundqualifikationen und entwickelt sie weiter. War bei HABERMAS das Ziel der "Auf=
rechterhaltung beider Identitäten, der persönlichen und der so=
zialen" (ibid.131) Grundlage der Kompetenzentheorie, so geht

KRAPPMANN über dieses Ziel hinaus; seine "identitätsfördernden
Fähigkeiten" gelten ihm als "Voraussetzung für Errichtung und
Wahrung von Identität" (KRAPPMANN 1978,133). Er nennt vier sol=
cher Fähigkeiten:
1. Rollendistanz als die Fähigkeit, "sich Normen gegenüber re=
flektierend und interpretierend zu verhalten" (ibid. 133) und
diesen Anspruch auch nach außen hin zu vertreten. In der Ver=
mittlung mit persönlicher Identität bedeutet diese Fähigkeit
eine Bezugnahme auf andere Rollen, d.h. eine Integrationslei=
stung, die als Voraussetzung einer engagierten Rollenidentifi=
kation zugleich Grundlage von Vertrauen[48] ist.
2. Empathie als die Fähigkeit zur Antizipation von Fremderwartun=
gen mit dem Ziel der Verhaltensvorhersage; in diese Antizipa=
tion gehen neben kognitiven auch emotionale "einfühlende"
Leistungen ein. Als dauernder Prozeß ist Antizipation ein
grundlegender Vorgang des "role taking": "'Role-taking' ist
ein Prozeß, in dem antizipierte Erwartungen ständig getestet
und aufgrund neuen Materials, das der fortschreitende Prozeß
liefert, immer wieder revidiert werden, bis sich die Inter=
pretationen einer bestimmten Situation und ihrer Erfordernis=
se unter den beteiligten Interaktionspartnern einander ange=
nähert haben." (ibid. 145).
3. Ambiguitätstoleranz als die Fähigkeit, widersprüchliche Rol=
lenerwartungen anderer Personen, Widersprüche zwischen Rollen=
definition und Rollen-Interpretation und die Frustration von
Bedürfnissen zu ertragen; entscheidend sind hier Techniken
der Konfliktbewältigung bzw. die Wirkungen von Abwehrmecha=
nismen.
4. Identitätsdarstellung als die Fähigkeit einer Person,"ihre
Definition von Identität und Situation darzubieten, durchzu=
setzen und im Fortgang der Ereignisse durchzuhalten" (ibid.
168 f), d.h. nicht nur eigene Bedürfnisse zu artikulieren,
sondern auch gezielt Erwartungen anderer zu wecken, in deren
Konsequenz die Balance von Identität erleichtert, Ich-Identi=
tät aufrechterhalten wird. Dies setzt "kommunikative Kompe=
tenz" im HABERMASschen Sinne[49], d.h. hermeneutische und
rhetorische Fähigkeiten voraus.

Unschwer sind in diesem Entwurf die HABERMASschen Kompetenzen
wiederzuerkennen. Zu fragen bleibt, inwieweit KRAPPMANNs Modell

wirklich die "Errichtung" von Identität zu erklären vermag.
Sofern KRAPPMANN hier mit Identität nur persönliche Identität
meinte, die sich nach GOFFMAN aus der "Rollengeschichte" des
Individuums heraus immer weiterentwickelt, so wäre hier nichts
Neues gewonnen. Meinte er hingegen jene (Ich-)Identität, die er
ganz zu Anfang seiner Darstellung als die "für die Beteiligung
an Kommunikation und gemeinsamem Handeln zu erbringende Lei=
stung" (ibid.8) beschreibt, so wäre bestenfalls in dem Hinweis
auf die Wirkung von Abwehrmechanismen ein konstitutiver Beitrag
zur Frage der Entwicklung von Ich-Identität zu erkennen. Daß
die Fähigkeit zur Balance zwischen persönlicher und sozialer
Identität mittels der genannten Qualifikationen beschrieben
werden kann, ist es also nicht, was hier angezweifelt werden
soll, sondern vielmehr, daß damit auch schon Ich-Identität,
d.h. die Leistung der Balance in ihrem individuellen Mehr oder
Weniger erklärt sei. Insofern Subjekte selbst ihre Ich-Identi=
tät steuern, verbirgt sich hinter der Problematik der Regula=
tion von Ich-Identität schließlich die Frage, zu welchem Zweck
und um wessentwillen hier balanciert werden muß. Der "erfolg=
reiche Fortgang des Interaktionsprozesses" (ibid.132) verlangt
nur dort einen strategischen Umgang mit der Selbstpräsentation,
wo sich ein Subjekt gegen repressive Verhaltenskontrolle zu
verwahren hat, und es wird nur dann zu dieser Konsequenz führen,
wenn das Subjekt diese Verhaltenskontrolle als repressiv und
ungerechtfertigt interpretiert. Daß die Subjekte im GOFFMAN=
schen Sinne "phantom normalcy" vorschützen müssen, setzt voraus,
daß sie sich in ihrer Einzigartigkeit von anderen nicht ver=
standen sehen und ohne dieses Verständnis auch keine Toleranz
erwarten. Wenn sie dann, um in ihrer Angepaßtheit noch als en=
gagierte Normenvertreter glaubhaft zu bleiben, schließlich
"phantom uniqueness" präsentieren, die sich mit ihrer selbst=
perzipierten Einmaligkeit um der "Normalität" willen ja gerade
nicht decken darf, vielmehr tolerierte Abweichungen bemüht, do=
kumentiert dies die Schläue jener, die sich dümmer geben als
sie sind, um andere in vertrauensvoller Sicherheit zu wiegen.
Die HOBBESsche "Wolfsnatur" der Menschen, die so in ihren In=
teraktionen noch immer den "Krieg aller gegen alle" führen,

scheint auch hier für das zugrundeliegende Menschenbild Modell
gestanden zu haben. Diese konflikttheoretische Variante einer
Reziprozitätsmoral kann bestenfalls als "phantom reciprocity"
interpretiert werden; sie hat sich über die Prinzipien von
"Auge um Auge, Zahn um Zahn" durchaus "erhoben": um der Über=
vorteilung willen. HUSCHKE-RHEIN bemerkt in diesem Sinne:

> "Mit Erstaunen habe ich festgestellt, daß der interaktionisti=
> sche Ansatz, der in der gegenwärtigen Sozialpädagogik, Schul=
> pädagogik oder Spielpädagogik zur Begründung von Partner=
> schaft, Kooperation und gegenseitiger Hilfeleistung verwendet
> wird, mit Inhalten erfüllt werden kann, die schlicht das
> Gegenteil von alledem proklamieren. So ist mir zum einen auf=
> gefallen, daß nicht selten Beipiele gewaltsamer Interaktionen
> gewählt werden, wenn der Sinn von symbolischen Interaktionen
> veranschaulicht werden soll." (HUSCHKE-RHEIN 1979,190).(50)

Einen der Gründe dieser interaktionistischen Perspektivität
sieht HUSCHKE-RHEIN in den Anleihen bei der Austauschtheorie[51],
die die wechselseitige "Verdinglichung" des menschlichen Willens
als "Kostenträger" regelrecht zu ihrem Prinzip erkoren hat.

> "Durchweg lautet das Ziel: die eigenen Kosten zu senken und
> den eigenen Profit zu erhöhen, also den anderen als Mittel
> für die eigenen Zwecke zu benutzen (und nicht als Selbst=
> zweck anzusehen), was, nach KANT, ja die Umkehrung des Moral=
> gesetzes ist. Und bei Nichtbeachtung der faktischen gesell=
> schaftlichen Rahmenbedingungen, wie es etwa bei Mead der
> Fall ist, wäre zu fragen, ob denn die tatsächlichen Möglich=
> keiten bei Interaktionen nicht schon vorweg definiert sind
> durch die Menge an geistigem und materiellem Kapital der je=
> weils Interagierenden, so daß der Ausgang solcher Interaktio=
> nen nach dem sog. Matthäus-Effekt erfolgen würde: Wer hat,
> dem wird noch mehr gegeben ... eine Art Selbstwiderlegung
> der Austauschtheorie."(HUSCHKE-RHEIN 1979,192).

So stellt sich die pädagogisch bedeutsame Frage, ob die Förde=
rung von sozialen Kompetenzen, die auf dem Hintergrund eines
solchen Menschenbildes gewonnen wurden, nicht gerade der Sta=
bilisierung gesellschaftlicher Verhältnisse zugute komme, denen
das sozialdarwinistische Konkurrenzprinzip zur obersten Maxime
ihre "heimlichen Lehrplanes" geworden ist. Wenn der Kampf des
Individuums gegen die Übermächtigkeit sozialer Identität gegen=
wärtig jene (wohlgemerkt: historischen)[52] Formen angenommen
hat, die solche Kompetenzen notwendig erscheinen lassen, um
wenigstens den Kompromiß (Balance) einer "Phantom-Identität"
zu erzwingen, so muß man sich fragen, ob dieses "Erfordernis"
eine legitime Basis für den Entwurf von Erziehungszielen bie=
tet.[53]

"Wahrlich: in dieser Weise müßte wohl der größte Teil der In=
teraktionen in der sozialen Wirklichkeit - und wohl auch in
der pädagogischen Wirklichkeit - beschrieben werden. Sollen
wir dies nun unseren Kindern auch als Erziehungsziele anbie=
ten? Hier liegt das wissenschaftstheoretische *und* das päda=
gogische Problem des Interaktionismus in einem, gleichsam
der gordische Knoten des Interaktionismus, geknüpft aus ei=
ner unentwirrbaren Verknotung von Istsätzen und Sollsätzen."
(HUSCHKE-RHEIN 1979,192).

Es ist hingegen sehr wahrscheinlich, daß die trainierte "Selbst=
verteidigung" von Identität gerade jene Repressivität, Rigidi=
tät und Verhaltenskontrolle immer wieder hervorbringt, die -
grundsätzlich - immer schon antizipiert wurde. Das Apriori des
Konflikttheorems bewahrheitet sich in dieser Form in der Praxis
einer self-fulfilling prophecy. Der kritische Gehalt von Rollen=
distanz führt solange zur Aufrechterhaltung von "Phantom-Iden=
titäten" wie er vor jener letzten Kritik halt macht, die die
Rolle des Verteidigers selbst in Zweifel zieht und sich den ihr
zugrundeliegenden Erwartungen widersetzt. Erst hier wird Rollen=
distanz in einer radikalen Weise kritisch. Den Protagonisten der
"Phantom-Identität" möge zugute gehalten werden, daß sie dies
immer schon gemeint hätten[54]: Wenn sie auch die Angst vor dem
"Stigma" kräftig mitgeschürt haben, so haben sie doch das Stig=
ma zugleich soweit zum Begriff gemacht, daß es der Kritik zu=
gänglich wurde.

In der Tat weist die Idee, daß Identität und Bedürfnisbefriedi=
gung auch anders als "erschlichen" werden kann, in eine Rich=
tung, die eben jener gegangen ist, der an der Einführung GOFF=
MANschen Gedankengutes hierzulande wesentlichen Anteil hatte.
HABERMAS' Modell der "idealen Sprechsituation" überwindet die
unreflektierte Normativität der "Grundqualifikationen des Rol=
lenhandelns" und modifiziert damit den Stellenwert für die Er=
örterung von Erziehungszielen: Sie sind als kognitive Kompeten=
zen ("Ich-Resourcen") zwar unerläßliche Voraussetzung diskursi=
ver Argumentation[55] - "Diskurse (erfordern) eine 'Virtualisie=
rung' von Handlungszwängen und Geltungsansprüchen" (RÖSEL 1973,
21) -, gelten aber zugleich in den diskursiven Redebedingungen
als aufgehoben. Die ideale Sprechsituation ist gekennzeichnet
durch die Bedingung, "daß die Sprecher weder sich noch andere
über ihre Intentionen täuschen dürfen" (HABERMAS 1979c,138).und

durch "eine symmetrische Verteilung der Chancen, Sprechakte zu
wählen und auszuüben" (ibid.137). Damit sind zwei Bestimmungen
genannt, die der strategischen Selbstpräsentation und der anti=
zipatorischen Übervorteilung durch Informationsvorsprung entge=
genstehen. In der idealen Sprechsituation wird kontrafaktisch
Wahrhaftigkeit unterstellt, wodurch der Sprecher von Handlungs=
konsequenzen vorläufig entlastet ist, die aber hypothetisch mit=
bedacht werden. In diesem Sinne wird bei HABERMAS der Diskurs
"als diejenige handlungsentlastende und erfahrungsfreie Kommu=
nikationsform eingeführt, die eine Thematisierung und Begrün=
dung virtualisierter Geltungsansprüche erlaubt (wobei Wahrheit
und Richtigkeit/Angemessenheit als diskursiv einlösbare Gel=
tungsansprüche gelten dürfen, während Wahrhaftigkeit allein im
Fortgang von Interaktionen einer Konsistenzprüfung unterzogen
werden kann." (HABERMAS 1977,342 f).[56])

Da die Funktion von Diskursen gerade dadurch gekennzeichnet ist,
daß im Unterschied zum kommunikativen Handeln, in dem es um Er=
fahrungsaustausch und -gewinnung geht, hier "problematisierte
Geltungsansprüche von Meinungen und Normen geprüft" (BRÜGGEMANN
1980,56) werden, also gerade problematisch gewordene Grundlagen
des kommunikativen Handelns reflektiert werden, ist im Diskurs
Gelegenheit gegeben, eben jene "zwingenden" Ansprüche von Kom=
munikationspartnern zu thematisieren, die zur "phantom normalcy"
und "phantom uniqueness" nötigen. Dies bedeutet, daß im Diskurs
jene Zwänge aufgehoben sein müssen, um selbst transparent wer=
den zu können; dies entspricht dem Begriff der idealen Sprech=
situation.

> "Ideal nennen wir im Hinblick auf die Unterscheidung des wah=
> ren vom falschen Konsensus eine Sprechsituation, in der die
> Kommunikation nicht nur nicht durch äußere kontingente Ein=
> wirkungen, sondern auch nicht durch Zwänge behindert wird,
> die aus der Struktur der Kommunikation selbst sich ergeben.
> Die ideale Sprechsituation schließt systematische Verzerrung
> der Kommunikation aus. Nur dann herrscht ausschließlich der
> eigentümlich zwanglose Zwang des besseren Argumentes, der
> die methodische Überprüfung von Behauptungen sachverständig
> zum Zuge kommen läßt und die Entscheidung praktischer Fragen
> rational motivieren kann." (HABERMAS 1979c,137).

Subjekte sind im Diskurs aufgefordert, ihre Meinungen und Inten=
tionen transparent zu machen, um die Möglichkeit einer argumen=
tativen Aushandlung von Normen und Interpretationen zu erschlies=

sen. Damit löst sich die Selbstpräsentation von den Zwängen der
externen Verhaltenskontrolle und ermöglicht eine diskursive
Aufarbeitung der Bedingungen von Rollendistanz. Durch die Pro=
blematisierung von Stigma-Abwehr erzwingenden Verhaltenserwar=
tungen soll ein Grad an intersubjektiver Verstehbarkeit er=
reicht werden, der die Selbstpräsentation von der Notwendigkeit
entlastet, als Mittel zum Zweck zu dienen.

> "Die Gegenseitigkeit ungekränkter Selbstdarstellung impli=
> ziert ferner eine Reziprozität von Verhaltenserwartungen,
> die Privilegierungen im Sinne einseitig verpflichtender
> Handlungsnormen ausschließt." (HABERMAS 1979c,138).

So läßt sich zusammenfassend feststellen, daß die Grundquali=
fikationen des Rollenhandelns im Diskurs selbst reflexiv wer=
den und dadurch den Rang zwar unerläßlicher, aber doch gerade
zu überwindender Anpassungsleistungen erhalten. Unerläßlich
sind sie als Erfahrungsgrundlage, als Anlaß zur Diskursbereit=
schaft (Leidensdruck) und als skeptisches Profil der Selbst=
kontrolle. Aufzuheben sind sie als Anpassungsbereitschaften
entfremdeter Identitätsformationen. Diese kritische Einschät=
zung von Rollenkompetenz muß im pädagogischen Umgang mit Iden=
tität auf allen Ebenen berücksichtigt werden: auf der Ebene
der Selbstdarstellung des Erziehers[57], auf der Ebene des Er=
ziehungsideals und auf der Ebene der gesellschaftlichen Normen=
diskussion. Die grundlegende Voraussetzung in subjektiver Hin=
sicht ist die Bereitschaft, in Diskurse eintreten zu wollen
und sich den Bedingungen der idealen Sprechsituation zu unter=
werfen. Diese Bereitschaft impliziert, daß das Subjekt einen
konsentischen Wahrheitsbegriff teilt und die grundsätzliche Re=
lativität eigener wie fremder Standpunkte einsieht, d.h. ein
reflexiv distanziertes Verhältnis zu Identität einnimmt.

> "Die Metakommunikation kann aber nur dann gelingen, wenn die
> Lehrenden und Lernenden bereit sind, die Kommunikationssi=
> tuation zu transzendieren, sich von eingelebten kommunika=
> tiven Regeln, insbesondere vorgegebenen Rollen, zu distan=
> zieren, diese in Frage zu stellen und gemäß den Anforderun=
> gen der Situation entsprechend abzuändern. Dies ist aber
> nur möglich, wenn sie zur kritischen Reflexion, zur Rollen=
> balance, zu Distanzierungsakten fähig sind. Das heißt, sie
> müssen eine Stufe des Selbstbewußtseins, einen Grad an per=
> sönlicher Autonomie erlangt haben, der allein in der Ich-
> Identität begründet ist." (NEUBERT 1978,96).

Indem Ich-Identität als eine Anpassungsleistung des Subjekt=
systems unter bislang nicht hinterfragten Sollvorgaben des
Gesellschaftssystems erkannt wird, die in Diskursen selbst re=
flexiv eingeholt und zur Disposition gestellt werden können,
stellt sich erneut die Frage nach einer ethischen Alternative
zum Konkurrenzprinzip der Selbstpräsentationsstrategien, d.h.
nach einer alternativen Maxime von Ich-Identität.

> "Wie berücksichtigt man pädagogisch angemessen in diesen Dis=
> kussionen die lebensgeschichtlichen Erfahrungen der Wandlung
> ein und derselben Person vom durch verdinglichte Rollenzu=
> mutungen fremdbestimmten 'Produkt' tauschorientierter Sozial=
> beziehungen zum handelnden Subjekt, das menschliche Bezie=
> hungen und damit auch den individuellen Handlungssinn unter
> den Primat bisher nicht realisierter, wenn auch gesell=
> schaftlich angelegter menschlicher Möglichkeiten im Sinne -
> um es negativ zu formulieren - nicht tauschwert- und tausch=
> prinziporientierter Bedingungen stellt?" (KERN/RUNDE 1977,
> 716).

Das Diskursmodell bietet zwar formale Regeln, in welcher Weise
eine Normendiskusssion "vernünftig" geführt und wie Wahrheit,
Richtigkeit und Wahrhaftigkeit als "vernünftige" Begriffe zu
handhaben sind, und es bietet in den Forderungen nach Sprach=
kompetenz, kognitiver Kompetenz und Rollenkompetenz[58] eine
erste Grundlage zur Formulierung von Erziehungszielen, es läßt
aber außerhalb der Grundnormen der diskursiven Rede kein ver=
bindliches Normenapriori erkennen.[59]

Da sich im Diskurs bei der Diskussion von Normen und dem Ver=
such, divergierende Normenauffassungen einem Konsens zuzufüh=
ren, zwangsläufig eine Tendenz zu zunehmender Abstraktion, d.h
zur Inanspruchnahme von Wertbegriffen und Sinnkonstrukten, ein=
stellen wird, sind letzte Kriterien des Konsens praktisch ge=
rade nicht Normen der Rede, sondern Wertintentionen des Han=
delns. Normen der Rede wären sie in jenem Falle eines "Meta-
Diskurses", den HABERMAS gerade ausschließen möchte. Es erhebt
sich aus pädagogischer Sicht damit die Frage, ob die Vermitt=
lung von Normen der Rede das Spektrum erzieherischer Verantwor=
tung schon ausschöpft, oder ob nicht auch die Wertintentionen
des Handelns, die immer schon auch im erzieherischen Handeln
mitgegeben sind, einer kritischen Reflexion bedürfen. Eine
"außerdiskursive" Ethik scheint gerade deshalb unverzichtbar,
weil in Diskursen über die problematisierte Norm schließlich

auf einer Abstraktionsebene entschieden würde, auf der der Kon=
sens doch wieder nur Letztprinzipien des status quo, etwa aus=
tauschtheoretische Überzeugungen in der Konsequenz des HOBBES=
schen Menschenbildes, reproduziert. Insofern scheint es bei der
erzieherischen Vermittlung von Werten geboten, diese nicht als
"erfolgreiche", weil "konsensträchtige" Legitimationsvokabeln,
sondern als erst reflexiv zu gewinnende, vielleicht auch zu ver=
stoßende Sinnbegriffe vorzustellen, denen gerade ihrer Aufgege=
benheit wegen ein "Utopiequantum" immanent ist. Dieses Utopie=
quantum rechtfertigt gleichermaßen die Entschuldigung morali=
schen Versagens wie den Mut zur Transzendenz.

3.2 IDENTITÄT ALS KATEGORIE DES PÄDAGOGISCHEN VERHÄLTNISSES

Der in erzieherischen Handlungen praktisch werdende Begriff von
derIdentität des Edukanden, der Begriff seines Seins und Sol=
lens, enthält in sich die konstitutiven Grundlagen des pädago=
gischen Umgangs mit Identität. Das Bild vom Erzieher als Gärt=
ner in der Konsequenz des funktionalen Bildungsmodells bei=
spielsweise ist nicht allein eine Veranschaulichung der pädago=
gischen Aufgabe, es ist zugleich Maßgabe des Umgangs mit sich
entfaltender Identität. Ebenso ist das Bild vom Erzieher als
Bildhauer nicht allein eine plausible Darstellung der formen=
den Akte von Erziehung an einem eben formungsbedürftigen pla=
stischen Potential, sondern ebenso ein Grundbegriff der rech=
ten Handhabe des Erziehungsobjekts. Nun haben die bereits bei
LITT aufgezeigten Schwierigkeiten eines einseitigen Verständ=
nisses der Richtlinie des "Führens" bzw. "Wachsenlassens" be=
reits zu erkennen gegeben, daß der Mensch zur mündigen Stellung=
nahme zu sich und seiner Welt nur befähigt werden kann, wenn
er als solcher erzieherisch schon vorweggenommen wird ohne zu=
gleich seine Zukunft mit vorwegzunehmen.

> "Der Erzieher nimmt für den jungen Menschen nicht eine be=
> stimmte Zukunft vorweg, auf die er mit Handlungen einübt und
> über die er mit Regeln belehrt, sondern qualifiziert ihn für
> die eigene Gestaltung der von ihm selbst zu wählenden und zu
> schaffenden Zukunft. Der Respekt vor der Individualität des
> jungen Menschen läßt einen direkten normierenden Eingriff
> nicht zu. Der junge Mensch ist nicht ein zu bearbeitendes
> Objekt, sondern ein zu bildendes Subjekt, das nicht nach dem
> Bilde des Erziehers geformt wird, sondern sich selber unter
> Anleitung und Hilfestellung durch den Erzieher bilden muß."
> (MENZE 1978,288).

Nun kann eine solche Hilfestellung nicht lediglich die Vermitt=
lung eines gewissermaßen inhaltsunspezifischen Know-how bedeu=
ten - jegliche Einwände gegen ein methodologisches Bildungsmo=
dell wären hier am Platze -, vielmehr bedarf die Entwicklung
der Fähigkeit des Stellungnehmens exemplarischer Erprobung, vom
Subjekt her: exemplarischer Identifikation. Diese fungiert als
Bezugsgröße, als Standort, von dem her Stellung genommen wird.
Die Vermittlung solcher Standorte muß deren nur exemplarische
Funktion berücksichtigen: Das Exempel ist nicht das Gemeinte

selbst; was aber gemeint ist, ist eines für den Erzieher, ein
anderes für den Edukanden. Was der Erziehende aus der Summe
seiner Lebenserfahrung zuletzt als bedeutsam erschließt und
seinem Handeln zugrundelegt, ist dem zu Erziehenden ein erster
Anfang, der sich ihm meist als solcher garnicht zu erkennen
geben wird, der aber den Fortgang seiner Entwicklung wesentlich
ausrichtet und seine Lebenserfahrung zu einer ganz anderen wer=
den läßt als die des Erziehers. Diese "Anderheit" fordert wie=
derum Orientierung am Edukanden, und diese kann der zu Erziehen=
de nicht erwarten, wo er seinen Standort nicht zu erkennen gibt.
Das dialogische Prinzip ist Ausdruck solcher wechselseitiger
Orientierung, in welchem Verstande auch immer. Im folgenden sol=
len drei - teils kontroverse - Grundpositionen dialogisch ausge=
richteter Pädagogik erörtert werden, die den Umgang mit Iden=
tität aus existentialistischer, dialektischer und rational-
kommunikativer Perspektive kennzeichnen.

Es ist das Verdienst Martin BUBERs, die Bedeutung von Liebe und
Vertrauen als Grundhaltungen des erzieherischen Verhältnisses
herausgestellt zu haben. Zweifellos bieten solche Werthaltungen,
wenn sich der Erziehende mit ihnen in einer engagierten Weise
identifiziert, eine bessere Alternative zu jener GOFFMANschen
Rollensubjektivität, die das pädagogische Verhältnis als ein
Modell des "altercasting"[60], der durch die Selbstpräsentation
des Erziehers dem Edukanden aufgedrängten Identität, interpre=
tiert. McCALL & SIMMONS haben dieser Interpretation entspre=
chend über die Definition von Wirklichkeit eine Aussage ge=
macht, die sich unverändert dann auch auf die Definition einer
Identität anwenden ließe:

> "Realität ist in dieser Eigentümlichen menschlichen Welt also
> keine feste, unveränderbare Sache, sondern zerbrechlich und
> auf Absprachen beruhend - eine Sache, die diskutiert und
> durch Kompromisse und Gesetze geregelt werden muß. In dieser
> Welt sind diejenigen am erfolgreichsten, die sich ihre In=
> terpretationen am besten und effektivsten als wahre Reali=
> täten bestätigen lassen können." (McCALL/SIMMONS 1974,68).

Wenn der Erfolg des Erziehers ebenso verstanden werden sollte,
nämlich als Reflex gelungener, d.h. vom Edukanden übernommener
Identifikation, dann wäre der zu Erziehende nur mehr das Spie=
gelbild übermächtiger Projektionen, die ihm der Erzieher auf=

bürdet. Er wäre gerade nicht der "andere", der in seinen Iden=
tifikationen erst verstanden werden muß, der - wie BUBER sagt -
meiner "Vergegenwärtigung" bedarf. Der existentialistische An=
satz sieht nun die "Anderheit" des Subjekts in dessen existen=
tieller Isolation begründet - Identität heißt Unteilbarkeit -,
jedoch erscheint der andere gerade darin "in der gleichen Lage"
wie ich, es verbindet uns eine "gemeinsame Wahrheit" (BOLLNOW),
die die "Begegnung" erst ermöglicht. Bei weitem radikaler, mög=
licherweise unaufhebbar, tritt die Anderheit im dialektischen
Modell bei ADORNO hervor; hier ist sie der Widerstand, an dem
Subjektivität wächst.[61] Im Ansatz der kommunikativen Pädagogik
SCHALLERs schließlich ist Anderheit in ständiger Verhandlung,
die Dialektik des Denkens scheint ganz in der der Interaktion
aufzugehen, und wie sich Anderheit als der in Kommunikations=
prozessen offenbarte Standpunkt darstellt, so wird sie auch im
Konsens immer wieder punktuell aufhebbar.

3.2.1 Identität in der Begegnung bei BUBER und BOLLNOW

Im deutlichen Gegensatz zu der transzendentalphilosophischen Annahme eines Bewußtseins überhaupt bzw. eines allgemeinen Subjekts nimmt Martin BUBERs Philosophie der Begegnung ihren Ausgang von der Vorstellung des "faktischen Menschenich" (THEUNISSEN 1977,245), das seine Gestalt erst im "Zwischen", im "Dialog" gewinnt. Das Ich konstituiert sich in der Beziehung zum anderen in einer doppelten Weise: als bezogen auf ein Es und als bezogen auf ein Du.

> "Es gibt kein Ich an sich, sondern nur das Ich des Grundworts Ich-Du und das Ich des Grundworts Ich-Es. Wenn der Mensch Ich spricht, meint er eins von beiden." (BUBER nach RÖHRS 1979,14).

Die Bezogenheit des Ich auf ein anderes setzt eine Distanzierung und ein Bezugnehmen voraus, die BUBER als zwei "Bewegungen" beschreibt, durch die das andere zum "Gegenüber" wird: "Urdistanzierung" und "In-Beziehung-Treten" (BUBER 1951,12). Diese Bewegungen sind aber nicht etwa als ein Ursprung von Dialektik zu verstehen, "als ob gemeint wäre, das Ich 'setze' die Welt oder dergleichen" (ibid.19); beide Akte bilden kein "Erstes" (ibid.), sie bezeichnen vielmehr die Situation des Menschen schlechthin, "daß hier, und hier allein, der Allheit ein Wesen entsprungen ist, begabt und befugt, sie als Welt von sich abzusetzen und sie sich zum Gegenüber zu machen" (ibid.19).

> "Daß er das aber ist, liegt daran, daß er das Wesen ist, durch dessen Sein das Seiende von ihm abgerückt und in sich anerkannt wird. (...) Erst wenn einem Seienden ein Seinszusammenhang selbständig gegenüber, selbständiges Gegenüber ist, ist Welt." (ibid. 15).

An dieser Stelle wird deutlich, wie für BUBER die *existentielle* Verfassung des Menschen zur Grundlage der Ableitung des "dialogischen Prinzips", zum Grundgedanken seiner "Ontologie des Zwischen" wird. Der Mensch ist nicht das auf sich selbst gerichtete Wesen, sondern er findet sich - absehend von sich selbst - in der Beziehung auf ein anderes, das gewissermaßen sein existentielles Vakuum füllt, ihm Identität verleiht. Mit den Worten GUARDINIs:

> "Der Mensch ist so geschaffen, daß er sich zunächst in einer
> Anfangsform gegeben ist; in einem Entwurf auf Kommendes hin.
> Hält er fest; bleibt er bei sich; wagt er sich nie in die
> Hingabe hinein, dann wird er immer enger und dürftiger. Er
> hat 'seine Seele festgehalten', und dabei immer mehr 'ver=
> loren'. Öffnet er sich aber, gibt er sich an etwas hin, dann
> wird er zum Raum, in welchem das Andere hervortreten kann:...
> und eben darin wird er immer voller und eigentlich er-selbst."
> (GUARDINI 1971,92).

Während in der Ich-Es-Beziehung, im "Verhältnis zu den Dingen" (BUBER 1951,24), die Welt in "Ordnung" und "Einheit"(ibid.14) gebracht wird, das Es jeweils mit dem Weltentwurf vermittelt wird, ist die Beziehung des Ich zum Du, die "Begegnung",von Unmittelbarkeit und Wechselseitigkeit gekennzeichnet.[62] Ich und Du konstituieren sich gegenseitig in der Begegnung; "Ich-wirkend-Du und Du-wirkend-Ich" (BUBER nach THEUNISSEN 1977,273) begegnet das Ich dem Du als ein Du, das Du dem Ich als ein Ich.

> "Ich werde am Du; Ich werdend spreche ich Du. Alles wirkliche
> Leben ist Begegnung." (BUBER nach BROSE 1983,382).

Das "eingeborene Du" (ibid.), die Idee von Ansprechen und Ange= sprochenwerden, bezeichnet die Fähigkeit des Menschen, nicht nur zu erzeugen, sondern auch sich zu öffnen, Antwort anzunehmen. Ansprechen als ein Du heißt demnach gerade nicht Verfügen-Wollen, Begreifen-Wollen um zu verwenden, sondern Verzicht auf jede Art der Mittelbarkeit: Die Beziehung zum Du ist nicht Mittel zum Zweck und nicht Vermittlung am Begriff - sie ist unmittelbar.

> "Die Beziehung zum Du ist unmittelbar. Zwischen Ich und Du
> steht keine Begrifflichkeit, kein Vorwissen und keine Phan=
> tasie ... Zwischen Ich und Du steht kein Zweck, keine Gier
> und keine Vorwegnahme ... Alles Mittel ist Hindernis. Nur wo
> alles Mittel zerfallen ist, geschieht die Begegnung." (BUBER
> nach THEUNISSEN 1977,263).

Als das Unvorwegnehmbare entzieht sich die Begegnung der Inten= tionalität, sie läßt sich nicht arrangieren; das Du kann nur begegnen, nicht durch Suche gefunden werden.

> "Das Du begegnet mir von Gnaden - durch Suchen wird es nicht
> gefunden." (BUBER nach RÖHRS 1979,15).

Durch diese drei Merkmale, Wechselseitigkeit statt Einseitig= keit, Unmittelbarkeit statt Mittelbarkeit und Angewiesenheit auf Gnade statt intentionale Initiierbarkeit,unterscheidet sich Begegnung von der Ich-Es-Beziehung. Daß Begegnung zustande

kommt, hängt somit davon ab, ob eine Beziehung ohne einen Vor=
begriff vom anderen aufgenommen wird (Unmittelbarkeit), daß bei=
de Partner auf einander zukommen[63] (Wechselseitigkeit) und daß
jener Gnadenakt sich ereignet. Diese Bedingungen bilden auch den
Ausgangspunkt einer Pädagogik der Begegnung.

Ein Pädagogik der Begegnung, eine dialogische Pädagogik im Sinne
BUBERs, verdient ihren Namen in zweierlei Hinsicht: einmal, in=
dem sie "Erziehung als Begegnung" (ROTTEN nach BOLLNOW 1977,96)
begreift, zum andern, indem sie das Erzieherische auf die
"Weckung und Entfaltung der Dialogbereitschaft und -fähigkeit
des Menschen" (RÖHRS 1979.16) verpflichtet.

Wenn Erziehung selbst schon Begegnung sein soll, wenn sie dia=
logisch angelegt sein soll, dann müssen in ihr die Prinzipien
des Dialogischen verwirklicht werden. Im Sinne der Wechselsei=
tigkeit bedeutet dies, daß das pädagogische Verhältnis nicht
allein von *einer* Richtung des Einflußnehmens geprägt sein darf,
sondern eine wechselseitige Erziehung zwischen Kindern und Er=
wachsenen stattthat. In der Vermittlung des Verhältnisses zu den
Dingen, in der Konstitution der Ich-Es-Beziehung beim Edukanden,
erscheint dessen Bildung als ein "Werk" des Erziehers; im Ver=
hältnis zum Du, insbesondere im pädagogischen Verhältnis, kann
die Begegnung aber nicht "bewerkstelligt" werden. Als Begegnung
bleibt sie auf das Aufeinanderzukommen *beider* angewiesen, d.h.
sie ist als solche wechselseitiger Erziehungsakt. Daher kann
BUBER sagen:

> "Unsere Schüler bilden uns, unsere Werk bauen uns auf. (...)
> Wie werden wir von Kindern erzogen!" (BUBER nach BROSE 1983,
> 382).

Die Wechselseitigkeit des Erziehungsverhältnisses hat aber auch
ihre Rückwirkungen auf die Vermittlung der dinghaften Welt, da
auch sie begegnend erfolgen soll. In der "Auslese der wirkenden
Welt" (ibid.383) hat der Erzieher behutsam vorzugehen und sich
an der Erfahrung des Gegenüber zu orientieren. In dieser Orien=
tierung muß das Prinzip der Unmittelbarkeit zur Geltung kommen,
d.h. Erziehung darf nicht als "Eingriff" und nicht als Mittel
zum Gehorsam mißbraucht werden.

> "Der Mensch, dessen Beruf es ist, auf das Sein bestimmbarer
> Wesen einzuwirken, muß immer wieder eben dieses sein Tun
> (und wenn es noch so sehr die Gestalt des Nichttuns ange=
> nommen hat) von der Gegenseite erfahren. Er muß, ohne daß
> die Handlung seiner Seele irgend geschwächt würde, zugleich
> drüben sein, an der Fläche jener anderen Seele, die sie emp=
> fängt; und nicht etwa einer begrifflichen, konstruierten
> Seele, sondern je und je der ganz konkreten dieses einzelnen
> und einzigartigen Wesens, das ihm gegenüber lebt, das zusam=
> men mit ihm in der gemeinsamen Situation, des 'Erziehens'
> und 'Erzogenwerdens', die ja *eine* ist, nur eben an deren
> anderem Ende steht." (BUBER nach RÖHRS 1979,20).

Dieses "Drüben-Sein" kennzeichnet das pädagogische Verhältnis
als ein Vertrauensverhältnis, als ein Verhältnis der "Umfassung",
wie BUBER sagt, das allerdings infolge der noch unausgereiften
Dialogfähigkeit des Edukanden anfangs mehr, später weniger un=
vollkommen ist. Denn das Kind muß lerhen, daß die Du-Beziehung
nicht wie eine Es-Beziehung zu handhaben ist, es muß die Grenzen
der Erfüllung seines "Urhebertriebes" erfahren, die Grenzen sei=
ner Macht, und so seinen "Urhebertrieb" in den "Trieb der Ver=
bundenheit" (BUBER nach BROSE 1983,383) überführen, der ihm zum
dialogischen Bedürfnis wird.

> "Die Umkehr des Machtwillens und die des Eros bedeutet die
> Dialogisierung der von ihnen bestimmten Verhältnisse; eben
> deshalb bedeutet sie den Eingang des Triebes in die Ver=
> bundenheit mit dem Mitmenschen und in die Verantwortung für
> ihn als für einen zugeteilten und anvertrauten Lebensbereich."
> (BUBER nach RÖHRS 1979,21).

Die zu dieser Weiterentwicklung des Urhebertriebes erzieherisch
wirksame "Kontrapunktik von Hingabe und Zurückhaltung, Vertraut=
heit und Distanz" (ibid.) erfordert jenes "Drüben-Sein", jene
"Erfahrung der Gegenseite" (BUBER nach BROSE 1983,384), die
BUBER in "Urdistanz und Beziehung" als "Vergegenwärtigung" be=
schrieben hat und die eine ungefähre Vorstellung davon vermit=
telt, wie ein Begriff des "Drüben-Seins", der nicht Introspek=
tion ins Fremdseelische, "Ein- und Einsfühlung" (RÖHRS 1979,21)
meinen soll, gedacht werden kann. Die Voraussetzung der "Verge=
genwärtigung" bildet nach BUBER die Fähigkeit zur "Realphanta=
sie":

> "... ich meine die Fähigkeit, sich eine in diesem Augenblick
> bestehende, aber nicht sinnenmäßig erfahrbare Wirklichkeit
> vor die Seele zu halten. Auf den Umgang zwischen Menschen
> angewandt, bedeutet Realphantasie, daß ich mir vorstelle,
> was ein anderer Mensch eben jetzt will, fühlt, empfindet,
> denkt, und zwar nicht als abgelösten Inhalt, sondern eben in
> seiner Wirklichkeit, das heißt, als einen Lebensprozeß die=
> ses Menschen." (BUBER 1951,40).

Die Vergegenwärtigung ist jedoch mehr als nur ein Akt der Real=
phantasie: "der Vorstellung gesellt sich etwas vom Charakter des
Vorgestellten selber" (ibid.), d.h. es "kommt etwas herüber" von
jenem "Drüben", das sich mir - gewissermaßen und mit Vorbehalt:
als der *halbe* Akt der Begegnung - unmittelbar erschließt, "indem
ich etwa den spezifischen Schmerz eines anderen so erfahre, daß
mir das Spezifische an ihm, also nicht ein allgemeines Unbehagen
oder Leidwesen, sondern dieser besondere Schmerz, und doch eben
als der des andern, fühlbar wird." (ibid. 40 f).

Da Vergegenwärtigung nicht ein Hineinversetzen in die Situation
des andern durch Nachvollzug ähnlicher subjektiver Situationen,[64)]
noch ein regelrechtes Fühlend-im-anderen-Sein bedeuten soll,
stellt sich die Frage, wie ein angemessener Begriff davon gewon=
nen werden kann. BUBERs Versuch zielt auf ein "Verständnis der
Vergegenwärtigung in ihrer ontologischen Bedeutung" (ibid.41).
In der "Urdistanzierung", jener "ersten Bewegung", bin ich zur
Welt und damit auch zu den anderen Menschen in Distanz getreten,
habe sie auf die "Gegenseite" gestellt. In der "zweiten Bewe=
gung" bin ich zu ihnen in Beziehung getreten, wie sie ihrer=
seits zu mir in Beziehung getreten sind. In der so wechselsei=
tigen Beziehung bildet sich jedes Ich am andern, d.h. das
Selbstwerden des Ich vollzieht sich im Bewußtsein der Gegenwär=
tigkeit des Selbstwerdens des andern.

"Ihre ontologische Vollständigkeit gewinnt diese (gemeint ist
die Selbstwerdung, A.d.A.) aber erst, wenn der andere sich
von mir in seinem Selbst vergegenwärtigt weiß und dieses
Wissen den Prozeß seines innersten Selbstwerdens induziert.
Denn das innerste Wachstum des Selbst vollzieht sich nicht,
wie man heute gern meint, aus dem Verhältnis des Menschen zu
sich selber, sondern aus dem zwischen dem Einen und dem An=
dern, unter Menschen also vornehmlich aus der Gegenseitig=
keit der Vergegenwärtigung - aus dem Vergegenwärtigen ande=
ren Selbst und dem sich in seinem Selbst vom anderen Verge=
genwärtigtwissen - in einem mit der Gegenseitigkeit der Ak=
zeptation, der Bejahung und Bestätigung." (ibid.43)

Indem BUBER so dem Sich-Vergegenwärtigt-Wissen eine konstitutive
Rolle für das Selbstwerden zuspricht, setzt er Vergegenwärtigung
immer schon voraus: selbstwerdend vergegenwärtige ich die Ver=
gegenwärtigung meiner seitens des andern, die mir als dessen
Selbstwerden erscheint. So entzieht sich der entscheidende Be=
griff letztlich der Erklärung. Im Identischwerden von Selbst=

werden meiner und dem Selbstwerden des andern bildet sich approximativ die Identität von Erzieherbewußtsein und Zöglingsbewußtsein, die gerade nicht die respektierende distanzierte Beziehung zum "elementaren Anderssein" (BUBER 1951,36) des Edukanden gewährleistet, die ihm die Freiheit des Selbstwerdens ermöglicht. Der Begegnung im Zwischen erwächst das Sein im andern. Diese Problematik deutet sich bereits an in der Frage, was dieses Zwischen denn bezeichne, sozusagen: wo es denn schlechthin zu finden sei. THEUNISSEN ist dieser Frage im Werk BUBERs nachgegangen und hat festgestellt, daß sich das Zwischen weder im Ich,"d.h. weder in der (seelischen) Innerlichkeit des subjektiven Pols der Intentionalität noch in der noematischen Gegenständlichkeit als der auf das Ich hin orientierten, von ihm abhängigen und horizontal umgriffenen Welt" befindet, "ebensowenig im Andern befindet, weder in seinem Aktzentrum noch in mir oder dem übrigen Seienden als *seinen* Gegenständen", und schließlich auch nicht in "einem die Partner umgreifenden Dritten" (THEUNISSEN 1977,265). Auch in beiden Partnern zusammen ist es nicht zu finden, würde diese Lösung "doch gegen das von Sartre aufgestellte Gesetz der ontologischen Geschiedenheit verstoßen" (ibid.266). In der Schwierigkeit, sich im Ontologischen zu begründen.und dennoch nicht die ontologische Geschiedenheit der Subjekte aufzuheben, bleibt für das Zwischen "einzig und allein die Auslegung des 'metaphysischen und metapsychischen Faktums'" (ibid.). RÜCKRIEM hat dieses Problem in seiner transzendentalkritischen Reformulierung der Pädagogik der Begegnung eben damit gelöst, daß er die Begegnung nicht als eine unmittelbare, sondern als eine durch ein Drittes, den Gegenstand, vermittelte verstand. Nach seiner Auffassung "kann das Ich nur in seinen Relationen zu Gegenständlichem überhaupt verstanden werden. Das aber heißt: Jede Begegnung zwischen Menschen ist gegenständlich gebunden." (RÜCKRIEM 1965,256 f).

Da die Begegnung aber so gegenstandsbezogen, noematisch gefaßt ist und das Prinzip der Unmittelbarkeit nicht aufrechterhalten werden kann, weicht das Modell so wesentlich von BUBERs Theorie der Begegnung ab - auch in der konsequenten Annahme eines"Logosprinzips"[65], das den Existenzgedanken aufheben würde -, daß die Darstellung dieses zweifelsohne ertragreicheren Ansatzes hier nicht fortgeführt werden soll.

Eine Fortsetzung der BUBERschen Gedanken, die sich relativ eng
an ihr Vorbild anlehnt, bietet BOLLNOWs existentialistische
Interpretation des Begegnungsbegriffs. BOLLNOW, der zwei "Stu=
fen" des neueren Begegnungsbegriffs unterscheidet[66], eine
erste, die den Ansatz BUBERs bezeichnet und sich ferner mit den
Namen GOGARTEN, GUARDINI und LÖWITH verbindet, und eine zwei=
te, entschieden existentialistisch gezeichnete, die Begegnung
unter den Anspruch von "Eigentlichkeit" stellt[67] und damit
eine begriffliche Verengung, BOLLNOW meint: Prägnanz, impli=
ziert, entscheidet sich für letztere Verwendung des Begegnungs=
begriffs, nämlich im Sinne einer "existentielle(n) Berührung
mit dem anderen Menschen" (ibid.97). Die Prinzipien der Unmit=
telbarkeit und Wechselseitigkeit bleiben in seinem Begriff er=
halten, das Gnadenprinzip wird zum Prinzip der Schicksalshaftig=
keit im doppelten Sinne: erstens in dem Sinne, "daß der Mensch
hier auf etwas stößt, das ihm unvorhergesehen und unvorherseh=
bar ... entgegentritt" (ibid.99), und zweitens im Sinne einer
"Unerbittlichkeit und Unausweichlichkeit" (ibid.), die Begeg=
nung, nun ganz im Gegensatz zu BUBER, als ein "so ganz und gar
nicht Freundliches und Einladendes, sondern Düsteres und Dro=
hendes" (ibid.10) erscheinen läßt. Die Radikalität der Begeg=
nung, die - wie BOLLNOW sagt - "wie ein Blitz in den Menschen
einschlägt" (ibid.101), stellt sie als einen Vorgang heraus,
"wo der andre Mensch den Menschen so in seinem Kern berührt,
daß sein ganzes bisheriges Leben mit all seinen Plänen und Er=
wartungen umgeworfen wird und etwas völlig Neues für ihn an=
fängt" (ibid.). Indem sie den Menschen "in seinen Grundfesten
erschüttert" (ibid.), verlangt sie von ihm "Umkehr" (ibid.100),
ohne ihm doch die Richtung vorzugeben:

> "Es wird ihm nicht gesagt, was er tun soll und in welche Rich=
> tung er sein Leben ändern soll. Es ist das bloße 'daß' die=
> ser Begegnung, das den Menschen auf sich selber zurückwirft
> und ihn zwingt, sich aus sich heraus neu zu entscheiden."
> (ibid.100).

Die Begegnung, die nun nicht mehr wie bei BUBER jedes Zusammen=
treffen mit einem Menschen bezeichnet, so es nur als ein Du-
Verhältnis sich ereignet, sondern nurmehr den Ausnahmefall, den
Krisenfall, wird zur Läuterung der menschlichen Entscheidungs=
fähigkeit, sie fordert das Bekenntnis, das im existentiellen
Sinn erst menschliche Identität ausmacht.

> "Vor der Gewalt des Begegnenden entscheidet sich, was an ihm
> echt ist. In dieser Erschütterung muß der Mensch sich bewäh=
> ren. Er kann bestehen oder nicht bestehen. So ist die Begeg=
> nung die Probe auf seine eigene Echtheit. Ja schärfer:
> Nicht eine schon in ihm vorhandene Substanz wird in der Be=
> gegnung bestätigt, sondern erst in der Begegnung wird der
> Mensch überhaupt er selber. Dieser letzte Kern des Menschen,
> den wir als Selbst oder auch als Existenz bezeichnen, ergibt
> sich grundsätzlich nie in der Einsamkeit eines Ich, sondern
> immer nur in der Begegnung. Nur in der Begegnung mit einem
> Du kann der Mensch also zu sich selber kommen." (ibid.)

Von diesem engeren Verständnis des Begegnungsbegriffs ergibt sich auch die Spezifität der pädagogischen Schlußfolgerungenn bei BOLLNOW. Erziehung kann nicht mehr dauerhaft Begegnung sein sein, wenn Begegnung nur den Krisenfall bezeichnet;[68] viel= mehr muß sie Hinführung zur Begegnung sein, Arbeit an den Vor= aussetzungen, die in der einstigen Begegnung die erforderliche Entschiedenheit ermöglichen. BOLLNOW beschreibt die Begegnung als den Gegensatz zur Bildung: Während es in der Bildung um die "Entfaltung der geistigen Kräfte" (ibid.120) geht, die in einem Entfaltung der Individualität entlang spezifischen Ent= wicklungsstadien mit je eigenen Bedürfnisvorgaben ist, wird in der Begegnung "nach seinen Bedürfnissen und seinen Erwartungen, nach einer inneren Bereicherung ... überhaupt nicht gefragt, im Gegenteil, es trifft ihn etwas mit der Unerbittlichkeit ei= ner Wirklichkeit gegenüber, die von ihm fordert und der er standhalten soll" (ibid.). Als schicksalhafter und unmittelba= rer Vorgang sieht Begegnung von der Individualität des Sub= jektes ab, sie trifft es existentiell, umfassend und grundle= gend, es ist ihr nicht am Akzidentiellen zu genügen, sie for= dert vielmehr den ganzen Menschen und reißt in der Entschei= dung das Akzidentielle mit sich: Begegnung ist der Anspruch der Existenz.

> "Es ist jenseits aller individueller Verwandtschaften und
> Verschiedenheiten die Existenz in ihrer Nacktheit, die hier
> zum Menschen spricht und in der er in seiner eigenen Exi=
> stenz zu antworten hat. Es geht also nicht um die Entfal=
> tung des individuellen seelischen Lebens zur ausgebildeten
> seelischen Gestalt, sondern es geht, was davon grundsätzlich
> verschieden ist, um die Selbstwerdung des Menschen ..."
> (ibid.121).

In dieser Gegensätzlichkeit sind Bildung und Begegnung nur mit- einander zu versöhnen in einem Verhältnis der Ergänzung , in dem jedoch der Begegnung der Vorrang eingeräumt wird. So ist es Aufgabe der Bildung, "eine Fülle von Möglichkeiten vor dem jungen Menschen aus(zu)breiten, innerhalb derer es dann zur Begegnung kommen kann" (ibid.123) nebst der "Entfaltung aller Kräfte im Menschen zum ausgeglichenen, reich differenzierten Ganzen, das dann die eigentliche Begegnung erst ermöglicht" (ibid.124). Schließlich bedarf die Entscheidungsfähigkeit, die in der Begegnung gefordert ist, einer vorgängigen Disziplinie= rung, einer vorbereitenden Selbstkontrolle, die allein in der "Arbeit am Gegenstand" (ibid.124), also am "Bildungsstoff" entwickelt werden kann.

Das Moment der Unberechenbarkeit, der Schicksalhaftigkeit, ver= hindert, daß Begegnung "veranstaltet" oder geplant werden kann, es verhindert also die "pädagogische Methodisierung" (ibid.124) von Begegnung. Erziehungstheoretisch verfügbar kann demnach nicht Begegnung selbst werden, sehr wohl aber die Bedingungen, von denen die Fähigkeit zur Begegnung und zu ihrer entschiede= nen Erwiderung abhängig sind.

> "Aber alles das ist nicht Veranstaltung der Begegnung, son=
> dern nur Vorbereitung und Erleichterung, damit der Schüler,
> wenn es dann zur Begegnung kommt, weiß, was mit ihm ge=
> schieht, und nicht vor ihr wieder ins Unverbindliche zurück=
> weicht." (ibid.125).

So wenig wie bei BUBER das "Zwischen" faßlich werden konnte, so wenig kann bei BOLLNOW das existentiell Bedeutsame in der Begegnung begriffen werden. BOLLNOW beschreibt zwar die "er= schütternde" Wirkung dieses Bedeutsamen, da Begegnung aber we= der ein "sachliches Kennenlernen eines bisher noch Unbekann= ten" noch "ein inneres Erlebnis, das den objektiven Gehalt der Erfahrung auf seine subjektive Komponente zu reduzieren ver= sucht" (ibid.129) bedeutet, bleibt das Begegnende von einer fraglichen Evidenz. Das BUBERsche Problem der Unmittelbarkeit im Zwischen wird bei BOLLNOW zum Problem der Unmittelbarkeit des Angesprochenwerdens. Die Voraussetzung einer solchen un= mittelbaren Erfahrung sind auf seiten des Gegenstandes wie auf seiten des Subjekts bedenkliche Implikationen: Entweder das Fordernde der Begegnung entstammt dem Gegenüber, ist Anspruch des Gegenstandes (oder auch der Person), dann heißt Begegnung

"den Gegenstand aus ihm selbst heraus zu erblicken; ihn anzu=
erkennen; seine Forderungen zu verstehen; ihm nach dem Recht
dieser Forderungen zu gehorchen" (GUARDINI 1971,89), oder es
entstammt immer schon dem Subjekt, dann wäre es BOLLNOW nicht
gelungen, den Subjektivismus zu überwinden, sondern Begegnung
würde sich gerade als Entfaltung von Individualität ereignen,
ihr Schicksalhaftes wäre die Ohnmacht des Menschen vor seiner
innersten Natur. In beiden Fällen ist die "persönliche Betrof=
fenheit" (BOLLNOW 1977,129) zugleich ein Ausgeliefertsein an
die Übermacht des Äußeren oder Inneren, der gegenüber Refle=
xion immer schon verloren ist. Das Begegnende hat sich vor der
Reflexion nicht zu rechtfertigen, sein Anspruch zielt auf den
ganzen Menschen und gibt selbst den Maßstab seiner Rechtfer=
tigung, "Maß und Vergleich sind entwichen" (BUBER nach BOLLNOW
1977,122). Wo mich das Begegnende erfüllt, ist meine Entschei=
dung schon gerechtfertigt, wo ich dem andern begegnend Erfül=
lendes vermittle, ist mein Handeln schon gerechtfertigt; in der
Begegnung ist meine Entscheidung unfehlbar. Begegnung autori=
siert den Erzieher kraft ihres Anspruchs, dem Edukanden zum
Schicksal zu werden; weil sie "trifft" - gewissermaßen ins
"Schwarze" der Existenz -, ist sie dem Subjekt "gemäß", denn
was sie anspricht, ist, worauf sie auch gründet: eine dem Ich
und Du "gemeinsam verpflichtende Wahrheit" (BOLLNOW 1977,112).
Begegnend bedarf der Erzieher nicht des Verstehens von Indivi=
dualität, in der Erziehung zur Begegnung bedarf er nicht der
Rücksicht auf das Individuelle - es sei denn als Mittel zum
Zweck: vorbereitend und "erleichternd".

So deutet sich an, wie das Begegnende an sich (?) schon legi=
timativ wird : Begegnende Identität wird zur charismatischen
Identität, die fanatische Identifikation verlangt, weil sie
auf den ganzen Menschen zielt, die die Schwächen der Individua=
lität überrollt, die Ungereimtheiten undialektisch vom Tisch
der Reflexion fegt. Die Gefahr einer so verstandenen Pädagogik
der Begegnung erwächst aus ihrem programmatischen Verabsolutie=
ren des Postulats der "offenen Frage": weil die Existenz der
Essenz vorangeht, rechtfertigt sich Identität aus der Existenz;
weil das Selbstwerden existentiellem Anspruch *entspricht*, ist
es vor der Individualität schon gerechtfertigt; weil Pädagogik

der Begegnung das existentielle Selbstwerden im Auge hat, darf
sie das Individuelle als ihr Werkzeug in ihre Dienste nehmen:
für den höheren Zweck. Aus den Trümmern des Akzidentiellen
wächst das "Eigentliche", wird das Selbst. Der Erzieher, der
seine Tätigkeit als Vorbereitung der Begegnung versteht, setzt
seine Hoffnung nicht auf die Approximation in den "kleinen
Schritten",mit denen das Subjekt den Weg einer Menschheitsbestim=
mung in den Grenzen seiner Lebensspanne in aller Bescheiden=
heit geht, sondern auf die "Umkehr", ja auf den Zuasmmenbruch
des gedanklichen Gebäudes über den "erschütterten Grundfesten";
im Pathos der Eigentlichkeit vermag so allzuleicht eine Hal=
tung der heimlichen Freude über jene "Erschütterung" zur Kari=
katur jener BUBERschen "emporhebende(n) Liebe, die das 'Erzo=
genwerden des Zöglings' kritisch miterfährt" (RÖHRS 1979,21)
zu werden, die Vertrauen zum Menschen und zur Welt entwickelt,
um eben dort den Zusammenbruch und die Flucht ins "Eigentliche"
zu erreichen. Es ist allein der Widersinn eines solchen Gedan=
kens angesichts der unsicheren Identität des Edukanden, der
den Erzieher davor zurückhalten wird, den ihm Vertrauenden
tatsächlich einer Situation auszusetzen, in der, wie BOLLNOW
sagt, "er durch erzieherischen Eingriff (durch Ermahnung oder
durch Strafe) aus einer falschen Richtung herausgeworfen wor=
den ist und wo sich zaghaft und verletzlich in ihm die Anfänge
eines neuen Lebens abzeichnen " (BOLLNOW 1977,143). Das "Wag=
nis des Vertrauens" (ibid.), der Optimismus , der auf die
selbstheilenden Kräfte des Edukanden baut und den BOLLNOW dann
vom Erzieher fordert, erscheint wohl absurd, wenn zuvor *das*
Vertrauen in die Entwicklung des Edukanden nicht gewagt worden
ist, das ihm eine eigenmächtige Korrektur seiner "Richtung" er=
laubt hätte. Worauf sollte der Erzieher vertrauen, wenn er es
für nötig hält, den Edukanden aus seiner Richtung herauszuwer=
fen? Ein solches Vertrauen kann nur Selbstvertrauen sein, Ver=
trauen in die erziehungstechnologischen Fertigkeiten, den Ge=
strauchelten aufzurichten und dem Orientierungslosen den geeb=
neten Weg der "Eigentlichkeit" zu weisen - im Namen seines
Selbstwerdens[69]. Dies ist der Weg, wie erzieherische Identi=
tät zu einer gewissen Art von Autorität wird, deren einziges
Problem der Fortbestand ihrer "Bindungen" im freiheitbewußten

Subjekt ist: "... die Freiwilligkeit dieser Unterwerfung muß erst im Laufe der Erziehung hervorgebracht werden" (BOLLNOW 1977,142). Solche Unterwerfung gelingt, wo die Autorität von "Eigentlichkeit" (in jener Façon, in der sie der Erzieher iden= tifiziert) in die Schwachstellen des "herausgeworfenen", in seiner Identität verunsicherten Subjekts einbricht, um sich mit der Geste des Erretters das just führungslose Subjekt "richtungsweisend" zu verpflichten.

3.2.2 Identität als Widerstand bei Adorno

Die Pädagogik der Begegnung BUBERs und BOLLNOWs zeigt im Modell einer von Liebe und Vertrauen getragenen Du-Beziehung ein alternatives Ideal zur Konkurrenzbeziehug der GOFFMANschen Selbstpräsentationsstrategen, und wäre der Optimismus begründet, daß diese Liebe Fremdseelisches so unmittelbar zu "vergegenwärtigen" vermöchte, daß diese "Vergegenwärtigung" nicht zu einer "identifizierende(n) Synthese (wird), die meine Erlebnisse in den gegebenen fremden Leibkörper einträgt" (SCHULZ 1976,151), dann wäre diese Alternative in der Tat der einzig mögliche Entwurf einer "subjektgerechten" Pädagogik. Wenn aber erstens diese Beziehung in eine umfassendere, gesellschaftliche eingebunden ist, von der her ihre Möglichkeiten gelenkt und begrenzt werden[70], und wenn zweitens Fremdseelisches nicht anders als durch Vermittlung vergegenwärtigt werden kann, dann muß eine Vertrauensbeziehung nicht nur nach außen verteidigt werden, sondern auch gegen die eigenen Projektionen, gegen alle Versuchungen der "Substitution" (RICHTER) von Nicht-Identität durch Identität. Wenn schließlich Ich und Du nicht von einer "gemeinsamen Wahrheit" durchdrungen sind, die nicht bloß negativ den Möglichkeitscharakter des Menschen bezeichnet, sondern das Apriori von "Eigentlichkeit", dann ist im Ontologischen für die Rechtfertigung eines Handelns am Menschen kein Land zu gewinnen und jede pädagogische Entscheidung, die sich auf ein Bedürfnis des Edukanden beruft, gibt damit zugleich ihre Projektion bekannt.

Wer immer schon im voraus (und überhaupt je) glaubt, die Bestimmung des Edukanden zu kennen, der beansprucht, es "besser zu wissen" als dieser; so er in diesem Glauben handelt, schafft er jenes Selbstbewußtsein, das ihn nicht mehr eines Besseren belehren kann - es sei denn, zuletzt, es würde jenes zu spät gekommene Vertrauen mit dem Scheitern der Projektion entlohnen, die , wie BOLLNOW meint. eben den "Herauswurf" rechtfertigt, nämlich als Weichenstellung in Richtung "Eigentlichkeit". Diese Art des pädagogischen Optimismus, der das

Scheitern der Projektion auch schon das Ende des guten Mutes
bedeutet, lebt aus dem Vertrauen in die Affirmation; bejahende
Entschiedenheit ist ihr genug. Begründung wäre ihr verdächtig,
denn sie steht für Mittelbarkeit und so schließlich für Unge=
wißheit. Ein pädagogischer Optimismus, dem die Überwindung der
Projektion Fortschritt bedeutet, schöpft seinen Mut aus dem
Vertrauen in die Negation; ihm gilt der Widerstand als Offen=
barung des Standpunktes eines Selbstbewußtseins, nicht als
mangelnde Einsicht, sondern als *andere* Einsicht, nicht als Un=
entschiedenheit, sondern als Experiment begründenden Denkens.
Was der Philosophie der "Eigentlichkeit" zum Maßstab pädago=
gischen Erfolges geworden ist, wohlvertraute Identität, ist
der Philosophie der Negation Zeichen der Ich-Schwäche, unmün=
dige Anklammerung ans vermeintlich Invariante.

> "Die Gestalt der Invarianz als solcher ist die Projektion
> des Erstarrten jenes Bewußtseins. Unfähig zur Erfahrung
> eines jeglichen, das nicht bereits im Repertoire der Immer=
> gleichheit enthalten wäre, münzt es die Unveränderlichkeit
> um in die Idee des Ewigen, die von Transzendenz. Befreites
> Bewußtsein ... müßte nicht immerzu fürchten, an ein Ande=
> res ... sich zu verlieren. Das Bedürfnis nach Halt, nach
> dem vermeintlich Substantiellen ist nicht derart substan=
> tiell, wie seine Selbstgerechtigkeit es möchte; vielmehr
> Signatur der Schwäche des Ich... " (ADORNO 1982,102).

Die Sicherheit des Ich ist gerade nicht das Festhalten an ei=
ner Identitätsformation, die den Widerspruch scheut, weil er
die Rechtfertigung im "Geschick" in Frage stellt, sondern sie
ist die distanzierte Subjektivität der Reflexion, die nichts
verteidigen *muß*, weil sie nichts zu schützen hat. Sie markiert
die Freiheit dessen, "der es nicht nötig hat, seine Kräfte in
Sicherungsmaßnahmen zu binden" (KAUFMANN 1973,22). Ihr Ent=
lastungsgarant ist nicht ein hypostasiertes Fundament der Iden=
tität, sondern das Selbstvertrauen freilegender Reflexion.
Dialektischer Umgang mit Identität ist der Versuch, ihre Nicht-
Identität zu begründen, Widerspruch zu denken und am Wider=
stand gegen das identifizierende Urteil zu prüfen. Dies ver=
mag Denken nur, indem es neu identifiziert, neue Identität be=
hauptet. Dialektischer Umgang mit Identität ist die immer wie=
der zu wagende experimentelle Bestätigung, "daß der Mensch
nur durch einen mühsamen Prozeß des Immer-wieder-neu-sich-
Identifizierens die Balance finden kann und daß jede seiner

Identifizierungen mißlingen: ihn verstricken oder isolieren,
ihn festhalten oder zerreißen kann..." (HEINRICH 1982,68 f).

Wo Identifizierungen zwischen Erzieher und Edukandus aufeinan=
der treffen, sind sie immer schon im Widerspruch zueinander:
Nicht allein haben sie eine divergierende Geschichte der Syn=
thesen hinter sich, die auch den Prozeß in unterschiedliche
Richtungen weist, sie sind zudem als experimentelle Hypothesen
auf den Widerstand angewiesen. Findet der Edukand nicht das
"abstoßende" Urteil des Erziehers, wird er es provozieren;
findet der Erzieher nicht die überraschende Identifikation des
Edukanden, wird er den Widerspruch initiieren. Widerspruch ist
das Wachstumsprinzip des Lernens, sein Nährboden die extensive
Komplexität des Urteils. Wo Identifikationen jedoch hyposta=
siert werden, wo Identität am Maß von "Wesentlichkeit" jenes
Momentes des Nicht-Identischen beraubt wird, das den Anstoß
des Widerstandes ermöglichen könnte, da wird sie zur self-ful=
filling prophecy, zum Fixpunkt, der in der leugnenden Selbst=
verteidigung immer mit verteidigt wird. Der ewige Vorwurf
zieht seinen Ewigkeitsanspruch aus dem Wesentlichen, nur mit
der Leugnung des Wesentlichen kann er aufgehoben werden. Das
Stigma verpflichtet, nicht weil einer nicht vergessen kann,
sondern weil es eine Invariante behauptet. Es kann nur ver=
worfen werden zusammen mit dem Glauben an die Invarianz. Die
Glanzleistung des "dummen" Schülers gilt vor dem fixen Urteil
nicht mehr als der gewisse Glückstreffer des blinden Huhns;
die Folie, von der sich der Widerspruch abhebt, trägt das
Siegel der Ewigkeit und Notwendigkeit. Die Situation dieser
hoffnungslosen Selbstverteidigung, Stillstand der Dialektik,
oder besser: Reproduktion der Unmündigkeit durch eine Dialek=
tik, die sich im Kreise dreht, bezeichnet ADORNOs Zeitdiagno=
se: ängstliche Anklammerung ans vermeintlich Positive, "über=
wertiger Realismus":

> "Ich würde, wenn mich meine Beobachtung nicht täuscht, bei=
> nahe annehmen, daß bei jungen Menschen, vor allem auch bei
> Kindern, wo etwas wie ein überwertiger Realismus - viel=
> leicht sollte man sagen: Pseudorealismus - sich findet, der
> auf eine Narbe zurückdeutet. Dadurch, daß der Anpassungs=
> prozeß so maßlos forciert wird von der gesamten Umwelt, in

der die Menschen leben, müssen sie die Anpassung gleichsam
sich selber schmerzhaft antun, den Realismus sich selbst ge=
genüber übertreiben und, mit Freud zu reden, sich mit dem
Angreifer identifizieren." (ADORNO 1971,115).

Die "Identifikation mit dem Angreifer" ist nichts anderes als
die unbefragte Übernahme seines Maßstabs. Der Weg aus dieser
Identifikation kann nicht der Versuch sein, dem Maßstab besser
zu entsprechen, er führt vielmehr durch die Reflexion über den
Maßstab selbst zum Widerstand gegen seinen Anspruch. Mündig=
keit, die Entscheidungen auf reflektierten Ansprüchen begrün=
den läßt, erfordert daher Distanz zu den Maßstäben, die das
Denken in die Pflicht nehmen könnten - und mit ihm das Handeln.

> "Es wäre wirklich idealistisch im ideologischen Sinne, wollte
> man den Begriff der Mündigkeit verfechten, ohne daß man die
> unermeßliche Last der Verdunkelung des Bewußtseins durch das
> Bestehende mitaufnimmt." (ibid.114).

Hinsichtlich der Chancen der "Erhellung" des Bewußtseins
scheint die Situation aber ambivalent: Einerseits steht da
MARCUSEs Diagnose vom eindimensionalen Menschen in einer Welt,
in der Repression - bis in die Lücken ultrastabilisierender
Entsublimierung - total ist und auch alle Philosophie befangen
macht, auch einer "Erziehung nach Auschwitz" wenig Grund zum
Optimismus bietet, andererseits doch trotziges Vertrauen in
Vernunft, der freilich nichts Positives mehr abgerungen wer=
den kann: "Ihr Positives wäre allein die bestimmte Negation,
Kritik, kein umspringendes Resultat, das Affirmation glück=
lich in Händen hielt." (ibid.161). Kritik als die Negation
des Negativen, in das das Ganze der Gegenwart "gebannt" ist,
scheint die einzige Alternative für Vernunft jenseits der
zweckrationalen Vernünftigkeit von Auschwitz.

> "Die Negation, die das Bestehende ist, muß im philosophi=
> schen Denken noch einmal negiert werden, ohne daß eine neue
> Positivität aus dieser Negation der Negation entstehen
> darf. Dialektisches Denken unterliegt einem 'Bilderverbot',
> das Positive kann und darf nicht benannt werden, da es als
> Bestimmtes sogleich dem herrschenden Negativen subsumiert
> würde." (GRIPP/SAHMEL 1983,215).

Was LITT forderte, Überwindung des Bildungsideals, ist die
eine Seite der Konsequenz aus solcher Kritik - ihre prospekti=
ve Seite. Ihre andere Seite trifft die Selbstreferenz des Sub=
jekts wie das identifizierende Urteil des Erziehers: Verzicht

auf den Abbildungsanspruch in Sachen Identität, stattdessen
Vertrauen in "die katalytische Kraft jenes unglücklichen Be=
wußtseins, das nicht in der archetypischen, persönlichen Be=
freiung von der Frustration schwelgt - hoffnungsloses Wieder=
aufleben des Es, das früher oder später der allgegenwärtigen
Rationalität der verwalteten Welt unterliegen wird -, sondern
das den Schrecken des Ganzen in der privatesten Versagung er=
kennt und sich in dieser Erkenntnis verwirklicht." (MARCUSE
1982,126).

Kritik der Identifikation ist der Versuch, verdinglichte Iden=
tität aufzuheben und mit ihr die Hybris des konstatierenden
Menschenbildes, die das Subjekt um der Kalkulierbarkeit - als
einem bestimmten Begriff von Sicherheit - willen in die
Pflicht nimmt.

> "Die aufklärende Intention des Gedankens, Entmythologisie=
> rung, tilgt den Bildcharakter des Bewußtseins. Was ans Bild
> sich klammert, bleibt mythisch befangen, Götzendienst. Der
> Inbegriff der Bilder fügt sich zum Wall vor der Realität.
> Die Abbildtheorie verleugnet die Spontaneität des Subjekts,
> ein Movens der objektiven Dialektik von Produktivkräften
> und Produktionsverhältnissen. Wird das Subjekt zur sturen
> Widerspiegelung des Objekts verhalten, die notwendig das
> Objekt verfehlt, das nur den subjektiven Überschuß im Ge=
> danken sich aufschließt, so resultiert die friedlose gei=
> stige Stille integraler Verwaltung. Einzig unverdrossen
> verdinglichtes Bewußtsein wähnt, oder redet andern ein, es
> besitze Photographien der Objektivität. Seine Illusion geht
> über in dogmatische Unmittelbarkeit." (ADORNO 1982,205).

Nichtsdestoweniger braucht Dialektik den Begriff und das Ur=
teil - aber um sie je wieder zu verwerfen. Sie sind ihr zu=
gleich Sprungbrett des Abstoßes und Mittel der Verwerfung. Für
ADORNO, dem nicht mehr der "freie Geist" als das "allgemeine
Subjekt" dialektischen Fortschritts gilt, sondern die gesell=
schaftliche Arbeit[71], "hat Dialektik ihren Erfahrungsgehalt
nicht am Prinzip, sondern am Widerstand des Anderen gegen
Identität; daher ihre Gewalt. In ihr steckt auch Subjekt, so=
weit dessen reale Herrschaft die Widersprüche erzeugt, aber
diese sind ins Objekt eingesickert." (ibid. 163).

Widerstand braucht den Stein des Anstoßes, den Punkt des Ab=
stoßens in die Differenz, aber nicht allein als gesellschaft=
liche Faktizität der Lage des Subjekts, sondern in reflexiver
Verfügung. Erziehung zum Widerstand - kein Selbstzweck, son=

dern Mittel der Vernunft - heißt daher nicht gedeihliches *Stille*halten im Fluch der Entfremdung, damit das keimende Subjekt in seiner Entfaltung nicht von den Zwängen der Verdinglichung beengt, nicht vom "falschen Bewußtsein" vergiftet würde, sondern sie bedeutet aktive Immunisierung: Mobilisierung der Gegenkräfte durch transparente Forderungen.

> "Die Situation ist paradox. Eine Erziehung ohne Individuum ist unterdrückend, repressiv. Wenn man aber versucht, Individuen so heranzuziehen, wie man Pflanzen züchtet, die man mit Wasser begießt, dann hat das etwas Schimärisches und Ideologisches. Die Möglichkeit ist allein, all das in der Erziehung bewußt zu machen, also etwa, um noch einmal auf Anpassung zu kommen, anstelle der blinden Anpassung die sich selbst durchsichtige Konzession zu setzen dort, wo das unausweichlich ist, und auf jeden Fall anzugehen gegen das verschlampte Bewußtsein. Das Individuum, würde ich sagen, überlebt heute nur als Kraftzentrum des Widerstandes." (ADORNO 1971,124).

Es geht also nicht um die Verhinderung von Anpassung vorweg, nicht um das Gewähren von Schonräumen einer pädagogischen Provinz, aus der sich der Hygiene halber der Erziehende selbst herauszuhalten hätte; denn erstens, wo sollten sie sein, und zweitens, wäre solche Erziehung nicht Erziehung zur Schwäche, die sich offenbart, sowie der Edukandus "draußen" in der Gesellschaft der Kräfte des Widerspruchs und Widerstandes bedürfte? Es geht vielmehr um eine Erziehung zur Reflexion, zur Ich-Stärke, zur mündigen Distanz zu sich und der Welt und ihren Identifikationsansprüchen.

> "Mündigkeit bedeutet in gewisser Weise soviel wie Bewußtmachung, Rationalität. Rationalität ist aber immer wesentlich auch Realitätsprüfung, und diese involviert regelmäßig ein Moment von Anpassung." (ADORNO 1971,114).

Der mündige Umgang mit der Welt operiert nicht mit irgendwelchem Zauberwerk, das das Subjekt aus den finsteren Gründen seiner bedingungslosen Spontaneität ergreifen könnte, sondern mit eben jenen realen Materialien, die seine Anpassung fordern. Aber es bringt sie aus ihrem zweckrational organisierten Zusammenhang in die Differenz, die neue Möglichkeiten erschließen läßt. Es macht schmerzliche Erfahrung am anderen, um ihre Bedingungen eines Tages zu überwinden; es braucht den "Leidensdruck", um sich aus seiner Befangenheit zu befreien.

So kann (sogar) ADORNO sagen: "Das Moment der Autorität ist, meine ich, als ein genetisches Moment von dem Prozeß der Mündigwerdung vorausgesetzt." (ibid.147). Denn es fordert Widerstand.

Demnach sind die grundlegendsten Voraussetzungen zur reflexiven Distanzierung einmal das Objekt des Widerstandes, zum andern der Standpunkt, von dem aus das Objekt ergriffen werden kann, wiederum eine Selbstidentifikation des Subjekts. Wo Anpassung so vielfältig gefordert ist, daß Identifikationen ständig gewechselt werden müßten, wo der Pluralismus der Werte in den Pluralismus der Situationen eingeht, durch die das Subjekt gehetzt wird, "besessen vom Willen of doing things, Dinge zu tun, gleichgültig gegen den Inhalt solchen Tuns" (ADORNO 1971,102), wo Identität zur Anpassungsfähigkeit selbst reduziert ist, da ist eines nicht mehr möglich: "Dialektik muß sich einschränken aus dem Bewußtsein von sich selbst heraus." (ADORNO 1982,184); da ist dem Subjekt - immer unterwegs - kein Standort mehr gegeben, da kann die Reflexion seinen Weg nicht mehr nachzeichnen.

> "Ich möchte ... immerhin einblenden, daß zur Mündigkeit eine bestimmte Festigkeit des Ich, der Ich-Bindung hinzugehört, wie sie am Modell des bürgerlichen Individuums gebildet ist. Die Möglichkeit, wie sie heute vielfach gefordert ist und die - wie ich zugestehe - unumgänglich ist, sich, statt ein festes Ich auszubilden, auf stets wechselnde Situationen umzustellen, harmonisiert mit dem Phänomen der Ich-Schwäche ..." (ADORNO 1971,151).

Erziehung zum Widerstand muß also in der Einseitigkeit der Identifikation ansetzen, um einen Standort zu gewähren, ja um die Identifikation auf Zeit überhaupt zu ermöglichen; sie muß Komplexität reduzieren, um sie später vor der Kritik des Edukanden zu erweitern. Sie schwebt damit aber in der Gefahr, die anfänglich unkritisch übernommene Identifikation des Edukanden ihm zum unüberwindbaren Programm der Kritik, zum fixen Kriterium des Widerspruchs werden zu lassen, ihn somit auf eine perspektivische Identität festzuschreiben, die ihm selbst nie verzichtbar werden kann, weil sie einziges Mittel seiner Entscheidungen ist: Interesse. Als der "Fluch des Ursprungs" von Kritik kann Interesse nur überwunden werden, wenn seine pragmatische Relativität erkannt wird, und dies setzt voraus, daß

es selbst nicht an ein Absolutes fixiert ist, sondern sich als
experimentelle Identifikation mit Wertbegriffen, als Theorie
von Lebenssinn weiß, die auch anders möglich wäre. Der Ernst
der Identifikation ist der Ernst der These, die die Logik des
Arguments substituiert; in diesem Sinne kann nur behauptet
werden, "Erkenntnisse zu haben, die nicht etwa absolut rich=
tig, hieb- und stichfest sind - solche laufen unweigerlich
auf die Tautologie hinaus -, sondern solche, denen gegenüber
die Frage nach der Richtigkeit sich selber richtet. - Damit
wird aber nicht Irrationalismus angestrebt, das Aufstellen
willkürlicher, durch den Offenbarungsglauben der Intuition
gerechtfertigter Thesen, sondern die Abschaffung des Unter=
schieds von These und Argument. Dialektisch denken heißt,
unter diesem Aspekt, daß das Argument die Drastik der These
gewinnen soll und die These die Fülle ihres Grundes in sich
selber enthalten." (ADORNO nach GRIPP/SAHMEL 1983,217).

Interesse, das in seiner thetischen Relativität erkannt wird,
gibt Erziehung zum Widerstand Hoffnung, als Selbsterziehung
gegen das Autostereotyp fortgesetzt zu werden, das das Sub=
jekt hinter seinem Bildnis verleugnet;[72] indem es den laten=
ten Widerspruch der Identifikationen in seiner Lebensgeschich=
te erkennt, der zugleich in der Konsequenz geschichtlich-spe=
zifischer Formen der Verdinglichung von Identität steht, wird
das Subjekt selbst der Gestalter seiner Subjektivität[73]:
durch dialektische Selbstreferenz. Es spielt Befangenheit ge=
gen Befangenheit aus, seine Dialektik ist das "Selbstbewußt=
sein des objektiven Verblendungszusammenhangs, nicht bereits
diesem entronnen. Aus ihm von innen her auszubrechen, ist
objektiv ihr Ziel."

Befangenheit ist der Dialektik kein Grund zum Zaudern.[74]

3.2.3 Identität als Gegenstand kommunikativer Verhandlung bei SCHALLER

Was die Pädagogik der Begegnung in ihrer theoretischen Konzeption außer acht gelassen hatte, die Problematik der Eingebundenheit jedes kommunikativen Aktes in einen gesellschaftlichen Zusammenhang, und was sie sich zum anthropologischen Apriori gesetzt hatte, die Vorgegebenheit des in seiner Genese unbefragten "faktischen Menschenich", wird der kommunikativen Pädagogik SCHALLERs zum Anstoß der Entwicklung einer Gegenposition, in der die Idee des dialogischen Bildungsmodells zwar aufrechterhalten, aber in ein Modell rationaler Kommunikation überführt werden soll.

> "Eine kommunikative Pädagogik wird formulieren müssen, daß das 'Bildungssubjekt' nicht einfach, von Natur aus, gegeben und derart auch pädagogisch zu behandeln ist, sondern daß es gemäß der im gesellschaftlichen Kommuniqué ausgesprochenen Erwartung erst als solches angesprochen, produziert und in den Prozeß der Bildung hineingestellt wird." (SCHALLER 1971a, 47).

Was sich kommunikative Pädagogik hier vornimmt, ist insoweit eine Reihe von Aufgaben identitätstheoretischer Reflexion, als sich die "Formulierungs"-Vorsätze auf die Thematik der Hervorbringung des "Bildungssubjekts" beziehen. Im einzelnen handelt es sich um die Fragen, inwiefern dieses Subjekt in dem, was SCHALLER das "gesellschaftliche Kommuniqué" nennt, implizit beansprucht wird, wie es darin erst als Subjekt hervorgebracht wird und wie es der Teilhabe am Bildungsprozeß zugeführt wird; die Beantwortung dieser Fragen soll dabei gegenüber dem Postulat, das Bildungssubjekt sei ein Naturgegebenes und würde als solches pädagogisch relevant, antithetisch erfolgen. Die im "gesellschaftlichen Kommuniqué ausgesprochene Erwartung" ist es demnach, die sich dem (hypothetischen) Anspruch eines Naturgegebenen gegenüberstellt und das Subjekt als ihr "Bildungsprodukt" beansprucht:

> "Die gesellschaftliche Erwartung ist die von den Menschen angesichts der Lage projektierte *Wirklichkeit* des Menschen, in der jene von Natur gegebenen Daten und Fakten erst als menschlich qualifiziert werden. Aus dieser Erwar=

tung, aus diesem Anspruch wird das 'Bildungssubjekt' - so unangemessen dieser Terminus in dieser Theorie auch ist - während seines ganzen Bildungsweges nicht entlassen, nämlich teilzunehmen am kommunikativen Prozeß der Gesellschaft, in welchem Menschen möglicherweise neu eine über die bestehende Gesellschaft hinausgehende Erwartung an sich selbst richten und demgemäß ihre Gesellschaft anders einrichten. Hierin liegt seine Freiheit, daß es gemeinsam mit seinen Mitmenschen in seinen in gesellschaftlicher Kommunikation gespannten Erwartungen über sich hinausgeht und damit sich selbst treu bleibt." (SCHALLER 1971a, 48).

Das "gesellschaftliche Kommuniqué" enthält also ein reales und ein utopisches Moment: real ist es als eine gesellschaftlich aktuelle Erwartung, eine von realen Subjekten getragene Erwartung, die - wie SCHALLER andernorts zeigt[75] - implizit oder explizit in den Verfassungen moderner Gesellschaften, in den Idealen unterprivilegierter Gruppen wie in den Versuchen der Kommunikationswissenschaft, gesellschaftliche Widersprüche zu lösen, enhalten ist; utopisch ist es in inhaltlicher Hinsicht, d.h. indem es, sei es als "eine in ihren Institutionen untergegangene Hoffnung der Gesellschaft" (SCHALLER 1978, 92), sei es in der Eröffnung "immer neue(r) Möglichkeiten humaner Lebensführung für immer mehr Menschen" (ibid.), ihrer jeweiligen geschichtlichen Situation entsprechende Entwürfe ihrer Zukunft als ihr "faktisches Noch-Nicht" (ibid.) entwickelt. Was in diesem Verstande gegenwärtig als "gesellschaftliches Kommuniqué" zu erkennen sei, ist nach Meinung SCHALLERs das Ideal der rationalen Kommunikation. Diesem hat sich Erziehung zu beugen, sowohl methodisch:

"Die kommunikative Pädagogik kann im Blick auf Erziehung für sich kein anderes Verfahren reklamieren als das, welches die Gesellschaft auf dem Wege der Ausbreitung von immer mehr Humanität unter immer mehr Menschen für sich selbst projektiert." (SCHALLER 1978, 94)

als auch inhaltlich:

"Unter Erziehung verstehen wir die Produktion und die Vermittlung von 'humaner' Handlungsorientierung in symmetrischen Prozessen gesellschaftlicher Interaktion unter dem Horizont von Rationalität. Solche Erziehung findet statt in Prozessen rationaler Kommunikation, im Schnittpunkt von Individuation und Soziation." (ibid. 80).

Indem sich kommunikative Pädagogik an dem orientiert, was
das Kommunique als das gesellschaftliche Noch-Nicht entwirft,
überwindet sie den faktischen gesellschaftlichen status quo,
sie löst den Bildungsprozeß aus der "reflexiven" Reproduk=
tionsfunktion und wird zum Promotor dialogischer Innovation:
sie wird "proflexiv" (SCHALLER 1971a,49). Zugleich unter=
wirft sie sich auch methodisch dem Noch-Nicht, indem sie den
Bildungsprozeß auch institutionell rational-kommunikativ
strukturiert, d.h. als einen "Modellversuch" rationaler Kom=
munikation konstruiert.

> "Der Bildungsprozeß ist also selbst ein Prozeß der Kommuni=
> kation. Er muß darum auch gemäß der gesamtgesellschaftlich-
> kommunikativen Erwartung ablaufen, d.h. im Blick auf die
> derzeitige humane Erwartung: er muß *rational* sein ... "
> (SCHALLER 1971a,49).

Rationalität bedeutet für SCHALLER dabei den spezifisch
menschlichen Umgang mit Welt als einer sozialvermittelten
"Lebenswelt", in der immer Neues problematisch wird und die
"Was-ist-Frage" provoziert: "... daß ihm nämlich alles einzel=
ne im Horizont der Frage, was es unter den gegebenen Umstän=
den, was es nach Lage der Dinge *sei*, vor Augen tritt und ihn
'zur Rede stellt'. In kommunikativer Ver-Handlung (sprachlich
und werktätig) von diesem und jenem ..., im Horizont dieser
Was-ist-Frage genügen sie ihrer gegenwärtigen Selbsterfahrung
als Sprachwesen, handeln sie rational im hier gemeinten Sinne."
(SCHALLER 1978,50).

Rationalität läßt sich demnach pädagogisch in folgender Weise
kennzeichnen:[76)]

1. Rationalität vollzieht sich als "eine kommunikative Ver-
   Handlung der Lage, die als problematisch ... erfahren
   wird" (ibid.51). Vor der Was-ist-Frage wird ein Gegenstand
   argumentativ in seiner Bedeutung und Bedeutsamkeit "verhandelt und er-handelt" (ibid.).
2. Bedingung des Zustandekommens einer rational-kommunikati=
   ven Ver-Handlung ist die prinzipielle Garantie der Offen=
   heit des Verhandlungsergebnisses, d.h. der Verzicht auf
   Autoritätsansprüche, die ein bestimmtes Ergebnis schon
   vorher sanktionieren. Das einzig legitime Autoritative ist
   die Ver-Handlung selbst.

3. Die prinzipielle Gleichberechtigung der Teilnehmer am kom=
munikativen Prozeß impliziert nicht Gleichheit der Persön=
lichkeiten. Durch das, was HERBART als "Erfahrung und Um=
gang" bezeichnete, tritt jeder Teilnehmer als ein spezi=
fisch identifizierbares Ich in eine "rationale Inter-Ak=
tion" (ibid.) mit den anderen. Das Ich stellt damit den
einzigartigen und einmaligen Beitrag zum Ganzen des kommu=
nikativen Prozesses dar.
4. Der kommunikative Prozeß beinhaltet nicht allein den Aus=
gleich divergierender Interessen, sondern er ermöglicht
auch die Problematisierung von Zwecken, die diesen Inter=
essen immanent sind, und ihre argumentative Verteidigung
bzw. Verwerfung, d.h. die "Offenlegung der Interessen als
solcher" (ibid.52).
5. Damit der einzelne seine Interessen so überhaupt risikolos,
d.h. nicht wider seine Einsicht "preisgeben"(ibid.) kann,
muß die "Herstellung herrschaftsfreier Ver-Handlungs-Be=
dingungen" (ibid.) vorausgesetzt sein. So gewährleistete
Sanktionsfreiheit ermöglicht erst eine emanzipative Frei=
legung der Möglichkeiten von Rationalität.
6. Da die Problematik des Zur-Verhandlung-Stehenden immer erst
in der Konfrontation mit subjektiven Interessen zustande=
kommt, muß gefordert werden, "sich selbst in seiner durch
zahlreiche Interessen geleiteten Verhandlungsabsicht der
Ver-Handlung auszusetzen und somit sich in seiner anfäng=
lichen Verfaßtheit in Frage stellen zu lassen" (ibid.53).
7. In der rationalen Verhandlung wird Wirklichkeit neu struk=
turiert, neu gewonnen, und zwar in einem doppelten Sinne:
erstens als die Wirklichkeit des verhandelten Gegenstandes
in seiner subjektiven Bedeutung und Bedeutsamkeit und zwei=
tens als die Wirklichkeit des kommunikativen Prozesses
selbst.[77] In diesem hat die rationale Verhandlung nicht
nur den Stellenwert von Handlung, sondern *ist* selbst Hand=
lung.
8. Die Begründung des Verhandlungsergebnisses auf Einsicht,
in die Interessen des einzelnen eingegangen, modifiziert,
vielleicht auch (qua Einsicht) aufgehoben worden sind,
verleiht diesem einen Anspruch auf unmittelbare subjektive

Verbindlichkeit, welche nicht auf sanktionalen Konsequenzen beruht, sondern auf der Identifikation des Subjekts mit dem kommunikativen Prozeß. Der neuen Definition der Wirklichkeit korrespondiert eine neue Selbstsicht des Subjekts; "von uns selbst mit-er-handelt, ist sie von uns nicht zu trennen, iden= tifizieren wir uns mit ihr ... "(ibid.).
9. Rationale Kommunikation geht von der prinzipiellen Unab= schließbarkeit der kommunikativen Problematisierung von Mei= nungen aus. Die Unmöglichkeit einer Erkenntnis letzter Wahr= heiten impliziert von daher die Forderung, daß grundsätzlich jede Meinung kommunikativ "erschlossen" werden kann und die= ses "Erschlossene" immer wieder neu aufgegriffen werden muß, um einer kritischen Überarbeitung zugeführt werden zu können.

Das Problem der Identität des so in rationaler Kommunikation sich rückhaltlos "öffnenden", d.h. seine Interessen, Meinungen, Gefühle und Werthaltungen bloßlegenden Subjekts, kann unter den Voraussetzungen des SCHALLERschen Modells nur als ein Problem des kommunikativen Prozesses selbst interpretiert werden. Das "Selbst" geht bei SCHALLER völlig in der Individualität kommuni= kativer Akte auf: Der Beitrag zum kommunikativen Prozeß, durch den ein Subjekt für die anderen zum Du wird, ist als Akt - wenn auch nicht als Begriff - zugleich die einzige Grundlage für die Selbstidentifikation eines Subjektes als ein Ich. Das Selbst muß in diesem Verstande als ein Begriff, mit dem das Subjekt sich objektivierend identifiziert, dem Status einer "Privatangelegen= heit" enthoben und dem eines kommunikativen Gegenstandes zuge= führt werden. Identität ist nicht im "heimlichen Kämmerlein" subjektiver Reflexion zu bewahren, sondern sie ist in einer Wei= se zur Disposition zu stellen, in der sich das so identifizie= rende Subjekt in gleicher pragmatischer Distanz zum Gegenstand befindet wie jeder andere auch, obgleich es freilich einen Infor= mationsvorsprung, eine differenziertere Meinung und eine höhere emotionale "Nähe" zum Gegenstand (ego involvement) aufweist. Informationsvorsprung ist wie jede andere Art einer intersubjek= tiven Differenz der "Lage" kommunikativ aufholbar, vorausgesetzt, das Subjekt macht Ernst mit dem Willen zur schonungslosen Infor= mationspreisgabe. Es kommt daher wesentlich darauf an, daß das

Subjekt seine Identifikationen nicht als seine "persönliche Habe"
betrachtet, sondern "sich als 'besitzbürgerliches' Selbst im
Selbst zwischenmenschlich rationaler Interaktion und Kommunika=
tion solidarisch aufhebt" (SCHALLER 1978,96). Diese Aufhebung
ist dann nicht nur die eines ängstlich gehüteten Geheimnisses in
eine "öffentliche Angelegenheit", sondern zugleich die eines sta=
tischen Selbstbegriffs in einen kommunikativ dynamischen: Das
Selbst ist Akt.

> "Das Selbst, wird man dagegen sagen müssen, ist nichts anderes
> als der Prozeß einmaliger und einzigartiger Teilnahme eines
> einzelnen Menscheh am kommunikativen Prozeß gesellschaftlicher
> rationaler Verhandlung, der ein Prozeß fortgesetzter Aufklä=
> rung über 'die Lage der Dinge' ist, in dem stets Neues ans
> Licht gebracht und ins Werk gesetzt wird. In ihm konstituiert
> sich das Ich als je einzelner, einmaliger und einzigartiger,
> d.h. als individueller Akt im Ganzen des theoretisch-prakti=
> schen Kommunikationsgefüges. Im Fortgang der Kommunikation
> setzt es sich selbst der Überholung aus und begründet gerade
> darin die Identität seines Selbstseins." (SCHALLER 1971a,49).

Das, was hier identisch bleibt, kann freilich nicht jenes sein,
was zugleich der Überholung ausgesetzt ist - es muß vielmehr ein
darin Erhaltengebliebenes oder ein Dahinterstehendes, von der
Überholung selbst nicht Betroffenes sein. Wäre es ein Erhalten=
gebliebenes, so müßte aber angenommen werden, daß das Subjekt
eben dieses nicht zur Disposition gestellt hätte, seine Offen=
heit also doch nicht "rückhaltlos" gewesen wäre - es hätte sich
vielmehr eine Identifikation vor der kommunikativen Verhandelbar=
keit bewahrt und zurückbehalten, die aber dadurch gerade zum Mo=
ment einer unaufhebbaren perspektivischen Befangenheit ihm hätte
werden können, d.h. zur *irrationalen* Subjektivität. Nimmt man
aber ein Dahinterstehendes an, so bleibt einem nur die Wahl, ei=
ne Subjekt-Objekt-Differenz zu akzeptieren oder das Prinzip -
phänomenologisch also der Wille - der Rationalität des gesell=
schaftlichen Kommuniques selbst als das in allem Wandel Iden=
tisch-Bleibende zu erkennen. Da ersteres wohl nicht im Sinne
SCHALLERs sein dürfte[78], muß der rationale Wille selbst als die
Identität des Subjekts verstanden werden; dies kommt freilich
auf einen normativen Begriff des Subjektes heraus, und in der
Tat spricht es SCHALLER aus: "So ist das Normative nichts ihnen
(den Kommunizierenden, A.d.A.) Äußerliches. Es ist die *Substanz
des Selbst*." (SCHALLER 1981,61).[79]

Andererseits gilt das "Ich", durch das sich das Subjekt sprach=
lich identifiziert, als der "Träger" von Identität, als Begriff
der subjektiv gegenwärtigen Kommunikationsprodukte.

> "*Das* fassen wir mit dem Wort 'Ich' als identisch zusammen, was
> in Gemeinsamkeit mit anderen Menschen durch unsere eigene ak=
> tive Auseinandersetzung mit den 'Realitäten', was in der Kom=
> munikation über die 'Gegebenheiten' unseres Lebens zustande
> gekommen ist, was wir selbst in unserer rationalen Inter-Ak=
> tion mit anderen Menschen, mit Sachverhalten und Vorkommnis=
> sen als unsere Zutat erwirkt haben: Gedanken, Worte, Werke."
> (SCHALLER 1978,104).

Als dieses Erwirkte ist das Ich aber gerade dem Wandel ausge=
setzt, da stets jede seiner Identifikationen weiter zur Disposi=
tion steht. Wenn von einer "Identität des Ich" also überhaupt
die Rede sein kann, dann nur dort, wo ein Ich mit der "Substanz
des Selbst", d.h. dem normativen Gehalt des gesamtgesellschaft=
lichen Kommuniques, mit dem Prinzip der Rationalität, identifi=
ziert wird. Eine solche Identifikation ist die explizite Aner=
kennung des Prinzips der Rationalität in Wort und Tat in ihrem
spezifischen kommunikativ erhandelten Begriff, d.h. die Anerken=
nung der Verbindlichkeit des in rationaler Kommunikation erhan=
delten Ergebnisses.

> "Nicht der in der Teilnahme am kommunikativen Prozeß liegende
> Wandel gefährdet also die Identität des Ich, sondern allein
> das Faktum, daß es der es selbst als mit sich identisches
> Selbst begründenden Aktivität, jenem es selbst ausmachenden
> Prozeß der Aufklärung, der Hervorbringung und Verwirklichung
> von noch nie Dagewesenem nicht treu bleibt und die im kommu=
> nikativen Prozeß erhandelte Einsicht nicht realisiert auf den
> verschiedensten Gebieten seiner gesellschaftlichen Praxis."
> (SCHALLER 1978,105).

Diese Verbindlichkeit durch kommunikative Er-Handlung ist also
subjektiv immer schon Verbindlichkeit, weil sie durch Einsicht
selbstverpflichtend ist. Dem kommunikativ Erhandelten kommt in=
sofern eine Legitimationsfunktion zu, als es auf der Einsicht
aller gründet, die unter der Voraussetzung rückhaltloser Offen=
heit sich selbst, ihre Moral neu gewonnen haben. Das Kriterium
des Sittlichen ist damit allein die Konsensbasis des Erhandel=
ten; das Wissen um die Verbindlichkeit ist das Gewissen.

> "Reflexiver Selbstschutz vor dem fortlaufenden Gang der Kom=
> munikation, um über den Erwerb eines Beweggrundsystems im Ge=
> wissen ihre Identität als Ich zu sichern, würde die Teilneh=
> mer gerade vom Prozeß ihrer Selbstverwirklichung ausschlies=

sen. (...) Bildung des Ich gemäß der in gesamtgesell=
schaftlicher Kommunikation formulierten humanen Erwartung
in aktiver Teilnahme am kommunikativen Prozeß der Gesell=
schaft erlaubt dem Ich nicht, sich, mit sittlichen Grund=
sätzen ausstaffiert, aus dem gesellschaftlichen Handlungs=
feld zurückzuziehen." (SCHALLER 1971a,49 f).

Die sittlichen Grundsätze des Subjekts müssen vielmehr in die
kommunikative Verhandlung eingebaut werden, um dort argumen=
tativ verteidigt bzw. angefochten zu werden. Wo es sich nun -
dies ist gegen das SCHALLERsche Modell einzuwenden - um Letzt=
prinzipien handelt, die keine argumentative Erschließung zu=
lassen, bleibt allein ein Verhandlungsergebnis denkbar, das
nicht auf der rationalen Basis von Einsicht, sondern auf de=
zisiven Akten der Kommunikation beruht. Wenn der Status des
Letztprinzips als ein argumentativ nicht Erschließbares kon=
sentisch anerkannt wird - dasselbe gilt von nicht weiter be=
gründbaren Grundüberzeugungen - sind die Grenzen der Ratio=
nalität - in ihrem jeweiligen historisch- und gruppenspezi=
fischen Verständnis - erreicht und es kann des lieben Frie=
dens halber nur wieder eintreten, was in einer Demokratie
der Unmündigen, d.h. unter den Bedingungen des Ungenügens
an rational-kommunikativer Kompetenz, schon den Regelfall be=
zeichnet: daß subjektive Meinungen überstimmt werden, daß
also eine Differenz zwischen Einsicht und Pragmatik entsteht,
die entweder sanktional oder durch die freiwillige Anerken=
nung von Mehrheitsbeschlüssen wider die Einsicht in die Ar=
gumentation der Mehrheit unschädlich gemacht wird.

Derselbe Einwand hinsichtlich der Praktikabilität des SCHAL=
LERschen Modells, der hier aus grundsätzlicher Betrachtung
zustandekommt, hat seine Berechtigung auch dort, wo ein idea=
ler Entwurf des kommunikativen Verhältnisses zwischen Erzie=
her und Edukand (bzw. Edukandengruppe) zur Debatte steht.
Um dieses Verhältnis als ein rational-kommunikatives zu ge=
stalten, bedürfte es nicht allein des entschlossenen Willens
aller Beteiligten, sich in dieser Weise zu verständigen, es
bedürfte auch der erforderlichen Fähigkeiten zu rationaler
Kommunikation, zur mündigen Selbst-Ver-Handlung, und schließ=
lich auch gewisser personaler Bedingungen[80], diese über=
haupt wollen zu *können*. Wollte man das erzieherische Verhält=

nis als ein rational kommunikatives Verstehen, so müßte also
Mündigkeit beiderseits - seitens des Erziehers wie seitens des
(der) Edukanden - vorausgesetzt sein.

> "Kritisch zu fragen ist jedoch, ob jeder Educandus im alltäg=
> lichen Umgang die psychische Kraft hat, sich der - wenn auch
> sachbezogenen, jedoch die Gesamtpersönlichkeit fordernden -
> 'schonungslosen Diskussion' zu stellen, über die intellektu=
> ellen Potenzen verfügt, an der reflexiven Verhandlung sinn=
> voll teilzuhaben, die charakterlichen Voraussetzungen mit=
> bringt, ohne die gerade der Gebildete nicht auskommt, die
> sozialen Bedingungen ... derartig sind, daß sie kooperative
> Verhandlungen zulassen. Die Bemerkungen SCHALLERs, die ratio=
> nale Kommunikation sei weder erb- noch umweltbedingt,
> schichtenspezifisch, nicht an ein bestimmtes Alter oder eine
> bestimmte Höhe der Intelligenz gebunden, verdeutlichen m.E.
> SCHALLERs Konzept ... als ein Strukturkonzept, das sich ...
> der Selbstverantwortlichkeit des Educandus verpflichtet
> fühlt, dessen Emanzipation im Grunde vorweggenommen wird."
> (KREIS 1978,127 f).

Der Gedanke, das erzieherische Verhältnis müsse selbst rational
kommunikativ strukturiert sein, um eine Einübung in rational
kommunikative Praxis zu gewährleisten, läßt übersehen, daß päda=
gogische Interaktion gerade infolge der Erziehungsbedürftigkeit
- wie auch immer man diesen Begriff fassen wollte - keine sym=
metrische, sondern eine komplementäre Rollenstruktur aufweist,
in der der Erzieher - und sei es nur seiner Zurückhaltung wegen -
ein Maß an Reflexion und Selbstkontrolle, an Interessensbewußt=
sein und hermeneutischem Bemühen an den Tag legt, das vom Edu=
kanden gerade nicht gefordert werden kann.[81] Vorwegnahme von
Emanzipation kann also berechtigterweise nicht bedeuten, sie
immer schon allseits als gegeben zu erachten; es wäre damit
"ein Maß gewählt, nach dem kein Erziehungsvorgang vermessen
werden kann" (MENZE 1979,17). Sehr wohl kann aber pädagogische
Kommunikation danach beurteilt werden, wie sie - in komplemen=
täre Rollenstrukturen eingebunden - jene kommunikative Kompe=
tenz, die in rationaler Kommunikation vorausgesetzt werden muß,
vermittelt. Eine solche "methodische Kontrollfunktion des
Ideals der Kommunikationsgemeinschaft" (RUHLOFF 1979,120) impli=
ziert weniger eine praktische als eine hypothetische Vorweg=
nahme von Emanzipation; sie läßt die konkrete pädagogische Kom=
munikation an der Maßgabe des Ideals bemessen. Was RÖSEL über
die ideale Funktion des Diskurses sagt, kann ungeschmälert auf

die rationale Kommunikation übertragen werden:

> "Der Abstand von einer (selten realisierten aber immer anzu-
> strebenden, das heißt, in Zukunft zu realisierenden) 'idea-
> len Sprechsituation' signalisiert das Gelingen oder Schei-
> tern pädagogischer Kommunikation. Der herrschafts- und angst-
> freie Diskurs - Idealtypus einer optimalen Lernsituation -
> liefert ein Kriterium , das die Möglichkeit eröffnet, 'Ver-
> zerrungen' in konkreten Unterrichtssituationen als solche zu
> identifizieren und damit zu ihrer Beseitigung den Anstoß zu
> geben." (RÖSEL 1973,22 f).

So als Maßgabe verstanden ist rationale Kommunikation freilich
auch schon Ziel von Erziehung. Beansprucht wird in dieser reflexiven Aufholung von Idealität, daß symmetrische Kommunikation in
der Praxis komplementärer Kommunikation irgendwann erreicht werden könnte, indem letztere sich allmählich mehr und mehr zurück-
nimmt und es in solchem komplementären Verhältnis nicht "mit der
rationalen Kommunikation im Vollzug zwischenmenschlicher Interaktion ... immer schon vorbei" (SCHALLER 1981,54) ist. MENZE bestimmt in diesem Sinne komplementäre Kommunikation als eine genetische Voraussetzung zur Befähigung zu symmetrischer Kommunikation, d.h. rationale Kommunikation erscheint ihm nicht als
voraussetzungslos.

> "Weil nicht die symmetrische, sondern die komplementäre Kommu-
> nikation für Erziehungshandeln konstitutiv ist, müßte die
> pädagogische Situation zum Zwecke ihrer Erkenntnis auch nach
> einem komplementären, in sich selbst wiederum dynamischen Mo-
> dell konstruiert werden. Symmetrische Kommunikation ist die
> Kennzeichnung für eine zwangfreie, wechselseitige Erörterung
> strittiger Fragen durch sich selbst bestimmende, für stich-
> haltige Argumente offene, vernünftige und wahrhaftige Indivi-
> duen. Erziehung aber basiert nicht auf der Interaktion sich
> selbst bestimmender Individuen, sondern ist eine Anleitung
> zur Selbstbestimmung oder - anders ausgedrückt - gezielte
> Hilfe, unter anderem auch kommunikative Kompetenz zu errei-
> chen. Deshalb setzt symmetrische Kommunikation Erziehung vor-
> aus." (MENZE 1979,19).

SCHALLERs Entgegnung auf die Kritik MENZEs zeigt aber deutlich,
daß die Ungleichheit zwischen Erzieher und Edukand nicht
schlechterdings komplementäre Kommunikation im erzieherischen
Verhältnis zu rechtfertigen vermag. Die ungleichen Voraussetzungen, auf die SCHALLER in seiner Erwiderung explizit Bezug nimmt,
erscheinen ihm keineswegs so grundsätzlich, daß sie das erzieherische Verhältnis wesentlich gestalten müßten, andererseits
doch immerhin so gewichtig, daß er eingesteht, daß ein norma-

tives Fundament dem Edukanden anfangs sehr wohl auch ohne ratio=
nale Kommunikation zu vermitteln wäre.

> "Ein Mehr an Wissen, ein Mehr an Erfahrung stört unter der In=
> tention je möglicher Verwirklichung kompetenter Beteiligung
> aller am rationalen Kommunikationsprozeß nicht die Symmetrie
> des Kommunikationsgefüges. Zuneigung von der einen, Vertrauen
> von der anderen Seite her, die in dem gemeinsamen Projekt ih=
> ren Grund haben, lassen Komplementarität nicht groß werden,
> lösen die Gefahr der von diesem Mehr genährten autoritären
> Überlegenheit und der zu Unterlegenheit verurteilten Schwäche
> auf. In der Aporie - bei allem Wissen nicht zu wissen, wohin
> der Weg geht -, unter der Aufgabe, rational und symmetrisch
> in der konkreten Lage neu erörtern zu müssen, was das 'Besse=
> re' sei, befinden sich der Wissende und der Unwissende,
> Erfahrene und der Unerfahrene in der gleichen Situation. Auf
> dem Boden jener humanen Maßgaben der Interaktion von Lehrer
> und Schüler ist lineare Vermittlung von Wissen und rituali=
> siertem Verhalten also vorläufig zulässig und unerläßlich."
> (SCHALLER 1981,60).

Der schmale Grat zwischen "Dirigismus, Dogmatismus und Manipula=
tion" (ibid.54) auf der einen Seite, der Vermittlung "wegweisen=
der Maßnahmen" (ibid.)[82] auf der anderen Seite, gibt sich
schließlich in einer Doktrin zu erkennen, die bei RÖSEL als maß=
gebende Funktion des SCHALLERschen Ideals schon angeklungen war:
"Wahrung der Spielräume zu rationaler Kommunikation von frühe=
ster Jugend (!) an" (SCHALLER 1981,154)! Daneben steht ein Prin=
zip, das dem transzendental-kritischen Denken wohl hinlänglich
vertraut sein dürfte:

> "Kant spricht von Zwang unter der Vision von Freiheit. Die
> Pädagogik der Kommunikation spricht vom pädagogischen Bezug
> unter der *Perspektive seiner fortschreitenden Aufhebung in
> Symmetrie*. Kultivieren läßt sich diese, wenn man sie Kindern,
> wo immer möglich, einräumt." (ibid. 54).

Es liegt wohl daran, daß sie so wohlwollend vom pädagogischen
Bezug lange nicht mehr gesprochen hat, wenn die Pädagogik der
Kommunikation dieses sie mit der transzendental-kritischen Päda=
gogik verbindende Vertrauen in Dialektik bisher so wenig erkennen
ließ.

Anmerkungen (Kapitel 3)

1) vgl. etwa HUSCHKE 1978,386:
   "Der Begriff des zu erziehenden Menschen bestimmt sich nicht nur durch das, was der Mensch je schon faktisch ist, sondern zugleich durch das, was er tun soll, also durch das, was er (noch) nicht ist."

2) Die antipädagogische Anschauung, schon der Begriff "Erziehungs= bedürftigkeit" sei dogmatisch, geht von einem entsprechend engen Erziehungsbegriff aus, der dann auch die Rede von Er= ziehungsbedürftigkeit als ein Surrogat von Manipulationsbe= strebungen verstehen läßt.

3) vgl. DICKKOPP 1971,49 f;

4) vgl. BUCK 1980,25;

5) vgl. hierzu ZEDLER 1976,129 f;

6) vgl. PESTALOZZI 1954,219;

7) eine Bewertung, die bekanntlich FREUD nicht teilte;

8) vgl. KERN 1979,10;

9) vgl. ANACKER 1974 ,51-74;

10) ... soweit nicht eine dualistische Entgegensetzung von Natur und Geist angenommen wird.

11) vgl. UNGER 1978,22 f;

12) Freilich könnte praktisch ein solches "Angebot" niemals in seiner Vollständigkeit erfaßt werden und bliebe letztlich immer einer subjektiven Strukturierung preisgegeben, die eine weitere Filtrierung der historischen "Wertewirklichkeit" be= deutet.

13) vgl. etwa die Darstellung von SCHURR 1981;

14) vgl. auch DERBOLAV 1980,60:
    "Zum besseren Verständnis des im folgenden entwickelten Mo= dells sei daran erinnert, daß es in den 30er Jahren üblich war, die Entwicklung des Kindes gleichsam von zwei Instan= zen her zu erklären, vom Erbe und von den Umwelteinflüssen. (...) Doch wäre es falsch,diese Entwicklung allein als eine Resultante beider Faktorenbündel zu verstehen. In Wirklich= keit tritt vielmehr in zunehmendem Maße ein neuer Faktor ins Spiel, der mitunter zum zentralen Steuerungsprinzip werden

kann, nämlich die individuelle Selbstgestaltung, die sowohl
Erbe als auch Umwelteinflüsse insofern zu brechen vermag, als
sie sie in das Material ihrer eigenen Planung verwandelt ...
Genau das aber ist die Individualgenese oder das, was wir in
der ersten Darstellung die *Selbstverwirklichung des Indivi=
duums* genannt haben."

15) vgl. dazu kritisch FRANKENA 1974;

16) Daß aus "Realisierbarkeit" nicht "Vollzugsnotwendigkeit"
wird, ist bereits die Folge eines Zugeständnisses an die
Selbstverfügung des Menschen. Notwendigkeit wird hier redu=
ziert auf ein begrenztes Feld, mit LUHMANN zu sprechen,
"funktional äquivalenter" *Möglichkeiten*.

17) Der hin und wieder bemühte Schluß von einem Sinn zum Leben
auf das Leben als Sinn erweist sich als rhetorische, logisch
unhaltbare Vertauschung des Genetivus subjectivus und des
Genetivus objectivus.

18) vgl. BROECKEN 1983,89;

19) "Die allgemeinste Bedingung allgemeingültiger Regeln und
men des Seelenlebens, der auf es gegründeten Kultursysteme,
insbesondere dann auch der Erziehung, liegt in der *teleolo=
gischen Struktur des Seelenlebens*. Der Fundamentalsatz ei=
ner Pädagogik besteht also in der Behauptung: das Seelen=
leben hat eine innere Zweckmäßigkeit, sonach eine ihm eige=
ne Vollkommenheit. Folgerecht können Normen dieser Voll=
kommenheit gegeben, Regel, wie sie durch die Erziehung her=
zustellen sei, entworfen werden." (DILTHEY nach BROECKEN
1983,91).

20) vgl. SCHURR 1979,10 f;

21) Nicht weit davon entfernt liegt also - wie sich hier deut=
lich zeigt - die Auffassung, das Ich wüßte um sich nur als
ein Wille, es erkenne aus dem Wollen des empirischen Ich das
Sollen des reinen Ich.

22) vgl. SCHURR 1979,8;

23) vgl. SCHURR 1979,15;

24) vgl. LÖWISCH 1982,110;

25) vgl. etwa RAUSCHER 1976,27;

26) vgl. auch HÄRLE 1982,310;

27) vgl. LITT 1952,27; dazu ZDARZIL 1980,139;

28) KLAFKI kritisiert die an dieser Stelle deutlich werdende Radikalität: "Haben nicht theoretisch entworfene, dichterich gestaltete Bilder und idealisierte Selbstdeutungen historisch doch oft eine entscheidende Rolle bei der Entwicklung bestimmter Lebensformen und entsprechender Erziehungssysteme gehabt?" (KLAFKI 1982,182). Dieser Einwand wäre zu stützen durch die Beobachtung, daß gewisse heute verbreitete Idealbilder wie des Freizeitmenschen, die doch durchaus mehr als ein paar Wertmaßstäbe, eher ganze Persönlichkeitsmuster beinhalten, schon gegenwärtig reflektiert und zugleich unbefragt umgesetzt werden.

29) zu den im folgenden genannten Aufgaben der Vermittlung vgl. LITT 1952,106 f;

30) vgl. KLAFKI 1982,187;

31) vgl. KLAFKI 1982,188;

32) "Wenn die Antinomie nun einmal zum Wesen des vollentwickelten Menschen hinzugehört, dann muß sie auch in den Lebenshorizont dieses Menschen ohne jeden Versuch der Verharmlosung oder gar Verleugnung Aufnahme finden." (LITT 1967,121)

33) vgl. etwa den aufschlußreichen Satz bei SCHMID 1977,279: "Das Bewährende muß in doppelter Bedeutung als 'das Wahre' und 'das Währende' verstanden werden."

34) So definiert STERN Selbstentfaltung als "diejenige Tätigkeit einer Person..., durch welche sie an sich selbst Entwicklung erzeugt" (nach MÜLLER 1967,21).

35) Für die Übersetzung dieses Artikels aus dem Tschechischen sei an dieser Stelle Herrn E. Krenek ausdrücklich gedankt.

36) vgl. auch die Unterscheidung von Selbsterziehung mit einseitiger Betonung des objektiven bzw. subjektiven Faktors bei SCHNEIDER 1961,1u.8;

37) vgl. BLANKERTZ 1982;

38) Das Ziel der Aufklärung ist (in der Sprache der Zeit) nicht der Freidenker, sondern der Rechtdenker.

39) Schließlich führt MOOR gar wieder ein apriorisch Essentielles als die Bestimmung des "Eigenen" ein, mit dem sich das

Existentielle in der Selbstverwirklichung zu vermitteln hat:

"Nur dann würde 'Selbstverwirklichung' beides sagen, wenn wir unter dem 'Selbst' sowohl das gegebene Eigene als auch das uns als Verheißung und Aufgabe Zukommende verstehen, wenn 'Selbstverwirklichung' meint, daß wir das, wozu wir erst berufen sind, verwirklichen sollen auf unsere eigene Weise, gemäß den Bedingungen unserer gegebenen Entwicklungsmöglichkeiten. Und nur dann umfaßte der Ausdruck 'Werde, der du bist' beides, wenn wir unser Sein sowohl als existentielles als auch als essentielles verstehen: Was wir existentiell sind, ist berufen, das zu werden, was wir essentiell sind. Also: Werde der, als der Du gemeint bist." (MOOR 1971, 259f)

40) vgl. KANT 1963,12;

41) vgl. Kap. 4.2;

42) vgl. MARQUARD 1979a, 697 f;

43) vgl. LOCH 1979,95;

44) vgl. APEL 1972,1:

"1. Im Gegensatz zur heute vorherrschenden Wissenschaftslogik ('Logic of Science') bin ich der Meinung, daß **jede philosophische Wissenschaftstheorie** die von Kant gestellte Frage nach den transzendentalen Bedingungen der Möglichkeit und Gültigkeit der Wissenschaft beantworten muß. 2. Im Gegensatz zu den Vertretern eines orthodoxen Kantianismus bin ich jedoch auch der Meinung, daß die Beantwortung der Frage heute nicht zu Kants Philosophie eines transzendentalen 'Bewußtseins überhaupt' zurückführt. Die Antwort auf die Frage nach dem transzendentalen Subjekt der Wissenschaft muß vielmehr ... vermittelt sein: durch die Einsicht ... in den transzendentalen Stellenwert der Sprache und damit der Sprach-Gemeinschaft."

45) vgl. Kap. 3.1.4;

46) HABERMAS 1973,125ff; vgl. dazu KRAPPMANN 1978,100f; BRÜGGEMANN 1980,9f;

47) Etwas vage formuliert HABERMAS: "Die ... angeführten Kategorien eignen sich für einen soziologischen Begriff von Ich-Identität, der dem entspricht, was die Psychoanalyse 'ich-Stärke' nennt" (ibid.129). Daraus ist zwar der normative Anspruch, aber kein Anspruch auf Vollständigkeit zu erkennen.

48) ... d.h. die sozial erwünschte Sicherheit in der Verhaltenserwartung bietet: "Vertrauen geht stufenlos über in Kontinuitätserwartungen..." (LUHMANN 1973,25);

49) vgl. HABERMAS 1979 c,103;

50) Ein Beispiel aus McCALL/SIMMONS, das HUSCHKE-RHEIN zitiert:

"In den meisten Fällen wird einer der Handelnden ... in der
Position sein, seine Interessen, die er aus seiner Defini=
tion der Situation und seinen Handlungsplänen ableitet,
rücksichtsloser durchsetzen zu können als andere... (Aber)
auf der anderen Seite gibt es immer irgendwelche Mittel und
Möglichkeiten, die selbst dem niedrigsten Sklaven offen=
stehen ... selbst Kinder und Sklaven können in gewissem
Ausmaß die Aufteilung ihrer Ressourcen frei bestimmen. Und
umgekehrt ist kein Diktator so absolut und kein Vagabund
so ungebunden, daß er allein im Sinn seiner persönlichen
Launen handeln könnte." (nach HUSCHKE-RHEIN 1979,191 f)

51) vgl. auch BRÜGGEMANN 1980,34;

52) vgl. BREYVOGEL 1979,11:

"Stärker popularisierte Fassungen der Theorie der Ich-Iden=
tität lassen den Eindruck entstehen, es handele sich um ei=
ne zeitlos gültige Persönlichkeitstheorie, die in der Lage
sei, jedes Individuum in jeder Gesellschaft zu erfassen."

vgl. auch BRÜGGEMANN 1980,31ff;

53) ... und schließlich gar als Grundlage eines Modelles päda=
gogischer Interaktion:

"Erziehung als Machtaustausch zwischen Erwachsenen und Kin=
dern? Hier spätestens muß das Ungenügen an einer pädagogi=
schen Rezeption der Austauschtheorie deutlich werden. Kin=
der und Erwachsene können nicht auf dem gleichen Aktions=
niveau miteinander verglichen werden oder ihre Kräfte mes=
sen." (HUSCHKE-RHEIN 1979,193).

54) vgl. hierzu auch RECK (1981,152), der nach seiner Kritik
des Begriffes "phantom uniqueness" (S.136-146) die "Autoren
des Identitätsbalancekonzepts" bezichtigt, das "gesell=
schaftskritische Potential des Begriffes Scheinnormalität
(bei GOFFMAN,A.d.A.) ... völlig übersehen zu haben."

55) vgl. HABERMAS 1977,344 f;

56) zu den Begriffen "Wahrheit, Richtigkeit und Wahrhaftigkeit"
vgl. HABERMAS 1977,337;

57) zum Problem der Relevanz des Diskursmodelles für die päda=
gogische Interaktion vgl. in etwa auch Kap. 3.2.3;

58) vgl. HABERMAS 1973,195;

59) "Alle anderen Normen außer der Grundnorm der Rede sind nach
Habermas prinzipiell revisionsfähig; er schreibt: 'Alle
Normen stehen grundsätzlich zur Diskussion!'" (KORENG 1979,
56).

60) WEINSTEIN & DEUTSCHBERGER nach KRAPPMANN 1978,172;

61) ... vorausgesetzt, sie erkennt das andere als solches an; vgl. SCHULZ 1976,156: "Das Anerkennen ist ja ein dialekti= scher Vorgang: Ich akzeptiere von mir aus den anderen als mir entgegenstehendes Subjekt. Dieses Anerkennen ist die einzig mögliche Basis einer dem Menschen gemäßen Begegnung."

62) vgl. THEUNISSEN 1977,262;

63) vgl. THEUNISSEN 1977,268;

64) vgl. dazu das Problem der Erfahrungsunteilbarkeit, das LAING als die "Crux der Sozialphänomenologie" bezeichnete:
"Da deine und der anderen Erfahrung für mich so unsichtbar ist wie meine Erfahrung für dich und die anderen, versuche ich den anderen durch ihre Erfahrung von meinem Verhalten evident zu machen, was ich durch meine Erfahrung von dei= nem Verhalten auf deine Erfahrung schließe.
Das ist die Crux der Sozialphänomenologie."(LAING 1977,13).

65) vgl. RÜCKRIEM 1965,261;

66) BOLLNOW 1977,88 u.94;

67) "In der Begegnung erfährt das Dasein - ausgesprochen oder unausgesprochen- einen Ruf und Anruf des Du. Das Dasein, das den Ruf hört, kann sich nicht mehr aus dem verstehen, was *man* tut. Dieser Ruf ruft also zurück in das eigentli= che Selbstsein." (v. USLAR nach BOLLNOW 1977,96).

68) vgl. BOLLNOW 1977,130: "Es gibt keine Sonderform einer pä= dagogischen Begegnung, sondern nur die menschliche Begeg= nung schlechthin."

69) vgl. die Rechtfertigungsformel für "autoritatives Begeg= nen" bei HAASE 1965,304, die ebenfalls ein Wissen von der Bestimmung des Edukanden voraussetzt:
"Im Verhältnis Lehrer-Schüler ist äußerlich zwar der Lehrer übergeordnet, denn er befiehlt; tiefer gesehen, ist jedoch der Schüler übergeordnet, denn der Lehrer steht auch als Machtübender im Dienste des Schülers."
hingegen KERSCHENSTEINER 1965,107f:
"Ganz besonders aber erscheint mir der autoritative Wissens= erwerb dadurch gefährlich, daß er dem Zögling in ausgeklü= gelten Methoden die Mühen des Selbstfindes erspart und so nicht bloß die Erkenntnis der eigenen Leistungsfähigkeit verhindert, sondern auch die Entwicklung jener Bescheiden= heit im Beurteilen der Dinge und Menschen, die demjenigen so nahe liegt, der an sich erfahren hat, wie wenig der Mensch in Wahrheit ein tiefes Wissen besitzt."

70) vgl. die Kritik des BUBERschen Ansatzes bei KLAFKI:

"Nicht untersucht wurde, daß die dialogischen Beziehungen in Wechselwirkungen mit 'umfassenderen gesellschaftlichen und politischen Organisationssystemen' stehen und daß der Mensch zur Wirklichkeit auch ein distanziertes Verhältnis einnehmen kann, das Voraussetzung dafür ist, 'objektive Erkenntnis zu gewinnen oder technische Apparaturen konstruieren und bedienen zu können', was schließlich Vorbedingung industrieller Arbeit ist ..." (nach SCHOCH 1979, 20).

71) vgl. GRIPP/SAHMEL 1983,212;

72) "Bewußtsein, das zwischen sich und das, was es denkt, ein Drittes, Bilder schöbe, reproduziert unvermerkt den Idealismus; ein Corpus von Vorstellungen substituiert den Gegenstand der Erkenntnis, und die subjektive Willkür solcher Vorstellungen ist die der Verordnenden." (ADORNO 1982,206 f).

73) "Individualität ist sowohl das Produkt des Drucks wie das Kraftzentrum, das ihm widersteht." (ADORNO 1982,279)

74) Dies war sie auch nicht in ADORNOs Philosophie; vgl. dazu SCHWEPPENHÄUSER 1973,57:

"In diesem Sinn ist die Adornosche negative Theorie 'Darstellung des Verwirrten', welche der eingeschliffene Vergegenwärtigungsmechanismus als 'verwirrte Darstellung' aufzufassen genötigt ist."

75) vgl. SCHALLER 1978,91f;

76) nach: SCHALLER 1978,51;

77) vgl. SCHALLER 1971b,93;

78) vgl. SCHALLER 1978,105:

"Gewiß: Ohne den 'subjektiven FAktor' kommt keine Theorie aus, die den gesellschaftlichen Wandel in Richtung auf Ausbreitung von mehr Humanität für immer mehr Menschen beschreibt; um ihn zu erklären, bedarf es aber keiner Metaphysik der Personalität."

79) Hervorhebung durch den Autor;

80) vgl. auch KREIS 1978,35 in der Kritik zu MOLLENHAUERs Begriff der Diskursfähigkeit:

"... nicht hinreichend geklärt wird nach meiner Auffassung, wie dieses Kind selbst, das doch der Hilfe noch bedarf, an diesem Verständigungsprozeß in gleichem Maße beteiligt werden kann, zumal es diese Qualifikationen des Wissens, Verstehens, der Anwendung, der Analyse, der Synthese und der Bewertung erst erwerben muß, um in den Dikurs eintreten zu können."

81) vgl. MENZE 1979,16:

"Selbst wenn der junge Mensch den Schein erwecken kann, auf gleicher Ebene mitwirken zu können, kann und darf er doch für das, was aus dieser Mitteilung resultiert, nicht zur Verantwortung gezogen werden. Er ist eben nicht schon das, was er werden soll. Unterstelle ich das aber, verhindere ich damit, ihn zu dem, was er einmal sein soll und werden will, fähig zu machen. Er kann also für etwas nicht nur nicht einstehen, er darf es auch nicht."

82) Einen ähnlichen Ausweg aus dem Dilemma mangelnder kommunikativer Kompetenz des Edukanden wählen MOLLENHAUER/RITTEL= MEYER, indem sie den praktischen Diskurs zwischen Erzieher und Edukanden in der Propagierung eines gewissermaßen "inneren Diskurses" im Bewußtsein des Erziehers vorwegnehmen:

"Angesichts der Tatsache, daß das Kind im Verlaufe des Bildungsprozesses erst allmählich die Kompetenz moralischer Beteiligung erwirbt, ist er (der Erzieher, A.d.A.) gehalten, den praktischen Diskurs mit dem Kind auf weite Strecken als simulierten Diskurs mit sich selbst, als 'Selbstgespräch' zu führen. Dies meint der Ausdruck 'pädagogische Verantwortung'." (MOLLENHAUER/RITTELMEYER 1978,85)

IV

ZUR REVISION VON "IDENTITÄT" ALS LEITBEGRIFF EMANZIPATORISCHER PÄDAGOGIK

4.1 VON DER HETERONOMIE ZUR AUTONOMIE: ZUR LOGIK DER EMANZIPATION

Die beschriebene SCHALLERsche Gratwanderung, in deren Verfolgung man zwar des Negativen, der Abgründe der Bevormundung deutlich gewahr wird, den positiven Weg der Erziehung zwischen und über diesen Abgründen aber kaum zu erkennen vermag, weist auf eine Schwierigkeit hin, die prinzipiell jede emanzipatorische Pädagogik theoretisch und praktisch zu bewältigen hat: das Problem, wie Erziehung den Edukanden zu einem kritikfähigen Subjekt entwickeln kann, ohne ihn zugleich auf einen vorgegebenen Standort festzuschreiben, von dem her diese Kritik erst entstehen kann, und wie sie ihm etwas vermitteln soll, ohne ihn zugleich auf das Vermittelte zu fixieren. Muß die in aller Kritikfähigkeit obligate Distanziertheit zum Gegenstand - so stellt sich die Frage - erzieherisch mitvermittelt werden oder bildet sie sich von selbst in der Auseinandersetzung mit dem Gegenstand heraus? Die offenkundige Tatsache, daß die faktische Kritikfähigkeit weit hinter der öffentlich kreditierten Mündigkeit der Bürger zurückbleibt, läßt einen allzu überschwenglichen Optimismus und ein ihm korrespondierendes Vertrauen in die entelechiale Potenz des kritischen Denkens nicht gerade angemessen erscheinen - kritisches Denken scheint vielmehr durchaus unverzichtbaren "äußeren" Voraussetzungen aufzuruhen. HEID hat in der Diskussion dieses Problems drei mögliche Ansätze unterschieden, die in der gemeinsamen Einsicht, daß auch in einer kritisch orientierten Erziehung "'Anpassung' im weitesten Sinne unvermeidlich ist" (HEID 1970,375), verschiedene Grundüberzeugungen und Wege bezeichnen, "*in jeder Anpassung zugleich ... Anpassung und Widerstand erreichen zu können*" (ibid.374):

(1) Der geläufigste Ansatz entspricht der Auffassung, "dem Menschen müsse zunächst und solange vorgeschrieben werden, was er soll, bis er selbst zu sagen vermöge, was er will. Daß er dann aber in relativ engem Rahmen über Generationen hin nur noch dasjenige will oder wollen kann, was er bis=

her gesollt hat, wird dabei übersehen oder auch gerade für erstrebenswert gehalten..." (ibid.376). Die hier zugrunde=
liegende Überzeugung, dem Menschen müßten nicht nur die Mittel seiner Emanzipation, sondern auch ein Zielbegriff erzieherisch an die Hand gegeben werden, setzt dem Prinzip der Negation von vornherein dogmatisch eine Grenze in ihrem Ideal und gibt damit zugleich die Richtung der Kritik vor.

(2) Um diesen Dogmatismus und Dirigismus zu vermeiden, wird im zweiten Ansatz "vorgeschlagen, der individuellen Entschei= dung möglichst *nichts vorwegzunehmen* und dem Educandus *mit jeder Norm auch die Alternative(n)* zu präsentieren" (ibid. 376). Das Utopische dieser Forderung liegt in der Unmög= lichkeit, bei einer entsprechend idealerweise "ausgegli= chenen" Darstellung der Alternativen dem Edukanden eine sinnorientierte Wahl zu ermöglichen; die Entscheidung des Edukanden, falls sie überhaupt zustande kommt, geschweige denn in einer begründeten Weise, wird sich vielmehr auf die gerade akzentuierten Argumente des Erziehers und auf die eigenen kognitiven Vorgaben stützen.[1] Ferner sitzt diese Anschauung dem Irrtum auf, daß Komplexität in objektiver Weise gegeben und als solche dem Erziehenden, sodann dem Edukanden bewußt verfügbar sei; sie ignoriert damit, daß jede Negation, durch die eine Alternative überhaupt erst zu einer solchen, zu einem Gegenüber *zu* etwas wird, immer eine "*bestimmte* Negation" im HEGELschen Sinne[2] ist, d.h. die Thesis nicht etwa in ihr logisches Gegenteil verkehrt, sondern unter Aufrechterhaltung *eines* Bezugsmomentes (von welchem prinzipiell eine unendliche Reihe funktionaler Äquivalente denkbar ist) nur *aufhebt*, nicht vernichtet. Eben dieses Bezugsmoment wird aber in jeder Konzeption ei= ner Alternative nur subjektiv zu bestimmen sein, d.h. die Vorgabe des Ideals im ersten Ansatz setzt sich hier fort in der Vorgabe der Äquivalenzkriterien von Alternativen.

(3) Ein Ansatz, der beide Einschränkungen zu umgehen sucht und dennoch nicht der Naivität des funktionalen Bildungsmodel= les verfallen will, wird nicht umhin kommen, den Erziehungs= prozeß selbst und nicht nur seine Inhalte der Kritik zuzu=

führen, um "dem Educandus den *unvermeidlichen* pädagogi=
schen Vorgriff verfügbar zu machen" (ibid.376). Anpassung
und Widerstand kommen hier zueinander, nicht indem sie
quasi als ambivalente Bewertungen am selben Gegenstand
"vorgeführt" werden, sondern indem sie in den synthetisie=
renden Akten des Denkens und der Kommunikation immer neu
ineinander transformiert werden. Die Identität des Augen=
blicks steht immer wieder als Formation zur Anpassung, zur
kritischen Umarbeitung an, die allein im *Widerstand* gegen
diese Identität, im Akt der Setzung von Nicht-Identität,
vollzogen werden kann. Die erzieherische Anpassung kann in
diesem Sinne auf den Widerstand des Edukanden gegen die
Perpetuierung ihrer Urteile rechnen, der sich aus der Er=
kenntnis der latenten Widersprüche im Vergleich mehrerer
ihrer Urteile ergibt, die im Verlaufe der Biographie des
Edukanden anläßlich immer neuer situativer Anforderungen
zu einander in Beziehung gesetzt werden.

"Es ist wohl nicht möglich, *zugleich und mit Bezug auf das
gleiche Anspruchsmuster gleichermaßen anzupassen und zum
Widerstand zu befähigen*. Es ist aber wohl möglich - und
im Interesse der Emanzipation des Educandus geboten! -
*von früh an zu lehren und zu lernen ,eine jeweilige Ent=
schiedenheit der Kritik und Revision offen zu halten*, je=
des qualifizierte kritische oder kontroverse Argument
ernsthaft zu prüfen. Diese Bereitschaft zur kritischen
Reflexion, Diskussion und Revision ist umso mehr geboten,
je wichtiger einem seine Entschiedenheit ist." (ibid.377)

Wollte man letzteren Ansatz heranziehen, um jenen gewissen
"schmalen Grat" der SCHALLERschen Konzeption "wegweisender Maß=
nahmen" abzusichern, wollte man behaupten, SCHALLER habe eben
dies gemeint, wenn vom "Spielraum rationaler Handlungsorientie=
rung" (SCHALLER 1978,132) die Rede ist, der schon Kindern zu
gewähren sei, dann hätte man doch zumindest einen Widerspruch
vorweg auszuräumen, der zwischen SCHALLERs Begriff des Subjekts
und dem hier implizierten besteht: Bei SCHALLER wird aus dem
negativen Grundsatz: "Das kommunikative oder emanzipatorische
Verständnis des Selbst geht dagegen davon aus, daß die Ratio
oder die Vernunft des Menschen nicht im individuell-menschli=
chen Subjekt eingeschlossen werden darf" (SCHALLER 1978,102)
schließlich die positive Bestimmung des Ich "als 'Sediment'

durchlaufener Kommunikation" (ibid.104). Die dialektische Bewegung des Denkens - schon FEUERBACH hatte die HEGELsche Dialektik der Geistesbewegung zu einer Dialektik der Ich-Du-Beziehung gewandelt - tritt hier bestenfalls noch als Reflex der Dialektik kommunikativer Prozesse in Erscheinung, ja selbst dies scheint vor der "proflexiven" Orientierung des Bildungsprozesses überflüssig. Ein Subjekt, das aber "zureichend Herr über die je eigene lebensgeschichtliche Vergangenheit" (HORN 1973,308) werden soll, bedarf nicht nur der Teilhabe am rational kommunikativen Prozeß, es bedarf auch - schon allein um von Rationalität einen Begriff zu haben - der reflexiven Verfügung über seine Identitätsgeschichte, es bedarf des Selbstbewußtseins als der Bedingung zur Aufhebung seiner Identifikation. Hinsichtlich dieses Selbstbewußtseins läßt sich sagen: Es kann sich in der Kommunikation nichts subjektiv Bewußtseinsfähiges bewegen, was nicht zuvor im Denken seinen Anstoß genommen hätte - gleichwie die subjektive Intention auch im Vergleich zur faktischen Bewegung gerichtet gewesen sein mag.

> "Die Verweisung an eine 'Argumentationsgemeinschaft' hilft
> nicht davon weg, daß es in jedem Fall auf die Einsicht des
> einzelnen ankommt; nur so kann ja 'Konsens' eintreten. (...)
> Die'Gemeinschaft'hilft mir nicht über mein Denken, meine
> Einsicht hinweg; höchstens verhilft sie mir zur Einsicht.
> Ohne diese kommt kein Konsens zustande." (BALLAUF 1982,291f).

Insofern also dieser Widerspruch nicht aufzulösen ist, d.h. dialektisches Denken ohne reflexive Strukturen nicht gedacht werden kann, da ihm der Anstoß an der These nicht gegeben wäre, kann die SCHALLERsche Konzeption pädagogisch nicht genügen; sie bedarf einer Ergänzung - und sicherlich dann auch partieller Revision mancher radikaler Aussagen - durch eine Theorie des denkenden Subjekts, wie sie etwa im Rahmen der Selbsterziehungsproblematik vorgestellt wurde.[3] In eine solche Theorie müßte der Stellenwert subjektiver Sinnentwürfe, die Bedeutung "gewählter" Lebensaufgaben wie auch eines günstigerweise diesen korrespondierenden Ich-Ideals, als Movens des dialektischen Prozesses der Selbstreflexion, damit aber auch die für ein Gelingen dieser Sinnentwürfe entscheidenden Einflüsse von Coping- und Defense-Mechanismen Eingang finden. In Kapitel II wurden die persönlichkeitspsychologischen Grundlagen einer solchen

Theorie entwickelt, die nun im folgenden Kapitel zu einander
in Beziehung gesetzt und auf ihre pädagogische Relevanz hin
untersucht werden sollen. Insofern aber eine solche Theorie
nicht allein eine "Erziehung zur Selbsterziehung" begründet,
sondern zugleich, indem sie nämlich der Selbstreflexion des
Edukanden im Rahmen der pädagogischen Interaktion eine zentra=
le Position zuschreibt, die Wirksamkeit von selbsterziehenden
Akten schon während der Fremderziehung behauptet,[4] braucht
sie einen klaren Begriff von den anthropologischen Vorausset=
zungen, die die Umarbeitung erzieherisch vermittelter Identi=
tät in selbstbewußte Personalität, die reflexive Aufhebung des
Heteronomen in die Autonomie, überhaupt ermöglichen. Die fol=
gende Darstellung, die sich inhaltlich an den in Kapitel 3.1.4
entwickelten Begriff der Selbsterziehungskompetenz anschließt
und einer Argumentation Manfred SOMMERs in seinem Artikel
"Übergangsschwierigkeiten - Zur Konstitution und Prätention
moralischer Identität" (1979) folgt, versucht diese Voraus=
setzungen in grundlegender Hinsicht zu klären.

SOMMER geht von der Frage aus, wie die Emanzipation eines Sub=
jektes denkbar ist, dessen Identität doch ausnahmslos aus den
Einflüssen von Fremderziehung konstituiert wird. Das Dilemma,
das in der Frage, "ob man emanzipiert wird oder sich selbst
emanzipiert" (KANT nach SOMMER 1979,443), hervortritt, besteht
darin, daß beide Theorien unhaltbar scheinen:

> "Emanzipieren die Eltern, so endet der Prozeß, durch den das
> Kind mit der Faktizität seiner Existenz ausgesöhnt werden
> sollte, in einem Zustand, in den geraten zu sein wiederum
> auf die Eigenmächtigkeit der Eltern zurückgeht. Damit ent=
> springt die Notwendigkeit, in infinitum eine Erziehung nach
> der Erziehung einzuführen und eine Unmündigkeit zu erzeu=
> gen, die sich durch den fremdverfügten Ausgang aus ihr
> ständig erneuert." (ibid.).

Ein solches Verständnis von Emanzipation würde also die Rede
von der Entlassung des Zöglings in die Selbstverfügung zur
Farce machen. Was hier als Autonomie erschiene, wäre nichts
weiter als die Fortsetzung von Heteronomie mit anderen Mitteln
der Sanktionierung und in den Schranken bisheriger Kontingen=
zen. Wie dieses Verständnis aber die infinite Fortsetzung von
Heteronomie impliziert, so impliziert die Gegenthese eine in=
finite Voraussetzbarkeit von Autonomie.

> "Die Konsistenz dieser Konzeption scheitert indessen an dem
> Erfordernis, dem Zustand, den man verläßt, bereits die Qua=
> lität zuzuschreiben, die jenen Zustand, den man erreichen
> will, charakterisiert. (...) Das führt, in infinitum, zu
> einer Emanzipation vor der Emanzipation... " (ibid.).

Das Dilemma, daß Autonomie immer wieder Autonomie voraussetzen muß, Heteronomie sich immer wieder in Heteronomie fortsetzen wird, kann daher nur aufgelöst werden, indem beide als gleich ursprünglich, aber immer miteinander vermittelt gedacht wer= den, indem ein "Zusammenwirken von Fremd- und Eigenleistung in einer Formation, die man Logik der Emanzipation nennen kann" (ibid.) angenommen wird. SOMMER beschreibt dieses Zu= sammenwirken auf der Grundlage eines Potentials, das hier als "extensive Komplexität" bereits vorgestellt wurde[5]; es ver= wirklicht sich sowohl in thematischer Hinsicht als eine Erwei= terung des Welt-Begriffs als auch in instrumenteller Hinsicht als Erweiterung der Techniken im Umgang mit Welt. Allmählich wird so das Subjekt in tätiger Aneignung von Welt in den Stand gesetzt, mittels Techniken Techniken zu erlernen und mittels Themen Themen zu erarbeiten, also das Angeeignete selbst als Mittel der Aneignung zu instrumentalisieren, einer "höheren Funktionalität" zuzuführen.

> "Es entsteht ein Zustand, der in der kumulativen Dimension
> ein mögliches Äquivalent jener wirklichen Basisleistung
> der Fremderhaltung in diesem Zustand erhält. (...) Die im
> Äußeren liegende Kompetenz, alle je erreichten Zustände als
> solche zu halten und alle Übergänge oder, was das gleiche
> ist, den Übersetzungsprozeß von Fremdem in Eigenes zu re=
> gulieren, wird plötzlich mögliches Inneres - eine Möglich=
> keit, welche die Intentionalität als Aneignungspotenz nicht
> unaktualisiert läßt." (ibid.444).

SOMMER, der die "Übergangsschwierigkeiten" von der Heteronomie zur Autonomie in simplifizierender Absicht, wie zu hoffen ist, als ein Problem des "Sprunges" darstellt, obschon ein solcher "Sprung" in die Freiheit wohl durchaus bereichsspezifisch, ja situationsspezifisch erfolgen wird und zudem in zahlreichen Gewohnheiten auf ewig auf sich warten läßt, zeigt, wie diese neu erworbene "Aneignungspotenz" aus der freisetzenden Wirkung einer "letzten Erziehungshandlung", gewissermaßen aus einer "Lizenz" zum "Sprung" hervorgeht.

"Die letzte Erziehungshandlung fügt also, freilich immer
an spontanes Haben-Wollen anknüpfend, eine letzte Fertig=
keit hinzu, die aus der Quantität der Kumulation eine der
als Fundierung mitlaufenden Unterhaltsleistung gleichwer=
tige Qualität erzeugt. Aus einer entgegengenommenen Lei=
stung entsteht eine Lizenz, die selbst keine solche Lei=
stung ist, die aber an die gleiche Spontaneität anknüpfend,
dieser den Übergang in den neuen Zustand der Selbsterhal=
tung freigibt. Diese Lizenz als ein Neutrum macht es
gleichgültig, ob man sagt, sie veranlaßt, gestattet, legt
nahe, provoziert, gebietet oder erzwingt den Übergang; ihre
Spezifität ist gerade darin zu sehen, daß sie allen deonti=
schen Modalitäten gegenüber gleichgültig bleibt. Sie macht
aber verständlich, wie Emanzipation als spontaner Akt voll=
zogen und gleichwohl in den erzieherischen Handlungen die
Bedingungen seiner eigenen Möglichkeit haben kann." (ibid.)

Die Lizenz gibt dem Edukanden die in seiner spontanen Aneig=
nungsbereitschaft allmählich konstituierten Mittel der Selbst=
regulation frei, sie gibt den Aneignungsprozeß selbst an die
Aneignungsbereitschaft frei, sie läßt Fremdregulation und
Selbstregulation als funktionale Äquivalente erkennen.

"Was den vor- und den nachemanzipatorischen Zustand verbin=
det und Kontinuität wahrt, ist nicht nur eine identische
Funktion, die verschiedene Subjekte handelnd besetzen, son=
dern die die Übergangshandlung vollziehende Intentionalität,
die als identisches Subjekt des Aneignungsprozesses diesen
nun im Modus der Selbstverfügung stetig fortsetzt." (ibid.
445).

Die sich in Heteronomie und Autonomie durchhaltende Identität
ist also die des Aneignungssubjektes, nicht etwa die des durch
Aneignungen konstituierten Subjektes. Insofern bedeutet Auto=
nomie nicht die Fortsetzung von Heteronomie in inhaltlicher
Hinsicht, also Reproduktion, sondern nur in funktionaler Hin=
sicht. Das autonome Subjekt konstituiert seine Subjektivität
in selbstgeregelten Aneignungsprozessen.

4.2 EMANZIPATORISCHE ANTIZIPATIONEN: PÄDAGOGISCHE KONSEQUENZEN EINES SELBSTGEREGELTEN UMGANGS MIT IDENTITÄT

Wenn es der Idee von Mündigkeit entspricht, den Edukanden als ein zu sich stellungnehmendes Subjekt ins Recht zu setzen, so muß ihm dieses Recht nicht erst dann, wenn einem Erzieher der "Sprung" in die Freiheit endlich zufriedenstellend vorbereitet scheint, sondern schon in den Akten dieser Vorbereitung selbst, in gewissem Sinne also schon von Anfang an, zugesprochen werden. Wie SOMMER dargestellt hat, hat der Edukand als ein "Aneignungssubjekt", d.h. hinsichtlich einer Leistung, die ihm trotz aller pädagogischer Erleichterungen und Ermunterungen nicht abgenommen werden kann, immer schon eine "zwangsweise minimale Freiheit, durch die man, so klein sie auch sein mag, 'immer schon' ein bißchen emanzipiert ist" (SOMMER 1979,445). In dieser Freiheit ist ihm dennoch nicht Mündigkeit zuzusprechen, weil er zu ihr kein mittelbares Verhältnis hat: Er kann mit ihr nicht umgehen, denn er wüßte nicht wie. Dieses Nicht-Wissen bezeichnet jenes Unvermögen, das, im Nachhinein als solches erkannt, dem Edukanden die bisherige Lebensgeschichte als eine Abfolge von Widerfahrnissen erscheinen läßt, denen er mangels Distanz nichts entgegenzusetzen vermöchte.

> "In dem beschriebenen Sinn ist die lebensgeschichtliche Identität, d.h. Individualität, also eine Auszeichnung, die nicht gemacht, sondern zugefallen ist, zu der sich das Subjekt eher passiv als aktiv verhält, die es nicht frei, wenn auch nicht ohne jede Zurechnung und Schuld, produziert, sondern die es auf sich zu nehmen hat." (BUCK 1980,28).

Die partielle, oder besser: vorläufige Freiheit, die dem Edukanden aber trotz solcher Passivität in der fremdverfügten Konfrontation mit dem Aneignungsobjekt zukommt, wäre aber hinfällig, wenn er sie nicht im Aneignungsprozeß realisieren könnte. So stellt sich die Frage nach dem Ort bzw. dem Modus dieser Realisierung, der ja verschieden sein muß von dem der Selbstregulation im Aneignungsprozeß nach dem "Sorung" und doch, insofern in dieser Realisierung der "Sprung" selbst vorbereitet wird, von der gleichen Art wie der Anspruch der Au=

tonomie des mündigen Subjekts. Solche Freiheit kann sich nur
in der Konstitution von Subjektivität selbst vollziehen, die
in der späteren Reflexion zum Material wird. Der Modus dieses
Vollzuges ist der der subjektiven Herstellung von Kontingenz,
ihre Potenz ist die Lernfähigkeit des Subjekts.

> "Daß die Entfaltung des reflexiven Bewußtseins und die Diffe=
> renzierung personaler Identität nötwendig auf Kontrast und
> Verfremdungserlebnissen und nachfolgenden Korrekturen der
> psychosozialen 'Vorstruktur' des Subjekts gründen, daß die
> Welt des Menschen sich nicht einfach von selbst versteht,
> sondern immer neu - das heißt mit neuen Sinnbezügen - ange=
> eignet werden muß, erzwingt eine grundlegende Disponibili=
> tät.- noch einfacher: setzt Lernfähigkeit voraus." (MAURER
> 1981,117).

Diese Disponibilität, Grundlage der Lebensfähigkeit des in=
stinktentbundenen Mängelwesens Mensch mit und ohne fremde Hil=
fe, ist die gemeinsame Basis der Subjektivität konstituieren=
den Akte vor und nach dem "Sprung". Daher sind es allein ihre
Mittel, die Modi des Lernens, die die Brücke zwischen beiden
Stadien bilden. Ohne Aneignung gäbe es keine Kontingenz, keine
Lebenswelt und keinen Selbstbegriff, ohne subjektive Kontin=
genz keinen Gegenstand von Reflexion, die Kontingenz neu zu
strukturieren, Kontingentes in neue Kontingenz zu setzen ver=
möchte. In den Mitteln der Aneignung setzt sich Erziehung in
Selbsterziehung fort; was Selbsterziehung von Erziehung über=
nimmt, ist die Kontrolle der Kontingenz.

Daß solche Kontrolle unter Prinzipien genommen wird, die
selbst der Bejahung, mehr noch: der ganzen komplexen Leistung
subjektiver Aneignung bedürfen, bezeichnet den "Sprung". Die
Aneignung von Prinzipien ist somit nicht selbst schon der
"Sprung", sondern nur Voraussetzung; erst indem Prinzip und
Lebensgeschichte in praktische Kontingenz gesetzt werden, erst
indem das Subjekt seine Lebensgeschichte anamnestisch und ka=
tamnestisch unter Prinzipien stellt, indem es Aneignung *will*,
eignet es sich den Aneignungsprozeß selber an. Es weiß sich
als Subjekt der Aneignung, indem es die Kontingenz von Prinzip
und Handlung erkennt, es erkennt sich als freies Subjekt, in=
dem es das gewählte und gewollte Prinzip in der Handlung wie=
dererkennt.

"Bewußtsein, das sich selbst zur Tat bestimmt, ist Wille;
dieser leitet das Bewußtsein. Der Wille ist sich seiner
bewußt; er weiß, daß und was er will." (JACOBS 1973,242).

Freilich ist es nicht der Wille, der weiß, was er will, son=
dern das Subjekt. Ihm gilt der Wille als Indiz seiner Subjek=
tivität; indem es weiß, was es will, weiß es um sich.

"Wille ist stets im Bewußtsein, oder besser formuliert: Er
präsentiert sich uns als bewußtes Phänomen. Wenn es so et=
was wie ein unbewußtes Sollen geben sollte, was definito=
risch zweifelhaft erscheint, müßten wir uns bei seiner Be=
schreibung nach der Vorlage bewußten Willens richten. Der
explizite Wille ist eine besondere Bewußtseinsweise, eine
Modalität der Subjektivität. Er ist insofern sogar die
höchste Verdichtungsstelle der Subjektivität, als durch
ihn das Bewußtsein sich auf sich selbst zu konzentrieren
vermag - mit der Möglichkeit, das Bewußtsein zu lenken,
ja selbst zu intensivieren, wie es bei der Aufmerksamkeit
der Fall ist." (RORARIUS 1974,74).

Erinnert man sich an POTHASTs Feststellung, daß es nicht aus=
ser dem Bewußtsein noch ein Subjekt seiner geben könne, und
zieht daraus die Schlußfolgerung der Koinzidenz von Subjekt
und Bewußtsein, so erscheint das Subjekt, das um seinen Wil=
len weiß, schlicht als das wollende Subjekt bzw. das wollen=
de Bewußtsein. Wenn sich das Subjekt nun an seinem Willen er=
kennt, spaltet es seinen Willen begrifflich vom Bewußtsein
ab; zugleich erscheint es sich als ein wissendes Subjekt ei=
nem wollenden Subjekt gegenübergestellt, d.h. es versichert
sich der Identität seines Willens, indem es sich wissend von
ihm distanziert: im Bewußtsein des Willens verfällt es der
Fiktion zu *sein*. Im Sein unterwirft es sein Wollen und Denken
dem Anspruch von Notwendigkeit; das denkende Subjekt entzieht
sich,so war der Gedanke COHENs, der Verantwortung des Denkens
vor sich selbst. Dieser Vorgang war es auch, den BITTNER als
"Urverdrängung" gekennzeichnet hat: Aus dem Anspruch des Ich-
will-nicht entspringt der Rechtfertigung heischende Anspruch
des Ich-kann-nicht.

"Das Bestreben muß also dahin gehen, dem ins Apparathafte
versteinerten Ich Freuds ein 'anderes Ich' gegenüberzustel=
len, das in der Urverdrängung die zweifelhafte Befähigung
gewonnen hat, sich über sich selbst zu täuschen, d.h. zum
Beispiel, sich als Apparat, als Mensch-Maschine mißzuver=
stehen - oder auch Teile der eigenen Innerlichkeit von sich

> abzuspalten: Indem ich meine Wünsche zum 'psychischen Aus=
> land' erkläre, erscheinen sie mir als Triebe, als ein Es;
> indem ich den inneren Gesetzgeber, der ich auch bin, zum
> Nicht-Ich erkläre, erscheint er mir verfremdet als Über-
> Ich. Es und Über-Ich wären demnach Hypostasen, entfremdete
> Erscheinungsweisen des Ich." (BITTNER 1981,23).

Ein Denken, dem es "immer wieder aufgegeben ist, *selbstgemach=
te* Fraktionierungen aufzuheben" (ibid.24 f), kann sich an Hypo=
stasen nicht genügen, sobald es um seine Relativität und damit
um seine Möglichkeiten, auch anders zu denken, weiß. Die Auto=
nomie des Subjekts als Autonomie des Denkens bedeutet die
Chance, mittels prinzipienorientierten Vorgehens das Potential
extensiver Komplexität, das in den Begriffen und Urteilen des
erzogenen Menschen gebunden liegt, zu entfalten und so die
Grenzen der Tauglichkeit des Prinzips selbst zu erreichen. Das
Prinzip fungiert als komplexitätsreduzierende Größe, die der
Willkür dezisiven Denkens Schranken setzt, indem es ihm Begrün=
dungen abfordert. Es reguliert als Erkenntnisinteresse zugleich
die Richtung des Denkens. Prinzipielles Denken ist so jener
Faktor im Denken, der es unter den Anspruch von Sinn stellt.
Sinn heißt damit die Fähigkeit, sich als ein Aneigungssubjekt
prinzipienorientiert zu regulieren.

Will man die Vorstellung vom "Sprung" - nurmehr zu analytischen
Zwecken - aufrechterhalten, so kann man das Grundprinzip einer
emanzipatorischen Pädagogik, deren Ziel Mündigkeit als eine
spezifische Fähigkeit zum "offenen" Denken sei, aus der Maß=
gabe vorgestellter Logik der Emanzipation herleiten: Vorbe=
reitung des autonomen Denkens. In dieser Aufgabe wird der
"Sprung" als ein *logischer* Sprung aus pädagogischer Sicht vor=
weggenommen; die Logik des Sprunges gibt die Kriterien des Ge=
sollten vor, die im Begriff des "open mind" konkludieren. Als
ein Noch-Nicht bricht sich der Anspruch dieser Logik jedoch
an den entwicklungsmäßigen Grenzen des Denkens auf seiten des
Edukanden, sie hat sich zu vermitteln mit einer Entwicklungs=
logik. Die erzieherische Maßnahme muß in diesem Sinne am
Schnittpunkt des Gesollten mit dem Möglichen orientiert wer=
den, will sie die Mitte zwischen Überforderung und Stagnation
des Denkens treffen. Sie muß die Bedingungen des Edukanden im
allgemeinen, d.h. seinen Status als ein reflexives Subjekt,
das sich eine kontingente Welt zum Begriff zu machen vermag,

um sich für sein Handeln auf sie einzustellen, wie im beson=
deren, d.h. seine Individualität in der spezifischen Vermit=
teltheit von Begabungen und Schicksal, kurz: in seiner Lebens=
geschichte, berücksichtigen, um in der "Kontrapunktik" (BUBER
nach HOLTSTIEGE 1974,14) von Bindung und Lösung, von "Orien=
tierungs- und Sicherungsstreben" (ROKEACH), von "Philobatis=
mus und Oknophilie" (BALINT), oder wie man sonst die gegen=
sätzlichen Grundbedürfnisse des "offenen" Denkens bezeichnen
will, den jeweiligen biographischen Standort des Edukanden
abschätzen.

Sollte dieses antizipatorische Bemühen des Erziehers systema=
tisch erörtert werden, so wäre alles jenes wieder aufzugrei=
fen, was an persönlichkeitspsychologischen Überlegungen in
Kapitel II zur Darstellung kam. Es kann indessen hier nur in
groben Zügen noch einmal kurz skizziert werden, was generell
von pädagogischer Relevanz erscheint:

1. Als ein Lernwesen ist der Mensch nicht allein durch seine
   Aufnahme- und Erinnerungsfähigkeit gekennzeichnet, sondern
   auch durch den Systemcharakter seines Denkens, der in den
   Prozessen der Informationsverarbeitung zutagetritt.

2. Der Systemcharakter des Denkens kommt zustande durch Struk=
   turierungs- und Abgrenzungsleistungen. Strukturierungslei=
   stungen lassen sich verstehen als Regelungsprozesse kon=
   tingenter Subsysteme, wobei diese Kontingenz ihrerseits
   durch Supersysteme hervorgebracht wird, sodaß neben der
   "Kontinuität" eine Hierarchisierung der Systemelemente er=
   folgt. Beide Leistungen zusammen bezeichnen die Integriert=
   heit des Systems. Die Funktionstüchtigkeit des Systems
   hängt indessen nicht allein von der Integriertheit ab, son=
   dern auch von einer leistungsmäßig realistischen Abgrenzung
   von der Außenwelt; als offenes System hält sich das Denken
   dabei in einem "Fließgleichgewicht" zum "Äußeren", d.h.
   seine Adaptionsleistungen und damit auch seine Realisatio=
   nen sind nicht starr, sondern selbst im Werden begriffen.

3. Der Integrationsfähigkeit des Denkens sind jedoch Grenzen
   gesetzt, die einmal seiner pragmatischen Genügsamkeit, zum
   andern seiner "Trägheitstendenz" (McGUIRE) entsprechen.

Das Denken bedarf also, um zu "wachsen", entsprechender
Anlässe, die ihm zum Problem, zum "Thema" werden.

4. Um Probleme zu lösen bedarf es Strategien. Insofern alles
Denken synthetisch ist, sind alle möglichen Strategien ein=
geschliffene Bahnen der Synthetisierung. Das Denken "geht
Wege", auf denen es Antworten sucht. Soweit diese Wege wie=
der nach draußen führen, d.h. eine Veränderung der Umwelt
und ihrer Einschätzung bewirken, spricht man von Bewälti=
gungsstrategien, soweit sie im Innern enden bzw. nicht ein=
mal einen Anfang nehmen, von Abwehrmechanismen.

5. Um zu Urteilen zu kommen, baut das Denken auf Urteilen auf.
Die Verfügbarkeit bereits kontingenter Urteile bezeichnet
die Sicherheit des Denkens, sie geben den "inneren Halt",
sie verpflichten aber auch das Denken auf eine "erste Hypo=
these", die damit zum Vor-Urteil über den jeweiligen zur
Debatte stehenden Gegenstand wird.

6. Dieses Vor-Urteil scheint nur überwindbar, indem ihm alter=
native Urteile gegenübergestellt werden, die sich als "an=
gemessener" erweisen. Insofern jedoch solche Alternativen
erst gewonnen und zudem Maßstäbe der "Angemessenheit" erst
gebildet werden müssen, bedarf es leitender Prinzipien und
Ansprüche, die das Denken "auf den Weg schicken". Solche
Prinzipien und Ansprüche müssen erzieherisch vermittelt
werden - und zwar als Ansprüche von "Sinn" -, da ohne sie
die Trägheit des Denkens nicht überwunden werden kann, sie
müssen sich jedoch selbst als das zu erkennen geben, was
sie sind, als Setzungen des Denkens. Sinnansprüche fungie=
ren somit als experimentelle Praktiken der Integration
durch Hierarchisierung; in ihrer Relativität sind sie zu
anderen funktional äquivalent.

7. Im Laufe der Biographie wandeln sich entlang spezifischer
Umwelt-Ansprüche zwangsläufig auch die Selbstansprüche des
Menschen. Sinnkonstrukte verändern sich unter der Maßgabe
zentraler Lebensaufgaben je nach dem Grade ihrer Abstrak=
tion. Bei höchster Abstraktion vermögen sie unverändert zu
bleiben, da sie zu allem und jedem Kontingenz haben; bei
relativ niedriger Abstraktion sind ihrer Kontingenzfähig=

keit bald Schranken gesetzt, ihre Selektionsfunktion "läuft
leer", Welt erscheint als Chaos. Die Vermittlung von Sinn
und Aufgabe stellt sich als der Schnittpunkt von Daseins=
thematik und Daseinstechnik dar, der situative Identität
bezeichnet.

Angesichts der zwei Stadien, die in der Vorstellung des
"Sprunges" impliziert werden, läßt sich die Aufgabe einer
emanzipatorischen Pädagogik formal in zwei Teilaufgaben glie=
dern, die den "Kompetenzen" des "offenen" Denkens und des
autonomen Sinnbewußtseins entsprechen:

1. die Ermöglichung einer anpassungsfähigen flexiblen Identi=
tätsformation, der ein realistisches Selbstkonzept ent=
spricht, und

2. die Vorbereitung eines autonom integrativen Umgangs mit
der eigenen Identität, die als "Selbstverwirklichung" ge=
dacht werden kann, auf der Grundlage von Sinnkonstrukten.

Im folgenden soll versucht werden, einige pädagogische Konse=
quenzen aus einer solchen emanzipatorischen "Anthropologie
der Individualität" (LOCHNER) abzuleiten.

4.2.1 DIE DIALEKTIK VON POSITIONALITÄT UND DISPOSITIONALITÄT: DER ERZIEHERISCHE UMGANG MIT IDENTITÄT UND DIE "HERMENEUTISCHE HOFFNUNG"

Die in einer Untersuchung von BRANDSTÄDTER, KRAMPEN & WEPS (1981) herausgestellte Bedeutsamkeit der subjektiven Einschätzung von Handlungsfolgen und ihrer Bewertung für die Bevorzugung bestimmter Erziehungshandlungen zeigt den hohen Stellenwert von "Selbstkonzepte(n) als Regulative(n) erzieherischen Handelns" (ibid.207). Erziehende, hier Lehrer, aktualisieren in der Wahl von Handlungsalternativen ein "erzieherisches Selbstkonzept" (ibid.208), sie handeln somit nicht rein zweckrational, sondern sie realisieren in ihren Handlungen persönliche Idealvorstellungen vom "guten Erzieher" und persönliche Überzeugungen von ihrer erzieherischen Kompetenz. Beachtet man, daß in solche "erzieherischen Selbstkonzepte" notwendigerweise Vorstellungen von den realen und idealen Möglichkeiten des Edukanden mit eingehen, so lassen sie sich als konsequente Konzepte einer Erzieherpersönlichkeit verstehen, die ihren Begriff aus den Vorgaben eines (möglicherweise individualisierten) Bildungsideals ableiten. Daß solche Bildungsideale, sei es durch die "erfolgreiche" Anwendung von Erziehungsmitteln, sei es durch die funktionale Modellwirkung des bewußt "kindgemäßen" Erziehungsgebarens, tatsächlich "Wirklichkeit", nämlich subjektive Wirklichkeit von Selbstkonzepten der Edukanden werden, belegt die Feststellung "enger funktionaler Relationen zwischen dem Selbstmodell der Sozialisanden und elterlichen Ist- und Soll-Konzepten von der Person des Kindes" bei FILIPP & BRANDSTÄDTER (1975a50). Diese Feststellung läßt vermuten, daß "diese Relationen nicht als einseitig gerichtete Kausalbeziehungen, sondern im Sinne einer durch Interaktions- und Kommunikationsprozesse vermittelten Wechselwirkung" (ibid.) zu verstehen sind, d.h. daß zwischen Erziehern und Edukanden ein dialektisch-hermeneutischer Prozeß stattfindet, in dem Identität von Anfang an verhandelt wird. Allerdings - und dieser Einwand ist von grundlegender Bedeutung - sind die "Verhandlungspositionen" beider denkbar verschieden:

Das hermeneutische Interesse kann anfangs nur beim Erziehenden vorausgesetzt werden, der "Widerspruch" des Edukanden gegenüber den "Projektionen" des Erziehers wird erst dann auf eine reflexive Basis gestellt sein, wenn bereits eine Reihe solcher "Projektionen" übernommen, wenn bereits eine "Primäridentität" internalisiert ist. Die "Verhandlungspartner" handeln gewissermaßen um ein Tauschgeschäft zwischen Aneignungsbedarf und Verstehensbedarf, und es gibt von daher keine Berechtigung, von einer Interessensvermittlung im eigentlichen Sinne zu sprechen, da ein *bewußtes* Interesse (bestenfalls) nur von einer Seite her, von der des Erziehers, als voraussetzbar gelten kann. Die "hermeneutische Hoffnung" (SCHÄFER 1978,3) des Erziehers bezieht sich zwar auf das Interesse eines zunehmenden Konsens' in der Welt- und Selbstsicht, sie gründet aber anfangs auf der bescheidenen Frage - wenn einmal ein Bild gestattet sei -, ob es *so* aus dem Wald herausschallt, wie man in ihn hineinruft, ob das Angeeignete so reproduziert wird, wie es in der erzieherischen Vermittlung intendiert und gemeint war. Sobald sich erweist, daß dieses nicht der Fall ist, sobald sich der homo educandus der Berechenbarkeit entzieht, setzt das hermeneutische Interesse ein, dessen intendierte Gegenstände ständig an Zahl zunehmen.

Insofern die im hermeneutischen Interesse angezielte Sicherheit über die Identität des Edukanden, auf der auch die Wahl von Erziehungshandlungen beruht, nicht anders als dadurch zu gewinnen ist, daß der zu Erziehende sich *verständlich macht* und Verständnissen *entgegentritt*, "gehört es zur grundlegenden Aufgabe jeder Erziehung, sich selbst zu ermöglichen, das heißt, die Voraussetzungen dafür zu schaffen, daß jenes Wechselverstehen eintreten kann, ohne welches sich jede Erziehung ad absurdum führt" (SCHURR 1981,416). Solches Wechselverstehen bezeichnet das dialogische Verhältnis von Erzieher und Edukandus; von daher kann SCHÄFER mit Recht behaupten:

"Die hermeneutische Hoffnung hat demzufolge ihren Realgrund in der dialogischen Verfaßtheit des Menschen." (SCHÄFER 1978, 3).

Mit zunehmend komplexerem Weltbegriff und mit wachsenden Sprach=
vermögen wird der Edukandus mehr und mehr in die Lage versetzt,
der vom Erzieher angetragenen Identität sich zu widersetzen,
Widersprüchlichkeiten in dem durch Erziehung vermittelten, an=
geeigneten Welt- und Selbstbegriff aufzuspüren und so seine zu=
nehmend eigenständigere Subjektivität dem Vorverständnis des
Erziehenden gegenüber antithetisch zu präsentieren. Auf diese
Weise wird in der dialogischen Beziehung eine dialektische
Struktur lebendig, die zuvor zwar im Denken des Erziehenden for=
mal schon antizipiert war und vielleicht dadurch auch gerade
provoziert wurde, die jedoch jetzt erst als eine dialektische
Logik des Dialogischen[6] im Prozeß wechselseitigen Stellungneh=
mens zweier Subjekte lebendige Gestalt gewinnt. Der hermeneu=
tische Zweck des Dialogischen, gesichertes Verständnis, ist
dabei zwar dennoch prinzipiell uneinlösbar, bleibt als Movens
des Dialoges jedoch unentbehrlich; denn während Verständigung
angestrebt wird, werden Vorverständnisse immer umfassender in
Frage gestellt, während Vergangenheit aufgeholt wird, werden
der Zukunft des Dialoges neue Probleme geschaffen, während Kon=
tingenzen nachvollzogen werden, wird Komplexität extensiv.

"Der Gesprächspartner bringt mich also angesichts der natur=
haften Wirklichkeit und angesichts des geschichtlich Vorge=
gebenen kraft seiner andersartigen Beziehung zu diesen Di=
mensionen der Wirklichkeit in eine Situation, die mir er=
laubt, mein bisheriges Welt- und Geschichtsbewußtsein zu be=
fragen und produktiv zu überschreiten. Mit seiner Hilfe ver=
mag ich die Wirklichkeit, auf deren sprachliche Vermittlung
unser Gespräch hinzielt, so zu sehen, daß sie sich mir als
neue Möglichkeit der Selbst- und Weltgestaltung erschließt.
Er vermittelt mir die Chance, mich zu ändern im Zeichen ei=
ner anders verstandenen Wirklichkeit, auf die ich hinlebe.
Ich erfahre mich durch ihn als ein Unfertiger, Vollendungs=
bedürftiger und damit als einer, der sich auf seine eigene
Möglichkeit hin geöffnet sieht. So gewinne ich jene innere
Weite des Seinkönnens, die wir Hoffnung nennen; ich sehe
jene 'halboffene Tür', hinter deren Schwelle ich mein Selbst=
sein einholen kann." (SCHÄFER 1978,27).

Der Realismus der dem Dialog geöffneten Identität kann also
nicht jener sein, der Subjekt und Welt als ein Fertiges, als ein
endgültig auf den Begriff Gebrachtes behauptet, sondern er ist
der Anspruch der dialogischen und reflexiven Dispositionalität
subjektiver Wirklichkeit, in dem die Haltung dialogischer Er=
schlossenheit mit inbegriffen ist. Zugleich aber muß das Zur-

Disposition-Stehende als eine (subjektive) Realität beansprucht werden können, d.h. als ein Etwas, mit dem sich ein Subjekt identifiziert, das es nicht allein als eine bloße Möglichkeit, sondern als eine gültige Möglichkeit darstellt, zu dem es sich willentlich bekennt. Dies bedeutet, daß ein realistisches Selbstkonzept ebensowenig wie ein realistisches Bild vom andern ein "sichergestelltes" Konzept sein kann, sondern daß der Realgehalt einer Identifizierung immer nur der Gültigkeitsanspruch des sich identifizierenden Bewußtseins sein kann. Nicht allein im dialogischen Bezug, sondern auch im reflektiven ist Identität als nichts anderes greifbar denn als eine experimentelle Identifikation.

Die in der dialektischen Logik beanspruchte Antithetik integriert so zwei Momente des Umgangs mit Identität: das Moment der Dispositionalität, der prinzipiellen Unabschließbarkeit des Wahrheitsfindungsprozesses, und das Moment der Positionalität, des thetischen Bekenntnisses zu einem Perspektivität ermöglichenden Standort, der sich im Vorverständnis zu erkennen gibt. Von dieser antithetischen Grundstruktur des Umganges mit Identität, die sich auf allen Ebenen als ein kommunikationsbedürftiger Gegenstand erweist, hat Erziehung, die Subjektivität nicht feststellen will, auszugehen: sie hat Positionalität zu ermöglichen, d.h. sie hat Subjektivität hervorzubringen, die in der Lage ist, sich vorläufig an Begriffen zu identifizieren, sie hat aber auch Dispositionalität zu bewahren, d.h. einmal, die Verwerfung der Identifikationen durch den Edukanden zuzulassen, zum andern, der Stereotypisierung der Identifikationen, der Stagnation in einem "Identitätsthema" (LICHTENSTEIN), vorzubeugen. In der Wahrnehmung dieser Aufgabe kommt dem erzieherischen Handeln eine doppelte Bedeutung zu: Es fungiert sowohl als ein Handeln, das situative Anforderungen und Erwartungsstrukturen arrangiert, als auch als ein modellhaftes Handeln, indem der Erzieher seinerseits Identität präsentiert, die zur Nachahmung anregt. Wollte man erzieherisches Handeln nach diesen Funktionen in der Vermmttlung von Positionalität und Dispositionalität konzipieren, so ließen sich folgende Konsequenzen daraus ableiten:

(1) Die Vermittlung von Positionalität setzt nicht allein eine "Auslese der wirkenden Welt" (BUBER) voraus, sondern auch Wert=
maßstäbe im Umgang mit der Welt. Diese Entscheidungen sind im=
mer historische Entscheidungen und können daher nicht univer=
selle Gültigkeit beanspruchen. Sehr wohl mag es aber eine Uni=
versalpragmatik des Vermittlungsprozesses selbst geben, die
universellen "Denkgesetzen", wie sie etwa COHEN mit den Begrif=
fen "Identität", "Widerspruch" und "Kontinuität" beschrieben
hat, entsprechen. SOMMER nennt in diesem Sinne am Beispiel mo=
ralischer Identität drei Momente einer solchen Universalpragma=
tik: Konsistenz, Variation und Imputation.

"Als erstes von drei wesentlichen Momenten ist ... Kon=
sistenz zu nennen. Verhaltensanweisungen, die ja, hinsicht=
lich des Grades ihrer Explizitheit, von verbalen Vorschriften
bis hin zu den unvermerkt zur Nachahmung aufgegebenen Verhal=
tensmustern der Eltern reichen, dürfen nicht untereinander
kollidieren, weil sonst die durch sie angeleiteten Übergänge
keine kontinuierliche Kette von Zuständen bilden können.
Diese Unterbrechung innerer Kontinuität durch äußere Inkon=
sistenz läßt sich auch verstehen als Aneignung zugemuteter
Widersprüchlichkeit ... (...)
Zur Konsistenz muß Variation hinzutreten. Diese Ergänzung des
kontrahierenden Prinzips durch ein dispergierendes sichert
eine Vielfalt von Handlungstypen, die das Aufkommen von "Ge=
wohnheit" verhindert. (...) Aber Gewohnheit meint in diesem
Kontext gar nicht jedes Sich-Festlegen auf je bestimmtes
Ein-für-allemal, sondern das Sich-Etablieren mit einem ein=
mal erreichten Ensemble solcher Festlegungen. Variation als
Erfordernis der ständigen Erweiterung dieses Ensembles ver=
hindert die Stillstellung des Verfahrens, Maximen stets un=
ter solche höhere Allgemeinheit zu subsumieren. (...)
Auf welche Weise aber beide, der Abhängige und der, von dem
er abhängig ist, einer übergreifenden Gesetzlichkeit unter=
liegen..., das wird erst sichtbar, wenn Konsistenz und Varia=
tion durch Imputation ergänzt werden. Den Kindern wird das
ihnen aufgezwungene Verhalten als ihre eigene Handlung zu=
gerechnet - und zwar nicht nur die ihrer Spontaneität zuzu=
schreibende Aktualisierung, sondern auch das ihnen auferleg=
te Resultat fremder Selektion. Die Imputation transponiert
das Subsumtionsverfahren in das Subjekt und würde dieses so=
gar paradoxerweise zur Moralität zwingen, wenn Erziehung un=
endlich lange dauern könnte." (SOMMER 1979,448 f).

SOMMER stellt also in aller Deutlichkeit heraus, daß die Stand=
ortbestimmung des zu erziehenden Subjekts eine erzieherische
Leistung ist, nämlich die Zuschreibung von Subjektivität, die
nicht in einer abstrakten Weise, sondern anhand der Aktuali=
sierung eben solcher Haltungen erfolgt, die zuvor sozusagen

ohne den Widerstand des Subjekts angeeignet wurden. Die Determi=
nation des Verhaltens durch erzieherische Einflüsse wird als
Spontaneität ausgelegt, es wird Verantwortung für etwas gefor=
dert, was garnicht gewählt werden konnte, sondern über dessen
Form ein anderer bestimmt hat, der Erzieher, und das heißt: Es
wird Willentlichkeit unterstellt. Selbst und Wille werden dem
Subjekt angetragen, auf daß es diesen Anforderungen, wie GEHLEN
sagt, "nachwachse". In diesem Sinne versteht auch BITTNER, der
dem Willen eine konstitutive Rolle für das Selbst zuschreibt
("Ein Selbst konstituiert sich, indem sich *ein Wille konstitu=
iert.*" BITTNER 1982,261), das "Selbstwerden des Kindes" als von
Zuschreibungsakten, wenn schon nicht hervorgerufen, so doch zu=
mindest begünstigt:

> "Vor aller positiven Willenspädagogik ... geht es aber darum,
> den Kindern einen Willen überhaupt erst zuzuschreiben. Mit
> dieser Zuschreibung beginnt, was wir Erziehung (im weitesten
> Sinne) nennen. (...) Das Selbst bildet sich also *durch die
> Antizipation einer Umgebung, die das Kind erlebt, als hätte
> es bereits ein Selbst, und durch empathisches, selektives
> Eingehen auf gewisse angeborene Möglichkeiten des Kindes.*
> (...) Und was für die frühesten Keime eines rudimentären
> Selbst gilt, muß auch für die Entfaltung der Willensfunktion
> gelten ...: *die Begünstigung der Willensfunktion durch die
> Zuschreibung einer solchen.*" (BITTNER 1982,270 f).

Imputation durch Zuschreibung als der grundlegende Akt der Her=
vorbringung von Positionalität ist jedoch an spezifische Inhal=
te gebunden; Subjektivität wird nicht schlechthin angeeignet,
sondern mittels Identifikationen. Bezüglich dieser Aneignung re=
duzierter Komplexität gilt nun der HORKHEIMERsche Ausspruch
"Schutz ist das Urphänomen von Herrschaft" (HORKHEIMER 1970,28);
der Schutz des Edukanden vor dem Vakuum der Nicht-Identität
kann nur geleistet werden durch herrschaftliche Identifikationen
des Erziehers. Sollen diese aber nicht zur Festschreibung in der
Positionalität der Primäridentität, nicht zu einem rigiden
"Identitätsthema" werden, dann muß Erziehung ihren Herrschafts=
anspruch wieder zurücknehmen und das heißt, sie muß den einmal
gewählten Vorbegriff der Identität des Edukanden im Nachhinein
wieder zur Disposition stellen.

(2) Dispositionalität ist eine Anforderung an das Orientierungs=
vermögen. Wenn Positionen , zur Wahl gestellt, sich nicht ein=
fach affirmativ bestätigen sollen, so müssen begründete Alter=

nativen erkennbar sein. Erziehung muß also, wenn sie einmal eine Positionalität geschaffen hat, auch widersprechende Positionen nicht nur - etwa am Beispiel von Identifikationen anderer - darstellen, sondern auch als brauchbare Alternativen, als unter bestimmten Bedingungen funktionale Äquivalente zur gewählten Position vermitteln. Der Erzieher, der etwa seine Rollenkonflikte ins Erziehungsgeschehen hineinträgt und zugleich transparent macht, der sich selbst nicht als ein lebendiges Exempel der harmonia mundi, sondern als eine von Entscheidungsnöten verunsicherbare, wenn auch nicht entmutigte Persönlichkeit vor dem reiferen Edukanden präsentiert, die ihre Sicherheit nicht im rigiden Festhalten am einmal gefällten Urteil, sondern in der bewertenden Erwägung von Alternativen wiedergewinnt, bietet nicht nur ein Modell des "open mind", er fordert auch die Toleranz des Edukanden angesichts eines Verhaltens, das sich in der Verantwortung für bessere Möglichkeiten darstellt.[7] Der Erzieher, der Widersprüchlichkeiten und Schwächen im eigenen Verhalten eingesteht, appelliert an das Verständnis des Edukanden und weist ihm damit jene Rolle zu, in der "der Erzogene als Richter seiner Erzieher" (LOCH 1979,95) auftritt und somit eigener Maßstäbe des Urteils bedarf, die auch das Alternative einzuordnen wissen.

Im "Sprung" zum autonomen Umgang mit Identität vermag schließlich eine erzieherische Handlung bedeutsam zu werden, die man als "Erziehung in der Retrospektive" kennzeichnen könnte: das dialogisch eröffnete Bekenntnis zur "Imputation", durch das "der einzelne kritisches Verständnis für die Bedingtheit seiner eigenen Besonderheit (gewinnt)" (HEID 1970,378). BALLAUF hat die Hinführung des Edukanden zu einer kritischen Beurteilung seiner Erziehungsgeschichte "das Ziel der Erziehung" genannt:

"Das Ziel der Erziehung kann nur die Vermittlung der primären Sozialisation an die Besonnenheit sein." (BALLAUF nach SCHALLER 1978,72).

Indem der Erzieher seine ehemaligen Entscheidungen, etwa anläßlich von Beschuldigungen, die der Pubertierende, der sich allmählich als ein "Opfer" von Erziehung zu erkennen vermeint, ihm vorwirft, noch einmal vor dem Angesicht der Gegenwart Revue passieren läßt, vermittelt er dem Wissen des Edukanden nicht allein eine argumentative Rekonstruktion erzieherischer Über=

zeugungen, sondern "übernimmt der Edukandus zugleich mit dem
Wissen auch das Wissen um den Standpunkt, auf welchen bezogen
es gilt." (SACHER 1976b,123).

> "Von dem Zeitpunkt an, wo das Ich selbständig geworden ist,
> ... kommt der Prozeß der den Lebenslauf von Kindheit an be=
> gleitenden, immer nur vorläufigen Selbstinterpretationen
> der erhaltenen Erziehung zu einem gewissen Abschluß, weil
> die Erziehung jetzt nicht mehr im Lichte der curricularen
> Aussichten, die sie zu eröffnen scheint, verstanden wird,
> sondern im Rückblick: vom Standpunkt dessen, der in seinem
> Lebenslauf diese Aussichten verwirklichen oder nicht ver=
> wirklichen konnte, sie als falsch oder richtig erkennen
> mußte und sich deshalb ein abschließendes Urteil darüber zu
> bilden vermag, welche Bedeutung seine Erziehung in seinem
> Lebenslauf gewonnen hat." (LOCH 1979,95).

(3) Von zentraler Bedeutung ist schließlich der Modus der Ver=
mittlung von Positionalität und Dispositionalität[8]. Der Ge=
fahr, daß "imputierte" Positionen affirmativ petrifizieren,
kann weder allein damit gewehrt werden, daß Alternativen auf=
gezeigt werden, noch damit, daß Positionen von vornherein als
vorläufige, als experimentelle Projektionen relativiert wer=
den. Es bedarf vielmehr eines Verfahrens, das einerseits ein
nötiges Maß an Sicherheit in der Orientierung gewährt, gewis=
sermaßen "positionalen Rückhalt" bietet, andererseits wider=
sprüchliche Erfahrungen ermöglicht, die durch eine entspre=
chende partielle Umstrukturierung der Identitätsformation, die
darin immer einen Negationsprozeß mit einschließt, integriert
werden können. Es hätte wenig Sinn, im Kampf gegen Stereotypie
den Edukandus sozusagen aus seiner "Welt" reißen zu wollen,
um ihm eine bessere zu eröffnen. DÖRNER hat aufgezeigt, daß
solche Akte der "Verunsicherung" eine "intellektuelle Notfall=
reaktion" (DÖRNER 1981,171) auslösen, die ein "Absinken der
Anzahl der Selbstreflexionen", "Stereotypisierung" und einen
"Verlust an Kohärenz des Denkaublaufs" (ibid.171 f) nach sich
ziehen, also alles andere als konstruktives Denken fördern.
Es scheint also auch hier eine wohldosierte "Mischung des
Neuen und des Vertrauten" (ALLPORT 1973,241) erforderlich, um
der "Abwehr" dissonanter Informationen vorzubeugen, wie zahl=
reiche Untersuchungen zum explorativen Verhalten von Kleinkin=
dern[9] belegen, an denen deutlich wird, daß für die Bereit=
schaft, sich Neuem zuzuwenden, ein Mindestmaß an situativer,

man könnte allgemeiner sagen: an "kontextueller" Sicherheit gewährleistet sein muß. Das Maß des "zugemuteten Widerspruchs" muß nach den individuellen Toleranzfaktoren des Edukanden bestimmt werden, d.h., seine Bestimmung setzt eine verstehende Antizipation der Situationsdefinition des Edukanden voraus. Eine solche Antizipation ist in gewissem Grade immer ein Wagnis, nämlich insofern, als die subjektive Strukturierung bisheriger Erfahrungen und damit ihre "integrative Kapazität", die über die Chance der Bewältigung dissonanter Informationen befindet, kaum durch ein Erzieherbewußtsein nachvollzogen, "vergegenwärtigt" werden kann, das in Relation zum Bewußtsein des Edukanden "überstrukturiert" ist. Als Erziehender schwebt man angesichts dieser prinzipiell unüberwindlichen Bewußtseinsdifferenz immer wieder in der Gefahr eines grundlegenden Fehlgriffs: "daß man nämlich als 'Verstehender' nur die eigene Perspektivität der Weltansicht in die fremde, ganz andere hineinprojiziert und somit nicht nur Nicht-Verstehen, sondern geradezu Mißverstehen erzeugt durch jenes alles Verstehen von vornherein zerstörende *Vorurteil*, das glaubt, die fremde Weltansicht schon immer verstanden zu haben allein dadurch, daß es diese in den Raster der eigenen Perspektive einordnet ohne den Versuch, die fremde verstehend nachzukonstruieren, und ohne den Gedanken, daß sie in der eigenen Weltordnung vielleicht gar nicht vorkäme." (SCHURR 1981,414).

Zumal dort, wo heute personale Kontinuität in der Erziehung nicht mehr gewährleistet ist, scheint es unerläßlich, den subjektiven Welt- und Selbstbegriff des Edukanden im Gespräch soweit als möglich einzuholen, um seinen "Standort" zu rekonstruieren und so die für seine Lernfähigkeit so entscheidenden gegenwärtigen Grenzen der "integrativen Kapazität" auszuloten. Angesichts der Schranken der "vergegenwärtigenden" Reflexion zeigt sich hier die zentrale Bedeutung des dialogischen Prinzips für die Einlösung jener "hermeneutischen Hoffnung", die nicht mehr auf die "Herstellung von Subjektivität", sondern auf die "Begegnung" mit ihr baut.

4.2.2 Die Befähigung des Subjekts zu einer sinnbezogenen Integration seiner Identität durch Erziehung

Die sowohl in der humanistischen wie in der kybernetischen Psychologie grundlegende Vorstellung, daß die Integration des Selbst bzw. des Selbstkonzeptes auf Prozessen der Hierarchisierung beruhe,[10] durch die einzelne Subsysteme zu einander in Beziehung gesetzt und über regulatorische Supersysteme zu konstitutiven Elementen einer strukturierten Ganzheit werden, setzt ein Prinzip voraus, dessen Anwendung in jeder "vertikalen" Strukturierungsleistung unerläßlich ist: die Induktion. Induktive Schlüsse liegen sowohl dort vor, wo aus Erfahrungen Attributionen abgeleitet werden oder aus "Postulaten niederer Ordnung" solche "höherer Ordnung" abstrahiert werden, als auch dort, wo Verhalten oder Verhaltensantizipationen begründet, d.h. als "Regelfälle" dargestellt werden. Die im induktiven Schluß implizit enthaltene Abstraktion wie auch der in der Induktion beanspruchte Klassenbegriff werden dem Edukanden anfangs kommunikativ vermittelt, etwa als implizite Persönlichkeitstheorie. Durch die Aneigung solcher alltagstheoretischer Attributionsmodelle lernt er, eigenes Verhalten motivational zu interpretieren, d.h. als Ausdruck seiner selbst, als Folge endogener Bedingungen auszulegen. Es ist offensichtlich, daß es für den Anspruch der Dispositionalität dabei von entscheidender Bedeutung ist, ob ein Subjekt sein Handeln - man dürfte im Grunde dann nur von Verhalten sprechen - ausschließlich als Folge unergründlicher Regungen versteht oder ob es sich sein Handeln als Ergebnis von Entscheidungen vergegenwärtigt. Im ersten Falle wird es Selbstverwirklichung als die freie Entfaltung innerer Kräfte, der vorallem äußere Hindernisse in den Weg gestellt sind[11], auffassen, im zweiten Falle als eine Leistung der Vermittlung von Reflexion und Interesse. Wo Identität als pure Notwendigkeit gedacht wird, ist die Verantwortlichkeit für eigenes Handeln ein Unbegriff. Wenn man aber voraussetzt, daß der Mensch Identität nicht *ist*, sondern *hat*, d.h. einen Umgang mit ihr hat, der ihre Gestalt wesentlich bestimmt,

dann hat Verantwortlichkeit in diesem Umgang ihren potentiel=
len Platz. Als ein reflexionsfähiges Wesen gewinnt sich der
Mensch, wie dargestellt, im "Sprung" in die Autonomie als ein
sich selbst bestimmendes Aneigungssubjekt; in dem Maße, als er
seine Gewordenheit reflexiv aufarbeitet, hat er Verantwortung
für seine Entscheidungen: Das Denken hat sich als Wille zu ver=
antworten. Ein Wille, der nicht "bedacht" ist, weil er als der
"imputierte" Wille des Erziehers kein im Subjekt begründeter
Wille ist, muß nicht verantwortet werden - sosehr die Zuschrei=
bung von Verantwortung als mäeutisches Erziehungsmittel auch
ihre Berechtigung hat, solange sie nicht die Grenzen ihres
Anspruchs in den diesem "nachwachsenden" Fähigkeiten des Edu=
kanden übersteigt. Der begründete Wille muß jedoch verantwor=
tet werden, und das heißt: Seine Begründung muß Allgemeinheit
beanspruchen, sie muß als ein Abbild subjektiv gültiger "Kon=
trollstrukturen", d.h. in der Kontingenz zu übergeordneten
Systemen der Entscheidungsregulation erkennbar, also *sinnbezo=
gen* sein.

> "Allerdings muß der Wille sich zum Denken erheben; Denken,
> denkende Vernunft und Wollen müssen sich ungeschieden zu
> dem besonderen Zweck in seiner Endlichkeit bekennen: da=
> durch geben sie ihm jene 'immanente Allgemeinheit'. Diese
> besteht darin, daß der betreffende Zweck - z.B. Mathematik
> zu studieren - nicht isoliert wird gegen alle übrigen Zwecke,
> sondern in deren Ordnung eine angebbare Stelle hat; wer
> sich kraft seiner als Wille wirkenden Vernunft einen Zweck
> setzt, bezieht sich zugleich auf diese Stelle desselben,
> damit aber bereits auf das ganze System der Zwecke." (RITZEL
> 1973,72).

Nun ist auch die Kontingenz von Zwecken nur möglich, indem sie
als Führungsgrößen von Subsystemen eines übergeordneten Systems
(Supersystems), also selbst in einem Zweck-Mittel-Verhältnis
gedacht werden. Wo mehrere solcher Supersysteme angenommen wer=
den müssen, wäre ihre Integration wieder nur durch ein Zweck-
Mittel-Verhältnis denkbar, sodaß der Regreß unter dem Aspekt
der Integriertheit theoretisch bis zur Auffindung eines letzten
allgemeinen Zweckes, eines universellen Sinnkonstrukts, fort=
zusetzen wäre, das selbst - soll kein regressus in infinitum
folgen - als unbegründet zu gelten hat. Die praktische Grenze
des Regresses hingegen wird in der Regel auf einer Ebene liegen,

auf der die Integration einiger Zwecke noch nicht vollzogen ist. Eine solche Mehrheit von Zwecken erscheint dadurch tolerabel, daß sie durch eine entsprechende situative Bereichspezifität nicht in Konkurrenz zueinander treten und gesellschaftlich als solchermaßen "situationsangemessene" Begründungen akzeptiert werden. Der Regreß unterliegt neben praktischen Erfordernissen auch den kognitiven Schranken des Subjekts: Der induktive Schluß kann nur einsichtig werden, wenn die vorausgesetzte Abstraktionsleistung nachvollzogen wird.[12] Die dazu erforderlichen kognitiven Kompetenzen können etwa beim Kleinkind nicht vorausgesetzt werden und sind hinsichtlich mancher komplexer Antizipationsleistungen, wie die kognitive Moralpsychologie belegt, bei relativ hohen Abstraktionsanforderungen selbst bei einer Vielzahl von Erwachsenen nicht gewährleistet. In pädagogischer Hinsicht bedeutet dieser Sachverhalt, daß die Integrationsansprüche des Erziehers - sowohl in der Explikation seines eigenen (Modell-) Verhaltens als auch gegenüber den Entscheidungen des Edukanden - an dem jeweiligen Stand der kognitiven Entwicklung des zu Erziehenden zu orientieren sind. Was demnach als "sinnvolles" Handeln zu verstehen ist, variiert entsprechend der phasenspezifischen Integrationsfähigkeit und den Integrationsmodi des Edukanden. An dieser Maßgabe muß eine Erziehung zum "Sinnbewußtsein", das die Voraussetzung eines integrativen Umgangs mit Identität darstellt, die Formulierung ihrer Aufgaben ausrichten.[13]

(1) Sie hat zu beachten, daß das Verhalten des Erziehers dem Edukanden als ein begründetes Handeln, soweit dessen kognitive Fähigkeiten dies möglich erscheinen lassen, transparent gemacht werden sollte. Wo dies nicht möglich ist, besteht im Sinne der erwähnten "Erziehung in der Retrospektive" noch immer die Gelegenheit, auf vergangene Entscheidungen später zurückzukommen. Indem der Erziehende seine Handlungen als sinnbezogen präsentiert, bietet er selbst ein Modell sinnorientierter Lebensführung. Eine solche Selbstpräsentation kann jedoch nur realistisch sein, wenn sie auf den subjektiv beanspruchten Idealkonzepten des Erziehers gründet, sie kann nicht ohne echte Identifikation lediglich "vorgeführt" werden; dies bedeutet, daß in die Entscheidungsbegründungen auch die Ent=

scheidungsschwierigkeiten, Rollenkonflikte etc. miteingehen
sollten.

Sobald der zu Erziehende in der Lage ist, zu den Positionen
des Erziehers kritisch Stellung zu nehmen, d.h. eine relative
Autonomie in einer bestimmten Hinsicht erreicht hat, sollten
Entscheidungsbegründungen unter den Bedingungen einer rationa=
len Kommunikation erörtert werden. Hier gewinnt die Modell=
funktion des Erzieherverhaltens als eines dialogisch orientier=
ten Verhaltens erneut Bedeutung, indem es Realisationsformen
rationaler Wertevermittlung exemplarisch vorstellt.

(2) Betrachtet man das Prinzip der Begründung als Grundprinzip
sinnbezogenen Denkens, das sich von der schlichten Bedürfnis=
orientiertheit des Kleinkindes bis hin zur postkonventionellen
Moralität durchhält, so scheint es sinnvoll, im Dienste einer
Förderung der Entscheidungsfähigkeit dem Edukanden schon früh=
zeitig die Begründungsbedürftigkeit von Entscheidungen vor Au=
gen zu stellen. Als Maß der Erwartungen muß dabei die kogniti=
ve Kompetenz des zu Erziehenden gelten, etwa die Fähigkeit ei=
genes Verhalten als absichtsvoll zu verstehen, Verhaltensmoti=
ve zu reflektieren usw., d.h., der Begründungsanspruch muß den
subjektiven Bedingungen der Möglichkeit von Einsicht adäquat
sein, die sich in der Logik des jeweiligen phasenspezifischen
Denkens ausdrücken.[14]) Der mögliche erwartbare, also vom Edu=
kanden nachvollziehbare Sinnbezug von Entscheidungen hat sei=
ne Grenze am jeweils erreichten "Urteilsniveau", an der "Höhe"
der induktiv überschrittenen Stufen, am Abstraktionsvermögen.
Erst wenn die Einsicht in den die bisherigen Positionen über=
höhenden induktiven Schluß und somit eine Superstrukturierung
der bisherigen Sinnbezüge vollzogen ist, kommt der Edukandus
in die Lage, über Ähnlichkeitsurteile selbständig seine Ent=
scheidungen "sinnvoll" zu deduzieren.

(3) Von zentraler Bedeutung für die Entwicklungsbewegung sind
jedoch nicht sosehr diese realistischen, nämlich integrierba=
ren Sinnbezüge, sondern vorallem jene am Stand der Entwicklung
des Edukanden gemessenen utopischen Sinnbezüge, die in den
Plänen und Selbstprojektionen des Edukanden (etwa den naiven
Berufswünschen und personalen Vorbildern des Kindes) als Mani=

festationen des Ich-Ideals erscheinen. An solchen Sinnbezügen, die das Hoffnungsprinzip des Selbstbewußtseins verkörpern, kann Erziehung zum Sinnbewußtsein ansetzen, indem sie das im Utopischen gelegene plastische Potential dieser Hoffnung als konkretionsbedürftige Aufgabe aufgreift. RITZEL nennt solche Sinnbezüge "Motive", die "wiewohl nicht sinnlos, so doch unsinnig (sind): Sie stehen in keinem Verhältnis zu den Kräften des Zöglings, dieser übernimmt sich mit ihnen, wie sich herausstellt, sobald es an die Ausführung geht, sobald also ein Motiv in der schrittweisen Bewältigung von Einzelaufgaben realisiert werden soll" (RITZEL 1960,401). Um die "damit unvermeidlichen Rückschläge, Enttäuschungen und Blamagen" nicht zur Zerschlagung der Hoffnung schlechthin geraten zu lassen, müsse so meint RITZEL, "dem jungen Menschen der Star der Selbstüberschätzung gestochen(werden)"(ibid.); daraus resultiere eine doppelte Aufgabe des Erziehers:

> "Zum einen muß er statt jener unsinnigen Motive solche erteilen, denen sein Zögling gewachsen ist, zum andern muß er zur Meisterung der Einzelaufgaben anleiten, in die sich diese Motive differenzieren." (ibid.402).

Es stellt sich nun die Frage, ob durch eine solche unvermittelte Substitution von Motiven "die Befähigung zur Sinnerfüllung des Daseins ... im Zögling" (ibid.399) erreicht werden kann, wenn derart am Ich-Ideal des Edukanden vorbeigegangen wird. Es scheint hingegen sinnvoller, durch die Aufnahme des Ich-Ideals dem Edukanden die Identifikation mit jener Aufgabe zu erleichtern, die als eine sinnbezogene Konkretion des plastischen Idealbegriffes einsichtig werden kann. Eine solche "Identifikation durch Einsicht" setzt voraus, daß der Erzieher den utopischen Sinnbezug zu einem realistischen transformieren kann, d.h. daß er konkrete Aufgaben unter der Maßgabe des Ich-Ideals als "sinndienlich" ausweisen kann. Die Anleitung zur "Meisterung von Einzelaufgaben" schließt daher gerade nicht die Notwendigkeit mit ein, den Edukanden für diese Aufgaben erst noch zu gewinnen, sondern sie greift die im Ich-Ideal bereits vorhandene Motivation auf und lenkt sie auf "konkrete Bahnen".

(4) Die Wahrnehmung jeder noch unvertrauten Aufgabe erfordert in der Konfrontation mit Neuem eine mutige Entscheidung. Solcher Mut ist Voraussetzung zur schrittweisen Annäherung an die

Verwirklichung des Ich-Ideals, in der es immer neue Widerstän=
de zu überwinden gilt, die sich in den äußeren Bedingungen der
Aufgabe als Anforderungen an die Assimilationsbereitschaft des
Edukanden darstellen.

> "Um das zu verwirklichen, was der werdende Mensch sein will,
> was er sich als Ziel und Gestalt seines Lebens vorgenommen
> hat, bedarf er notwendig des Mutes. Nur wer den Mut zu die=
> sem Wagnis hat, seinem Leben selbst eine Gestalt zu geben,
> hat die Chance zu solcher Selbstverwirklichung gegen die
> Widerstände des Schicksals." (LOCH 1969,166).

Der Mut, sich selbst eine "Gestalt" zu geben, darf nun nicht
dahingehend mißverstanden werden, als sei mit der Setzung ei=
ner solchen "Gestalt" die Funktion des Mutes erschöpft. Viel=
mehr ist es der setzende *Umgang* mit sich selbst, der hier ge=
meint ist. Dieser Umgang schließt mit ein - auch wenn dies die
existentialistische Interpretation des Mutes bei LOCH womög=
lich überzieht -, daß die einmal gewählte Gestalt wieder ver=
worfen und eine neue gewonnen wird, sei es, daß dies die Struk=
tur der Aufgabe (Daseinsthematik) erfordert, sei es in der Kon=
sequenz eines gewandelten Ich-Ideals. Erst hierdurch vermag
der Mut zu einer universellen Haltung zu werden in der von
LOCH beschriebenen Weise, "daß nämlich der Mut den Menschen
aufgabenempfindlich und aufgabenempfänglich, ja daß er ihn ge=
radezu hellsichtig für Aufgaben macht, die in Angriff zu neh=
men sind. Der mutige Mensch hat ein Auge für die Widerstände,
die zu überwinden sind. Er sucht sie geradezu..." (ibid.159).
Es wäre demnach verfehlt, die "aufgabensuchende Leistung"
(ibid.161) des Mutes als ein gänzlich ungerichtetes Streben
aufzufassen; vielmehr bedarf der Mut zugleich einer Einschrän=
kung: Die "Zumutbarkeit" einer Aufgabe hängt davon ab, ob das
Subjekt über die zu ihrer Bewältigung notwendigen Mittel ver=
fügt oder diese sich zu beschaffen vermag; der Mutige muß da=
rauf vertrauen, daß er die Aufgabe erfolgreich strukturieren
kann.

> "Damit entdecken wir im Zusammenhang der suchenden Leistung
> des Mutes seine Erkenntnisfunktion, die im Begriff der Ver=
> mutung durchaus zulänglich gefaßt ist. Ohne diese vermuten=
> de Erschließung der mutig in Angriff genommenen Sache ver=
> mag der Mut nämlich nicht, zu einer wirklichen Erfahrung

> mit dieser Sache zu führen. Denn diese Erfahrung ist ja nur
> möglich, weil der Mutige in der Weise, wie er sie anpackt,
> einen Vorbegriff von ihr entwirft, geradezu eine Hypothese,
> durch die er überhaupt erst instand gesetzt wird, Erfahrun=
> gen zu machen. Ohne solche Vorbegriffe, ohne Vermutungen
> sind keine Erfahrungen möglich. Sie sind als die natürlichen
> Vorläufer dessen, was in der Wissenschaft Hypothese genannt
> wird, die Instrumente, mit denen wir in der Erfahrung die
> Welt begreifen, sei es, daß wir diese Vorbegriffe von der
> Wirklichkeit bestätigt, sei es, daß wir sie von ihr wider=
> legt finden." (LOCH 1969,163).

In dieser Hinsicht ist der Mut zur Aufgabe also auch stets der Mut zur Widerlegung eines Standpunkts, Bereitschaft zur Erpro= bung, eine Haltung, die nur denkbar ist im Vertrauen darauf, daß der Verlust einer Sicherheit durch den Gewinn einer neuen ausgeglichen wird. Ein solches Vertrauen gründet auf Erfahrun= gen, die zu ermöglichen, Aufgabe der Erziehung ist. Als ihr Prinzip kann die "Ermutigung" genannt werden, insbesondere je= ne "virtuale Ermutigung" (HENZ 1964,114), die die Haltung des Mutes in der Vermittlung von gewährter Sicherheit und appella= tiver Motivierung zum Risiko stärkt und so die explorativen Kräfte des Edukanden freisetzt:

> "... über Widerstände soll hinweggeholfen, der psychische
> Kräftehaushalt so stabilisiert werden, daß der Ermutigte
> vor neuen Widerständen nicht zurückzuschrecken braucht."
> (KLUGE 1970,371).

(5) Der hermeneutische Zusammenhang induktiver und deduktiver Prozesse der Sinnvermittlung, der "Sinnerschließung" in der Dialektik von Position und Antizipation, von Identität und Ich-Ideal erscheinen läßt, impliziert nicht allein eine pro= spektive Orientierung der Erziehung an den Projektionen des Edukanden, sondern daneben auch eine sozusagen "fundamentale" Orientierung an der Position des Edukanden, an seiner Identität und seinem Selbstbild. Wenn Sinnbezüge nicht als Leerformeln der Rechtfertigung von Entscheidungen, sondern als in den Ent= scheidungen integrierte Wertansprüche fungieren sollen, muß ihre Vermittlung an der konkreten Biographie des Edukanden und den dort vorfälligen Entscheidungen anknüpfen. Insofern die Fähigkeit zu sinnbezogenen Entschlüssen nicht abstrakt metho= disch gelernt werden kann, bedarf es der Regelumsetzung am "Exemplarischen", an der erwähnten konkreten Aufgabe. Eine Er=

ziehung, die diesen Prinzipien entspricht, vermittelt im Um=
gang mit Sinn zugleich auch einen spezifischen Modus des Um=
ganges mit Identität an den Edukanden: Der in der zunehmenden
Integration von Sinnansprüchen praktizierte "Mut zur Synthese"
läßt den Edukanden seine bisherige Biographie als eine Abfolge
unvollkommener Vorentscheidungen begreifen, die gegebenenfalls
sogar als Fehlentscheidungen noch die Bedeutung sinnvoller Er=
fahrungen haben und die ihm als Subjekt dieser Entscheidungen
jene Kontinuität im Wechsel der Ereignisse garantieren, die
für das Bewußtsein von Identität konstitutiv ist und als Auf=
gabe der Selbsterziehung, als immanente Dispositionalität je=
der einmal erreichten Position fortbesteht.[15]

Anmerkungen (Kapitel IV)

1) "Dort, wo *'objektiv'* eine Alternative geboten werden mag, wird sie subjektiv voreingenommen aufgefaßt und nach Kriterien 'strukturiert' oder 'verzerrt', die u.a. in vorauf= gegangener Erziehung verinnerlicht wurden und die sich in spezifischen Verhaltensbereitschaften äußern." (HEID 1970, 376)

2) vgl. FREY 1980,50;

3) vgl. Kap. 3.1.4;

4) vgl. etwa LOCH (1979,89 f), dessen "Beispiele für die Be= hauptung(sprechen), daß das sich entwickelnde Ich die Fähig= keit hat, sich schon während des Prozesses seiner Erziehung von der Rolle des Edukanden zu distanzieren" (ibid.89).

5) vgl. Kap. 2.2;

6) vgl. SCHÄFER 1978,18;

7) Die modellhafte Wirkung verantwortungsbewußten Handelns, das sich in diesem Bemühen etwa im Anbetracht von "Fehlhand= lungen" auch zu erkennen gibt, betont SCHEIBE (1979,96):
"Nur wenn in einer Familie die Eltern mit Überlegung und Konsequenz verantwortlich handeln und auch einstehen für Fehlhandlungen, wenn also ein Geist der Verantwortlichkeit in der Familie herrscht, ist es möglich, zur Verantwortung zu erziehen. (...) Für die Bildung des Verantwortungsbe= wußtseins ist das Gespräch notwendig, etwa anschließend an einen Fall des Versagens und der notwendigen Bewährung."

8) vgl. auch die pädagogischen Anmerkungen zum Problem der Krisenbewältigung Kap. 2.4;

9) vgl. etwa MAIN 1977; OERTER 1977, insbes. S.147;

10) vgl. Kap. 2.1;

11) ... möglicherweise auch äußerlich bedingte, aber internali= sierte Barrikaden der Selbstentfremdung...

12) Solche Abstraktion mag beispielsweise die Antizipation von Handlungskonsequenzen miteinschließen, eine kognitive Lei= stung, die bei manchen Fällen frühkindlicher Hirnschädigung in enge Grenzen gewiesen ist, wie LEMPP hinsichtlich des Zu= sammenhanges von Abstraktionsschwäche und Selbststeuerungs= fähigkeit feststellt (LEMPP 1973,22).

13) vgl. auch Kap. 3.1.2;

14) So kann etwa der Begriff absichtsvollen Handelns nicht
    vor der Entwicklung des "Zweckdenkens" vorausgesetzt
    werden, weshalb auch der Begründungsbezug auf Absichten
    nicht nachvollziehbar ist.

15) vgl. SILLER 1979,566:
    "Das Vergangene ist nicht die Summe der empirisch faß=
    baren toten Fakten, die in der Erinnerung rational re=
    produziert und additiv nebeneinandergestellt werden
    können, das Vergangene ist vielmehr das unerfüllte Recht
    des Gewesenen, das in der 'Jetztzeit' (W.Benjamin 1971)
    eingelöst zu werden fordert. Solidarität mit den im
    Lebenslauf früheren Stadien der je eigenen Identität
    gehört notwendig zur menschlichen Identität mit dazu.
    Mein Lebenslauf ist die Geschichte meiner unabgeschlos=
    senen Identität."

SCHLUBBEMERKUNG

Die Situation der Pädagogischen Anthropologie ist von einer
doppelten Verlegenheit gekennzeichnet: Zum einen ist sie noch
immer mit der Erörterung der erziehungsphilosophischen Trag=
weite der von PLESSNER konstatierten "offenen Frage" der con=
ditio humana und der Aufarbeitung des ihr aus dieser Konzep=
tion zunehmend erwachsenden Legitimationsschwundes an real=
anthropologischen Aussagen befaßt, zum andern sieht sie sich
in sinnanthropologischer Hinsicht bei der Konstitution teleo=
logischer Letztprinzipien sich mehrenden anthropologiekriti=
schen Einwänden ausgesetzt, die ihren Prätentionen schließlich
nur noch den Stellenwert relativer Bekenntnisse zubilligen.
Wo der Relativismus derart expandiert wie gerade in anthropo=
logischen Fragen, scheinen gesicherte Aussagen nicht mehr mög=
lich, ohne die entscheidenden Bezugspunkte des Relativen, die
intervenierenden Faktoren, in ihrer Effizienz gebührlich zu re=
spektieren. Wo zudem ein solcher Bezugspunkt der Konstruktivi=
tät eines je individuellen Willens unterliegt, der allein die
Relata setzt und "zur Geltung bringt", da ist die Sicherheit
der Aussage über das Relative identisch mit der Kontinuität
der individuellen Behauptung und Beanspruchung der Relation.
Eben dies bezeichnet die Qualität eines zu sich Stellung neh=
menden Wesens, dessen "Wesentlichkeit" in nichts anderem als
in seinen "Stellungnahmen" gründet, und dies wiederum markiert
den einzig legitimen Grundbegriff der Pädagogischen Anthropo=
logie von ihrem Gegenstand: der homo educandus als reflexives
Subjekt.

Der Grundbegriff des reflexiven Subjektes beinhaltet neue Maß=
stäbe für eine Theorie der Erziehung: Er bietet sowohl neue
Möglichkeiten einer realanthropologischen Fundierung von Er=
ziehung - die Reflexionsfähigkeit ist dem Menschen immer schon
gegeben und alles, was Erziehung erwirkt, findet in ihr irgend=
wann seinen Richter und Verwalter - als auch einen erziehungs=
philosophischen Zielbegriff, in dem die Würde des Menschen als

eines Geistwesens als die erste Rücksicht von Erziehung be=
griffen wird. Pädagogische Anthropologie kann in diesen
Positionen ihre neuerliche Chance erkennen, ihrer schwie=
rigen Vermittlungsaufgabe zwischen Erziehungsphilosophie
und Erziehungspraxis nachzukommen: Ihre Fundierungsfunktion
der Erziehungsphilosophie gegenüber vermag sie zu erfüllen,
indem sie im Aufweis konkreter, nichtsdestoweniger nur im=
mer exemplarischer Strukturen menschlichen Selbstbewußtseins
Möglichkeiten und Grenzen historischer Subjektivität doku=
mentiert - hier liegt ein Feld erfahrungswissenschaftlich
immer neu zu erforschender Leistungen stellungnehmenden Den=
kens, die gerade ihrer "aufarbeitenden", ihre eigenen Prä=
okkupationen "aufhebenden", sich selbst transzendierenden
Funktion wegen nicht auf einen fixen ahistorischen oder uni=
versellen Begriff zu bringen sind - und ihre Konkretions=
aufgabe in der Transformation erziehungsphilosophischer Ent=
würfe zu praxisleitenden Interessen vermag sie zu entspre=
chen, indem sie den Praktiker auf die "noologischen" Struk=
turen der ihm begegnenden Subjektivität hinweist, sei es
hinsichtlich einer "Entwicklungslogik" urteilenden (d.h.
"kritischen") Bewußtseins, sei es hinsichtlich der Befähi=
gung des Subjektes zum kommunikativen Handeln, sei es hin=
sichtlich universeller Denkgesetze in ihrem je spezifischen
historischen Begriff, und ihm in der Darstellung erziehungs=
philosophischer Argumentationen "Materialien" zu seiner ei=
genen reflexiven Stellungnahme bietet, die ihm - eingedenk
seiner unteilbaren Verantwortlichkeit - die strukturierende
Interpretation der sich ihm in gesellschaftlichen Anforde=
rungen, nicht zuletzt auch in den fraglos übernommenen Wert=
haltungen und Einstellungen des Edukanden entgegenstellen=
den Wirklichkeit erleichtern und die Kommunikabilität sei=
ner Stellungnahme fördern.

So wenig es die Aufgabe von Erziehung sein kann, den Edukan=
den auf eine Reihe von unbeugsamen Identifikationen festzu=
schreiben, so wenig kann es kann es die Aufgabe von Erzie=
hungsphilosophie sein, dem Praktiker hypostasierte Bestim=
mungen des menschlichen Wesens vor Augen zu stellen, und
ebensowenig kann es die Aufgabe von Erziehungswissenschaft

sein, ihm die kritische Kompetenz abzunehmen und ihm in der Umsetzung eines "allgemeinen" inhaltlich fixierten Bildungs=ideals - etwa im Gewand "praktischer Handreichungen" im Sinne einer Rezeptologie - Ziel und Mittel seines Handelns zu ver=ordnen. Vielmehr muß der Reflexivität aller am Erziehungspro=zeß mittelbar oder unmittelbar Beteiligter Rechnung getragen werden, durch die jeder für sein Handeln selbst verantwortlich ist, d.h. Begründungen anzugeben vermag, mit denen er sich identifiziert; es kann hier keine "arbeitsteilige" Kompetenzen=monopolisierung geben, durch die das ganzheitliche Gefüge be=gründeten erzieherischen Handelns und mit ihm die "Zuständig=keiten" des Denkens partialisiert würden. Denn allein der Ein=sicht vermag sich reflexive Subjektivität zu beugen; Einsicht bedarf der Transzendenz des Urteils und somit der Überschrei=tung vorgängiger Kompetenz.

Pädagogische Anthropologie ist eben darin "realistisch", daß sie die Realität der Einsichtsforderung reflexiver Subjektivi=tät wahrnimmt und in Rechnung stellt; autonomes Denken ver=langt Vollzug und Nachvollzug von Begründungen - in dieser Forderung begegnet dem Erzieher der zu Erziehende: anfangs indem er ihn als ein mündiges Subjekt vorausdenkt, dann indem er ihn zum eigenen Urteil anspornt und schließlich in den Er=wartungen des Edukanden ihm selbst gegenüber, wenn dieser auf Transparenz und Rechtfertigung erzieherischer Entscheidungen besteht; von diesem Zeitpunkt an ist der einzig wirksame Um=gang mit reflexivem Denken - jeder andere Umgang mit Identi=tät übergeht die reflexive Autonomie des Subjekts - der des rational-kommunikativen Handelns. In ihm eröffnet sich dem Edukanden die Einsicht in die kommunikative Rechtfertigungs=bedürftigkeit von Identität, die die Aufhebung solipsisti=scher Selbstherrlichkeit in einem Prozeß dialektisch-hermeneu=tischer Identitätsverhandlung impliziert.

In der Vorwegnahme der beiden Momente der kritisch reflexiven Funktion und der kommunikativen Vermittlungs- und Rechtferti=gungsbedürftigkeit von Identität besitzt die Pädagogische Anthropologie zwei Maßgaben, die gemäß dem Anspruch, daß jede Theorie des zu erziehenden Menschen an den de facto und der Möglichkeit nach bestehenden individuellen Vorgaben des re=

flexiven Subjekts, seinem Selbstbewußtsein, anzusetzen habe,
den ihr aus der Relativität anthropologischer Aussagen erwach=
senden Legitimationsschwund zu kompensieren vermögen. Der sub=
jektive Begriff von individueller Identität, der in einem dia=
lektisch-hermeneutischen Prozeß, in dem der Erzieher nicht mehr
in jener Rolle eines um die Bestimmung des Edukanden Wissenden,
sondern gemeinsam mit ihm um einen Begriff idealen Menschseins
Ringenden der epigenetischen Dynamik sinnorientierten Selbst=
bewußtseins Rechnung trägt, ständig neu zur Verhandlung und
darin zu fortlaufender Aufhebung in Nicht-Identität und neu
sich konstituierender Identität steht, substituiert in einer
Theorie des homo educandus funktional den antiquierten Begriff
von der Bestimmung des Menschen.

Literaturverzeichnis

ADORNO,Th.W.: Erziehung zur Mündigkeit. Vorträge und Gespräche mit Hellmut Becker 1959-1969. Hrsg.v. G. Kadelbach. Frank=furt 1971

- Negative Dialektik. Frankfurt 1982^3

ALLPORT,G.W.: Gestalt und Wachstum in der Persönlichkeit. Aus dem Amerik. übers. u. hrsg.v. H.v. Bracken. Meisenheim 1973

ANACKER,U.: Natur und Intersubjektivität. Elemente zu einer Theorie der Aufklärung. Frankfurt 1974

APEL,K.-O.: Die Kommunikationsgemeinschaft als transzendenta=le Voraussetzung der Sozialwissenschaften. In: Neue Hefte f. Philosophie 2-3/1972,S.1-40

Arbeitsgruppe Freie Gesellschaft (Hrsg.): Politische Bildung im Umbruch. Beiträge zur Orientierung. München 1976

ASANGER,R./WENNINGER,G.(Hrsg.): Handwörterbuch der Psycholo=gie. Weinheim/Basel 1980

ASELMEIER,U.: Biologische Anthropologie und Pädagogik. Eine Untersuchung über die pädagogische Relevanz der humanbio=logischen Erkenntnisse. Weinheim/Basel 1973

AUWÄRTWER,M./KIRSCH,E./SCHRÖTER,K. (Hrsg.): Seminar: Kommuni=kation, Interaktion, Identität. Frankfurt 1977^2

BALLAUFF, T.: Einige pädagogische Konsequenzen aus Kants Philo=sophie. In: Vierteljahresschrift für wissenschaftliche Pädagogik 58/1982/3, S.273-294

BALTES,P.B.(Hrsg.): Entwicklungspsychologie der Lebensspanne. Aus dem Amerikanischen übertr. v. Uta S. Eckensberger. Stuttgart 1979

BARTELS,M.: Selbstbewußtsein und Unbewußtes. Studien zu Freud und Heidegger. Berlin/NY 1976

BECKER,H.(Hrsg.): Anthropologie und Pädagogik. Heilbrunn 1971^2

BEM,D.J.: Self-Perception: An Alternative Interpretation of Cognitive Dissonance Phenomena. In: Journal of Personality and Social Psychology 23/1972/2, p.183-200

- Meinungen, Einstellungen, Vorurteile. Eine einführende so=zialpsychologische Darstellung. Köln/Frankfurt 1975

- Theorie der Selbstwahrnehmung. In: FILIPP,S.-H.(Hrsg.) 1979, S.89-128

BENDEN,M.(Hrsg.):Zur Zielproblematik in der Pädagogik. Bad Heilbrunn 1977

BERGLER,R.: Psychologie stereotyper Systeme. Ein Beitrag zur Sozial-und Entwicklungspsychologie. Bern 1966

BERTALANFFY,L.v.: Das biologische Weltbild. Bern 1949

BETTERMANN,A.O.: Psychologie und Psychopathologie des Wertens. Meisenheim am Glan 1949

BITTNER,G.: Tarnungen des Ich. Studien zur subjektorientierten Abwehrlehre. Stuttgart 1977

BITTNER,G.: Die analytische Kinderpsychologie auf der Suche nach einem neuen Orientierungsrahmen. In: Ders.(Hrsg.) 1981, S.13-39

- (Hrsg.): Selbstwerden des Kindes. Ein neues tiefenpsychologisches Konzept. Fellbach 1981
- Der Wille des Kindes. In: Ztschr. f.ür Pädagogik 28/1982/2, S. 261-272

BLANKERTZ,H.: Kants Lehre vom Primat der praktischen Vernunft und Rückfragen pädagogischer Theorie. In: Vjschr. f. wiss. Pädagogik 58/1982/3, S.327-336

BLASS,J.L.: Bildung als Reduktion von Komplexität. Nietzsche, Luhmann, Habermas. In: Pädagogische Rundschau 35/1981/1, S.23-38

BOCHENSKI,I.M.: Die zeitgenössischen Denkmethoden. München 1975[7]

BOLLNOW,O.F.(Hrsg.): Erziehung in anthropologischer Sicht. Zürich 1969

- Erziehung zur Urteilsfähigkeit. In: SACHER,W.(Hrsg.) 1976, S.179-198
- Existenzphilosophie und Pädagogik. Versuch über unstetige Formen der Erziehung. Stuttgart 1977[5]

BRANDSTÄDTER,J./KRAMPEN,G./WEPS,B.: Selbstkonzepte als Regulative erzieherischen Handelns: ein diagnostizitätstheoretischer Ansatz. In: Ztschr. f. Entwicklungspsychologie und pädagogische Psychologie 13/1981/3, S.207-216

BRENGELMANN,J.C./DAVID,H.P.(Hrsg.): Perspektiven der Persönlichkeitsforschung. München 1978

BREYVOGEL,W.: Ich-Identität als Ziel der Erziehung an der Kollegschule? Zur Kritik des Symbolischen Interaktionismus und der Theorie der Ich-Identität. Hrsg. v. AWG - Schulsozialarbeit. Essen 1979

BREZINKA,W.: Neun Thesen zur Metatheorie der Erziehung. In: Unser Weg 27/1972/5, S.193-194

BROECKEN,R.: Dilthey und der 'naturalistische Fehlschluß'. In: Vjschr. f. wiss. Pädagogik 59/1983/1, S.79-109

BROSE,K.: Das Erziehungsdenken Martin Bubers. Ein Beitrag zur dialogischen Pädagogik. In: Vjschr. f. wiss. Pädagogik 59/1983/3, S.381-396

BRÜGGEMANN,B.: Die Utopie der besseren Verständigung. Zur Rekonstruktion des Identitätskonzepts. Frankfurt/NY 1980

BRUMLIK,M.: Der symbolische Interaktionismus und seine pädagogische Bedeutung. Versuch einer systematischen Rekonstruktion. Frankfurt 1973

BUBER,M.: Urdistanz und Beziehung. Heidelberg 1951

BUCK,G.: Identität und Bildung. In: Lehren und Lernen 6/1980/2, S.19-34

BÜHLER,Ch.: Der menschliche Lebenslauf als psychologisches Problem. Göttingen 1959

- Das integrierte Selbst. In: Dies./MASSARIK,F.(Hrsg.) 1969 S.282-299

BÜHLER,Ch./MASSARIK,F.(Hrsg.): Lebenslauf und Lebensziele. Studien in humanistisch-psychologischer Sicht. Stuttagart 1969

CASPER,B.: Die Sinnfrage - ein Vakuum in der heutigen Erziehung. In: Arbeitsgruppe Freie Gesellschaft(hrsg.)1976,S.37-52

CLAUSEN,J.A.: Die gesellschaftliche Konstitution individueller Lebensläufe. In: HURRELMANN,K. (Hrsg.) 1978, S.203-220

COHEN,H.: Logik der reinen Erkenntnis. Berlin 1914^2

CONRAD,K.: Das Unbewußte als phänomenologisches Problem. In: PETRILOWITSCH,N.(Hrsg.) 1967, S.168-194

CRAMER,K.: "Erlebnis". Thesen zu Hegels Theorie des Selbstbewußtseins mit Rücksicht auf die Aporien eines Grundbegriffs nachhegelscher Philosophie. In: GADAMER,H.G.(Hrsg.) 1974 S.537-603

DANISH,St.J./D'AUGELLI,A.R.: Kompetenzerhöhung als Ziel der Intervention in Entwicklungsverläufen über die Lebensspanne. In: FILIPP(Hrsg.) 1981, S.156-173

DANNER,H.: Überlegungen zu einer 'sinn'-orientierten Pädagogik. In: LANGEVELD,M.J./DANNER,H.(Hrsg.) 1981, S.107-160

de LEVITA,D.J.: Der Begriff der Identität. Aus dem Engl. übers. v. Karin Monte u. Claus Rolshausen. Frankfurt 1976^2

DERBOLAV,J./NICOLIN,F.(Hrsg.): Erkenntnis und Verantwortung. Festschrift für Theodor Litt. Düsseldorf 1960

DERBOLAV,J./MENZE,C./NICOLIN,F.(Hrsg.): Sinn und Geschichtlichkeit. Werk und Wirkungen Theodor Litts. Stuttgart 1980

DERBOLAV,J.: Pädagogische Anthropologie als Theorie der individuellen Selbstverwirklichung. In: KÖNIG,E./RAMSENTHALER,H. (Hrsg.) 1980, S.55-69

DICKKOPP,K.-H.: Der Anspruch der pädagogischen Anthropologie. In: Pädagogische Rundschau 25/1971/1, S.45-56

DIETERICH,R.: Integrale Persönlichkeitstheorie. Chancen und Zielsetzungen einer pädagogisch-psychologischen Anthropologie. Paderborn 1981

DÖBERT,R./NUNNER-WINKLER,G.: Konflikt- und Rückzugspotentiale in spätkapitalistischen Gesellschaften. In: Ztschr. f. Soziologie 2/1973/4, S. 301-325(*zit*.1973 a)

- / -.Adoleszenzkrise und Identitätsbildung. Frankfurt 1975

- /HABERMAS,J./NUNNER-WINKLER,G.(Hrsg.): Entwicklung des Ich. Köln 1977

- /NUNNER-WINKLER,G.: Performanzbestimmende Aspekte des moralischen Bewußtseins. In PORTELE,G.(Hrsg.) 1978, S.101-121

DÖRNER,D.: Über die Schwierigkeiten menschlichen Umgangs mit Komplexität. In: Psychologische Rundschau 32/1981/3

EIDUSON,B.T.: Säuglingsalter und zielsetzendes Verhalten. In: BÜHLER,Ch./MASSARIK,F.(Hrsg.) 1969, S.89-106

EPSTEIN,S.: The Self-Concept Revisited: Or a Theory of a Theory. In: American Psychologist 1973, p.404-416

EPSTEIN,S.: Entwurf einer integrativen Persönlichkeitstheorie.
In: FILIPP(Hrsg.) 1979, S.15-46

ERIKSON,E.H.: Das Problem der Identität. In: Psyche 1956, S.114-176

- Identität und Lebenszyklus. Frankfurt 1970^2

EWERT,O.M.: Selbstkonzept und Erklärung von Verhalten. In:
OERTER,R.(Hrsg.) 1978, S.138-146

FETZ,R.L.: Anthropologische Grundpositionen und letzte Er=
ziehungsziele. In: Vjschr. für Heilpädagogik und lhre
Nachbargebiete (hrsg.v. Institut für Heilpädagogik Luzern/
Schweiz) 46/1977/1, S.175-177

FEUERSTEIN,Th.: Emanzipation und Rationalität einer krltischen
Erziehungswissenschaft. Methodische Grundlagen im Anschluß
an Habermas. München 1973

FICHTNER,B.: Subjektivität und Subjekt. Zur Kritik phänomeno=
logisch-interaktionistischer Ansätze in der Pädagogik. In:
Demokratische Erziehung 5/1979/2, S.212-222

FIELD,D.: Der Körper als Träger des Selbst. Bemerkungen zur
sozialen Bedeutung des Körpers. In: HAMMERICH,K./KLEIN,M.
(Hrsg.) 1978. S.244-264.

FILIPP,S.-H.: Korrelate des internen Selbstmodells: Situation,
Persönlichkeit und elterlicher Erziehungsstil. Trier 1975
Dissertation

- Aufbau und Wandel von Selbstschemata über die Lebensspanne.
In: OERIER,R.(Hrsg.) 1978, S.111-135

- Entwurf eines heuristischen Bezugrahmens für Selbstkonzept=
forschung. Menschliche Informationsverarbeitung und naive
Handlungstheorie. In: Dies. (Hrsg.) 1979, S.129-152

- (Hrsg.): Selbstkonzeptforschung. Probleme, Befunde, Per=
spektiven. Stuttgart 1979

- Entwicklung von Selbstkonzepten - Übersichtsreferat. In:
Ztschr. f. Entwicklungspsychologie und Pädagogische Psychol.
12/1980/2, S.105-125

- (Hrsg.): Kritische Lebensereignisse. München 1981

- /BRANDSTÄDTER,J.: Beziehungen zwischen Konzepten von Eltern
über ihre Kinder, Selbstkonzepten der Kinder und elterlichen
Erziehungspraktiken. In: Ztschr. f. Entwicklungspsychologie
und Pädag. Psychol. 7/1975/1, S. 38-52 (*zit*.1975a)

- /- Beziehungen zwischen situationsspezifischer Selbstwahr=
nehmung und generellem Selbstbild. In: Psychol. Beiträge
17/1975, S.406-417 (*zit*.1975b)

FISCHEL,W.: Struktur und Dynamik der Psyche. Ein Überblick über
die allgemeine Psychologie. Bern 1967^2

- Der Wille in psychologischer und philosophischer Betrach=
tung. Berlin 1971

FISCHER,M.: Phänomenologische Analysen der Person-Umwelt-Be=
ziehung. In: FILIPP,S.-H.(Hrsg.) 1979, S.47-74

FÖRSTER,E./WEWETZER,K.-H.(Hrsg.): Selbststeuerung. Psychiat=
rische und psychologische Beiträge zum Problem der Willens=
bestimmung und des Handelns. Bern 1973

FRANK,H.: Kybernetische Grundlagen der Pädagogik. Gek. Taschen=
buchausg. bearb. u. hrsg. v. Brigitte S. Meder. Stuttgart
1975^3

FRANKENA,W.K.: Der naturalistische Fehlschluß. In: GREWENDORF,
W./MEGGLE,G.(Hrsg.) 1974, S.83-99

FRANKL,V.E.: Der Mensch auf der Suche nach Sinn. Zur Rehumani=
sierung der Psychotherapie. Freiburg 1972

FREUD,A.: Das Ich und die Abwehrmechanismen. München 1980^{12}

FREY,D.: Die Theorie der kognitiven Dissonanz. In: Ders.(Hrsg.)
1980, S.243-291 (zit. FREY,D. 1980)

- (Hrsg.): Kognitive Theorien der Sozialpsychologie. Bern 1980^2

FREY,G.: Sind bewußtseinsanaloge Maschinen möglich? In: KLEMENT,
H.-W.(Hrsg.) 1975, S.81-102

- Theorie des Bewußtseins. Freiburg/München 1980 (zit. FREY 1980)

FRIES,A./FREY,D./PONGRATZ,L.J.: Ängstlichkeit, Selbsteinschät=
zung und kognitive Dissonanz. In: Archiv f- Psychol.
129/1977/1, S.83-98

FUNKE,G.: Cogitor ergo sum. Sein und Bewußtsein. In: WISSER,R.
(Hrsg.) 1960, S.155-182

- Denke dich selbst! Erziehung unter dem Anspruch des Geistes.
In: DERBOLAV,J./MENZE,C,/NICOLIN,F.(Hrsg.) 1980, S.223-237

GADAMER,H.-G.(Hrsg.): Stuttgarter Hegel-Tage 1970. Vorträge und
Kolloquien des Internationalen Hegel-Jubiläumskongresses:
Hegel 1770-1970. Gesellschaft, Wissenschaft, Philosophie.
Bonn 1974

GEHLEN,A.: Nichtbewußte kulturanthropologische Kategorien. In:
Ztschr. f. philos. Forschung 4/1949, S. 321-346

- Der Mensch. Seine Natur und seine Stellung in der Welt.
Wiesbaden 1978^{12}

- Anthropologische Forschung. Zur Selbstbegegnung und Selbst=
entdeckung des Menschen. Reinbek b. Hamburg 1981^{15}

GEIßLER,E.E.(Hrsg.): Autorität und Erziehung. Bad Heilbrunn 1965

GERGEN,K.J./GERGEN,M.M.: Attribution im Kontext sozialer Erklä=
rung. In: GÖRLITZ,D./MEYER,W.-U./WEINER,B.(Hrsg,) 1978,
S.221-238

- Selbsterkenntnis und die wissenschaftliche Erkenntnis des
sozialen Handelns. In: FILIPP,S.-H.(Hrsg.) 1979, S.75-96

GERNER,B.(Hrsg.): Personale Erziehung. Beiträge zur Pädagogik
der Gegenwart. Darmstadt 1965

GEULEN,D.: Das vergesellschaftete Subjekt. Zur Grundlegung der
Sozialisationstheorie. Frankfurt 1977

GINSBERG,M.: Zur Psychologie und Soziologie des Vorurteils. In:
SACHER,W.(Hrsg.) 1976, S.47-65

GÜLDEL,R.: Identität als Brücke zwischen Mensch und Welt.
Leipzig 1936

GÖRLITZ,D./MEYER,W.U./WEINER,B.(Hrsg.): Bielefelder Symposium über Attribution. Stuttgart 1978

GÖTH,N.: Zu einigen Ergebnissen der Selbstbildforschung im Kindes- und Jugendalter. In: Psychiatr.,Neurolog.,mediz. Psychol. 30/1978/2, S.85-95

GREIFFENHAGEN,M.(Hrsg.): Emanzipation. Hamburg 1973

GREWENDORF,G./MEGGLE,G.(Hrsg.): Seminar: Sprache und Ethik. Zur Entwicklung der Metaethik. Frankfurt 1974

GRIESE,H.-M.: Soziologische Anthropologie und Sozialisations= theorie. Weinheim/Basel 1976

GRIPP,H./SAHMEL,K.-H.: Das Subjekt und die Rettung des Wahren - Annäherungen an Theodor W. Adornos "Minima Moralia". In: Vjschr. f. wiss. Pädag. 59/1983/2, S. 209-219

GROEBEN,N./SCHEELE,B.: Argumente für eine Psychologie des reflexiven Subjekts. Darmstadt 1977

GROM,B./SCHMIDT,I.: Auf der Suche nach dem Sinn des Lebens. Freiburg 1978³

GROSCHEK,W.: Zur Dimensionierung des Selbstkonzepts. In: Proble= me und Ergebnisse der !sychologie 75/1980, S.39-57

GROSSMANN,K.E.(Hrsg.): Entwicklung der Lernfähigkeit in der so= zialen Umwelt. München 1977

GUARDINI,R.: Die Person. In: GERNER,B.(Hrsg.) 1965, S.1-32

- Die Begegnung als Grundbedingung als Grundbedingung des Bildungsvorganges. In: KLINK,J.-G.(Hrsg.) 1971, S.88-93

HAAN,N.: A Proposed Model of Ego Functioning: Coping and Defense Mechanisms in Relationship to IQ Change. In: Psychol. Mono= graph 77/1963/8 Nr.571 (vollst.)

HAASE,K.: Der Lehrer in der Begegnung mit dem Schüler. In: GERNER,B.(Hrsg.) 1965, S.296-306

HABERMAS,J.: Kultur und Kritik. Verstreute Aufsätze. Frankfurt 1973

- Können komplexe Gesellschaften eine vernünftige Identität ausbilden? Rede aus Anlaß der Verleihung des Hegel-Preises. In: HABERMAS,J./HENRICH,D.(Hrsg.) 1974. S.23-84

- /HENRICH,D.(Hrsg.): Zwei Reden. Franfurt 1974

- Zur Rekonstruktion des Historischen Materialismus. Franfurt 1976

- Universalpragmatische Hinweise auf das System der Ich-Ab= grenzung. In: AUWÄRTER,M. et al.(Hrsg.) 1977, S.332-347

- Legitimationsprobleme im Spätkapitalismus. Frankfurt 1979[5] (*zit.* HABERMAS 1979 a)

- Theorie der Gesellschaft oder Sozialtechnologie? Eine Aus= einandersetzung mit Niklas Luhmann. In: HABERMAS,J./HENRICH, D./LUHMANN,N.(Hrsg.) 1979, S.142-290 (*zit.* HABERMAS 1979 b)

- Vorbereitende Bemerkungen zu einer Theorie der kommunikativen Kompetenz. In: HABERMAS,J./HENRICH,D./LUHMANN,N.(Hrsg.) 1979 S.101-141

HABERMAS,J./HENRICH,D./LUHMANN,N.(Hrsg.): Theorie der Gesell=
schaft oder Sozialtechnologie - Was leistet die System=
forschung? Frankfurt 1979

HAEBERLIN,U./NIKLAUS,E.: Identitätskrisen. Theorie und Anwen=
dung am Beispiel des sozialen Aufstiegs durch Bildung.
Stuttgart/Bern 1978

HÄRLE,H.: Die Theorie des Symbolischen Interaktionismus als
Verstehende Soziologie der Gegenwart. Person und Werk
Erving Goffmans. In: HELLE,H.J.(Hrsg.) 1978, S.128-169

- Erziehungskrise als Sinnkrise. Analyse und pädagogische
Perspektiven. In: Blätter f. Lehrerfortbildung 34/1982/7-8,
S.302-312

HAMMER,G.: Die Begründung der Erziehungsziele. Grundzüge einer
Philosophischen und Pädagogischen Anthropologie. Freiburg
1979

HAMMERICH,K./KLEIN,M.(Hrsg.): Materialien zur Soziologie des
Alltags. Sonderheft 20. Kölner Ztschr. f. Soziologie und
Sozialpsychologie. Opladen 1978

HEID,H.:Zur pädagogischen Legitimität gesellschaftlicher Ver=
haltenserwartung. In: Ztscht. f. Pädagogik 16/1970/3,
S.365-394

HEINRICH,K.: Versuch über die Schwierigkeit nein zu sagen.
Basel 1982 (verb. Neuaufl.)

HELLE,H.J. (Hrsg.): Soziologenkorrespondenz zur Theorie des
Symbolischen Interaktionismus.München 1978

HELLER,E.: Die Perspektive der Kybernetik. Ein Beitrag zur
pädagogischen Diskussion. In: BOLLNOW,O.F.(Hrsg.) 1969,
S.104-138

HELLPACH,W.: Verdrängungen. In: Forschungen und Fortschritte
24/1948/1-2,S.10-16

HENGSTENBERG,H.-E.: Sinn und Sollen. Zur Überwindung der Sinn=
krise. Kevelaer 1973

HENRICH,D.: Selbstbewußtsein. Kritische Einleitung in eine
Theorie. In: RÜDIGER,D./BUBNER,R.(Hrsg.) 1970,S.257-284

- Selbstverhältnisse. Gedanken und Auslegungen zu den Grund=
lagen der klassischen deutschen Philosophie. Stuttgart 1982

HENSELER,H.: Zur Entwicklung und Regulation des Selbstwertge=
fühls (Die psychoanalytische Theorie des narzißtischen
Systems). In: OHLMEIER,D. (Hrsg.) 1973,S.51-68

HENZ,H.: Ermutigung. Ein Prinzip der Erziehung. Freiburg 1964

HOFFMANN,D./TÜTKEN,G.(Hrsg.): Kritische Erziehungswissenschaft.
Realistische Erziehungswissenschaft. Festschrift für Hein=
rich Roth. Hannover 1972

HOLTSTIEGE,H.: Erziehung, Emanzipation, Sozialisation. Per=
spektiven zum Problem einer Erziehung zur Mündigkeit. Bad
Heilbrunn 1974

HORKHEIMER,M.: Vernunft und Selbsterhaltung. Frankfurt 1970

HORN,K.: Emanzipation aus der Perspektive einer zu entwickeln=
den Kritischen Theorie des Subjekts. In: GREIFFENHAGEN,M.
(Hrsg.) 1973, S.277-324

HUMBOLDT,W.v.: Werke in fünf Bänden. Hrsg.v. FLITNER/GIEL.
Stuttgart 1960.Bd.I

HUSCHKE,R.B.: Von der Anthropologiekritik zur Handlungsanthro=
pologie. Wissenschaftstheoretische und normenkritische Über=
legungen. In: Pädag. Rundschau 32/1978, S.367-387

HUSCHKE-RHEIN,R.B.: Interaktionspädagogik und Anthropologie=
kritik. Über den theoretischen und praktischen Zustand
eines unfertigen Paradigmas. In: Pädag. Rundschau 33/1979/3,
S.171-200

HURRELMANN,K.(Hrsg.): Sozialisation und Lebenslauf. Empirie
und Methodik sozialwissenschaftlicher Persönlichkeits=
forschung. Reinbek b. Hamburg 1978²

IRLE,M./KROLAGE,J.: Kognitive Konsequenzen irrtümlicher Selbst=
einschätzungen. In: Ztschr.f.Sozialpsychol.4/1973/1,S.36-50

ISRAEL,J.: Der Begriff Entfremdung. Makrosoziologische Unter=
suchungen von Marx bis zur Soziologie der Gegenwart. Aus
dem Engl. v. Marga Kreckel. Reinbek b. Hamburg 1977³

JACOBS,W.G.: Bewußtsein. In: KRINGS,H. et al. (hrsg.) 1973,
Bd. I, S.232-246

JANKOWITZ,W.G.: Philosophie und Vorurteil. Untersuchungen zur
Vorurteilshaftigkeit von Philosophie als Propädeutik einer
Philosophie des Vorurteils. Meisenheim am Glan 1975

KAMPER,D.: Geschichte und menschliche Natur. Die Tragweite
gegenwärtiger Anthropologiekritik. München 1973

KANT,I.: Kritik der reinen Vernunft. Hrsg. v. R.Schmidt.
Leipzig 1930

- Über Pädagogik. Hrsg.v. Th. Rutt. Paderborn 1963

- Was ist Aufklärung? Aufsätze zur Geschichte der Philoso=
phie. Hrsg.v. J. Zehbe. Göttingen 1975² (daraus: Beantwor=
tung der Frage: Was ist Aufklärung? 1784)

KAUFMANN,F.-X.: Sicherheit als soziologisches und sozialpoli=
tisches Problem. Stuttgart 1973²

KERN,P./RUNDE,P.: Identität und Rollen. Soziologisch-pädagogi=
sche Reflexionen zum Bildungsprozeß. In: Pädag. Rundschau
31/1977/8, S.105-119

- "Freiheit der Person" als Bildungsziel. Das Problem des
"weltanschaulichen Pluralismus". In: Lehren und Lernen
5/1979/8, S.1-37

KERSCHENSTEINER,G.: Autorität und Freiheit im Bildungsverfah=
ren. In: GEIßLER,E.(Hrsg.) 1965, S.99-108

KESSLER,H.: Der Wille zum Wert. Wertordnung und Wertakzent bei
der Lebensgestaltung. Meisenheim am Glan 1975

KILIAN,H.: Das enteignete Bewußtsein. Zur dialektischen Sozial=
psychologie. Neuwied/Berlin 1971

KLACZKO-RYNDZIUM,S.: Systemanalyse der Selbstreflexion. Eine inhaltliche Vorstudie zu einer Computersimulation. Interdisziplinäre Systemforschung 7. Basel/Stuttgart 1975

KLAFKI,W.: Zur Theorie der Kategorialen Bildung. In: WEBER,E. (Hrsg.) 1972, S.64-85

- Der Beitrag der Erziehungswissenschaft zur Klärung aktueller pädagogischer Zielfragen. In: BENDEN,M. (Hrsg.) 1977, S.48-72

- Die Pädagogik Theodor Litts. Eine kritische Vergegenwärtigung. Königstein 1982

KLAUS,G.: Kybernetik und Erkenntnistheorie. Berlin Ost 1966^2

KLEMENT,H.W.(Hrsg.): Bewußtsein - Ein Zentralproblem der Wissenschaften. Baden-Baden 1975

KLINK,J.-G.(Hrsg.): Gegenwartspädagogik. Ein einführendes Lesebuch. Bochum 1971^3

KLUGE,N.: Ermutigung als Prinzip und Maßnahme der Erziehung. In: Lebendige Schule 25/1970/10, S.370-379

KOCH,T./KODALLE,K.-M./SCHWEPPENHÄUSER,H.(Hrsg.):Negative Dialektik und die Idee der Versöhnung. Eine Kontroverse über Theodor W. Adorno. Stuttgart 1973

KÖNIG,E./RAMSENTHALER,H.(Hrsg.): Diskussion Pädagogische Anthropologie. München 1980

KÖRNER,J.: Vorurteilsbereitschaft und autoritäres Verhalten. Eine empirische Untersuchung mit 9- bis 12-jährigen Schülern. Stuttgart 1976

KOLAKOWSKI,L.: Der Mensch ohne Alternative. München 1960

KORENG,Ch.: Norm und Interaktion bei Jürgen Habermas. Düsseldorf 1979

KOVACS,A.L.: Ichpsychologie und Selbsttheorie. In: BÜHLER,Ch./MASSARIK,F.(Hrsg.) 1969, S.123-147

KRAPPMANN,L.: Soziologische Dimensionen der Identität. Strukturelle Bedingungen für die Teilnahme an Interaktionsprozessen. Stuttgart 1978^3

KREIS,H.: Der pädagogische Gedanke der Emanzipation in seinem Verhältnis zum Engagement. Bad Heilbrunn 1978

KRINGS,H.: Studie über Vorstellung und Sein. In: WISSER,R.(Hrsg.) 1960, S.193-208

- /BAUMGARTNER,H.M./WILD,Ch.(Hrsg.): Handbuch philosophischer Grundbegriffe. München 1973/74

KROEBER,T.: The Coping Functions of the Ego Mechanism.In: WHITE,R.(ed.) 1963, p.179-198

KUTTER,P./ROSKAMP,H.(Hrsg.): Psychologie des Ich. Psychoanalytische Ich-Psychologie und ihre Anwendung. Darmstadt 1974

LABENNE,W./GREENE,B.J.: Educational Implications of Self-Concept-Theory. Pacific Palisades Calif. 1970

LAING,R.D.: Phänomenologie der Erfahrung. Aus dem Engl. übers. v. Klaus Figge und Waltraud Stein. Frankfurt 1977^9

LANGEVELD,M.J./DANNER,H.(Hrsg.): Methodologie und 'Sinn'-Orientierung in der Pädagogik. Aus dem Holl. übertr.v. H.Danner unt. Mitarb.v. J.Pol München/Basel 1981

LASSAHN,R.: Einführung in die Pädagogik. Heidelberg 1974

LAUCKEN,U.: Naive Verhaltenstheorie. Stuttgart 1974

LEHR,U.: Das Werden der Person - ein lebenslanger Prozeß?In: LUYTEN,N.A. (Hrsg.) 1979,S.170-206

LEMBERG,E.: Ideologie und Gesellschaft. Eine Theorie der ideologischen Systeme, ihrer Struktur und Funktion. Stuttgart 1974^2

LEMPP,R.: Das Problem der Selbststeuerung aus psychopathologischer Sicht. In: FÖRSTER,E./WEWETZER,K.H.(Hrsg.)1973,S.15-29

LEWIN,K.: Vorsatz,Wille und Bedürfnis. Mit Vorbemerkungen über die psychischen Kräfte und Energien und die Struktur der Seele. Berin 1926

LIEBRAND-BACHMANN,M./RÜCKRIEM,G.: "Subjektive Struktur" zwischen Natur und Geschichte - Zum Verständnis von "menschlicher Natur" bei Alfred Lorenzer. In: RÜCKRIEM,G.(Hrsg.) 1978, S.230-265

LILLI,W./LEHNER,F.: Stereotype Wahrnehmung: Eine Weiterentwicklung der Theorie Tajfels. In: Ztschr.f. Sozialpsychol. 2/1971/3, D.285-294

- Die Hypothesentheorie der Wahrnehmung. In: FREY,D.(Hrsg.) 1980,S.19-46

LITT,Th.: Die Selbsterkenntnis des Menschen. Hamburg 1948

- Führen oder Wachsenlassen. Eine Erörterung des pädagogischen Grundproblems. Stuttgart 1952^5

- Empirische Wissenschaft und Philosophie. In: ZIEGLER,K. (Hrsg.) 1957, S.9-28

- Mensch und Welt, Grundlinien einer Philosophie des Geistes. Heidelberg 1961^2

- Das Bildungsideal der deutschen Klassik und die moderne Arbeitswelt. Bochum 1967^6

- Technisches Denken und menschliche Bildung. Heidelberg 1969^4

LOCH,W.: Pädagogik des Mutes. In: BOLLNOW,O.F.(Hrsg.) 1969, S.141-167

- Lebenslauf und Erziehung. Essen 1979

LOCHNER,R.: Über das Grundverhältnis zwischen Anthropologie und Erziehungswissenschaft. In: BECKER,H,(Hrsg.) 1971,S.48-59

LOEVINGER,J.: Zur Bedeutung und Messung von Ich-Entwicklung. In: DÖBERT,R. et al.(Hrsg.) 1977, S.150-168

LÖWISCH,D.-J.: Einführung in die Erziehungsphilosophie. Darmstadt 1982

LÖWITH,K.: Natur und Humanität des Menschen.In: ZIEGLER,K. (Hrsg.) 1957, S.58-87

LOOFT,W.R.: Sozialisation und Persönlichkeitsentwicklung über die gesamte Lebensspanne hinweg: Eine Überprüfung gegenwärtiger psychologischer Ansätze. In: BALTES,P.B.(Hrsg.) 1979, S.333-360

LORENZEN,P.: Konstruktive Wissenschaftstheorie. Frankfurt 1974

LORENZER,A./GÖRLICH,B.: Lebensgeschichte und Persönlichkeitsentwicklung im Spannungsfeld von Sinnlichkeit und Bewußtsein. In: MAURER,F.(Hrsg.) 1981, S.84-104

LUCKMANN,Th.: Persönliche Identität, soziale Rollen und Rollendistanz. In: MARQUARD,O./STIERLE,K.(Hrsg.) 1979,S.293-313

LUHMANN,N.: Soziologische Aufklärung. Aufsätze zur Theorie sozialer Systeme. Bd.I .Opladen 1972^3

- Vertrauen. Ein Mechanismus der Reduktion sozialer Komplexität. Stuttgart 1973^2

- Sinn als Grundbegriff der Soziologie. In: HABERMAS,J.et al. (Hrsg.) 1979, S.25-100

LUYTEN,N.A.(Hrsg.): Aspekte der Personalisation. Auf dem Wege zum Personsein. Freiburg/München 1979

MAIN,M.: Sicherheit und Wissen. In: GROSSMANN, K.E.(Hrsg.) 1977, S.47-95

MANDL,H./HUBER,G.L.: Kognitive Komplexität - Einleitung, Übersicht, Diskussionslinien. In: Dies. (Hrsg.) 1978,S.9-34

- / - (Hrsg.): Kognitive Komplexität. Bedeutung, Weiterentwicklung, Anwendung. Göttingen 1978

MARCUSE,H.: Repressive Toleranz. In: WOLFF,R. et al. (Hrsg.) 1982, S.91-128

MARQUARD,O.: Identität-Autobiographie - Verantwortung (ein Annäherungsversuch). In: Ders./STIERLE,K.(Hrsg.) 1979, S.690-699 (*zit.* MARQUARD 1979a)

- Identität: Schwundttelos und Mini-Essenz - Bemerkungen zur Genealogie einer aktuellen Diskussion. In: Ders./STIERLE,K. (Hrsg.) 1979, S.347-369 (*zit.* MARQUARD 1979b)

- /STIERLE,K.(Hrsg.): Identität. Poetik und Hermeneutik Bd.8. Arbeitsergebnisse einer Forschungsgruppe. München 1979

MASLOW,A.A.: Psychologie des Seins. Ein Entwurf. Aus dem Amerik. übertr.v. Paul Kruntorad. München 1981^2

MAURER,F.: Lebensgeschichte und Lernen. In: Ders. (Hrsg.) 1981, S.105-132

- (Hrsg.): Lebensgeschichte und Identität. Beiträge zu einer biographischen Anthropologie. Frankfurt 1981

McCALL,G./SIMMONS,J.L.: Identität und Interaktion. Düsseldorf 1974

MEINHOLD,M.: Probleme der Bereichsspezifität der kognitiven Strukturiertheit. In: SEILER,T.B.(Hrsg.) 1973, S.84-94

MEISINGER,E./HAUBL,R.: Identität und Selbstkonzept. In:ASANGER, R./WENNINGER,G.(Hrsg.) 1980, S.208-213

MENZE,C.: Kritik und Metakritik des pädagogischen Bezugs.In: Pädag. Rundschau 32/1978, S.288-299
- Zur Kritik der kommunikativen Pädagogik. In: Vjschr.f.wiss. Pädag. 55/1979/1, S.1-23

MILLER,D.R.: Untersuchungen zur Verleugnung in der Phantasievorstellung. In: BRENGELMANN,J.C./DAVID,H.P.(Hrsg.) 1978, S.67-93
- /SWANSON,G.: Inner Conflict and Defense. NY 1960

MITTASCH,A.: Entelechie. München/Basel 1952

MÖLLER,J.: Menschsein: ein Prozeß. Entwurf einer Anthropologie. Düsseldorf 1979

MOLLENHAUER,K.: Erziehung und Emanzipation. Polemische Skizzen. München 1973
- /RITTELMEYER,Ch.: Einige Gründe für die Wiederaufnahme ethischer Argumentation in der Pädagogik. In: Ztschr.f.Pädag., 15.Beiheft: Die Theorie-Praxis-Diskussion in der Erziehungswissenschaft. 1978

MOOR,P.: Selbsterziehung. Notwendigkeit und Gefährdungen des Reifens. Bern 1971

MOSER,T.: Jugendkriminalität und Gesellschaftsstruktur. Zum Verhältnis von soziologischen, psychologischen und psychoanalytischen Theorien des Verbrechens. Frankfurt 1978^6

MÜLLER,H.A.: Grundprobleme einer Psychologie der Selbstentfaltung. In: Archiv f. ges. Psychol. 113/1961, S.289-310
- Spontaneität und Gesetzlichkeit. Der Begriff der psychischen Spontaneität als regulatives Prinzip psychologischen Erkennens. Bonn 1967

MÜLLER,M.: Der Kompromiß oder Vom Unsinn und Sinn menschlichen Lebens. Vier Abhandlungen zur historischen Daseinsstruktur zwischen Differenz und Identität. Freiburg/München 1980

MUMMENDEY,H.D.: Selbstkonzeptänderungen nach kritischen Lebensereignissen. In: FILIPP,S.-H.(Hrsg.) 1981, S.252-271
- /ISERMANN-GERKE,M.: Selbstwahrnehmung als interpersonale Wahrnehmung: Experimentelle Veränderung der Urteilsdifferenziertheit. In: Ztschr.f.experiment. und angew.Psychol. 29/1979/4, S.603-612

NASCHOLD,F.: Systemsteuerung. Stuttgart 1972^3

NAUDASCHER,B.: Das übergangene Selbst. Pädagogische Perspektiven zur Selbstkonzeptforschung. Frankfurt/NY 1980

NEUBAUER,W.F.: Selbstkonzept und Identität im Kindes- und Jugendalter. München 1976

NEUBERT,H.: Rolle vs. Identität. Konzepte zur Erfassung der Lehrenden und Lernenden unter handlungstheoretischer Perspektive. In: Die dtsche Schule 70/1978/2, S.91-98

NOHL,H.: Die Autonomie der Pädagogik. In: WEBER,E.(Hrsg.) 1972, S.37-46

NUNBERG,H.: Die synthetische Funktion des Ich. In: KUTTER,P./
ROSKAMP,H.(Hrsg.) 1974, S.30-49

NUNNER-WINKLER,G.: Die Vermittlungsfunktion von Final- und
Kausalattribuierung für die Umsetzung von Werten in konkre=
te Handlungen. In: Landeszentrale f. polit. Bildung Rhein=
land-Pfalz (Hrsg.) 1979, S.195-213

NYSSEN,F.: Aspekte des Ideologieproblems in den psychoanalyti=
schen Theorien von Freud, Erikson und H.Marcuse. In: HOFF=
MANN,D./TÜTKEN,H.(Hrsg.) 1972, S.259-274

OERTER,R.: Moderne Entwicklungspsychologie. Donauwörth 1977[17]

- /DREHER,E./DREHER.M.: Kognitive Sozialisation und subjekti=
ve Struktur. München 1977

- (Hrsg.) Entwicklung als lebenslanger Prozeß. Hamburg 1978

OEVERMANN,U.et al.: Beobachtungen zur Struktur der sozialisa=
torischen Interaktion. Theoretische und methodologische
Fragen der Sozialisationsforschung. In: AUWÄRTER,M. et a.
(Hrsg.) 1977, S.371-403

OHLMEIER,D.(Hrsg.): Psychoanalytische Entwicklungspsychologie.
Freiburg 1973

OLBRICH,E.: Normative Übergänge im menschlichen Lebenslauf:
Entwicklungskrisen oder Herausforderungen? In: FILIPP,S.-H.
(Hrsg.) 1981, S.123-138

OPP,K.D.: Kognitive Dissonanz und positive Selbstbewertung. In:
Psychol. Rundschau 19/1968, S.189-202

PARANJPE,A.Ch.: In Search of Identity. NY 1975

PESTALOZZI,J.H.: Meine Nachforschungen über den Gang der Natur
in der Entwicklung des Menschengeschlechts. In: J.H.Pesta=
lozzi, Ausgewählte Schriften. Hrsg.v. W. FLITNER, Düssel=
dorf 1954

PETRILOWITSCH,N.(Hrsg.): Beiträge zur Psychologie der Persön=
lichkeit. Darmstadt 1967

PETZELT,A.: Bildung als Einheit von Erziehung und Unterricht.
In: WEBER,E.(Hrsg.) 1972, S.85-91

PLESSNER,H.: Diesseits der Utopie. Köln 1966

- Mit anderen Augen. Aspekte einer philosophischen Anthropo=
logie. Stuttgart 1982

PORTELE,G.(Hrsg.): Sozialisation und Moral. Neuere Ansätze zur
moralischen Entwicklung und Erziehung. Weinheim/Basel 1978

POTHAST,U.: Über einige Fragen der Selbstbeziehung. Frankfurt
1971

- In assertorischen Sätzen wahrnehmen und in praktischen Sät=
zen überlegen, wie zu reagieren ist. (Rezension zu: Tugend=
hat: Selbstbewußtsein und Selbstbestimmung).In: Philos.
Rundschau 28/1981/1-2, S.26-43

RAPAPORT,D.: Die Autonomie des Ich. In: KUTTER,P./ROSKAMP,H.
(Hrsg.) 1974, S.215-230

RATTNER,J.: Psychologie des Vorurteils. Eine tiefenpsycho=
logische Untersuchung über das voreingenommene Denken
und die autoritäre Persönlichkeit. Zürich/Stuttgart 1971

RAUSCHER,A.: Zu den anthropologischen Grundlagen der poli=
tischen Bildung. In: Arbeitsgruppe Freie Gesellschaft
(Hrsg.) 1976, S.25-35

REBLE,A.: Theodor Litts Appell an Selbstzucht und Verant=
wortung des Erziehers. In: Anregung 27/1981/4, S.229-238

RECK,S.: Identität, Rationalität und Verantwortung. Grund=
begriffe und Grundzüge einer soziologischen Identitäts=
theorie. Frankfurt 1981

RITZEL,W.: Der Sinn der Erziehung. In: DERBOLAV,J./NICOLIN,F.
(Hrsg.) 1960, S.395-407

- Pädagogik als praktische Wissenschaft. Von der Intentio=
nalität zur Mündigkeit. Heidelberg 1973

RÖHRS,H.: Die pädagogische Ideen Martin Bubers. In: Ders./
MEYER,E.(Hrsg.) 1979, S.9-28

- /MEYER,E.(Hrsg.): Die pädagogischen Ideen Martin Bubers.
Begründungs. und Wirkungszusammenhänge. Wiesbaden 1979

RÖSEL,M.: Kommunkiation, Interaktion und Diskurs. Bemerkungen
zur Metatheorie der Kommunikation in erziehungswissen=
schaftlicher Absicht. In: Vjschr. f. wiss. Pädag.
49/1973/1, S.15-31

ROGERS,C.R.: Entwicklung der Persönlichkeit. Psychotherapie
aus der Sicht eines Therapeuten. Aus dem Amerk. übers.
von Jacqueline Giere. Stuttgart 1973

ROLFES,H.: Der Sinn des Lebens im marxistischen Denken. Eine
kritische Darstellung. Düsseldorf 1971

ROPARIUS,W.: Persönlichkeit und Wille. München 1974

ROTH,E.: Persönlichkeitspsychologie. Eine Einführung.
Stuttgart 1977

ROTTEROVA,B.: K problematice sebevychovy. In: Pedagigika
20/1970/2, S.185-201 (Aus dem Tschechischen übertr. v.
E. Krenek)

RÜCKRIEM,G.: Univeraler Humanismus und das Wesen des Päda=
gogischen als Begegnung. In: GERNER,B.(Hrsg.) 1965, S.
249-271

- /TOMBERG,F./VOLPERT,W.(Hrsg.): Historischer Materialismus
und menschliche Natur. Köln 1978

RÜDIGER,D./BUBNER,R.(Hrsg.): Hermeneutik und Dialektik. Bd.1
Tübingen 1970

RUHLOFF,J.: Das ungelöste Normenproblem der Pädagogik. Eine
Einführung. Heidelberg 1979

SACHER,W.: Anthropologische Überlegungen zu Urteil und Vor=
urteil. In: Ders.(Hrsg.) 1976, S.101-105 (*zit.* SACHER 1976a)

- Urteilsbildung oder Emanzipation? Zur Anthropologie und
Pädagogik des Vorurteils. Freiburg 1976 (*zit.* SACHER 1976b)

- (Hrsg.): Pädagogik und Vorurteil. Kastellaun 1976

SANDLER,J.: Sicherheitsgefühl und Wahrnehmungsvorgang. In: Psyche 15/1961, S.124-131

SCHÄFER,A.: Kritische Kommunikation und gefährdete Identität. Zur anthropo-soziologischen Grundlegung einer kritischen Erziehungswissenschaft. Stuttgart 1978

SCHÄFER,B./SIX,B.: Sozialpsychologie des Vorurteils. Stuttgart 1978

SCHÄFER,K.-H./SCHALLER,K.(Hrsg.): Kritische Erziehungswissenschaft und kommunikative Didaktik. Heidelberg 1971

SCHAFF,A.: Stereotypen und das menschliche Handeln. Weinheim/München/Zürich 1980

SCHALLER,K.: Einführung in die kritische Erziehungswissenschaft. In: SCHÄFER,K.-H./SCHALLER,K.(Hrsg.) 1971, S.9-62 (*zit.* SCHALLER 1971 a)

- Pädagogik der Kommunikation. In: SCHÄFER,K.-H./SCHALLER,K. (Hrsg.) 1971, S.63-95 (*zit.* SCHALLER 1971 b)

- Zur Problematik des Erziehungsziels im Rahmen einer Pädagogik der Kommunikation. In: BENDEM,M.(Hrsg.) 1977, S.183-195

- Einführung in die Kommunikative Pädagogik. Ein Studienbuch. Freiburg 1978

- Abschied vom pädagogischen Bezug? Vjschr. f. wiss. Pädag. 57/1981/1, S.44-64

SCHEIBE,W.: Verantwortung als pägagolischer Begriff. In: Landeszentrale f. polit. Bildung Rheinland-Pfalz (Hrsg.) 1979, S.86-99

SCHERER,G:Anthropologische Aspekte der Erwachsenenbildung. Osnabrück 1965

SCHMID,P.: Selbsterziehung aus innerer Erfahrung. Wesen und Bedeutung der Selbsterziehung in der Pädagogik Paul Moors. In: Vjschr. f. Heilpädagogik und ihre Nachbargebiete (hrsg. vom Institut für Heilpädagogik Luzern/Schweiz) 46/1977/4, S.274-281

SCHMIDT,H.D.: Selbstwahrnehmung als interpersonelle Wahrnehmung: Hypothesen. Bielefelder Arbeiten zur Sozialpsychologie Nr. 11. Bielefeld 1976

SCHNEIDER,F.: Praxis der Selbsterziehung. Freiburg 1961

- Selbsterziehung in Vergangenheit und Gegenwart. Ratingen 1967

SCHNEIDERS,W.: Die wahre Aufklärung. Zum Selbstverständnis der deutschen Aufklärung. Freiburg/München 1974

SCHOCH,A.: Vorarbeiten zu einer pädagogischen Kommunikationstheorie. Frankfurt 1979

SCHÖPF,A.: Das Selbst, seine innere Natur und die anderen. In: BLTTNER,G.(Hrsg.) 1981, S.40-49

SCHRODER,H.M.: Die Bedeutsamkeit von Komplexität. In:MANDL,H./HUBER,G.L.(Hrsg.) 1978, S.35-50

SCHÜTZ,E.: Kraft und Ohnmacht der Selbstreflexion. In: Vjschr. f. wiss. Pädag. 54/1978/4, S.406-413

- Zur pädagogischen Rechtfertigung von Erziehungs- und Bildungszielen. In: Vjschr. f. wiss. Pädag. 58/1982/4, S.483-495

SCHULZ,W.: Der Einzelne und die anderen. In: Praxis der Psychotherapie 21/1976/4, S.149-157

SCHURR,J.: Über den wesensnotwendigen Zusammenhang von Sein und Sollen bei der Bestimmung des Menschen. Bildungstheoretische Erwägungen zum Verhältnis von Ethik und Pädagogik. In: Pädag. Rundschau 33/1979/1, S.3-15

- Zur Konzeption einer Pädagogischen Hermeneutik. In: Vjschr. f. wiss. Pädagogik 57/1981/4, S.409-419

- Zur absoluten Normativität des Gewissens. Versuch einer transzendentalen Deduktion. In: Vjschr. f. wiss. Pädagogik 58/1982/1, S.1-19

SCHWEPPENHÄUSER,H.: Negativität und Intransigenz. Wider eine Reidealisierung Adornos. In: KOCH,T./KODALLE,K.M./SCHWEPPENHÄUSER,H.(Hrsg.) 1973, S.55-90

SCOTT,M.B./LYMANN,St.M.: Praktische Erulärungen. In: AUWÄRTER, M. et al.(Hrsg.) 1977, S.73-115

SEEBAß,G.: Meditationstheorie und das Problem der psychologischen Rede über 'innere' Ereignisse. (Teil I). In: Ratio 23/1981/2, S.83-98

SEILER,Th.B.: Die Theorie der kognitiven Strukturiertheit von Harvey, Schroder und Mitarbeitern - Präsentation und Diskussion. In: Ders.(Hrsg.) 1973, S.27-62 (*zit.* SEILER 1973 a)

- Kognitive Strukturen und kognitive Persönichkeitstheorien. In: Ders.(H5sg.) 1973, S.9-27 (*zit.* SEILER 1973 b)

- (Hrsg.): Kognitive Strukturiertheit. Theorien, Analysen, Befunde. Stuttgart 1973

- Überlegungen zu einer kognitionstheoretischen Fundierung des Konstrukts der kognitiven Kömplrxität. In: MANDL,H./ HUBER,G.L.(Hrsg.) 1978, S.111-140

SIEGFRIED,K.: Zusammenhänge zwischen erinnert4n Eigenschaftsattribuierungen, Selbstkonzepten und Persönlichkeitsvariablen. In: Ztschr. f. experiment. und angewandte Psychol. 28/1981/3, S.502-526

SILLER,R.: Paradoxien der Erziehung - Versuch über die lebensgeschichtlichen Grenzen des erzieherischen Handelns. In: Pädag. Welt 33/1979/9, S.562-567

SOMMER,M.: Übergangsschwierigkeiten - Zur Konstitution und Prätention moralischer Identität. In: MARQUARD,O./STIERLE,K. (Hrsg.) 1979, S.435-461

SONNEMANN,U.: Negative Anthropologie. Vorstudien zur Sabotage des Schicksals. Reinbek b. Hamburg 1969

SPAEMANN,R.: Natur. In: KRINGS,H. et al.(Hrsg.) 1973, Bd.4, S.956-969

SPECK,J.: Die anthropologische Fundierung erzieherischen Han=
delns. Zur Problematik "personaler" Pädagogik. Münster 1968

STAUDINGER,H./SCHLÜTER,J.(Hrsg.): Wer ist der Mensch? Entwurf
einer offenen und imperativen Anthropologie. Stuttgart 1981

STEINBUCH,K.: Bewußtsein und Kybernetik. In: KLEMENT,H.-W.
(Hrsg.) 1975, S.37-50

- Maßlos informiert. Die Enteignung unseres Denkens.
München/Berlin 1978^2

STRYKER,Sh.: Die Theorie des Symbolischen Interaktionismus.
In: AUWÄRTER,M. et al.(Hrsg.) 1977, S.257-274

THEUNISSEN,M.: Der Andere.- Studien zur Sozialontologie der
Gegenwart. Berlin 1977^2

THIENEN,W.: Selbstverwirklichung oder Anarchismus. Zum Problem
der "Selbstverwirklichung" in der gegenwärtigen Erwachse=
nenbildung. In: Theorie und Praxis der Erwachsenenbildung
12/1979/3, S.176-185

THOMAE,H.: Das Individuum und seine Welt. Eine Persönlichkeits=
theorie. Göttingen 1968

- Vita Humana. Beiträge zu einer genetischen Anthropologie.
Bonn 1969

- Persönlichkeit. Eine dynamische Interpretation. Bonn 1981^6

THOME,H.: Der Versuch, die "Welt" zu begreifen. Fragezeichen
zur Systemtheorie von Niklas Luhmann. Frankfurt 1973

TOMBERG,F.: Menschliche Natur in historisch-materialistischer
Definition. In: RÜCKRIEM,G. et al.(Hrsg.) 1978, S.42-79

TRIANDIS,H.C.: Einstellungen und Einstellungsänderungen. Aus
dem Amerik. übers. v. B. Six und K.-H. Steffens. Weinheim/
Basel 1975

TRÖGER,W.: Erziehungsziele. Analyse und Lösungsvorschläge für
ein aktuelles pädagogisches Problem. München 1976^2

TUGENDHAT,E.: Selbstbewußtsein und Selbstbestimmung. Sprachana=
lytische Interpretation. Frankfurt 1981^2

TURNER,R.: Rollenübernahme: Prozeß versus Konformität. In:
AUWÄRTER,M. et al.(Hrsg.) 1977, S.115-139

UNGER,F.: Natur als Legitimationskategorie im Gesellschafts=
denken der Neuzeit. In: RÜCKRIEM,G. et al.(Hrsg.) 1978,
S.18-41

VAIHINGER,H.: Die Philosophie des Als ob. System der theore=
tischen, praktischen und religiösen Fiktionen der Mensch=
heit. Aufgrund eines idealistischen Positivismus. Leipzig
1927

VETTER,A.: Wirklichkeit und Verwirklichung der Person. In:
Ztschr. f. Entwicklungspsychol. und Pädag. Psychol.
12/1980/2, S.126-143

VÖLKER,U.(Hrsg.): Humanistische Psychologie. Ansätze zu einer
lebensnahen Wissenschaft vom Menschen. Weinheim/Basel 1980

VOLPERT,W.: Handlungsstrukturanalyse als Beitrag zur Quali=
fikationsforschung. Köln 1974

VORWERG,M.: Sozialpsychologische Grundlagen der Verhaltens=
änderung. In: VORWERG,M.(Hrsg.) 1971, S.60-70

- (Hrsg.): Psychologische Probleme der Einstellungs- und
Verhaltensänderung. Berlin Ost 1971

WAGNER,M.E.: Ich bln! Das Erlebnis, jemand zu sein. Die Ent=
wicklung eines angemessenen Selbstgefühls. Aus dem Amerik.
übers. v. R. Chenaux-Respond. Marburg 1980

WEBER,E.(Hrsg.): Der Erziehungs- und Bildungsbegriff im 20.
Jahrhundert. Bad Heilbrunn 1972²

WEHRSPAUN,M.: Erving Goffman als Repräsentant der Theorie der
Symbolischen Interaktion. In: HELLE,H.J.(Hrsg.) 1978,
S.89-127

WEINSTOCK,A.R.: Family Environment and the Development of De=
fense and Coping Mechanism. In: Journal of pers. soc. Psy=
chol. 5/1967, S.67-75

WHITE,R.(ed.): The Study of Lives. Essays of Personality in
Honor of Henry A. Murray. NY 1963

WICKLUND,R.A.: Die Aktualisierung von Selbstkonzepten in
Handlungsvollzügen. In: FILIPP,S.-H.(Hrsg.) 1979, S.153-169

WINTERHAGER,E.: Das Problem des Individuellen. Ein Beitrag zur
Entwicklungsgeschichte Paul Natorps. Meisenheim am Glan
1975

WISSER,R.(Hrsg.): Sinn und Sein. Ein philosophisches Sympo=
sion. Tübingen 1960

WOLF,E.: Ein Beitrag zur Kritik der Dissonanztheorie und Ver=
such eines neuen Ansatzes zu einer psychologischen Ver=
haltenstheorie. In: VORWERG,M.(Hrsg.) 1971, S.31-59

WOLF,H.E.: Kritik der Vorurteilsforschung. Versuch einer
Bilanz. Stuttgart 1979

WOLFF,R./MOORE,B./MARCUSE,H.(Hrsg.): Kritik der reinen Tole=
ranz. Aus dem Amerik. übers. v. A. Schmidt. Frankfurt 1982[10]

WYSS,D.: Marx und Freud. Ihr Verhältnis zur modernen Anthro=
pologie. Göttingen 1969

ZDARZIL,H.: Bildungstheorie und Identitätstheorie. In: Vjschr.
f. wiss. Pädagogik 48/1972/4, S.279-293

- Pädagogische Anthropologie. Graz/Wien/Köln 1978²

- Theodor Litts Lehre vom Menschen. In: DERBOLAV,J./MENZE,C./
NICOLIN,F.(Hrsg.) 1980, S.132-146

ZEDLER,H.-P.: Zur Logik von Legitimationsproblemen. Möglich=
keiten der Begründung von Normen. München 1976

ZIEGLER,K.(Hrsg.): Wesen und Wirklichkeit des Menschen. Fest=
schrift für Helmut Plessner. Göttingen 1957

Angstmann, August

ELTERNARBEIT IM VORSCHULBEREICH UND IHRE ERNEUERUNG ALS GEMEINWESENORIENTIERTE ERWACHSENENBILDUNG

Bern, Frankfurt/M., Las Vegas, 1978. 258 S.
Europäische Hochschulschriften: Reihe 11, Pädagogik. Bd. 62
ISBN 3-261-02546-8 br. sFr. 43.–

Das Werk geht von der historischen Entwicklung, den Erkenntnissen heutiger Erziehungswissenschaft und der Praxis in Kindergärten aus. Es werden Möglichkeiten situationsorientierter Elternarbeit gezeigt, die Kompetenz und Legitimation der Eltern als Erwachsene ernst nimmt, sowie an der sozio-ökonomischen Situation und Lebenserfahrung der Eltern im Lernfeld von Kindergarten, Familie und Gemeinde ansetzt.

Mohrhart, Dieter

ELTERNMITWIRKUNG IN DER BUNDESREPUBLIK DEUTSCHLAND

Ein Beitrag zur politisch-historischen und pädagogischen Diskussion
Frankfurt/M., Bern, Cirencester/U.K., 1979. 295 S.
Beiträge zur Politikwissenschaft. Bd. 19
ISBN 3-8204-6379-8 br. sFr. 46.–

Wie können Eltern an der Schule ihrer Kinder teilhaben? Wie kann die Staatsschule die Mitwirkungsfähigkeit und -bereitschaft der Eltern fordern und fördern? Wie ist der Gefahr zu begegnen, dass sich trotz Schulkritik und trotz schulverfassungspolitischer Bemühungen die Distanz zwischen familialer und institutionalisierter Erziehungssphäre vergrössert?

Steffens, Gisela Annette

EMPIRISCHE SOZIALISATIONSFORSCHUNG – STRUKTUR, FUNKTION UND PROBLEMATIK AM BEISPIEL AUSGEWÄHLTER ANGLO-AMERIKANISCHER UNTERSUCHUNGEN ZUR PRIMÄRSOZIALISATION

Frankfurt/M., Bern, 1981. V, 555 S.
Europäische Hochschulschriften: Reihe 11, Pädagogik. Bd. 116
ISBN 3-8204-6232-5 br. sFr. 84.–

Die Arbeit vermittelt einen repräsentativen Überblick über den gegenwärtigen Stand der anglo-amerikanischen Forschung zur frühkindlichen Entwicklung und Sozialisation. Schwerpunkte bilden die Darstellung der Entstehungsbedingungen der Disziplin «Child Development» und ihrer Entwicklung, eine kritische Aufarbeitung neuerer empirischer Untersuchungen in den sehr heterogenen Forschungsfeldern, die Analyse des Theorie-Empirie-Verhältnisses, der bevorzugten Verfahren und Methoden und der Beziehungen der Forschung zur sozialgesellschaftlichen Praxis.

Verlag Peter Lang Bern · Frankfurt a.M. · New York
Auslieferung: Verlag Peter Lang AG, Jupiterstr. 15, CH-3000 Bern 15
Telefon (0041/31) 32 11 22, Telex verl ch 32 420